Alexander Gehrmann • Brasilien

D1985140

Golf von Mexiko
Karibisches Meer
ATLANTISCHER OZEAN
NIEDERLANDE
(ABC-Inseln)
TRINIDAD UND TOBAGO
PANAMA
VENEZUELA
GUYANA
SURINAME
FRANKREICH
(Französisch-Guayana)
KOLUMBIEN
ECUADOR
ECUADOR
(Galápagos-Inseln)
PERU
BRASILIEN
BOLIVIEN
PARA-
GUAY
CHILE
ARGENTINIEN
URUGUAY
ATLANTISCHER OZEAN
PAZIFISCHER OZEAN
VEREINIGTES
KÖNIGREICH
(Falklandinseln)
VEREINIGTES
KÖNIGREICH
(Südgeorgien und
die Südlichen
Sandwichinseln)
ANTARKTISCHER OZEAN

Alexander Gehrmann

Brasilien

Die Samba-Nation auf dem Weg zur Wirtschaftsmacht

Bibliografische Information der Deutschen Nationalbibliothek
Die Deutsche Bibliothek verzeichnet diese Publikation in der Deutschen Nationalbibliografie; detaillierte bibliografische Daten sind im Internet über http://dnb.ddb.de abrufbar.

www.medu-verlag.de

Alexander Gehrmann
Brasilien
Die Samba-Nation auf dem Weg zur Wirtschaftsmacht
Sachbuch
© 2014 MEDU Verlag
Dreieich bei Frankfurt/M.
Lektorat: Carl Thormann
Covermotive: espana-elke, wiewie, bildpixel, Kunstzirkus/pixelio.de
Gold Stock Images/fotolia.com
tpsdave/pixabay.com
Umschlaggestaltung: im Verlag

Printed in EU

ISBN 978-3-941955-90-5

Für Nicol, Ulrike und Maximilian

Inhalt

Brasilien – Übersicht der Bundesstaaten

0. Vorwort

Die Ursprünge dieses Buches reichen bis in das Jahr 2007 zurück. Während der nächtlichen Fahrt mit einem Überlandbus durch den Bundesstaat Rio de Janeiro kam mir erstmals die Idee, ein Buch über Brasilien zu verfassen. Ich war gerade auf dem Rückweg vom Badeort Búzios nach Rio de Janeiro. Mein akademisches Auslandsjahr in Brasilien neigte sich dem Ende zu. In diesem knappen Jahr, das ich in Brasilien verbrachte, hatte ich tausende von Momenten, Begegnungen, Gesprächen, Situationen, Erlebnissen und Erfahrungen in mir aufgenommen. Ich nahm mir fest vor, alle diese Eindrücke festzuhalten. „Warum nicht in einem Buch?", dachte ich mir.

Wer über Brasilien schreibt, lässt sich auf ein Abenteuer ein. Das größte Land Südamerikas – ein Land von kontinentalen Ausmaßen – voll und ganz wiederzugeben ist nahezu unmöglich. Zu groß, zu vielfältig, zu undurchdringlich erscheint dieses tropische Riesenreich. In der Tat birgt Brasilien eine sehr große Vielfalt in sich. Auch den „Brasilianer" als solchen gibt es in dem Sinne nicht. Genauso wenig, wie es den Deutschen, den Schweizer oder den Amerikaner gibt. Viele Menschen (darunter auch gebildete) bedienen sich Stereotypen, um ein Land oder eine Kultur mit wenigen Worten zu beschreiben. Wir Menschen wollen es uns immer einfach machen. Es ist nur allzu menschlich zu versuchen, Dinge auf das Wesentliche zu reduzieren. Ein Land wie Brasilien ist jedoch alles andere als einfach. Und je mehr man Brasilien kennt, desto mehr erkennt man, wie komplex und vielschichtig dieses Land in Wirklichkeit ist. Obgleich Brasilien für den Betrachter auf den ersten Blick immer so einfach, unkompliziert, entspannt und leichtlebig wirken mag. Einer meiner brasilianischen Freunde sagte mir einmal: „Selbst wir Brasilianer verstehen Brasilien nicht komplett." Trotzdem lasse ich mich auf das Wagnis ein und schreibe über Brasilien.

Im Juni 2013 brach in Brasilien eine gigantische Protestwelle los. Es begann mit einer kleinen Demonstration, die sich gegen eine Fahrpreiserhöhung richtete. Nachdem die Proteste von der Polizei brutal niedergeschlagen wurden, kam es zu zahlreichen Gegendemonstrationen, die sich zu einer landesweiten Massenprotestwelle ausweiteten. Der Zorn des Volkes richtete sich nun auch gegen Korruption, ein mangelhaftes Bildungssystem, ein desolates Gesundheitssystem und eine allgemein schlechte Infrastruktur. Gleichzeitig zeigte das Volk den führenden Politikern die „Rote Karte", da diese zwar Milliarden für moderne Fußballstadien ausgeben, aber zugleich drängendere soziale Probleme außer Acht lassen. Da sich die Proteste während des Confed Cups 2013 ereigneten, war den Demonstranten die weltweite Medienöffentlichkeit gesichert. Ich erinnere mich an ein Gespräch mit einer brasilianischen Bekannten über Steuern in Deutschland und Brasilien. Sie sagte: „Ihr bekommt wenigstens etwas für eure gezahlten Steuern – wir hingegen bekommen nichts." In jedem Fall sind die Augen der Welt nun auf Brasilien gerichtet.

Vor allem mit seinem bemerkenswerten Wirtschaftswachstum hat sich das Land innerhalb der vergangenen zehn Jahre einen Namen gemacht. Nur über den Bereich Wirtschaft zu schreiben, erschien mir jedoch zu einseitig. Es muss noch etwas dazukommen, überlegte ich mir. Wir können Wirtschaft in gewisser Hinsicht als „Entstehungsseite" betrachten. Hier wird gearbeitet, werden Projekte abgeschlossen, Unternehmen gegründet, Güter und Dienstleistungen verkauft – also schlichtweg „Geld verdient". Nach all den Anstrengungen muss sich der Mensch jedoch fragen: „Wie verwende ich das Geld, das ich nun zur Verfügung habe?" Das gesellschaftliche Leben ist damit in gewisser Weise die „Verwendungsseite". Hier verbringen wir unsere (Frei-)Zeit, konsumieren, genießen und geben Geld aus. Etwa für Sport, Kleidung, Musik, Autos, Häuser, Partys, Gesundheit, Bildung oder Reisen. Nahezu alles lässt sich heutzutage mit Geld „kaufen". Wollen wir das Geld nicht ausgeben, bleibt uns noch das Sparen als Alternative. Aber wer Brasilien kennt, weiß, dass Brasilianer im Hier und Jetzt leben. Sie sind die Konsumenten par excellence. Neben der Betrachtung aus der Wirtschaftsperspektive sollte man Brasilien auf jeden Fall auch aus gesellschaftlicher Perspektive unter die Lupe nehmen. Es sind zwei Seiten einer Medaille, die untrennbar miteinander verbunden sind.

Was verbirgt sich hinter der Fassade „Brasilien"? Wie tickt dieses Land, wo protestiert wird, wo es Strände ohne Ende gibt, wo Caipirinha getrunken wird und wo im Jahr 2014 die Fußball WM und 2016 die Olympischen Spiele stattfinden werden? Und wie lässt sich Brasilien am besten charakterisieren? Auf alle diese Fragen gehe ich mit diesem Buch ein. Brasilien ist hochaktuell. Meiner Meinung nach kann man nie genug Informationen über ein aktuelles Thema haben. Bei vielen Menschen herrscht jedoch immer noch ein verzerrtes Bild von Brasilien vor. Das Land hat sich allerdings innerhalb der vergangenen zwei Jahrzehnte rasch verändert und modernisiert. Der große Schriftsteller und Brasilien-Liebhaber Stefan Zweig betitelte sein Buch mit „Brasilien, ein Land der Zukunft". Ist Brasilien wirklich das Land der Zukunft? Auch dieser Frage möchte ich hierbei auf den Grund gehen.

Viel Vergnügen beim Lesen!

1. Die Samba-Nation im Fokus

Die Welt blickt auf Brasilien

Brasilien ist seit einigen Jahren wieder verstärkt in den Mittelpunkt der Weltöffentlichkeit gerückt. Ethanol als neuer Kraftstoff, reichhaltige Erdölreserven, eine Vielzahl an Agrarrohstoffen, ein immenses wirtschaftliches Potenzial sowie das gewachsene ökonomische Gewicht der Schwellenländer im globalen Kontext sind die Hauptursachen für das gestiegene Interesse an dem größten Land Südamerikas. In jüngster Zeit erregten die Massenproteste in Brasilien, die sich unter anderem gegen die anhaltende Korruption richteten, weltweit die Aufmerksamkeit der Medien. Darüber hinaus stehen in den kommenden Jahren zwei Großereignisse vor der Tür: die Fußball WM 2014 und die Olympischen Spiele 2016 in Rio de Janeiro.

„Brasilien ist das Land der Zukunft und wird es immer bleiben.", lautet ein bekannter Spruch. In der Vergangenheit war sowohl die wirtschaftliche als auch die politische Entwicklung Brasiliens von großen Schwankungen gekennzeichnet. Ich war in dem besagten „Land der Zukunft". In diesem Buch nehme ich Sie mit auf eine Reise durch Brasilien. Ich habe mich in das Land verliebt und Brasilien ist ein Teil von mir geworden.

Im Jahr 2001 prägte der Chefvolkswirt der US-amerikanischen Investment Bank Goldmann Sachs, Jim O'Neill, den Begriff der sogenannten „BRIC-Staaten". Das Akronym „BRIC" steht für die Anfangsbuchstaben der vier Staaten „Brasilien – Russland – Indien – China". Dieses Konzept schuf eine neue Gruppe von vier Staaten, die folgende Gemeinsamkeiten haben: eine große Landfläche, eine hohe Bevölkerungszahl, Rohstoffreichtum sowie ein jährliches Wirtschaftswachstum zwischen 5 und 10 %. Das enorme wirtschaftliche Potenzial dieser erstarkten Schwellenländer gilt als vielversprechendstes Merkmal der BRIC-Staaten. Die BRIC-Staaten können als die stärkste und mächtigste Gruppe unter den Schwellenländern betrachtet werden. Brasilien wächst im Durchschnitt zwar langsamer als die anderen BRIC-Staaten. Allerdings verfügt Brasilien über eine breite Menge an Rohstoffen und steht auch in demografischer Hinsicht gut da. Gleichzeitig hat die wirtschaftliche Stagnation in vielen Industriestaaten einen Bedeutungsgewinn der BRIC-Staaten zur Folge. Seit dem Jahr 2010 wurde auch Südafrika in die Gruppe der führenden Schwellenländer aufgenommen, sodass sich der junge Staatenbund nun in „BRICS" umbenannt hat – das „S" steht für Südafrika.

Im Mai des Jahres 2008 erlangte Brasilien das ersehnte Länder *Investment Grade*. Die Rating-Agentur Standard & Poors (S&P) stufte Brasiliens Fremdwährungsanleihen auf BBB- (triple B) herauf. Diese Ankündigung führte dazu, dass Brasilien nun – im Zuge einer besseren Bonität - in die Länder-Gruppe der seriösen Schuldner aufgestiegen ist. Damit ist Brasilien „salonfähig" und nähert sich in dieser Beziehung den großen Industrienationen wie die USA, Deutschland oder dem Vereinten Königreich an. Das „B" der BRICS-Staaten formiert sich zu einer neuen Wirtschaftsmacht und ist nun in aller Munde.

Ein Blick in die Vergangenheit zeigt, dass Brasilien nicht immer der Mittelpunkt des globalen Geschehens war. In den 60er, 70er und bis Mitte der 80er Jahre rückte Brasilien im weltwirtschaftlichen Kontext ein wenig in den Hintergrund. Im tropischen Riesenreich herrschte eine Militärdiktatur. 1964 putschte das Militär und General Humberto Castelo Branco kam dadurch an die Schaltstellen der Macht. Die Zeit unter der Militärdiktatur war durch Phasen des Wirtschaftsbooms sowie durch mehrere ökonomische Krisen geprägt, die das Land stark in Mitleidenschaft zogen. Die wirtschaftliche Entwicklung Brasiliens ging voran – war allerdings von hoher Volatilität gekennzeichnet. Gleichzeitig ebbte die zuvor starke Einwanderung nach Brasilien massiv ab. Lediglich im Bereich des Fußballs stieg Brasilien mit seinen WM-Siegen von 1958, 1962 und 1970 zu einer neuen „Weltmacht" auf.

Seit dem Plano Real – der großen Währungsreform von 1994 - ist das Land schließlich wieder in eine Aufwärtsspirale gelangt.

Pünktlich zum vierten Fußball-WM-Titel ist das reale Bruttoinlandsprodukt (BIP) Brasiliens seit 1994 um sage und schreibe 60 % gewachsen. Gegenwärtig beträgt das BIP Brasiliens rund 2,3 Billionen (Bill.) US-Dollar (US$). Seit dem Jahr 2000 sind Brasiliens Exporte kontinuierlich und rapide angestiegen. Brasilien kann eine positive Handelsbilanz vorweisen und erzielte 2007 einen Handelsbilanzüberschuss in Höhe von 40,7 Milliarden (Mrd.) US$. Im selben Jahr sind die Importe Brasiliens um 32 % auf 120,6 Mrd. US$ gestiegen und wuchsen damit doppelt so stark wie die Exporte. Allein Importe aus Deutschland legten um 33,4 % zu. Der Brasilianische Real ist derzeit so stabil wie noch nie. Insbesondere im Jahr 2009 wertete der Brasilianische Real stark gegenüber Leitwährungen wie dem US-Dollar sowie dem Euro auf.

Karneval in Rio de Janeiro – ein unverkennbares Markenzeichen Brasiliens

Wo liegt nun die Quelle des neuen Aufschwungs und der gegenwärtigen Stärke? Was sind die Ursachen für die neue Dynamik

– die neue Stärke des viel beschworenen *„País do Futuro"* – dem „Land der Zukunft" - Brasilien?

Die Gründe sind vielschichtig. Seit dem Ende der Militärdiktatur im Jahr 1985 wandelte sich Brasilien schrittweise zu einer stabilen Demokratie. Im Jahr 1991 trat Brasilien dem Mercosul (span.: „Mercosur") bei – dem südamerikanischen Handelsblock (bestehend aus Argentinien, Brasilien, Paraguay und Uruguay). Mit der Einführung des Reals als neuem Zahlungsmittel im Jahre 1994 konnte die Inflation unter Kontrolle gebracht werden. Gleichzeitig war die erste Hälfte der 90er Jahre von einer umfangreichen Privatisierungswelle gekennzeichnet. Unter dem Präsidenten Fernando Henrique Cardoso wurde die Privatisierung zu einem elementaren Instrument der derzeitigen Wirtschaftspolitik. Das Ziel hierbei war es, große Staatsbetriebe in private, börsengelistete Kapitalgesellschaften umzuwandeln, um somit die Staatseinnahmen zu erhöhen und die Schuldenlast zum privaten Sektor zu transferieren. Beispiele dafür sind Embraer (1994), Light (1996), Companhia Vale do Rio Doce (1997), Banespa (2000) u. a. Ferner setzte die brasilianische Regierung unter Präsident Lula da Silva ein Stabilisierungsprogramm für die Volkswirtschaft auf, um eine makroökonomische Stabilität herzustellen. Diese ist ein Schlüsselfaktor für zukünftiges Wirtschaftswachstum.

Die Finanzkrise 2008/2009 hat auch Brasilien in Mitleidenschaft gezogen. Im Gegensatz zu vielen anderen Ländern konnte sich Brasilien jedoch gut behaupten. Das BIP erlebte im Krisenjahr 2009 nur einen leichten Abschwung von - 0,3 %. Realwirtschaftlich gesehen ist Brasilien gut aufgestellt: Rohstoffreichtum, fruchtbares Agrarland, eine zunehmend diversifizierte Wirtschaftsstruktur, sinkende Leitzinsen, politische Stabilität, ein verbesserter Rechtsstaat sowie eine junge Bevölkerung schaffen gute und vielversprechende Voraussetzungen für die Zukunft.

Überdies genießt Brasilien einen guten Ruf in der Welt. Soft-Faktoren wie Offenheit, Lebensfreude, eine integrative „Melting-Pot-Kultur", gutes Wetter, Naturschönheiten, fröhliche Musikrichtungen wie der berühmte Samba und eine Vielzahl an Stränden sind die Basis für einen attraktiven Lifestyle. Brasilien ist keine auftrumpfende, bestimmende Großmacht wie die USA. Brasilien ist keine staatskapitalistische, hierarchisch gelenkte Atommacht wie China oder Russland. Brasilien ist kein überbevölkerter, im Kastensystem verharrender Subkontinent wie Indien. Brasilien kann als eine freiheitlich-demokratische Regionalmacht angesehen werden, die keine globalen Machtansprüche hegt. Vor allem Brasiliens ehemaliger Präsident Lula erfreute sich weltweiter Beliebtheit. Mit nahezu allen Staatsoberhäuptern – ob aus den USA, Deutschland, Frankreich, China, Russland, Chile, Venezuela etc. – unterhielt er freundschaftliche Beziehungen.

Es besteht jedoch kein Zweifel, dass auch Brasilien seine Schattenseiten hat. Korruption, Kriminalität, Umweltsünden, ein aufgeblähter Verwaltungsapparat, eine hohe Staatsquote, eine drückende Steuerlast, eine lückenhafte Infrastruktur sowie ein ineffizientes Bildungssystem stellen die wichtigsten Herausforderungen für Brasilien innerhalb der nächsten Dekaden dar. Dafür werden Lösungsansätze gebraucht, die auf nachhaltige und langfristige Entwicklungserfolge abzielen.

Brasilien in Südamerika

Südamerika bildet zusammen mit Nordamerika den amerikanischen Doppel-Kontinent. Mit einer Gesamtfläche von 17,8 Millionen (Mio.) km² ist Südamerika der viertgrößte Kontinent auf der Erde. Mit einer Bevölkerung von 381 Mio. ist Südamerika vergleichsweise gering und dünn besiedelt. Brasilien ist das größte Land Südamerikas und nimmt mit einer Fläche von 8.547.404 km² fast die Hälfte der gesamten südamerikanischen Landmasse ein. Mit seiner Bevölkerungsgröße von etwa 200 Millionen Menschen stellt Brasilien auch rund 50% aller Einwohner Südamerikas. Die Geografie Brasiliens ist primär durch zwei Großlandschaften geprägt: dem Amazonasbecken sowie dem brasilianischen Bergland. Der überwiegende Teil des tropischen Amazonas-Regenwaldes liegt auf brasilianischem Territorium. Weiterhin hat Brasilien eine

7.500 km lange Atlantikküste, die von unzähligen Stränden gesäumt ist. Das Klima ist überwiegend tropisch mit relativ konstanten jahreszeitlichen Temperaturen. Lediglich im Südosten und im Süden Brasiliens ist das Klima subtropisch beziehungsweise gemäßigt.

Die politische Landschaft in Südamerika ist heutzutage weitgehend demokratisch. Die Länder Brasilien, Chile, Argentinien und Uruguay haben sich zu stabilen Demokratien entwickelt. Allerdings gibt es auch weiterhin politisch instabilere Staaten wie beispielsweise Bolivien oder Venezuela. Brasilien ist eine Präsidialrepublik mit demokratischen Strukturen. Das Land unterhält freundschaftliche Beziehungen zu seinen Nachbarländern. Geopolitisch liegt Brasilien in einem ruhigen Terrain. In Südamerika gibt es keine politischen Konflikte, die ethnisch oder religiös motiviert sind. Gleichzeitig gibt es in Südamerika aufgrund seiner grundlegenden religiösen und kulturellen Homogenität keine geopolitischen Bruchlinien. In jüngster Zeit entwickelt sich Brasilien innerhalb Südamerikas in zunehmendem Maße zu einer Regionalmacht. Aufgrund von Brasiliens stärkerem wirtschaftlichen Gewicht sowie der höchsten Militärausgaben in den Mercosur-Staaten liegt es nahe, dass Brasilien eine natürliche Führungsrolle zukommt. Brasilien profiliert sich auf globaler Ebene im Geflecht internationaler Organisationen und Bündnisse (G-8 Gipfel, UN, IWF oder WTO) vermehrt als „Anwalt“ des globalen Südens und der Schwellenländer. Brasilien beabsichtigt im Zuge seines wirtschaftlichen Bedeutungsgewinns seine südamerikanischen Nachbarstaaten als regionale Machtbasis zu formieren. Auf dem jüngsten BRICS-Treffen in Südafrika betonte Brasilien abermals, seine Unabhängigkeit vom Westen vorantreiben zu wollen und eine eigene Entwicklungsbank ins Leben zu rufen. Im gesamtamerikanischen Kontext widersetzte sich Brasilien dem Bestreben der USA, eine panamerikanische Freihandelszone (ALCA) einzurichten. Brasilien sieht sich in zunehmendem Maße als südamerikanisches Gegengewicht zu den übermächtigen USA im Norden. Auch in militärischer Hinsicht gibt sich Brasilien als Vorreiter in Südamerika. Im Mittelpunkt steht hierbei die Bekämpfung transnationaler Bedrohungen (insbesondere durch Drogenkartelle) im westlichen Amazonasbecken sowie im Dreiländereck bei Foz do Iguaçu.

Brasiliens Strände (hier auf der Ilha Grande)

In sprachlicher Hinsicht unterscheidet sich Brasilien von seinen hispanoamerikanischen Nachbarländern: Brasilien ist das einzige portugiesischsprachige Land in Südamerika. Gleichzeitig ist die Bevölkerung Brasiliens ethnisch noch heterogener als in den anderen Ländern Südamerikas. Brasilien ist die größte Volkswirtschaft in Südamerika mit dem größten absoluten BIP. Im südamerikanischen Vergleich liegt das brasilianische BIP-Wachstum mit rund 4% (2008) leicht unter dem Durchschnitt. Über den Handelsblock Mercosur (Mercosul) sind die Volkswirtschaften der südamerikanischen Staaten eng miteinander verwoben. Die größten Handelspartner Brasiliens innerhalb Südamerikas sind Argentinien, Chile und Venezuela.

Golf von Mexiko
ATLANTISCHER OZEAN
Karibisches Meer
NIEDERLANDE
TRINIDAD UND TOBAGO
GUYANA
SURINAME
FRANKREICH
VENEZUELA
PANAMA
KOLUMBIEN
ECUADOR
ECUADOR
BRASILIEN
PERU
BOLIVIEN
PARA-GUAY
CHILE
URUGUAY
ARGENTINIEN
ATLANTISCHER OZEAN
PAZIFISCHER OZEAN
VEREINIGTES KÖNIGREICH
VEREINIGTES KÖNIGREICH
ANTARKTISCHER OZEAN

Das Land der Zukunft?

Der Vater einer meiner brasilianischen Freunde fragte mich einmal: „Warum interessierst du dich ausgerechnet für Brasilien?“ Ich antwortete ihm, dass ich Brasilien äußerst interessant und spannend finde und dass seine Kultur einen besonderen Reiz auf mich ausübt. Schon seit meiner frühen Jugend war es immer mein Traum, Brasilien einmal kennenzulernen. Seither setzte ich mich intensiv und eindringlich mit dem Thema Brasilien auseinander. Vor allem die unendlich erscheinenden Naturlandschaften, die bunte Bevölkerung und die facettenreiche Kultur des größten südamerikanischen Landes übten eine magische Anziehungskraft auf mich aus.

In der Tat gibt es vielerlei gute Gründe, sich mit Brasilien zu beschäftigen. Brasilien ist flächenmäßig der fünftgrößte Staat der Welt. Auch im weltweiten Bevölkerungsranking nimmt Brasilien den fünften Platz ein. Seit dem Jahr 2002 ist Brasilien in eine äußerst dynamische Aufwärtsspirale eingetaucht. Mit einem durchschnittlichen Wirtschaftswachstum von 3,6 % über die letzten zehn Jahre ist Brasilien in die Gruppe der Top 10 Wirtschaftsnationen unserer Erde vorgedrungen. Diese Entwicklung ist äußerst bemerkenswert. Denn Brasilien ist damit so stark und bedeutend wie noch nie! Zu keinem Zeitpunkt in der Weltgeschichte hatte Brasilien eine derartige globale Machtstellung erlangt wie innerhalb der letzten Jahre. Die jüngste Entwicklung ist also ein Novum in der Weltgeschichte. China war bereits einmal die größte Volkswirtschaft der Welt. Das war im Jahr 1800. Chinas gegenwärtiges Wirtschaftswachstum ist historisch gesehen demnach keine Neuheit, sondern stellt in gewisser Weise ein historisches Gleichgewicht wieder her. Brasiliens Zugehörigkeit zum BRICS-Staatenbund manifestiert seine Rolle als eines der führenden Schwellenländer dieser Erde.

Auch aus deutscher Sicht gibt es genügend Gründe, sich mit Brasilien zu befassen. Deutschland und Brasilien vereint eine lange gemeinsame Geschichte. Begonnen mit der deutschen Einwanderung nach Brasilien im 19. und 20. Jahrhundert, intensivierten sich die Beziehungen zwischen Deutschland und Brasilien durch die ersten Markteintritte deutscher Unternehmen in Brasilien, wie Siemens (1867), Bayer (1896), BASF oder die Deutsche Bank (beide 1911). Nach einer kurzen Unterbrechung der guten Beziehungen gegen Ende des zweiten Weltkriegs erfolgte eine zweite Investitionswelle der deutschen Wirtschaft im größten südamerikanischen Land. Volkswagen (1953), Bosch (1954) und viele weitere deutsche Unternehmen begannen seitdem ihre Geschäftsaktivitäten in Brasilien. Zusammengenommen generieren alle deutschen Unternehmen, die in Brasilien operativ tätig sind, etwa 10 % der gesamten Wirtschaftsleistung Brasiliens. Deutsche Unternehmen genießen als Arbeitgeber in Brasilien einen exzellenten Ruf. Außerdem ist Brasilien das einzige Land in Südamerika, welches mit Deutschland in Form einer strategischen Partnerschaft verbunden ist. Die bilaterale Zusammenarbeit zwischen Deutschland und Brasilien ist vielfältig und erstreckt sich auf Themenbereiche wie Wirtschaft, Energie, Soziales, Umwelt, Klima, Verteidigung und internationale Krisenbewältigung.

Fußball in Brasilien - Hier FC São Paulo gegen Santos

Des Weiteren ist Brasilien per se ein großer Sympathieträger in der Welt. Viele Menschen denken an schöne und positive Dinge, wenn sie das Wort „Brasilien" hören. Brasilien gilt innerhalb der Weltgemeinschaft allgemein als eine freundliche, offene und sympathische Nation. Wer sich einmal auf den Weg nach Brasilien macht, wird feststellen, dass sich viele der positiven Klischees bewahrheiten. Im Bereich *Soft Power* ist Brasilien ohne Zweifel eine wahre Großmacht: Ein Weltklasseniveau im Fußball, eine lebendige Musikkultur, die weltberühmte Feier- und Partykultur mit dem Karneval als Höhepunkt, unzähligen Naturschönheiten von tropischen Traumstränden bis hin zum atemberaubenden tropischen Regenwald, um die wichtigsten Elemente von Brasiliens *Soft Power* zu nennen. Das alles, gepaart mit einer Portion Gastfreundschaft und Lebensfreude seiner Bewohner, erzeugt ein sehr attraktives Image, welches Brasilien auszeichnet. Vor allem aus europäischer Sicht ist Brasilien die perfekte Synthese aus Exotik und Vertrautheit. Exotische Elemente Brasiliens sind etwa die Naturschönheiten, Flora und Fauna, tropische Früchte und oft auch das Aussehen der Menschen. Für uns vertraute Elemente sind beispielsweise eine Reihe von Gerichten, die europäischen historischen Wurzeln, die christliche Religion, viele Personen- und Ortsnamen und natürlich der Fußball. Außerdem herrscht zwischen Europäern und Brasilianern ein gutes Verhältnis. In den meisten Fällen interessieren sich beide Seiten sehr für die jeweils andere Kultur. Es gibt nicht wenige Brasilianer, die davon träumen, einmal in das historisch-kulturell reiche Europa zu reisen, und umgekehrt wünschen sich viele Europäer einmal das reizvolle und spannende Tropenreich Brasilien kennenzulernen.

Zudem ist das Wissen über Brasilien im Rest der Welt sehr beschränkt. So herrscht außerhalb Brasiliens ein recht verzerrtes Bild von dem Land. Viele Menschen kennen nur die gängigen Klischees, für die Brasilien berühmt ist. Trotz Internet und zahlreicher Massenmedien verfügen die meisten Menschen nur über wenige Informationen zum Thema Brasilien. Auch einige Akademiker besitzen ein nur rudimentäres Wissen über das Land. Eine exzessive Feierkultur, das Image der sinnlich-exotischen brasilianischen Frauen oder die Gewaltkultur, wie sie beispielsweise im Film *City of God* porträtiert wird, prägen die Vorstellungen vieler Menschen von Brasilien. In vielen Fällen stimmen die Vorurteile, jedoch hat Brasilien weitaus mehr zu bieten als seine üblichen Klischees.

Dazu kommt, dass Brasilien ein überaus spannendes Land ist. Große Teile des Landes sind weiterhin unentdeckt und wild. Trotz der stabilen demokratischen Strukturen verharren weite Teile der Gesellschaft weiterhin in informellen Sphären. Der informelle Raum in Brasilien äußert sich in der prekären Wohnsituation der Menschen in den Elendsvierteln der Großstädte und in der verbreiteten Schattenwirtschaft. In weiten Teilen der brasilianischen Bevölkerung herrscht ein Fortschrittsglaube und es gibt eine grundsätzliche Offenheit gegenüber neuen Ideen, Trends und Veränderung. Vor allen die großen Städte zeichnen sich durch ein hohes Maß an gesellschaftlicher Dynamik aus. Man spürt, dass in diesem Land Bewegung herrscht. Zugleich sind allerdings viele Lebensbereiche intransparenter als diese es in der westlichen Welt sind. Dazu zählen beispielsweise politische Entscheidungsprozesse, das Steuersystem und der Immobilienmarkt.

Schließlich ist das Thema „Brasilien" höchst aktuell. Die beiden Sport-Großereignisse in den kommenden Jahren werden den Blick der Weltöffentlichkeit automatisch auf Brasilien lenken. Mithilfe von massiven Infrastruktur-Investitionen will die brasilianische Regierung ihr Land auf Vordermann bringen, das Land „fit" für die großen Sportereignisse machen, um sich schließlich der Welt in einem guten Licht präsentieren zu können. Nicht zuletzt erfuhren die jüngsten Massenproteste in Brasilien ein weltweites Medienecho. Bei den Protesten erhoben sich die Bürger vor allem gegen die schlechte medizinische Versorgung, die anhaltende Korruption der politischen Kaste sowie gegen das mangelhafte Bildungssystem. Außerdem haben viele Brasilianer die Sorge, dass sich nach dem Tamtam der Fußball-WM wieder alte Muster und Probleme breitmachen werden. Den protestierenden Bürgern geht es um Nachhaltigkeit der jüngsten Entwicklungen.

Als Fazit: Es ist wichtig und essenziell, sich mit dem Thema Brasilien auseinanderzusetzen. Die große Bevölkerungszahl und die wachsende Wirtschaftsleistung werden das weltwirtschaftliche Gewicht Brasiliens in den kommenden Jahrzehnten erhöhen.

Unter den großen Schwellenländern zeichnet sich Brasilien durch seinen „westlichen“ Charakter aus. In kultureller Hinsicht ist Brasilien für Westeuropäer und Nordamerikaner näher als so manche asiatische Staaten. Brasilien bietet als Wachstumsmarkt Chancen und Gewinnmöglichkeiten für ausländische Investoren. Aus diesen Gründen lohnt es sich, Brasilien aus verschiedenen Perspektiven in seiner Ganzheit kennenzulernen.

2. Wirtschaftsgeschichte Brasiliens

Im weltweiten Vergleich gilt Brasilien als ein recht junges Land. Anders als beispielsweise Ägypten, China, Griechenland, Italien oder Syrien ist Brasilien nicht gerade für jahrtausendalte Kulturdenkmäler berühmt. Gewiss gibt es in Brasilien eine ganze Reihe von historischen Orten – ob Gebäude, Kirchen, Klöster oder alte Forts. An einigen Orten scheint die Geschichte lebendig zu werden: im Zentrum von Rio de Janeiro, an einigen Orten in São Paulo, in der einstigen Goldgräberstadt Ouro Preto, im alten Hafenstädtchen Paraty an der Küste des Bundesstaates Rio de Janeiro, im malerischen Olinda bei Recife und natürlich in Brasiliens erster Hauptstadt – Salvador da Bahia. Als ich die Stadt Ouro Preto besuchte – die zum UNESCO-Weltkulturerbe zählt – kam ich mir wie in einem Freilichtmuseum vor. Man läuft durch eine romantische Kleinstadt im sonnigen Bergland von Minas Gerais. Die insgesamt 23 Kirchen im Barockstil bilden mit der hügeligen Lage der Stadt ein einzigartiges Zusammenspiel. Ich fühlte mich in die Kolonialzeit zurückversetzt. Auch Rio de Janeiro ist durch zahlreiche Herrenhäuser im Kolonialstil geprägt – wie etwa im alten Villenviertel Santa Teresa, von wo aus man eine spektakuläre Aussicht auf die verschiedenen Winkel der Zuckerhut-Metropole und die riesige Guanabará-Bucht hat. Leider sind viele Kolonialbauten in Rio heruntergekommen und fielen der Ghettoisierung zum Opfer. Die Häuser sind in marodem Zustand, der Putz blättert von den Außenwänden und die Bewohner wirken nicht gerade wie die geschichtsbewusstesten Menschen auf Erden. Ein Brasilianer sagte einmal zu mir: „Das Geschichtsbewusstsein ist in Brasilien nicht sonderlich ausgeprägt." In der Tat wurden beispielsweise viele historische Gebäude in São Paulo im Laufe der Jahrzehnte abgerissen und mussten neuen, modernen Bauten weichen. Gleichsam merkt ein Besucher aus dem alten Europa auf Schritt und Tritt, dass Brasilien ein Teil der „Neuen Welt" ist. Ob Caixas do Sul,

Goiânia, Anápolis, Porto Velho, Brasília, Campo Grande, Joinville, Americana oder Foz do Iguaçu – viele brasilianische Städte wurden erst im 19. bzw. im 20. Jahrhundert gegründet.

Bereits 460 Jahre vor mir reiste der Deutsche Hans Staden nach Brasilien. Der aus Hessen stammende Landsknecht fuhr mit einer portugiesischen Galeere im Jahr 1548 nach Brasilien und kämpfte an Seite der Portugiesen gegen die Indios. Er war wohl der erste Deutsche, der seinen Fuß auf brasilianisches Territorium setzte. Seine abenteuerlichen Erlebnisse hielt er in dem Werk „Wahrhaftige Historia" fest. *„Wir segelten hin durch das meer mit gûtem winde"*, „[…] *da meyneten wir das schiff mit Prasilien holtz zuladen"*, so lauten zwei Zitate aus seinem Werk. Um das heutige Brasilien zu verstehen, macht es Sinn, sich mit den historischen Grundlagen zu beschäftigen. Brasilien blickt auf eine lange Geschichte zurück. Im gesamtamerikanischen Vergleich gehört die Kolonialisierung Brasiliens zu den ältesten des Kontinents. Die vorkoloniale Zeit Brasiliens ist primär durch indianische Nomadenstämme geprägt, die Jäger waren und Fischfang betrieben sowie bestimmte Pflanzen kultivierten. Jahrhundertelange indianische Hochkulturen wie in Peru oder Mexiko hat es auf brasilianischem Boden nicht gegeben. Die ökologischen Bedingungen im Amazonasbecken verhinderten ein starkes Bevölkerungswachstum sowie das Aufkommen einer Zivilisation. Jetzt zeige ich Ihnen, warum ich so begeistert von der brasilianischen Geschichte bin. Die Geschichte ist sehr bewegt und ereignisreich und darüber hinaus lässt sie sich sehr anschaulich wiedergeben.

Es ist sinnvoll und geschichtswissenschaftlich etabliert, das brasilianische Kolonialzeitalter, die Kaiserzeit und auch die erste Hälfte des 20. Jahrhunderts in mehrere Wirtschaftszyklen einzuteilen. Jeder Zyklus ist durch die Produktion eines Rohstoffes charakterisiert, der das damalige Wirtschaftsleben Brasiliens maßgeblich prägte, schrittweise veränderte und das Land weiterentwickelte. Außerdem bewirkte jeder Rohstoffzyklus den Aufschwung einer jeweils neuen geografischen Region innerhalb Brasiliens. Diese Gliederung ist sehr anschaulich und unterstreicht die Bedeutung von Rohstoffen für die brasilianische Volkswirtschaft, die bis in die heutige Zeit anhält.

Entdeckung und Kolonialisierung Brasiliens (1500–1822)

Bereits im 14. Jahrhundert begann die portugiesische Krone, den damals noch weitgehend unbekannten Atlantischen Ozean zu erkunden. Hauptauslöser für die verstärkten Aktivitäten im Atlantik war die iberische Reconquista. Die christlichen westgotischen Heere verdrängten die islamischen Mauren von der iberischen Halbinsel. Dadurch wurde die Straße von Gibraltar für den Fernhandel geöffnet und ließ den portugiesischen Seehandel florieren. Unter der Führung von Prinz Heinrich entdeckten die Portugiesen zunächst mehrere Inselgruppen im Atlantik, zu denen Madeira, die Azoren, São Tomé und die Kap Verdischen Inseln gehörten. Mit der Expansion beabsichtigte die portugiesische Krone ihr Handelsimperium auszuweiten, indem sie in den Kolonien Handelsfaktoreien gründete. Gegen Ende des 15. Jahrhunderts fand ein Machtgerangel zwischen der spanischen und portugiesischen Krone um Einflusszonen im Atlantik statt. Um Klarheit zu schaffen, wurde im Jahr 1494 auf Geheiß des Papstes Alexanders VI. der Vertrag von Tordesillas geschlossen. Demgemäß wurde eine klare Grenze zwischen portugiesischer und spanischer Einflusszone gezogen. In den Verhandlungen erreichten die Portugiesen, dass die Trennungslinie letztendlich 370 Seemeilen westlich der Kapverdischen Inseln in Nord-Süd-Richtung verlaufen sollte. Diese Grenzziehung reichte den Portugiesen aus, um den Ostteil des südamerikanischen Kontinents zu kolonialisieren. So wurde bereits im 15. Jahrhundert eine entscheidende Weichenstellung für die zukünftige Entwicklung Südamerikas vollzogen.

Als Folge von mehreren Entdeckungsfahrten erreichten die portugiesischen Kolonisatoren erstmals am 22. April 1500 die Küste Brasiliens. Dieses Datum kann als die Geburtsstunde des brasilianischen Staates gesehen werden. Die Entdecker dachten anfangs, dass sie eine Insel entdeckt hätten und nannten das Land daher zunächst Ilha de Vera Cruz („Insel des wahrhaftigen Kreuzes“).

Unter dem Kommando des Adelsmannes Pedro Álvares Cabral landete eine Flotte von 13 Schiffen nördlich der heutigen Stadt Porto Seguro im Bundesstaat Bahia. Dies war auch der Moment, in dem die portugiesischen Seefahrer den brasilianischen Ureinwohnern begegneten.

Die indianischen Ureinwohner Brasiliens

Die indianischen Ureinwohner Brasiliens gliederten sich in zwei große Volkstämme: die Tupís-Guaranís und die Tapuias. Erstere bevölkerten einen überwiegenden Teil der Küste des heutigen Brasilien und kamen daher mit den Europäern direkt in Kontakt. Die indianischen Ethnien bildeten keine größere politische Einheit und lebten meist in Sippenverbänden von einigen hundert Mitgliedern. Außenbeziehungen zu anderen Sippen leiteten sich je nach Grad der Verwandtschaft ab. Grundsätzlich waren die Indianer Jäger und Sammler. Außer dem Fischfang und der Jagd betrieben sie auch Landwirtschaft. Die Tupís bauten insbesondere Maniok an, aus dem sie ihr Grundnahrungsmittel - das Maniokmehl - gewinnen konnten. Eine Einteilung der Gesellschaft in soziale Gruppen bestand nicht. Hierarchien waren zwischen den Indianern auffallend flach. Es bestehen außerdem weiterhin Gerüchte, dass es auf dem Gebiet des heutigen Brasilien rituellen Kannibalismus unter den Ureinwohnern gab.

Die erste Begegnung zwischen Indios und den Portugiesen war oft entscheidend für den weiteren Verlauf der beidseitigen Beziehungen. Sowohl die Zeichensprache als auch der Austausch von Geschenken war beiden Seiten geläufig. Laut portugiesischen Geschichtsaufzeichnungen waren die Indios vollkommen unbekleidet. Bei anfänglichen Begegnungen wurden daher oft europäische Kleidungsstücke, z. B. Hüte, gegen indianischen Kopfschmuck ausgetauscht. Ein wichtiges Mittel der Kontaktaufnahme war auch der Tauschhandel mit europäischen Gebrauchsgegenständen aus Metall. Davon profitierten die Stämme, die in der Nähe der Küsten lebten. Bereits nach kurzer Zeit vermischten sich die portugiesischen Kolonisatoren mit indianischen Frauen. Dies bildete den Ursprung der brasilianischen Mischlingsbevölkerung – der sogenannten „Mamelucos". Die Mischlinge trugen dazu bei, dass sich die Sprache der Tupí-Guaraní als Verkehrssprache etablierte.

Grundsätzlich waren die indianischen Gruppen sehr zersplittert. Aus diesem Grunde schlossen sich mehrere Stämme der Tupís den portugiesischen Kolonisatoren an, um gegen verfeindete Indio-Stämme zu kämpfen. Durch diese Kollaboration unterstützten sie die Kolonialisierung Brasiliens in hohem Maße. Indianische Küstenbewohner waren gegenüber Indios, die im Inland lebten, im Vorteil. In den Chroniken der Portugiesen werden die Indios oftmals als einfach und naiv dargestellt. Bei Gottesdiensten der Portugiesen schauten sich die Indios die Gebetshaltung ab und imitierten diese.

Aus historischer Perspektive war die Landung der Europäer in Brasilien ein Ereignis mit katastrophalen Folgen für die indianische Urbevölkerung. Die Indianer wurden von den weißen Eroberern unterworfen, massakriert und von Seuchen und Epidemien heimgesucht, die die Portugiesen eingeschleppt hatten. Viele Indios vermischten sich mit den portugiesischen Eroberern. Daher haben viele hellhäutige Brasilianer mindestens einen indianischen Vorfahren in ihrem Stammbaum. Von den anfangs 8,5 Millionen indianischen Ureinwohnern leben im heutigen Brasilien nur noch 350.000.

Zyklus des Brasilholzes (1500–1560)

Der erste Wirtschaftszyklus war der „Zyklus des Brasilholzes". Er dauerte von ca. 1500 bis 1560. Das rotfarbige Brasilholz wurde aus dem Laubbaum *Caesalpina echinata* gewonnen, dessen damaliges Verbreitungsgebiet die gesamte brasilianische Atlantikküste war. Aufgrund seiner Härte wurde es vor allem für den Bau von Möbeln und Schiffen verwendet. Außerdem benutzten die Europäer das rote Extrakt des Holzes als Färbemittel für Textilien. Es etablierte sich als erstes Handelsgut, das von den portugiesischen Kolonisatoren nach Europa verschifft wurde. Die Gewinnung des Brasilholzes kann als der erste Wirtschaftszweig Brasiliens gesehen werden. Dieser war derart bezeichnend, dass das neu entdeckte Land ab den 1520er Jahren „Brasilien" genannt wurde.

Das Brasilholz wurde fast ausschließlich von den Indios der Küstenregion geschlagen. Die Portugiesen boten den Indios Metallwaren wie Werkzeuge, Äxte und Messer als Tausch gegen das Brasilholz an. Auf diese Weise gelangten die portugiesischen Kolonisatoren einfach und kostengünstig an das geschlagene Brasilholz, welches in handliche Stücke zerlegt wurde. Aufgrund der starken Rodung von Caesalpina-Bäumen in der Küstenregion verringerten sich die Vorkommen rasch, sodass die Indios das Brasilholz zunehmend im Landesinneren schlugen und für den Export an die Küste transportierten. Die Brasilholzwirtschaft ist auch der Ursprung der brasilianischen Rohstoffökonomie, die in abgewandelter Form bis heute fortbesteht.

Die portugiesische Krone kam in den 1530er Jahren zur Überzeugung, dass eine systematische Kolonisierung des brasilianischen Territoriums unabdingbar sei. Zu diesem Zwecke schuf sie 15 sogenannte Kapitanien. Die Kapitanien waren Küstenabschnitte in Nord-Süd Richtung, die im Osten durch die Atlantikküste und im Westen durch die Tordesillas-Linie begrenzt wurden. Folgende Gebiete bildeten die brasilianischen Kapitanien: Pará, Maranhão, Piauhy, Ceará, Itamaracá, Pernambuco, Bahia, Ilhéus, Porto Seguro, Espírito Santo, São Tomé, Rio de Janeiro, Santo Amaro, São Vicente und Sant'Ana. Die portugiesische Krone ernannte zwölf Donatários zu den Gouverneuren der einzelnen Kapitanien (zwei dieser zwölf Donatários erhielten jeweils einmal zwei und einmal drei Kapitanien). Sie waren Kolonisationsunternehmer meist adliger Herkunft und hatten die militärische und zivile Befehlsgewalt. Ihre Aufgabe war es, für die Besiedlung und Verteidigung der Kapitanien zu sorgen. Gleichzeitig erhob die portugiesische Krone Steuern, die die Kapitanien an die Kolonialmacht Portugal abführen mussten. Zwei Donatários waren erfolgreich mit der Kolonialisierung und schafften es die Gebiete zu konsolidieren. Hierbei handelte es sich um Martim Alfonso de Sousa in São Vincente und

Rio de Janeiro sowie Duarte Coelho in Pernambuco. Beide Kolonisationsunternehmer zeichneten sich dadurch aus, dass es ihnen gelang, Kapital für ihre Unternehmungen zu beschaffen. Dieses investierten sie insbesondere in den Anbau von Zuckerrohr und die Zuckerproduktion. Zucker sollte von da an der nächste Wachstumszweig der jungen brasilianischen Volkswirtschaft werden.

Zyklus des Zuckers (ca. 1540–1670)

Zwischen 1540 und 1570 verlief der zweite Wirtschaftszyklus Brasiliens: der „Zyklus des Zuckers“. Ab dem 16. Jahrhundert etablierte sich Zucker als ein beliebtes Luxusgut an den europäischen Höfen und wurde verstärkt nachgefragt. Der Zucker entwickelte sich in der Folgezeit zu einem Massenkonsumgut. Martim Alfonso de Sousa holte mehrere portugiesische und italienische Zuckeranbau-Experten nach Brasilien. Sie schufen die Basis für eine erfolgreiche und vermehrte Kultivierung und förderten die Entstehung zahlreicher Zuckermühlen. In den Jahren 1570 bis 1600 schossen in den Kapitanien des Nordostens sowie des Südens immer mehr Zuckermühlen aus dem Boden. Innerhalb von 30 Jahren stieg die Anzahl der Zuckermühlen von anfangs 60 auf ca. 230 an. Martim Alfonso wurde Gesellschafter von einer der größten Zuckermühlen in der Kolonie, die *Engenha São Jorge dos Erasmos* in der Kapitanie São Vicente. Die Kapitanien Bahia und Pernambuco im brasilianischen Nordosten avancierten zu den ersten Zentren des Zuckerrohranbaus. Gleich mehrere Faktoren begünstigten den Aufstieg der Küstenregionen Pernambuco und Bahia: Das günstige Klima, eine gute Bodenqualität sowie die geografische Nähe zu Europas Importhäfen machten Pernambuco und Bahia zu den Drehpunkten der Zuckerrohrökonomie.

Der Produktionsprozess des Zuckers war komplex und fand in der Einheit eines *Engenhos* statt. Ein *Engenho* war ein großflächig angelegter Zucker-Produktionsbetrieb, auf dem sich Mühlen und Öfen befanden, die für die Zuckerproduktion eingesetzt wurden. Zu einem *Engenho* gehörten außerdem die Zuckerrohrfelder. Mit dem Zuckerrohranbau wurde in Brasilien die Plantagenwirtschaft eingeführt. Es bedurfte hoher Investitionen, um einen *Engenho* zum Laufen zu bringen und diesen zum Erfolg zu führen. Die Finanzierung erfolgte oftmals durch Kredite von europäischen Kreditgebern – Flamen und Italienern. Die Besitzer der *Engenhos* hatten einen großen ökonomischen, politischen und sozialen Einfluss in der Kolonie. Sie entstammten meist portugiesischen Adelsfamilien, hatten hohe Ämter in der Kolonialverwaltung inne, waren wohlhabende Einwanderer mit Besitz oder Händler. Somit bildeten sie den ersten „Geldadel" auf brasilianischem Boden.

Eine besondere Rolle in der Zuckerökonomie des 16. Jahrhunderts spielten die Händler. Ab dem 17. Jahrhundert vergaben auch Händler vermehrt Kredite an Plantagenbesitzer. Sie nahmen eine Schlüsselrolle im damaligen Wirtschaftsleben ein, da sie sowohl Financiers der *Engenhos* waren als auch als Zwischenhändler bei Import- und Exportgeschäften agierten. Im Jahr 1625 stammten die gesamten Zucker-Importe nach Europa aus Brasilien. Mehrere europäische Importhäfen – wie Genua, London, Hamburg und Amsterdam – hatten einen großen Einfluss auf die Preisfestsetzung des Zuckers. Durch diese Nachfragekonkurrenz zwischen den europäischen Importzentren entglitt der Zuckerhandel nach und nach den alleinigen Händen der portugiesischen Krone.

Die brasilianische Zuckerwirtschaft war eng mit der Versklavung von afrikanischen Arbeitern verknüpft. Im Zeitraum zwischen 1540 und 1600 nahm die Zahl der afrikanischen Sklaven in hohem Maße zu. Die portugiesische Kolonialmacht setzte vermehrt afrikanische Sklaven auf den Zuckerrohrplantagen als Arbeiter ein. Auf diese Weise verdrängten die afrikanischen Arbeiter zunehmend die indianischen Arbeitskräfte.

Die Zuckerwirtschaft nimmt eine überaus große Bedeutung in der Geschichte der brasilianischen Wirtschaft ein. In weiterentwickelter Form hat die Zuckerökonomie bis in die heutige Zeit Bestand und erlebte in der letzten Dekade – dank des Ethanols – ein großes Revival. Sie nimmt damit eine Schlüsselposition in der Volkswirtschaft ein. Zusammen mit der Sklaverei bildete die Zuckerwirtschaft die Basis für die Kolonialgesellschaft. Mit dem Beginn der Zuckerökonomie verlagerte sich der erste ökonomische

Schwerpunkt Brasiliens in den Nordosten des Landes. Salvador wurde 1549 zur ersten Hauptstadt der Kolonie und sollte dies für mehr als 200 Jahre bis ins Jahr 1763 bleiben.

Sklaverei und Afrobrasilianer im kolonialen Brasilien

Im Jahr 1570 lebten rund 2.000 bis 3.000 Afrikaner im kolonialen Brasilien. Parallel zum Zuckerrohrboom erlebte der Import von Sklaven aus Schwarzafrika nach Brasilien eine Hochphase. Innerhalb von weniger als 70 Jahren wurden die indianischen Arbeitskräfte sukzessive durch Schwarzafrikaner ersetzt. Der Übergang zur Versklavung von Afrikanern hatte mehrere Gründe: Afrikaner galten als gefügiger als Indios, da sie aus ihrer angestammten Umgebung herausgerissen wurden. Außerdem hatten sie sich in den atlantischen Kolonien Portugals (Kap Verde, Guinea-Bissau) als geschickte Arbeiter erwiesen, die vorzugsweise in der Zuckerproduktion eingesetzt werden konnten. Zudem führte eine verschärfte Gesetzgebung vonseiten der portugiesischen Krone gegen die Indio-Sklaverei dazu, dass immer weniger Indios versklavt wurden. Auch die Tatsache, dass Indio-Sklaven günstiger zu beschaffen waren als afrikanische Sklaven, änderte nichts an dieser Entwicklung. Die neuen Sklaven aus Schwarzafrika wurden zur tragenden Stütze für die Zuckerökonomie der Kolonie.

Die Art und Weise, wie die Sklaven in der zweiten Hälfte des 16. Jahrhunderts nach Südamerika gelangten, war desaströs. Der Schiffstransport wurde von mehreren Handelskompanien organisiert, die aus Zusammenschlüssen von Zuckerproduzenten hervorgingen. Es stellte sich als ein äußert riskantes und verlustreiches Unternehmen heraus. In der frühen Phase der Sklaverei pferchten die Sklavenhändler die maximale Zahl an Sklaven auf den Schiffen zusammen. Als Folge dessen kamen mehr als 50 % der Menschen während der Überfahrt um. Erst zu Beginn des 18. Jahrhunderts verringerte sich die Sterblichkeitsrate durch Verbesserung der äußeren Bedingungen bei der Verschiffung auf den amerikanischen Kontinent.

Im gesamtamerikanischen Sklavenhandel verschifften Sklavenhändler rund 10 bis 12 Millionen Afrikaner nach Nord-, Mittel- und Südamerika. Zwischen den Jahren 1550 und 1855 gelangten 41 % davon - also vier bis viereinhalb Millionen Afrikaner - als Sklaven nach Brasilien. Zwischen 1600 und 1800 stieg die Anzahl der in Brasilien ankommenden Sklaven rapide an. Zwischen 1600 und 1650 kamen 200.000 Sklaven, zwischen 1650 und 1700 erhöhte sich die Anzahl auf 360.000 Sklaven und im 18. Jahrhundert erreichten 1,7 Millionen Sklaven die brasilianische Küste. Die Herkunftsregionen der Sklaven waren die westafrikanische Goldküste (Guinea) und ab dem 18. Jahrhundert zunehmend Angola, der Kongo und Mosambik. Sie waren meist junge Männer von den Stämmen der Yoruba, Jeje, Haussa - und später auch vermehrt der Bantu. Als wichtigste Importhäfen für afrikanische Sklaven fungierten Salvador und Rio de Janeiro. Die Handelskompanien des kolonialen Brasilien bezahlten die Sklaven aus den Gewinnen des Zuckerhandels. Somit finanzierten indirekt auch die europäischen Zuckerimporteure die Sklavenwirtschaft Brasiliens und unterstützten das Kolonialsystem.

Die Schwarzen bildeten die unteren sozialen Schichten im kolonialen Gesellschaftssystem. Während europäischstämmige Brasilianer das höchste soziale Ansehen in der Kolonie genossen, waren Schwarze - ebenso wie Indios und Mischlinge - vielfachen Diskriminierungen ausgesetzt. „Schwarz“ wurde oft als Synonym zu „Sklave“ verwendet. Bis ins 19. Jahrhundert hinein wurden einfache und handwerkliche Arbeiten mit *„coisa de negro“* (Sache des Schwarzen) herabgewürdigt. Aufgrund der harten Arbeitsbedingungen hatten Sklaven eine durchschnittliche Lebenserwartung von nur 27 Jahren. Dementsprechend betrug die Dauer ihres „Arbeitslebens“ nur zwischen sieben und zwölf Jahren. Trotz der menschenunwürdigen Lebensbedingungen der Sklaven und ihrer Bezeichnung als „menschliche Ware“ hatten Sklaven einen festen rechtlich definierten Status. Sie besaßen sogar elementare Rechte, wie das Recht auf Besitz oder gar auf Freikauf, sofern sie den Kaufpreis dafür erbringen konnten. In der Praxis des frühkolonialen Brasiliens kannten allerdings wenige Sklaven ihre Rechte und waren daher noch weniger imstande diese Rechte geltend zu machen. Im Laufe der Zeit nahm die Zahl der freigelassenen Afrobrasilianer allerdings stetig zu. Freie Schwarze hatten die Möglichkeit sozial aufzusteigen, wenn es ihnen gelang, sich Besitz anzueignen oder Bildung zu erwerben. Um das Jahr 1800 zählten bereits 42% der afrobrasilianischen Bevölkerung zu der Gruppe der „Freien" oder freigelassenen Sklaven.

Durch die Zwangsansiedlung von afrikanischen Sklaven bekam die ethnische Vielfalt Brasiliens eine neue Dimension. Neben der indianischen und der europäischen Ethnie bildeten sich die Afrobrasilianer über die Jahrhunderte als neue Bevölkerungsgruppe heraus. In den letzten Jahren der Kolonialzeit – zu Beginn des 19. Jahrhunderts – stellten Afrobrasilianer in vier der bedeutendsten Kapitanien die Mehrheit der Bevölkerung. In Minas Gerais machten sie 75 % der Gesamtbevölkerung aus. Auch in Pernambuco (68 %), Bahia (79 %) und Rio de Janeiro (64 %) repräsentierten sie die Mehrheit der Bevölkerung. Nur São Paulo wurde mehrheitlich von Weißen bewohnt (56 %). Die schwarze Bevölkerung bildete die elementare Basis an Arbeitskräften und war eine bedeutende Stütze für die Wirtschaft im kolonialen Brasilien.

Das 17. Jahrhundert

Um das Jahr 1600 lebten in den kolonialisierten Gebieten Brasiliens ca. 100.000 Menschen. Zu dieser Zeit hatte die Hauptstadt Salvador da Bahia etwa 18.000 Einwohner. Die Stadt Olinda (das heutige Recife) hatte gerade einmal 4.000 Einwohner. Bereits im 17. Jahrhundert – in der Mitte der Kolonialepoche – zeichnete sich Brasilien durch eine multiethnische Gesellschaft aus. Indios, Europäer meist portugiesischer Herkunft, Schwarzafrikaner und Mischlinge machten die Bevölkerung der jungen Kolonie aus. Letztere wurden je nach Abstammung ihrer Elternteile, *Mamelucos*, *Mestiços* oder *Caboclos* genannt. Laut Pietschmann war der Mangel an europäischen Frauen ein wichtiger Grund für das rasche Anwachsen der Mischlingsbevölkerung: „Eine wesentliche Ursache für die

Vielzahl gemischtrassiger Verbindungen war […] sowohl im Falle der Schwarzen als auch der Portugiesen der eklatante Mangel an Frauen der eigenen ethnischen Gruppe gewesen." Diese Zusammensetzung und der daraus resultierte Bevölkerungsmix bildet bis in die heutige Zeit die Basis der brasilianischen Population.

Die neu entstandenen „Städte", die wohl zu damaliger Zeit eher die Größe eines Dorfes hatten, waren die Knotenpunkte für die verstreute Landbevölkerung Brasiliens. Sie waren wirtschaftliche, religiöse und kulturelle Zentren und dienten der Landbevölkerung als Zufluchtsort im Falle innerer oder äußerer Bedrohung. Die *Engenho*-Betreiber, die auf dem Lande ansässig waren, waren durchweg in den Stadträten (*Senado da Cámara*) vertreten und übten somit ihre politische Macht auch in den Städten aus. Eine weitere wichtige Rolle spielte die Schicht der Kaufleute in den ersten brasilianischen Siedlungen. Durch den Handel mit landwirtschaftlichen Gütern konnten sie ihren Reichtum vergrößern. Sie waren oft iberische Neuchristen – das heißt, dass sie in vielen Fällen von sephardischen Juden abstammten, die im ausgehenden 15. Jahrhundert zum Christentum konvertierten.

Zwischen den Jahren 1624 und 1654 erlebte der brasilianische Nordosten eine Epoche holländischer Belagerung und vorübergehender Kolonisation. Das Ziel der Holländer war es, die Vormachtstellung der Spanier – ihren großen Rivalen im Atlantik – zu brechen. Sie verfolgten die Strategie, die Edelmetallströme von Südamerika auf die Iberische Halbinsel zu unterbrechen und beabsichtigten mit der „Westindischen Kompanie" ihre eigenen Handelsströme zu fördern. Der Plan ging zunächst auf: Die Holländer kaperten die Silberflotte, erbeuteten Schätze im Wert von 15 Mio. Gulden und setzten sich mit diesen Ressourcen in Olinda und Recife fest. Der im Jahre 1637 nach Brasilien entsandte Johann Moritz von Nassau-Siegen schaffte es, die neue niederländische Kolonie in Südamerika zu konsolidieren. Als ziviler und militärischer Oberbefehlshaber gelang es ihm mit Truppennachschüben, Siedlern, neuer Ausrüstung, Technikern, Wissenschaftlern und protestantischen Predigern bis 1642 den gesamten brasilianischen Nordosten unter seine Kontrolle zu bringen. In Europa vereinbarten die Portugiesen und die Niederländer 1641 ein Waffenstillstandsabkommen mit dem Ziel, die Spanier auszuspielen. Der europäische „Schmusekurs“ zwischen Portugiesen und Holländern führte dazu, dass die Aktienkurse der Westindischen Kompanie in die Tiefe rauschten. Die Westindische Kompanie senkte als Folge dessen ihren Nachschub an Kapital und Gütern. Moritz von Nassau versuchte, dieser Entwicklung anfangs entgegenzuwirken, kehrte aber schließlich im Jahr 1644 nach Holland zurück. In diesem Jahr startete die portugiesisch-brasilianische Seite die Gegenoffensive. Unter der Führung des Mulatten João Fernandes gelang es den portugiesisch-brasilianischen Truppen, die Holländer in mehreren Schlachten entscheidend zu schwächen, bis diese letztendlich im Jahr 1654 kapitulierten. Das kurze koloniale Intermezzo der Holländer in Brasilien war damit beendet.

In den weiter südlich gelegenen Kapitanien São Paulo und São Vicente fanden ab den 1630er Jahren weitreichende Expeditionen ins unentdeckte brasilianische Hinterland statt. Die sogenannten *Bandeirantes* (Fahnenträger) waren die Initiatoren dieser Züge in das Innere des Kontinents. Sie waren Miliz-ähnliche, hunderte Männer starke Gruppierungen, die aus portugiesisch-stämmigen Abenteurern, freien Schwarzen und Mischlingen bestanden. Oft rekrutierten sie sich aus den sogenannten *Sertanistas* (Buschläufer), die bereits Erfahrungen mit dem Leben im Buschland hatten. Die *Bandeirantes* verfolgten vor allem zwei Ziele: den Fang und die Versklavung von Indios sowie die Suche nach Edelsteinen. Auf diese Weise legten die Bandeirantes den Grundstein für die Erschließung des riesigen brasilianischen Hinterlandes. Einer der berühmtesten Führer der *Bandeirantes* war Antônio Raposo Tavares. Ab den 1630er Jahren fingen die *Bandeirantes* an, Missionen der Jesuiten zu überfallen, um die dort in Freiheit lebenden Indios zu versklaven. Diese Machenschaften führten zu brutalen, bürgerkriegsähnlichen Kämpfen zwischen den *Bandeirantes* einerseits und den Missionsindios und Kolonisten andererseits. Trotz der Grausamkeit der Geschehnisse bleibt festzuhalten, dass die Züge der *Bandeirantes* die wirtschaftlichen Aktivitäten im weiten brasilianischen Hinterland förderten. Tavares gelang es 1648 bei einem spektakulären Zug, bei dem er bis an die Quelle des Amazonas gelangte und am Ende in der Nähe der heutigen Stadt Belem ankam. Dabei legten er und seine Gefolgsleute insgesamt 12.000 km zurück. Durch die *Bandeirantes* wurden unter anderem die Gebiete erkundet, die heute die Bundesstaaten Goiás, Minas Gerais sowie Mato Grosso umfassen. Als Folge der Erkundungszüge der *Bandeirantes* entstanden viele ausgedehnte Viehzuchtbetriebe entlang der neu entdeckten Gebiete, die sich im weiteren Verlauf der Geschichte oft zu Städten entwickelten. In dieser Zeit etablierten sich auch die ersten Großgrundbesitzer, die über Ländereien verfügten, die über 39 Millionen Hektar groß waren. Eine der Autobahnen im Bundesstaat São Paulo trägt heute sogar den Namen *Rodovia dos Bandeirantes*.

Gegen Ende des 17. Jahrhunderts und zu Beginn des 18. Jahrhunderts hatte sich in Brasilien eine erstaunlich diversifizierte Wirtschaft entwickelt. Der Tabakanbau und die Viehzucht machten jeweils 9,5 % und 5,2 % der damaligen Exporterlöse aus. In den Städten Rio de Janeiro, Salvador und São Paulo florierte eine gewerbliche Wirtschaft. Während São Paulo zum Zentrum der damaligen Textilindustrie avancierte, etablierte sich in Rio und in Salvador der Schiffsbau. Schon in der damaligen Zeit ließ sich Brasilien in mehrere Wirtschaftsregionen mit unterschiedlichen Branchenschwerpunkten einteilen.

Im ausgehenden 17. Jahrhundert schlitterte Brasilien allerdings nach und nach in seine erste Wirtschaftskrise. Die zunehmende Konkurrenz auf dem Zuckermarkt durch britische, niederländische und französische Produzenten in deren karibischen Kolonien führte dazu, dass sich die Angebotsmenge des Zuckers extrem erhöhte. Schließlich kam es zu einem Preisverfall auf den europäischen Konsummärkten. Der Zyklus des Zuckers näherte sich seinem Ende.

Zyklus des Goldes (1695–1800)

In den Jahren 1695 und 1698/99 machten die *Bandeirantes* an den Ufern des Rio das Velhas und des Rio São Francisco in der Kapitanie Minas Gerais ihre ersten Goldfunde. Diese Ereignisse lösten einen regelrechten Goldrausch aus. Aus São Paulo, Rio de Janeiro und weiteren Regionen der Kolonie brachen zahllose Goldsucher, Abenteurer und Glücksritter in die Region Minas Gerais auf. Auch in Portugal – im Mutterland der Kolonie – lösten die Goldfunde im Herzen Brasiliens eine Einwanderungswelle aus. Zwischen den Jahren 1700 und 1760 wanderten insgesamt 600.000 Portugiesen nach Brasilien aus, um dort ihr Glück zu suchen. Während des 18. Jahrhunderts schwoll die Bevölkerung von der Kapitanie Minas Gerais auf eine halbe Million Menschen an. Die Einwanderer waren ein bunt gescheckter Haufen aus Predigern, Händlern, Abenteurern und Prostituierten. Die weitaus reichsten Goldvorkommen fanden die Goldgräber am Fluss Vila Rica. An diesem Ort entstand die heute für Brasilien so geschichtsträchtige Stadt Ouro Preto.

Ouro Preto – Die Goldgräberstadt des 18. Jahrhunderts

In der ersten Hälfte des 18. Jahrhunderts schnellte die brasilianische Goldförderung rapide in die Höhe. Im Jahr 1710 wurden sieben Tonnen (t) p. a. gefördert, 1735 bereits neun t p. a. und im Jahr 1755 erreichte die Goldförderung mit 16 t p. a. ihren Höhepunkt. Ab diesem Zeitpunkt sank sie wieder ab und lag im Jahre 1800 bei sieben t p. a. – genau wie auf dem Niveau von 1710. Brasilien wurde zum einem der weltweit größten Goldproduzenten. Der Goldboom wurde schon bald von einer weiteren Entwicklung unterstützt. Im Jahr 1729 entdeckten Goldsucher reichhaltige Diamantvorkommen in Minas Gerais. Die portugiesische Krone traf eine Reihe von Maßnahmen, um sich ihren Anteil an dem Goldreichtum zu sichern. Mit dem sogenannten System des *Quinto*, erhob die Krone 20 % Steuern auf alle Goldfunde. Außerdem schuf die Krone im Jahre 1730 ein Münzsystem, das die Besteuerung der reichen Goldvorkommen weiter untermauern sollte. Der Goldboom hatte weitreichende Folgen für Politik und Wirtschaft der brasilianischen Kolonie. Insbesondere aufgrund der neuen Wachstumsbranche „Gold" verlagerte sich der politische Schwerpunkt von Salvador im Nordosten in den brasilianischen Südosten (Rio de Janeiro und Minas Gerais). Der Niedergang der Zuckerökonomie des brasilianischen Nordostens beschleunigte diesen Prozess. Die wachsende Goldwirtschaft in Minas Gerais wurde von São Paulo aus mit Nahrungsmitteln und Waren unterstützt. Durch das enorme Bevölkerungswachstum und den sprunghaft angestiegenen Bedarf an Lebensmitteln verteuerten sich die landwirtschaftlichen Güter drastisch. Im Jahr 1763 löste Rio de Janeiro die Stadt Salvador als Hauptstadt ab. Mittlerweile gab es auch eine Transportroute, welche die Minen in Minas Gerais mit Rio de Janeiro verband. Als der Exporthafen für Gold stieg Rio de Janeiro zum ökonomischen Kontrollzentrum Brasiliens auf. 1750 gab es in Rio de Janeiro 375 Goldschmiedemeister mit mehr als 1.000 Angestellten. Die neue Dynamik der Goldökonomie trieb auch die Entwicklung der brasilianischen Infrastruktur voran. Während des 18. Jahrhunderts wurden viele Wege und Straßen gebaut, um die weit auseinanderliegenden Siedlungszentren miteinander zu verbinden. Auf diese Weise entstand das erste innerbrasilianische Verkehrsnetz.

Allerdings wurden die gewonnenen Goldreichtümer ungleich verteilt. Brasilien blieb eine weitestgehend „arme Gesellschaft", in der sich der Wohlstand auf wenige Köpfe konzentrierte. Bis in die heutige Zeit ist der Bundesstaat Minas Gerais ein sehr wichtiger Rohstoff-Fundort. Allerdings nimmt Eisenerz heute eine weitaus wichtigere Rolle an als Gold. Im weltweiten Ranking der Gold fördernden Staaten liegt Brasilien heute mit einer jährlichen Fördermenge von 40 t auf dem 16. Platz.

Unabhängigkeit und das brasilianische Kaiserreich (1822–1889)

„Portugiesisch-Amerika" wird zu „Brasilien"

Der Unabhängigkeitsgedanke Brasiliens wurde durch die politisch-militärischen Entwicklungen im fernen Europa weiter entfacht. Als Napoleon sich anschickte, Portugal zu erobern und eine Kontinentalsperre gegen England durchzusetzen, floh der portugiesische Hofstaat im November 1807 mit 15.000 Menschen auf 36 Schiffen nach Brasilien. Mit dieser Aktion geschah etwas nie Dagewesenes: Der Prinzregent Dom João verlagerte den Regierungssitz des Königreiches Portugal von Lissabon nach Rio de Janeiro. Das erste Mal in der europäischen Geschichte verlegte eine Kolonialmacht seine Hauptstadt in die Kolonie. Nach Übersiedlung des Königshofes nach Brasilien erließ Dom João ein Dekret zur Öffnung der brasilianischen Häfen für den Außenhandel. Durch diese Maßnahme legalisierte der Prinzregent den längst bestehenden Schmuggelhandel zwischen der Kolonie und England. Gleichzeitig war dieser Schritt ein Ausdruck des ökonomischen Liberalismus und ein wichtiger Meilenstein in der brasilianischen Wirtschaftsgeschichte. Die Importzölle wurden von 24 % auf 16 % des Warenwertes gesenkt. Im Februar 1810 unterzeichnete der portugiesisch-brasilianische Königshof einen Vertrag mit

Großbritannien, den sogenannten *Tratado de Navegação e Comércio*. Hiermit sollten die britischen Exporte nach Brasilien begünstigt werden, die ab diesem Zeitpunkt nur noch 15 % des Warenwertes an Importzölle zahlen mussten. Im Jahr 1808 wurde außerdem die *Banco do Brasil* gegründet, die als Handelsbank erstmals Papiergeld herausgab, um damit die Budgetprobleme der Regierung zu lösen. Auf politischer Ebene errichtete der Königshof einen zentralistischen Verwaltungsapparat in Brasilien. Dazu zählten der Aufbau einer Regierungsbehörde, die Gründung eines Justiz- sowie Militärrates sowie die Auflösung der Kapitanien. Die Kapitanien wurden nun zu „Provinzen" des neuen Vereinigten Königreiches. Ferner gründete die neue Regierung eine Marineakademie und schuf einen Finanzrat, der die Aufgabe hatte ein Besteuerungssystem zu entwickeln. Das Militär war weiterhin in portugiesischer Hand – viele Soldaten waren in Portugal geboren. Auch das kulturelle Leben in Brasilien florierte mit dem neu angesiedelten Königshof in Rio de Janeiro. Im September 1808 kam die erste Zeitung auf brasilianischem Boden heraus. Daneben eröffneten Bibliotheken, ein Theater, sowie eine Akademie der Wissenschaften und der Literatur. Schließlich proklamierte der Prinzregent Dom João im Jahre 1815 das „Vereinigte Königreich" (*Reino Unido*) von Portugal, Brasilien und der Algarve. Nach dem Tod seiner Mutter wurde João am 6. Februar 1818 zum König ernannt.

In den Jahren vor der Unabhängigkeit florierte die Wirtschaft Brasiliens. Dies war vorwiegend dem dynamisch wachsenden Außenhandel zu verdanken. Bereits zu Beginn des 19. Jahrhunderts zeichnete sich eine Diversifizierung des brasilianischen Außenhandels ab. So war Zucker mit 36 % das bei weitem bedeutendste Ausfuhrprodukt. Danach folgten Baumwolle (24,4 %), Häute (9,8 %), Reis (4 %), Tabak (3,8 %), Kakao (2,7 %) und Kaffee (1,8 %). Brasilien fing schon im 19. Jahrhundert damit an, sich im Kontext der internationalen Wirtschaft als Exporteur von Primärgütern zu spezialisieren. Allerdings war die brasilianische Wirtschaft weiterhin in den Händen der Portugiesen. Mit ihrer merkantilistischen Wirtschaftspolitik zielten die Portugiesen darauf ab, als „Zwischenhändler" ein Handelsmonopol für brasilianische Importprodukte durchzusetzen. Sie führten die Waren günstig aus

Brasilien ein, um diese mit einem Preisaufschlag teurer auf den europäischen Märkten weiterzuverkaufen.

Die demografische Lage Brasiliens entwickelte sich sehr positiv. Zwischen den Jahren 1800 und 1820 betrug die Einwohnerzahl Brasiliens schon knapp vier Millionen. Die bevölkerungsreichsten Regionen waren Rio de Janeiro, Minas Gerais, Bahia und Pernambuco. In dieser Zeit spielten der Süden Brasiliens sowie die Provinz São Paulo noch keine bedeutende Rolle und galten als peripherisch. Die weiße Bevölkerung machte ca. 30 % der Einwohner aus, während knapp 70 % der Einwohner Schwarze, Indios oder Mischlinge waren.

Der erste Auslöser für die Unabhängigkeitsbewegung in Brasilien war das Erstarken der liberalen Bewegung in Portugal ausgehend von der Stadt Porto. Diese forderte im Jahr 1821 eine konstitutionelle Monarchie. Kurze Zeit später weitete sich die liberale Bewegung auch auf Brasilien aus, sodass König João VI. ein Zusammentreffen der brasilianischen Städte ausrichten wollte. Am 26. Februar 1821 kam es zu einem konstitutionellen Aufstand der portugiesischen Militärs in Rio de Janeiro. Hiermit unterstrichen die Militärs ihre kolonialistische Gesinnung und ihr Bemühen, einen zentralistischen, von Lissabon aus regierten Staat herzustellen. Im Zuge der sich zuspitzenden Staatskrise leistete Dom João VI. seinen Eid auf die Verfassung und ernannte seinen Sohn Pedro zum Regenten vom Königreich Brasilien. Zuvor hatte er seine Rückreise nach Portugal angekündigt, die er mit seinem Hofstaat – von insgesamt 3.000 Höflingen – im April 1821 antrat. Währenddessen fanden in den Cortes von Lissabon (Versammlung der Feudalherren und des Klerus) heftige Debatten über die Zukunft des Vereinigten Königreiches statt. Die portugiesischen Abgeordneten erließen die sogenannten „Lissabonner Dekrete“. Diese implizierten eine erneute Unterordnung Brasiliens unter die Oberherrschaft Lissabons sowie die Anordnung, dass der Prinzregent Dom Pedro nach Portugal zurückkehren sollte. Mit dieser Haltung befeuerten sie die Unabhängigkeitsbestrebungen in Brasilien. Dom Pedro weigerte sich schließlich, die Anweisungen der Cortes zu befolgen. Daraufhin zwangen die portugiesischen Militärs den Prinzregenten Dom Pedro, die neue Verfassung in Lissabon zu unterzeichnen und eine Junta – eine Ratsversammlung – in São Paulo ins Leben zu rufen. José Bonifacio de Andrada e Silva wurde zum Vizepräsident der Junta ernannt. Er plädierte für einen monarchischen Konstitutionalismus in Brasilien und wurde mit seiner Forderung zu einem wichtigen Mitstreiter für die brasilianische Unabhängigkeit neben dem Prinzregenten Dom Pedro. Sie formierten eine Gegenbewegung zu den Cortes in Lissabon und deren Lissabonner Dekrete. Zu diesem Zwecke gründeten sie eine Partei – die „Brasilianische Partei" – deren Ziel die Loslösung brasilianischen Territoriums vom portugiesischen Mutterland war. Eine Besonderheit bei dieser Bewegung – im Gegensatz zu den Kolonien in Spanisch-Amerika – war die Unterstützung der Unabhängigkeitskräfte durch die einheimischen Weißen.

Das Jahr 1822 sollte einen historischen Wendepunkt in der Geschichte markieren. Im Mai 1822 ließ sich Dom Pedro zum „ewigen Verteidiger" (*Defensor Perpétuo)* von Brasilien ernennen. In den folgenden Wochen gründete er einen Staatsrat und eine verfassungsgebende Versammlung. Am 7. September 1822 verkündete Dom Pedro nahe des Ufers des Ipiranga-Flusses bei São Paulo mit dem sogenannten „Schrei von Ipiranga" (*Grito de Ipiranga*) die Unabhängigkeit Brasiliens. Mit seiner Losung „Unabhängigkeit oder Tod" (*Independência ou morte*) betonte er die Unvermeidlichkeit einer Loslösung Brasiliens von dessen Mutterland Portugal. Schließlich wurde der erst 24-jährige Prinzregent am 1. Dezember 1822 zum brasilianischen Kaiser Pedro I. gekrönt. In den meisten Provinzen Brasiliens wurde die Unabhängigkeitserklärung sofort akzeptiert und befolgt. Der Übergang erfolgte in den Provinzen Bahia, Pará und Maranhão jedoch weniger friedlich. Dort leisteten die Cortes-treuen portugiesischen Truppen heftigen militärischen Widerstand. Ihr Ziel war es, die nördlichen Provinzen Brasiliens politisch abzutrennen und wieder unter die Oberhoheit Lissabons zu führen. Der portugiesische Widerstand wurde erst nach Entsenden eines Flottengeschwaders gebrochen. Auch dieses letzte Aufbegehren der Portugiesen konnte nichts an der jüngsten Wendung der Geschichte ändern: Der größte Staat Südamerikas war von nun an unabhängig. Das ehemalige Mutterland Portugal unterzeichnete 1825 einen Vertrag, in dem es die Unabhängigkeit Brasiliens offiziell anerkannte.

Das Kaiserreich Brasilien (1822–1889)

Kurz nach der brasilianischen Unabhängigkeitserklärung wurde der neue Staat von den Vereinigten Staaten sowie von England offiziell anerkannt. Zwischen der Unabhängigkeit von Brasilien und den Unabhängigkeitsbewegungen in Spanisch-Amerika gab es drei wesentliche Unterschiede: Erstens verlief der Unabhängigkeitsprozess in Brasilien unkomplizierter und friedlicher als in seinen spanischen Nachbarkolonien. Zweitens blieben die brasilianischen Provinzen in einem Reich vereinigt, während Spanisch-Amerika in mehrere separate Staaten zerfiel. Immerhin waren die brasilianischen Provinzen über ein weites Territorium verstreut. Drittens blieb Brasilien eine Monarchie. Hierbei spielte die Übersiedlung des portugiesischen Königshauses der Bragança eine entscheidende Rolle. Während der Kaiserzeit verlagerte sich der wirtschaftliche Schwerpunkt Brasiliens vom Nordosten in den Südosten des Landes. Die Epoche des brasilianischen Kaiserreiches lässt sich in drei zeitliche Abschnitte unterteilen: das „Erste Kaiserreich" (1822–1831), die Zeit der Regentschaft (*Regência*) (1831–1840) und das „Zweite Kaiserreich" (*Segundo Reinado*) (1840–1889).

In der Zeit des Ersten Kaiserreiches schuf der Machthaber einen funktionsfähigen Staatsapparat. Die erste große politische Debatte nach der Unabhängigkeit ging um die Billigung der neuen Verfassung. Eine dafür eingesetzte verfassungsgebende Versammlung – die *Assembleia Constituinte* (kurz: *Constituinte*) –bestand aus Ärzten, Juristen, Geistlichen, Militärs, hohen Beamten und Grundbesitzern. Nach langen Verhandlungen und Meinungsverschiedenheiten rief der Kaiser die Verfassung schließlich im März des Jahres 1824 in Rio de Janeiro aus. 1825 brach eine regionale Rebellion aus, durch die im Dezember 1825 der Krieg zwischen Brasilien und Argentinien (*Guerra da Cisplatina*) ausgelöst wurde. Die knapp zwei Jahre dauernde militärische Auseinandersetzung endete mit einem Desaster für die brasilianischen Streitkräfte. 1827 besiegten die Argentinier Brasilien. Als Folge des Krieges ging aus dem Friedensvertrag ein neuer Staat hervor: Uruguay war hiermit geboren und wurde zum Pufferstaat zwischen Argentinien und Brasilien. Die hohen Rüstungsausgaben in den 1820er Jahren verschärften die volkswirtschaftlichen Probleme Brasiliens. Nachdem Dom João 1821 alle Goldreserven nach Portugal mitgenommen hatte, veranlasste Dom Pedro die Emission einer großen Menge an „günstigerem" Kupfergeld. Im Jahr 1829 wurde in São Paulo außerdem das erste Papiergeld gedruckt. Diese unkontrollierte Ausweitung der Geldmenge führte zur ersten Inflation in der brasilianischen Geschichte.

Der Zeitraum nach dem Abdanken Pedros wird als „Regentschaft" bezeichnet und dauerte von 1831 bis 1840 an. Diese Periode war vor allem durch mehrere regionale Revolten sowie durch ein politisches Machtgerangel zwischen Konservativen und Liberalen geprägt. Eine Reihe von Aufständen in gleich mehreren Bundesstaaten (Rio Grande do Sul, Bahia, Pernambuco, Pará und Maranhão) erschütterten das Kaiserreich. Hierdurch stellten die Aufständischen die Einheit des Kaiserreiches infrage. Rio de Janeiro und Bahia avancierten zu den Machtzentren der Konservativen, während in São Paulo und Minas Gerais die liberalen politischen Kräfte dominierten. In diesem Zeitraum ließ sich Pedro II in der Stadt Petropolis einen prunkvollen Sommerpalast nach europäischem Vorbild erbauen. Ich besuchte selbst die Stadt Petropolis, in der auch viele Spuren deutscher Kolonisation erkennbar sind, wie beispielsweise die Namen einiger Stadtteile (Bingen, Quarteirão Ingelhein, Mosela).

Auf Drängen der Liberalen bestieg der gerade einmal 14-jährige Kaiser Pedro II im Jahr 1840 den Thron und wurde zum neuen Kaiser von Brasilien. Damit begann der Zeitabschnitt, der als das „Zweite Kaiserreich" (*Segundo Reinado*) bezeichnet wird. In politischer Hinsicht zeichnete sich diese Periode durch einen Prozess der Zentralisierung, das Wiedererstarken des Kaisers und die Versöhnung zwischen den Konservativen und den Liberalen (*Conciliação*) aus. Das parlamentarische System erfuhr durch die Schaffung des Ministerrates (*Conselho de Ministros*) eine Stärkung. Außenpolitisch legte Brasilien seine Schwerpunkte auf den Außenhandel mit Großbritannien sowie auf die Beibehaltung des Sklavenhandels. Im Jahr 1865 eskalierte ein Konflikt in der Grenzregion zu Uruguay, der in einen fünfjährigen opferreichen Krieg ausartete. Hierbei ging es in erster Linie um den Einfluss im La-Plata Raum und Uruguay. Die Konfliktparteien waren eine Dreierallianz aus den Staaten Brasilien, Argentinien sowie Uruguay auf der einen und Paraguay auf der anderen Seite. Trotz des Sieges der Allianz forderte der Krieg bis zu 50.000 Tote aufseiten der Brasilianer und zog das Kaiserreich Brasilien noch tiefer in den Schuldensumpf. Durch die hohen Kriegsausgaben sah sich Brasilien gezwungen, von Großbritannien Anleihen in Höhe von knapp £ 46 Mio. aufzunehmen, um sich zu refinanzieren. Die Wirtschaft des Kaiserreiches Brasilien fußte weiterhin auf dem System der Sklaverei. Sklaven bildeten während des Kaiserreiches – wie bereits in der Kolonialzeit – die Basis des Arbeitskräftepotenzials. Die seit knapp 300 Jahren etablierte Sklavenwirtschaft war eine feste Institution in Brasilien und fand hohe gesellschaftliche Akzeptanz. Ab dem Jahr 1845 erhöhte Großbritannien den außenpolitischen Druck auf Brasilien mit dem Ziel, den Sklavenhandel abzuschaffen. Die Engländer attackierten von diesem Zeitpunkt an alle Sklaventransporte auf dem Südatlantik und versenkten mehrfach brasilianische Schiffe. Einerseits nahm der internationale Sklavenhandel zwar ab, andererseits florierte jedoch der interne Sklavenhandel innerhalb Brasiliens. Der Hauptgrund hierfür war die Verlagerung des wirtschaftlichen Schwerpunktes in Brasilien vom Nordosten in den Südosten des Landes. Mitte des 19. Jahrhunderts stürzte die Zuckerökonomie des Nordostens ab, während der Kaffeeboom im Südosten seinen Lauf nahm. Erst im Jahr 1888 wurde die Sklaverei in Brasilien endgültig abgeschafft.

Zyklus des Kaffees (1820–1930)

Fast zeitgleich mit der brasilianischen Unabhängigkeit begann ein weiterer Wirtschaftszyklus, der noch bis weit ins 20. Jahrhundert andauern sollte. Hierbei handelt es sich um ein Produkt, das bis in die heutige Zeit bezeichnend für Brasilien ist: Die Rede ist vom Kaffee. Der Zyklus des Kaffees sollte zum bedeutendsten Wirtschaftszyklus des 19. und 20. Jahrhunderts werden. Er trug maßgeblich zur dringend notwendigen Entwicklung und Modernisierung der brasilianischen Volkswirtschaft bei. Im Zuge dieser wirtschaftlichen Veränderungen ging auch ein wegweisender Wandel der brasilianischen Gesellschaft einher. Eine der bahnbrechenden Veränderungen war der Übergang von der Sklaverei zur Lohnarbeit. In der zweiten Hälfte des 19. Jahrhunderts stieg der Anteil der Lohnarbeiter durch die zunehmende europäische Einwanderung nach Brasilien sprunghaft an. Durch die boomende Kaffeewirtschaft verlagerte sich der wirtschaftliche Schwerpunkt Brasiliens in den Südosten des Landes – und im Speziellen in den Bundesstaat São Paulo. Außerdem bildete sich ab Mitte des 19. Jahrhunderts erstmals eine brasilianische Identität heraus. Bei einem Besuch der Stadt Ribeirão Preto besuchte ich die historische Kaffeefazenda (Kaffee-Landgut) eines deutschen Kaffeebarons. Dort waren zahlreiche historische Einrichtungsgegenstände sowie traditionelle Erntegeräte zu sehen. Es ist wirklich beeindruckend im Rückblick zu sehen, welche Dynamik die Kaffeewirtschaft entfachte und wie sie die wirtschaftliche Entwicklung des Binnenlandes vorantrieb. Heute ist der ehemalige Landsitz des Kaffeebarons als Museum in die Universität von Ribeirão Preto (USP) integriert.

Kaffee war auf den europäischen Konsummärkten des 18. und 19. Jahrhunderts als Luxusgut angesehen und gelangte über Französisch-Guyana nach Brasilien. Ende des 18. Jahrhunderts wurde Kaffee zunächst vereinzelt im Bundesstaat Rio de Janeiro (in Baixada Fluminense) sowie im nördlichen Bundesstaat Pará angebaut. Die Wirtschaftseinheit der *Fazenda* spielte beim Kaffeeanbau wie auch bei der Zuckerökonomie des 16. und 17. Jahrhunderts eine maßgebliche Rolle. Die beiden Produktionsfaktoren Arbeit und Boden stellten weiterhin die wichtigste Basis für die Kaffeewirtschaft dar. Als stärkste Wachstumsphasen der Kaffeewirtschaft gelten die Zeiträume 1820 bis 1830 sowie 1840 bis 1850. Eine Reihe von miteinander verbundenen Ereignissen und Dynamiken begünstigte den Kaffeeboom. Die Abschaffung der Sklaverei, die europäische Einwanderung, das Inkrafttreten des Handelsgesetzbuches (*Código Comercial*), der Niedergang der Zuckerökonomie im brasilianischen Nordosten sowie der Wandel des Arbeitsmarktes – von der Sklavenarbeit hin zur Lohnarbeit

– begünstigten die rasche Ausdehnung der Kaffeewirtschaft. In den Jahren der Unabhängigkeit etablierte sich die Region Vale do Paraiba – zwischen den Städten Rio de Janeiro und São Paulo gelegen – zum wichtigsten Anbaugebiet für Kaffee.

Während sich die brasilianischen Kaffee-Exporte im Jahr 1807 auf 1.600 t beliefen, schoss die Exportmenge für Kaffee im Jahr 1830 auf rund 30.000 t pro Jahr in die Höhe. Ab dem Jahr 1830 avancierte Kaffee zum wichtigsten Exportgut Brasiliens. Er machte nun 40 % des gesamten Warenexportwertes aus. Zehn Jahre später, zu Beginn der 1840er Jahre, stieg Brasilien zum weltgrößten Kaffeeexporteur auf. Brasiliens Anteil am weltweiten Kaffeehandel betrug nun 40 %. Kaffee stellte jetzt 50 % des gesamten brasilianischen Warenexportwertes dar, was einer Menge von zwei Mio. Sack Kaffee oder 22 Mio. £ entsprach. 1870 erhöhte sich der Kaffee-Anteil am Warenexportwert auf 75 %. Dies entsprach einer Menge von vier Mio. Sack Kaffee oder 113 Mio. £.

Das Jahr 1850 gilt als Zenit der Kaffeeproduktion im Vale do Paraiba. Zu dieser Zeit lief ein Großteil der Warenexporte über den Hafen von Rio de Janeiro. Aufgrund des rapiden Wachstums sah sich die Kaffeewirtschaft gezwungen, ihre Anbauflächen auszuweiten und in neue Regionen vorzudringen. Ab den 1860er Jahren expandierte die Kaffeeindustrie in den Westen des Bundesstaates São Paulo (*Oeste Paulista*). Diese Region zeichnete sich durch gute geografische und klimatische Bedingungen aus. Durch die Erweiterung der Anbaugebiete in die Region *Oeste Paulista* wurde der brasilianische Südosten zum neuen Dreh- und Angelpunkt der nationalen Wirtschaft. Von dieser geografischen Neuausrichtung der brasilianischen Ökonomie sollte vor allem São Paulo innerhalb der nächsten 150 Jahre entscheidend profitieren. Eine zunehmend kapitalistische und unternehmerische Organisation der Kaffeeplantagen verlieh der Branche einen weiteren dynamischen Wachstumsschub. Mitte des 19. Jahrhunderts existierten in der Provinz São Paulo insgesamt 2.618 Kaffeeplantagen und nur noch 667 Zuckerplantagen. Zur gleichen Zeit waren noch ca. 100.000 Sklaven auf den Plantagen in São Paulo beschäftigt. Auf einer Kaffeefazenda arbeiteten im Durchschnitt rund 30 Sklaven und bewirtschafteten eine Plantage mit rund 40.000 Kaffeesträuchern.

Eine wichtige Rolle in der Maschinerie der Kaffeeökonomie spielte der sogenannte *Comissário de café*. Er vermittelte zwischen den Kaffeeproduzenten (*Fazendeiros*) und den Abnehmern auf dem Weltmarkt - womit zur damaligen Zeit überwiegend der europäische Markt gemeint ist. Er organisierte die Finanzierung des Anbaus sowie auch die Vermarktung des Kaffees. Um das Jahr 1870 gab es in Brasilien etwa 2.000 *Comissários* mit 900 Handelshäusern in Rio de Janeiro. Die *Comissários* hatten durch ihre Mittlerrolle einen großen Anteil am Erfolg des brasilianischen Kaffee-Exports.

Die Kaffeewirtschaft des 19. Jahrhunderts hatte einen bedeutenden Einfluss auf die zukünftige Entwicklung der brasilianischen Volkswirtschaft. Erstens führte sie zu einer Demokratisierung des Wirtschaftslebens. Die bisher übliche Sklavenarbeit wurde zunehmend durch Lohnarbeit ersetzt. Zweitens schuf die Kaffeeökonomie die Voraussetzungen für eine umfassende Urbanisierung und eine nachhaltige Industrialisierung Brasiliens. Die Einnahmen aus dem Kaffeehandel konnten in den Ausbau der Infrastruktur investiert werden. Dank der Zollbefreiungen für den Import von Maschinen, der gestiegenen Binnennachfrage durch die europäischen Einwanderer, der Freisetzung von Kapital durch den abgeschafften Sklavenhandel und aufgrund politischer Stabilität hatte sich 1860 bereits eine bemerkenswerte nationale Wirtschaft entwickelt. Darunter waren unter anderem 62 Industrieunternehmen, 17 Kreditinstitute, 23 Versicherungsgesellschaften und acht Bergbauunternehmen. Drittens entstand mit der Kaffeeökonomie ein neuer Agrarkapitalismus. Viele Kaffeebarone waren zugleich Spekulanten, handelten mit Aktien, involvierten sich in den städtischen Handel und nahmen vermehrt Kredite auf, um ihre Unternehmungen zu finanzieren. Auch der vor Kraft strotzende Agribusinesssektor der heutigen Zeit findet seinen Ursprung in der Kaffeeökonomie des 19. Jahrhunderts.

Die erste Republik (1889–1930)

Konsolidierung des neuen Systems

Nach dem Putsch durch General Deodoro da Fonseca gegen den Kaiser am 14. November 1889 - der recht friedlich über die Bühne ging – verließ die kaiserliche Familie mit ihren engsten Getreuen Brasilien und kehrte nach Portugal zurück. Fonseca und die Revolutionäre riefen triumphierend am 19. November 1889 die Republik – die Vereinigten Staaten von Brasilien – aus. Das Motto des neugegründeten Staates orientierte sich an der Philosophierichtung des Positivismus. Es lautete: *Ordem e Progresso* (Ordnung und Fortschritt). Dieser Spruch findet sich seit der Ausrufung der neuen Republik auf der Landesflagge Brasiliens. Unter der Führung von Fonseca formierte sich eine provisorische Regierung, der folgende Gruppierungen anhingen: die kaiserliche Militärführung, die schon zur Kaiserzeit existierende republikanische Partei PRP (*Partido Republicano Paulista*), die positivistischen Militärs sowie die Konstitutionalisten. Die provisorische Regierung, die von 1889 bis 1892 an der Macht war, führte mehrere durchgreifende Änderungen durch. Dazu gehörten die Abschaffung des Adels, Religionsfreiheit sowie die Einführung der Zivilehe. Die wichtigsten Figuren der neuen Regierung waren Deodoro da Fonseca, Rui Barbosa und Benjamin Constant. Der Intellektuelle Rui Barbosa vernichtete zusätzlich alle Unterlagen zur Sklaverei. Überdies setzte die provisorische Regierung zahlreiche Militärs in Schlüsselpositionen ein.

Im Jahr 1891 verkündete die verfassungsgebende Versammlung die neue brasilianische Verfassung. Sie war nach US-amerikanischem Vorbild konzipiert worden und stand für eine liberale und föderale Republik, die auf Gewaltenteilung basierte. Mit der Proklamation der Verfassung begann in gewisser Weise die „US-Amerikanisierung" Brasiliens, deren Auswirkungen bis in die heutige Zeit spürbar sind (siehe Kapitel 7). Allerdings war das Wahlrecht stark eingeschränkt, denn es galt nur für wohlhabende Männer ab 21 Jahren. Somit partizipierte lediglich eine privilegierte Minderheit am politischen Leben. Von 1893 bis 1895 wütete der blutigste Bürgerkrieg der Geschichte Brasiliens – im südlichsten Bundesstaat Rio Grande do Sul, der auch als „Föderalistische Revolution" bekannt ist. Bei diesem Konflikt kämpften die Föderalisten (liberale Kräfte mit Wurzeln aus der Kaiserzeit) gegen die republikanischen Kräfte, mit dem Ziel Rio Grande do Sul von Brasilien abzuspalten. Schließlich gelang es der Zentralregierung unter Präsident Peixoto, mit US-amerikanischer Unterstützung, den Bürgerkrieg einzudämmen. Rio Grande do Sul blieb ein Teil Brasiliens, sollte von nun an jedoch eine Sonderrolle innerhalb der Nation spielen.

In der Zeit zwischen 1894 und 1910 drückten die Bundesstaaten São Paulo und Minas Gerais Brasilien ihren Stempel auf. Während dieser 16 Jahre stellten die beiden Staaten alle Präsidenten. Prägend für diese Periode war der Machtgewinn der Oligarchen in den einflussreichsten Bundesstaaten. Die wirtschaftlichen Eliten konnten aufgrund des eingeschränkten Wahlrechts ungehindert ihre Interessen durchsetzen. Dieser Zeitabschnitt wird auch als „Kaffee mit Milch" (*café com leite*) bezeichnet. Der Kaffee stand für die Kaffeewirtschaft São Paulos und Milch für die Viehzucht in Minas Gerais.

Im internationalen Kontext wurde die junge brasilianische Republik von den einflussreichsten Staaten bedenkenlos anerkannt. Das Deutsche Reich, Frankreich sowie die Nachbarländer Argentinien, Uruguay und Chile nahmen rasch diplomatische Verbindungen auf. 1890 erkannten die USA Brasilien offiziell an und im Mai 1891 folgte auch Großbritannien, das sich zunächst reserviert gegenüber der neuen Entwicklung zeigte. Ein interessanter Aspekt ist die Entwicklung des Verhältnisses zwischen Brasilien und den USA. Im Jahr 1891 schlossen beide Staaten ein bilaterales Handelsabkommen. Während den 1890er Jahren stiegen die USA zu Brasiliens größtem Handelspartner auf. Bereits Mitte der 1860er Jahre waren die USA der wichtigste Importeur von brasilianischem Kaffee. Parallel zu den Handelsströmungen richtete Brasilien auch seine Diplomatie aus und verfolgte eine proamerikanische Außenpolitik. Brasilien versuchte, vom Aufstieg der USA zur Weltmacht des darauffolgenden Jahrhunderts zu profitieren und somit seine eigene Macht auszubauen. Darüber hinaus sah sich Brasilien als „Gegenstück der USA in Südamerika" und wollte seine Hegemonie in der Region sichern. Auf das Thema ‚Amerikanisierung Brasiliens' werde ich im 7. Kapitel noch vertieft eingehen.

Mithilfe seiner geschickten Diplomatie gelang es Brasilien um die Jahrhundertwende im Amazonas-Becken Land von seinen Nachbarstaaten zu gewinnen. Auf diese Weise vergrößerte sich das brasilianische Territorium um rund 600.000 km^2. Ein Beispiel ist der Bundesstaat Acre, dessen Territorium Brasilien durch den Vertrag von Petrópolis (1903) Bolivien für einen „Spottpreis" abkaufte.

Zyklus des Kautschuks (1890–1920)

Der kürzeste Rohstoffzyklus Brasiliens war der „Zyklus des Kautschuks". Bereits zur Kaiserzeit hatte sich Brasilien eine Monopolstellung für Kautschuk gesichert und stieg in den 1870er Jahren zum Weltmarktführer für Kautschuk auf. Die Stadt Manaus inmitten des Amazonasgebietes entwickelte sich in dieser Zeit zum Zentrum für den Kautschukanbau. Es siedelten sich viele Brasilianer aus dem Nordosten und europäische Einwanderer in Manaus an, um in der Kautschukproduktion zu arbeiten. In den 1890er Jahren erfuhr die Kautschukökonomie einen enormen Wachstumsschub. Durch die aufkommende Automobilindustrie sowie die Erfindung der Vulkanisation kam es zu einem regelrechten Kautschukboom. Im Jahr 1905 machte Kautschuk 32,3 % des gesamten brasilianischen Exportwertes aus. Dieser Wert stieg im Jahr 1910 sogar auf 39,1 % und erreichte damit seinen Höhepunkt. Auf Vorschlag des Stadtvaters Antônio José Fernandes Júnior wurde in Manaus das *Teatro Amazonas* erbaut. Die Stadt Manaus weihte das prächtige und elegante Opernhaus im Jahr 1896 ein. Es war Ausdruck des neuen Reichtums der Kautschukbarone im Amazonas-Gebiet. Allerdings sollte sich schon bald herausstellen, dass der Boom im Amazonas von kurzer Dauer war. Noch zu Zeiten der Kaiserzeit gelang es dem britischen Naturforscher und Ökonomen Henry Wickham, mithilfe von ortsansässigen Indios, Samen des Gummibaumes aus dem Amazonasgebiet herauszuschmuggeln. In London wurden die Samen dann kultiviert und ab 1899 in den britischen und niederländischen Kolonien Südostasiens (Malaysia, Sumatra, Java und Borneo) auf Plantagen im großen Stil angepflanzt. Damit verschärfte sich der globale Wettbewerb auf den Kautschuk-Märkten. Diese verstärkte globale Konkurrenz führte zum Niedergang der Kautschukökonomie im Amazonas. Nach 1911 brachen die Kautschukexporte aus Brasilien massiv ein. Henry Wickham wird daher auch als „Henker des Amazonas" bezeichnet, da er der brasilianischen Kautschukökonomie mit seiner Aktion den Todesstoß versetzte. In jedem Falle wird auch mit dem Zyklus des Kautschuks deutlich, dass Rohstoffe elementar für die Erschließung einer jeweils neuen Region innerhalb Brasiliens waren.

Beginnende Industrialisierung und Industrielle Revolution (1870–1955)

Historisch wird die brasilianische Industrialisierung oft in vier Etappen eingeteilt, die von der Entdeckung Brasiliens bis in die heutige Zeit reichen. De facto gab es die ersten nennenswerten Industrialisierungstendenzen in Brasilien erst in den 1870er und 1880er Jahren. Die Basis für das industrielle Wachstum bildeten die reichhaltigen Einnahmen aus der Kaffeewirtschaft. Darüber hinaus existierte freigewordenes Kapital aus dem nun illegal gewordenen Sklavenhandel, das neue Investitionsmöglichkeiten suchte. In den letzten Jahrzehnten des 19. Jahrhunderts entwickelte sich ein immer differenzierterer Binnenmarkt und die Nachfrage nach Konsumgütern schnellte in die Höhe. Zeitgleich gab es mehrere Entwicklungen und Trends, die die Industrialisierung maßgeblich unterstützten. Insbesondere die Urbanisierung, der Ausbau der Infrastruktur, die beginnende Einwanderung und immer größere Waren-Absatzmärkte waren ausschlaggebend für die Industrialisierung Brasiliens.

Im ersten Jahr der Republik gab es landesweit bereits 600 kleinere Industriebetriebe. Die ersten Zentren der brasilianischen Industrie blühten primär in drei Bundesstaaten auf: São Paulo, Rio de Janeiro und Rio Grande do Sul. Im Jahr 1907 entfielen 33 % der Industrieproduktion auf Rio de Janeiro, 17 % auf São Paulo und 15 % auf Rio Grande do Sul. Im Jahr 1930 hatten sich diese Werte deutlich verschoben: São Paulo generierte nun 32 % der Industrieproduktion, Rio de Janeiro fiel zurück auf 21 % und Rio Grande do Sul verharrte auf 11 %.

Gemäß dem brasilianischen Zensus von 1920 gab es im selbigen Jahr 300.000 Industriearbeiter bei einer Gesamtbevölkerung von 30 Millionen Einwohnern. Sie arbeiteten in insgesamt 13.569 Betrieben. Die wichtigsten Industriezweige waren die Textilindustrie und die Nahrungsmittelproduktion. Weitere Industriezweige waren die Kerzenproduktion und die Seifenindustrie. Demzufolge war das technologische Niveau der ersten Industriezweige Brasiliens sehr niedrig. Bemerkenswert ist das rasante Wachstum der Industrie, das in den rund 40 Jahren der ersten Republik vor allem in São Paulo stattfand. Zwischen den Jahren 1900 und 1930 verfünffachte sich die brasilianische Industrieproduktion.

Wer waren die erfolgreichen Unternehmer? Welches waren die ersten Industrieunternehmen Brasiliens? Speziell in São Paulo nahmen Einwanderer eine wichtige Rolle bei Unternehmensgründungen sowie im allgemeinen Wirtschaftsleben ein. Darunter fanden sich viele Immigranten aus Italien und dem Nahen Osten: Crespi, Siciliano, Gamba, Scarpe, Maluf und Jafet gehören zu den bedeutendsten Unternehmerpersönlichkeiten in den Jahren der ersten Republik. Die Einwanderer brachten wertvolles Know-how und Produktionstechniken mit. Zwei große Industrieunternehmen mit Sitz in São Paulo waren die *Companhia de Cimento Portland* und die *Indústrias Reunidas Francisco Matarazzo*. Grundsätzlich bildeten aber die Kleinbetriebe mit bis zu 12 Arbeitern eine elementare Basis des industriellen Sektors.

Parallel zum Industriewachstum forcierte der Staat den Ausbau der Infrastruktur. Während der Zeit der ersten Republik wurden Straßen, Eisenbahnlinien, Häfen sowie Wasser und Elektrizitätswerke gebaut. Für den brasilianischen Staat hatte die Industrie allerdings noch nicht die Bedeutung erlangt wie der Agrarsektor. Durch die fortwährende Dominanz des Kaffeesektors in der brasilianischen Wirtschaft und die Exportabhängigkeit spielten internationale Handelsbeziehungen für Brasilien weiterhin eine große Rolle. Die Auslandsinvestitionen in Brasilien wuchsen in den Jahren der Republik sprunghaft an. Genau wie bei den Handelsströmen verschoben sich auch bei den Auslandsinvestitionen in Brasilien die Gewichte zugunsten der USA. Während diese 1913 gerade einmal 50 Mio. US$ betrugen, schnellten sie auf 476 Mio. US$ im Jahr 1929 in die Höhe. Der Anteil der britischen Investitionen in Brasilien wuchs hingegen nur sehr langsam an – von 1,16 Mrd. US$ (1913) auf 1,4 Mrd. US$ (1929).

Während des Ersten Weltkriegs koppelte sich Brasilien allerdings vom Weltmarkt ab, indem die Regierung die heimische Industrie mit Schutzzöllen vor Importen aus dem Ausland bewahrte. Zusätzlich gewährte der Staat Darlehen und Steuerbefreiungen für die Errichtung von nationalen Basisindustrien. Dies war auch die Geburtsstunde einer wichtigen wirtschaftspolitischen Strategie, auf die Brasilien in seiner Geschichte noch einige Male zurückgreifen sollte: die Importsubstitution. Das Ziel der Importsubstitution war es, heimische Industriezweige aufzubauen, ohne dass diese durch Konkurrenz aus dem Ausland behindert werden. Auch im Jahr 1928 – kurz vor der einsetzenden Weltwirtschaftskrise – erhob der brasilianische Staat 15 % Steuern auf importierte Waren. Die Importsubstitution hatte letztendlich zwei Effekte auf die brasilianische Wirtschaft: Einerseits förderte sie die heimische Leichtindustrie, in der Produktionskapazitäten besser ausgenutzt wurden. Andererseits behinderte die Strategie eine weitere Differenzierung und Technisierung des industriellen Sektors.

Europäische Masseneinwanderung

Eines der wesentlichsten und bedeutsamsten Phänomene um die Jahrhundertwende war die beginnende Masseneinwanderung in Brasilien. Zwischen den Jahren 1887 und 1930 wanderten knapp vier Millionen Menschen in Brasilien ein. Um die Jahrhundertwende gab es einen starken Bedarf an Arbeitskräften für die dynamische Kaffeewirtschaft in Brasilien. Die wichtigsten Herkunftsregionen der Einwanderer waren Italien, Portugal, Spanien, Deutschland, Japan, der Libanon und Syrien. Daneben wanderten in kleinerer Zahl auch Juden, Polen, Ukrainer, Russen, Schweizer und Österreicher nach Brasilien aus. Hauptzentren der Immigration nach Brasilien waren die Bundesstaaten São Paulo, Rio de Janeiro und Rio Grande do Sul.

Laut dem IBGE (*Instituto Brasileiro Geografía e Estatéstica*) wanderten in dem Zeitraum zwischen 1884 bis 1939 rund 4,2 Millionen Menschen in Brasilien ein. Davon waren 1,4 Mio. Italiener, 1,2 Mio. Portugiesen, 580.000 Spanier, 185.000 Japaner, 170.000 Deutsche, 108.000 Russen, 85.000 Österreicher und 78.000 Syrer und Libanesen (auch „*Turcos*" genannt, da zu dieser Zeit noch das Osmanische Reich bestand). Die Hauptphase der Einwanderung nach Brasilien war von 1887 bis 1914. Zwischen den letzten Jahren des Kaiserreiches und dem Beginn des Ersten Weltkrieges wanderten 2,74 Mio. Menschen nach Brasilien aus. Der Löwenanteil der Einwanderer – genauer gesagt 93,4 % von ihnen – wanderte in den Südosten und den Süden von Brasilien ein. Die Mehrheit der Einwanderer waren Männer. Der Bildungsstand der Einwanderer war je nach Einwarderergruppe sehr unterschiedlich. Von den deutschen Einwanderern waren ca. 90 % alphabetisiert, von den italienischen Einwanderern rund 60 % während die spanischen und portugiesischen Einwanderer überwiegend Analphabeten waren. Im Jahr 1920 waren sogar ganze 75,5 % aller Brasilianer Analphabeten.

Bei der Einwanderung nahm der Bundesstaat São Paulo eine Sonderrolle ein. Erstens war São Paulo der bedeutendste Zielort für die Einwanderung. Rund 75 % der Einwanderer, die zwischen 1887 und 1939 in Brasilien ankamen, ließen sich im Bundesstaat São Paulo nieder. Zweitens führte dieser massive Einwanderungsstrom dazu, dass São Paulo die höchste Konzentration vieler Einwanderergruppen aufwies. So lebten im Jahr 1920 78 % aller Spanier, 87 % aller Japaner und 71 % aller Italiener, die in Brasilien einwanderten im Bundesstaat São Paulo. Im gleichen Jahr waren 52,4 % der Einwohner im Bundesstaat São Paulo Ausländer. Die massive Einwanderung ist auch einer der Gründe, warum São Paulo in der heutigen Zeit der bevölkerungsreichste Bundesstaat Brasiliens ist.

Die Einwanderung wirkte sich in hohem Maße auf das Städtewachstum und natürlich auf das Wirtschaftsleben Brasiliens aus. Innerhalb der Jahre 1900 bis 1930 schoss die Bevölkerung der Stadt Rio de Janeiro von 480.000 auf 1,43 Mio. Menschen in die Höhe. Im selben Zeitraum wuchs die Bevölkerung der Stadt São Paulo von 240.000 auf 890.000 Einwohner an. Insbesondere in den Städten war die soziale Mobilität unter den Einwanderern hoch. In vielen Fällen stiegen Einwanderer in der Wirtschaft auf. Laut einem Agrar-Zensus des Bundesstaates São Paulo waren 30,2 % aller Ländereien in den Händen von Ausländern.

Zentralisierung im 20. Jahrhundert (1930–1964)

Die Jahre zwischen 1930 und 1964 waren ein sehr bewegtes Kapitel in der brasilianischen Geschichte. Drei Präsidenten lenkten in dieser Zeit die Geschicke Brasiliens: Getúlio Vargas, Juscelino Kubitschek und João „Jango" Goulart. Der Präsident Getúlio Vargas, der Brasilien 19 Jahre lang regierte, wurde zu einem der prägendsten Akteure der brasilianischen Geschichte. Er veranlasste eine erneute politische Zentralisierung Brasiliens und regierte in seiner Amtszeit sowohl als demokratisch gewählter Präsident als auch als Diktator. Darüber hinaus forcierte er die Industrialisierung Brasiliens und suchte mit einer neuen Sozialgesetzgebung die Rechte der Arbeiter zu sichern. Nach der Ära jahrhundertelanger Exportabhängigkeit Brasiliens schickten sich die Machthaber Mitte des 20. Jahrhunderts an, nun die Binnenwirtschaft zu stärken. Juscelino Kubitschek realisierte mit dem Bau der neuen Hauptstadt Brasília ein Jahrhundertprojekt. Gleichzeitig bildete sich in diesen Dekaden ein neues nationales Selbstverständnis von Brasilien heraus. Brasilien „entdeckte" sich in diesem Zeitraum mit all seiner gesellschaftlichen Vielfalt aufs Neue und rekonstruierte sich in Form einer neuen Nation.

Getúlio Vargas drückt Brasilien seinen Stempel auf

Getúlio Domelles Vargas kann als die expressivste Figur der brasilianischen Politik des 20. Jahrhunderts bezeichnet werden. Der im Jahr 1883 geborene Jurist aus São Borja (Rio de Grande do Sul) legte eine beachtliche politische Karriere hin. Er bekleidete bereits Ämter als Bundesabgeordneter und Finanzminister, bevor er ab 1928 zum Gouverneur seines Heimatbundesstaates Rio Grande do Sul gewählt wurde. Nach dem Zusammenbruch der Ersten Republik übernahm Vargas die Macht in Rio de Janeiro und wurde Präsident von Brasilien.

Die Zeit, in der Vargas erstmals das Amt des brasilianischen Präsidenten bekleidete, war von politischen Wirren und einer schweren Wirtschaftskrise geprägt. Die Weltwirtschaftskrise, die im Oktober 1929 durch den Crash an der New Yorker Börse begann, machte auch vor Brasilien keinen Halt. Durch die globale Rezession brach die Nachfrage nach Kaffee ein, was einen Preissturz für Kaffee zur Folge hatte. Brasilien blieb nun auf der Masse an unverkauftem Kaffee sitzen. Daraufhin rauschten die Exporteinnahmen Brasiliens in den Keller, woraufhin der brasilianische Außenhandel zusammenbrach. Auch die Währungsreserven Brasiliens dezimierten sich innerhalb von zwei Jahren von 31 Mio. £ (1929) auf einen Wert von Null (1931). Die Wirtschaft Brasiliens lag am Boden. Nach dem Ende der Amtszeit des scheidenden Präsidenten Washington Luís begann ein erbitterter Wahlkampf zwischen Prestes auf der einen sowie Vargas und João Pessoa auf der anderen Seite. Während Prestes die Interessen der traditionellen Paulistaner Kaffeeoligarchie vertrat, repräsentierten Vargas und Pessoa mehrere wichtig gewordene gesellschaftliche Strömungen und riefen die *Aliança Liberal* (Allianz der Liberalen) ins Leben. Zu diesen Strömungen gehörten insbesondere die neue industrielle Bourgeoisie, das Militär und die Arbeiterschicht. Nachdem politische Gegner einen Mordanschlag auf João Pessoa verübten, verschärfte sich die Lage und Vargas gelangte mithilfe der *Tenentes* (junge Offiziere des brasilianischen Militärs) durch eine Revolution an die Macht. Nach seiner Machtübernahme hatte die Überwindung der Wirtschaftskrise für Vargas oberste Priorität. Er erkannte, dass der Kaffeesektor weiterhin von großer Bedeutung für die brasilianische Wirtschaft war und beabsichtigte daraufhin, die Kaffee-Politik zu bündeln und zu kontrollieren. Das Ziel war es, eine Preisstabilisierung des Kaffees zu gewährleisten. Des Weiteren forcierte Vargas eine nachhaltige Industrialisierung Brasiliens. Er wollte Brasilien von einem Agrarstaat in eine Industrienation umformen. Vargas rief mehrere Institutionen ins Leben, die die Industrialisierung koordinieren sollten (zum Beispiel *Conselho Federal do Comércio Exterior* (Außenhandelsrat), *Conselho Nacional do Petróleo* (Rat für Erdöl) und der *Conselho Nacional de Minas e Metalúrgica* (Rat für Bergbau). Die Industrialisierung wirkte sich vor allem auf die Gesellschaftsstruktur aus. Erstmals entstand in Brasilien eine Mittelschicht, was Vargas zusätzlich motivierte den Fokus vermehrt auf Bildung, Arbeitsgesetze und eine Sozialgesetzgebung zu legen. Mit politischem Geschick und der Rückendeckung durch das Militär gelang es Vargas auch nach dem rechtmäßigen Ende seiner Amtszeit noch einen drauf zu legen und zusätzliche acht Jahre an der Macht zu bleiben. Vargas beherrschte seine Rolle als *„power broker"* meisterlich und schaffte es, verschiedene gesellschaftliche Strömungen und Interessen unter einen Hut zu bringen.

Fortschreitende Industrialisierung

Die 1930er und 1940er Jahre zeichneten sich durch zwei richtungsweisende Trends aus: die sich entfaltende Industrialisierung und die wachsende Urbanisierung. Vargas verfolgte eine Politik, die eine Förderung der Binnenwirtschaft forcierte. Damit beabsichtigte er, die industrielle Kapazität Brasiliens nach oben zu fahren und eine Zunahme der Industrieproduktion zu erreichen. In der Industrialisierung sah die Regierung unter Vargas den Schlüssel zur Modernisierung Brasiliens. Außerdem galt die Industrialisierung als ein wichtiger Schritt zu mehr volkswirtschaftlicher Eigenständigkeit. Ziel war es Einnahmen durch den Binnenkonsum zu generieren und damit die Wiederaufstockung der Devisenreserven zu erreichen.

Eine entscheidende Strategie zur Entwicklung der heimischen Industrie war erneut die Importsubstitution. Hauptziele waren hierbei die Selbstversorgung mit Konsumgütern und der Aufbau von starken nationalen Industrieunternehmen. In den Jahren 1930 bis 1964 fanden zahlreiche Unternehmensgründungen statt. Hierbei handelt es sich auch um mehrere Unternehmen, die bis in die heutige Zeit von großer Bedeutung für die brasilianische Wirtschaft sind: Companhia Vale do Rio Doce (1942), Petrobrás (1953), Cosan (1936), Bradesco, Odebrecht (1944), Gafisa (1954) und Usiminas (1956). Weitere wichtige Unternehmensgründungen der damaligen Zeit waren die Volta Redonda (1941), Fábrica Nacional de Motores (1942) und die Companhia Siderúrgica Nacional (1941). Hierbei fällt auf, dass bereits im frühen Stadium der Industrialisierung eine Diversifizierung in den Branchen geschah.

Schon ab dem Jahr 1932 stieg die brasilianische Industrieproduktion wieder. Zwischen 1932 und 1939 wuchs sie um rund 10 % pro Jahr an. Im Bereich der Außenwirtschaft schloss die brasilianische Regierung mehrere bilaterale Handelsverträge. Während den 1930er Jahren stieg das Deutsche Reich zu einem wichtigen Handelspartner von Brasilien auf. Im Jahr 1938 hatten deutsche Importe nach Brasilien einen Anteil von knapp 25 %, während Brasiliens Exporte nach Deutschland einen Anteil von rund 19 % ausmachten. In den 1950er Jahren eröffneten viele deutsche Unternehmen Dependancen und Produktionsstätten in Brasilien wie Volkswagen (1953), Bosch (1954) und BASF (1955). Die USA blieben weiterhin der wichtigste Handelspartner Brasiliens, obwohl der Handel prozentual stagnierte bzw. leicht rückgängig war. Die US-Importe nach Brasilien summierten sich 1938 auf 24,21 % am Importvolumen und Brasiliens Exporte in die USA sanken sogar auf 34,32 %. Im Zuge des 2. Weltkrieges fanden mehrere U.S.-

Unternehmen den Markteintritt nach Brasilien. Erst sehr spät entschied sich Brasilien für einen Kriegseintritt aufseiten der USA. Dafür erhielten die USA Militärstützpunkte im Nordosten Brasiliens. Im Gegenzug bekam Brasilien einen Erlass seiner Staatsschulden.

Juscelino Kubitschek

Im Oktober 1955 wurde Juscelino Kubitschek mit 36 % aller Stimmen zum Präsidenten für Brasilien gewählt. Der Enkel tschechischer Einwanderer war als Kandidat der beiden Parteien PSD (*Partido Social Democrático*) und PTB (*Partido Trabalhista Brasileiro*) ins Rennen um das Präsidentenamt gegangen. Die Regierungszeit von Kubitschek gehörte zu den wirtschaftlich erfolgreichsten Jahren des 20. Jahrhunderts und war von beachtlichem Wachstum und Stabilität geprägt.

Juscelino Kubitschek stellte ab dem Jahr 1956 das *Programa de Metas* auf, mit dem er sich anschickte „in fünf Jahren 50 Jahre Fortschritt zu erreichen". Das *Programa de Metas* umfasste insgesamt 31 Ziele, die in sechs Gruppen eingeteilt wurden: Energie, Transport, Ernährung, Basisindustrien, Bildung sowie der Bau Brasílias – der neuen Hauptstadt Brasiliens. Letzteres wurde auch als die „Metasynthese" (*meta síntese*) aus allen Zielen bezeichnet. Kubitscheks übergeordnete Ziele waren demzufolge die Förderung von Industrie und Infrastruktur, das Anziehen von Auslandskapital sowie der Bau von Brasília. Sein Leitmotto war „Entwicklung und Ordnung" (*desenvolvimento e ordem*). Welche Strategie verfolgte Kubitschek, um seine Vorhaben zu erreichen? Kubitschek gelang es, gezielt und nachhaltig Investitionen aus dem Ausland anzulocken. Dafür gewährte er Steuererleichterungen und Zollfreiheit für ausländische Direktinvestitionen. Als Gegenleistung mussten ausländische Unternehmen Investitions- und Anlagegüter nach Brasilien einführen, um dort neue Fabriken und Produktionsstätten zu errichten. Er fokussierte sich dabei auf Schlüsselbranchen wie Automobil, Energie,

Transport, Luftfahrt, Elektrizität sowie Eisenerz. Die genannten Branchen spielen auch im heutigen Brasilien eine wesentliche und unabdingbare Rolle. Allein die Ansiedlung der Automobilindustrie in Brasilien veränderte eine gesamte Region. Die großen Automobilunternehmen Volkswagen, Ford und General Motors etablierten sich in der Region ABC (Santo André, São Bernardo de Campo und São Caetano do Sul) in der südlichen Metropolregion von São Paulo. Kubitscheks Rechnung ging auf: In den Jahren seiner Amtszeit - zwischen 1955 und 1961 - stieg die nationale Industrieproduktion inflationsbereinigt um rund 80 %. Außerdem wurden in Minas Gerais fünf Großkraftwerke errichtet und insgesamt 3.000 km Straßen gebaut. Das brasilianische BIP schoss in der Amtszeit Kubitscheks mit einer jährlichen Rate von ca. 7 % in die Höhe. Während der gesamten Dekade der 1950er Jahre wuchs das brasilianische BIP sogar dreimal so schnell wie das BIP vom Rest Lateinamerikas. Im Gegensatz zu seinen Vorgängern agierte Kubitschek wesentlich liberaler. Seine Politik hatte einen weniger nationalistischen Touch und erwies sich als lohnende Ergänzung zur wirtschaftspolitischen Strategie der Importsubstitution. Allen Fortschritten zum Trotz hatte die Ära Kubtischek auch ihre Schattenseiten: Die Auslandsverschuldung und die Inflation stiegen sprunghaft an. Kubitschek wollte das Wirtschaftswachstum unbedingt auf Kosten einer höheren Inflation erreichen.

Mit dem Bau Brasílias realisierte Kubitschek ein langjährig erdachtes Vorhaben des brasilianischen Staates: Bereits in der ersten Verfassung der Republik im Jahr 1891 wurde der geplante Bau Brasílias in einem Zusatzartikel beschlossen. Im Grasland von Goiás im dünn besiedelten mittleren Westen wurde die am Reißbrett geplante Hauptstadt in wenigen Jahren aus dem Boden gestampft. Der Architekt Oscar Niemeyer und der Stadtplaner Lúcio Costa waren die leitenden Köpfe bei der Planung und der Realisation des Großprojekts. Für den Bau Brasílias mobilisierte die Regierung zahlreiche Arbeiter aus dem verarmten Nordosten Brasiliens. Am symbolischen Datum, dem 21. April 1960, eröffnete Kubitschek die neue Hauptstadt. Aus der Luft gleicht die Form Brasílias der eines Flugzeuges (oder der eines Vogels), dessen Bugspitze Richtung Südosten gerichtet ist. An dieser Stelle befindet sich der Platz der drei Gewalten, um den sich das Parlament, der Präsidentenpalast und das Oberste Gericht reihen. Den „Rumpf" bilden die Ministerien sowie die Kathedrale und die „Flügel" setzen sich aus zahlreichen Wohnblocks (*superquadras*) zusammen, in denen die Beamten wohnen sollten. Die einfacheren Schichten siedelten sich in Trabantenstädten vor allem westlich der Hauptstadt an.

Die neue Hauptstadt Brasília – das Jahrhundertprojekt

In den Jahren 1961 bis 1964 geriet die brasilianische Demokratie in eine Krise. Aufgrund der großen sozioökonomischen Veränderungen wie Industrialisierung und Urbanisierung stieg der soziale Druck in der Gesellschaft. Es kamen diverse Bewegungen auf, wie die Landarbeiterbewegung (*Ligas Camponesas*), die Studentenbewegung sowie zahlreiche Streikwellen in den Jahren 1958 bis 1963. Der Präsident João „Jango" Goulart versuchte die Energie, die diesen Bewegungen innewohnte, in seine Politik aufzunehmen und sich zunutze zu machen. Mit den geplanten Basisreformen (*reformas de base*) wollte Jango die soziale Ungerechtigkeit mindern und der sozialen Mobilisierung eine Stimme geben. In das Programm der PTB fanden auch kommunistische Ideen und Zielvorstellungen Einzug. Dadurch radikalisierten sich die politisch linken Kräfte. Das Militär und konservative kirchliche Gruppen bildete das Gegengewicht im rechten Teil des politischen Spektrums. Es wurde durch weitere Institutionen wie IPES (*Instituto de Pesquisas e Estudos Sociais*), IBAD (*Instituto Brasileiro de Ação Democrática*) und die ESG (*Escola Superior de Guerra*) gestärkt. Diese Institutionen wurden finanziell und ideologisch vor allem durch die CIA aus den USA unterstützt. In der Militärspitze bahnte sich im Jahr 1964 eine Verschwörung gegen Goulart an, was schließlich im gleichen Jahr zu dessen Absetzung führte.

Militärregierung (1964–1985)

Die Militärs an der Macht – Kontrolle und Repression

Mit der Revolution vom 31. März 1964 kamen erneut die Militärs an die Schaltstellen der Macht in Brasilien. Erstmals in der brasilianischen Geschichte versuchten die Militärs sich nun durch eine neue Verfassung zu institutionalisieren. Ihr Ziel war es, eine Militärdiktatur zu errichten und Köpfe aus ihren eigenen Reihen für das Präsidentenamt aufzustellen. Auf politischer Ebene beabsichtigte die neue Staatsführung den Staatsapparat zu reformieren, autoritäre Machtmechanismen zu etablieren und die soziale Ordnung aufrechtzuerhalten. Im wirtschaftlichen Bereich strebte die Militärregierung Stabilisierung, ein hohes Wachstum sowie wirtschaftlichen Fortschritt an. Insgesamt fünf Vier-Sterne Generäle des brasilianischen Militärs stellten während der Zeit der Militärdiktatur hintereinander den Präsidenten: Humberto Castelo Branco (1964-1967), Arthur da Costa e Silva (1967-1969), Emílio Garrastazu Médici (1969-1974), Ernesto Geisel (1974-1979) und João Baptista de Oliveira Figueiredo (1979-1985).

Welche Mittel wandte die Militärregierung an, um ihren Machterhalt zu sichern? Erstens erließ die neue Militärregierung eine Reihe von „Institutionellen Akten“ (*Atos Institucionais* oder *AI*), mit denen sie die Exekutive stärkte und den Aktionsradius des Kongresses beschränkte. Durch den *Ato Institucional II* (AI-2) hatte der Präsident nun die Möglichkeit den Kongress aufzulösen und per Dekret zu regieren. Mit dem *Ato Complementar* vom 27. Oktober 1965 wurde die ARENA (*Aliança Renovadora Nacional*) geschaffen und als regierende Partei der Militärführung ins Leben gerufen. Zweitens nahmen die neuen Machthaber überdies drastische Personaländerungen im Staatsapparat vor: Sie tauschten nach ihrer Machtübernahme im Jahr 1964 ca. 9.000 unliebsame Beamte und Offiziere aus und ließen in einer Säuberungsaktion (*Operação Limpeza*) knapp 7.000 politische Gegner verhaften. Drittens setzten die herrschenden Militärs auf gewaltsame Repressalien. Dazu gehörten die Praxis der Folter, der Einsatz von Todesschwadronen sowie die Einführung der Todesstrafe durch den AI-14 im Jahr 1969. Unter der Regierung Médici kam es zwischen den Jahren 1968 – 1970 zu gewaltsamen Auseinandersetzungen zwischen Anhängern des Militärs und einer neu entstandenen Stadtguerilla, die sich gegen das Militärregime auflehnte. Erst unter dem nachfolgenden Präsidenten Ernesto Geisel entspannte sich die Lage wieder und der harte Flügel der Militärs (*linha dura*) wurde geschwächt. Ende der 1970er Jahre brach eine Streikwelle in der Industrieregion ABC los, was weitreichende Folgen für die künftige Entwicklung der Militärregierung mit sich brachte. Dies war auch die Geburtsstunde des Gewerkschaftsführers Luís Inácio da Silva (Lula), der knapp 25 Jahre später brasilianischer Präsident werden sollte. Bis zum Jahr 1980 schoss die Zahl der Gewerkschaften in die Höhe. Zu dieser Zeit waren rund 5,1 Millionen Arbeiter in insgesamt 2.144 Gewerkschaften organisiert. Im Jahr 1979 kam General Figueiredo an die Macht. Eine sich anbahnende Wirtschaftskrise, gekennzeichnet durch Hyperinflation und Überschuldung, leitete schließlich das Ende der Militärdiktatur ein.

Milagre Econômico Brasileiro – Wirtschaftswachstum und forcierte Industrieentwicklung

Ökonomisch gesehen war die Ära der Militärdiktatur eine sehr bewegte, geradezu volatile Zeit. Die Blütezeit ging als „Brasilianisches Wirtschaftswunder" (*Milagre Econômico Brasileiro*) in die Geschichte ein und dauerte von 1969 bis 1973. Im krassen Gegensatz dazu standen die Jahre von 1979 bis 1983, die von Rezession und einer Hyperinflation geprägt waren. Während den Jahren des „*Milagre*" wuchs das brasilianische BIP im Rekordtempo mit einer jährlichen Durchschnittsrate von 11,2 %. Zur gleichen Zeit gelang es der Volkswirtschaft die Inflation im Zaun zu halten. Sie betrug maximal 18 % p. a. Die Gründe für den enormen wirtschaftlichen Erfolg waren die reichhaltige Verfügbarkeit von Rohstoffen, die rasant in die Höhe schießenden ausländischen Direktinvestitionen in Brasilien sowie der Exportboom von brasilianischen Industrieprodukten. Im Jahr 1973 kletterten die ausländischen Direktinvestitionen in Brasilien auf ein Volumen in Höhe von US$ 4,3 Mrd. Hierbei war der Automobilsektor die wichtigste Zielbranche. Mit Honda (1971 bzw. 1976) und Fiat (1976) begannen zwei weitere große Automobilkonzerne mit ihrer Produktion in Brasilien. Als Erfolgsformel galt das Prinzip der Diversifizierung der nationalen Wirtschaft. Ein Mix aus verschiedenen Branchen sollte die brasilianische Volkswirtschaft auf ein höheres Level heben. Von dieser Diversifizierung der Wirtschaftszweige und Branchen profitiert Brasilien auch heute zu Beginn des 21. Jahrhunderts noch in hohem Maße. Durch eine diversifizierte Branchenstruktur wird das Klumpenrisiko erheblich reduziert und gleichzeitig die Krisenanfälligkeit verringert. Beim Außenhandel weitete sich der Anteil von Industrieprodukten am Exportvolumen weiter aus. Gleichzeitig ging der Kaffee-Anteil am Exportvolumen merklich zurück. Dieser belief sich im Jahre 1930 noch auf knapp 70 % und sank im Jahr 1975 auf einen Anteil von 9,9 % an den Gesamtexporten.

Die Militärregierung sah in dem Wirtschaftsboom eine Bestätigung ihrer Wirtschafts- und Wachstumspolitik. Alle Regierungen der Militärdiktatur legten nationale Wirtschaftspläne auf, die das Ziel hatten das Wachstum zu stimulieren und die Inflation gering zu halten. Auf diese Weise konnte der Staat seinen Einfluss in der Wirtschaft ausbauen. Das Leitmotiv der nationalen Sicherheit veranlasste die Staatsführung sich auf Schlüsselbranchen wie Erdöl, Luftfahrt, Rüstung und Energie zu fokussieren. Ernesto Geisel beispielsweise war selbst Vorstand bei dem Erdölkonzern Petrobrás, bevor er 1974 zum Präsidenten gewählt wurde. Außerdem setzte die Militärregierung auf eine Reihe von großen Projekten und Programmen. Dazu gehörten zum Beispiel das Alkoholprogramm *Proálcool* zur Schaffung eines Alternativkraftstoffes, das Projekt *Grande Carajás* zur Förderung des Eisenerzabbaus sowie das Staudammprojekt Itaipú zur Elektrizitätsgewinnung. Das Programm *Proálcool* war die Basis für die spätere Herstellung von Ethanol als Kraftstoffersatz für Benzin. Mit diesem Programm wollte Brasilien sich unabhängig von Ölimporten machen und seine nationale Eigenständigkeit vergrößern.

Allerdings hatte das viel beschworene *Milagre* auch seine Schattenseiten, die mit der Zeit immer offensichtlicher wurden. Trotz des extrem hohen BIP-Wachstums wuchs im Land die soziale Ungleichheit. Dies manifestierte sich in den höher werdenden Einkommensunterschieden. Während die Ober- und die Mittelschicht am Wachstum teilhatte und davon profitierte, blieb die große Unterschicht auf der Strecke. Beispielsweise entfielen im Jahr 1980 50,9 % des gesamten Volkseinkommens auf die reichsten 10 % der brasilianischen Bevölkerung. Die ärmsten 20 % der Bevölkerung mussten hingegen mit 2,8 % des Volkseinkommens auskommen. Zusätzlich zu den personenbezogenen Einkommensunterschieden vergrößerten sich auch die regionalen Unterschiede innerhalb Brasiliens. Der Industrie und Exportboom der 1970er Jahre beschränkte sich vor allem auf die Achse São Paulo – Rio de Janeiro. Das Wirtschaftswunder tangierte nicht den Nordosten Brasiliens. Die Investitions- und die Subventionsströme ließen den Nordosten außer Acht, wodurch die Großregion einen verheerenden ökonomischen Abstieg erfuhr. Eine Massenwanderung vom Nordosten in Richtung Südosten Brasiliens kam somit in Gang, da die verarmten Bevölkerungsschichten des Nordostens in die Wirtschaftszentren des Südens strömten. Dies war auch die Geburtsstunde der wildwuchernden Elendsviertel (*Favelas*) in den Metropolen Rio de Janeiro und São Paulo.

Trotz der Ölkrise 1973 war das Wirtschaftswachstum unter der Regierung von Ernesto Geisel zunächst noch positiv und erreichte Werte von 4,2 % bis 6,7 % p. a. Jedoch stieg die Teuerungsrate auf einen Wert von 37,9 % und die Auslandsverschuldung bezifferte sich auf US$ 43,5 Mrd. Nach der Machtübernahme durch Figueiredo verschärfte sich die Lage jedoch drastisch. 1980 geriet Brasilien erstmals seit 1947 in die Rezession. In diesem Jahr schrumpfte das BIP um 3,1 %. Die Inflation schoss im gleichen Jahr mit 110,2 % in die Höhe. Sie blieb zunächst konstant, ehe sie 1984 einen Rekordwert in Höhe von 223,8 % erreichte. Der brasilianische Schuldenberg betrug in diesem Jahr rund US$ 91 Mrd.

Zyklus des Sojas (1970–heute)

Die Sojabohne gelangte erstmals durch japanische Einwanderer nach Brasilien. Ab den 1970er Jahren avancierte Soja zu einem wichtigen Exportprodukt Brasiliens aufgrund einer Nachfrageerhöhung nach Sojaprodukten durch die weltweite Lebensmittelindustrie. Soja wurde im zunehmenden Maße zur Herstellung von zahlreichen Lebensmitteln verwendet. Der Bundesstaat Rio Grande do Sul und die brasilianische Makroregion Zentralwesten entwickelten sich zu den Hauptanbaugebieten für Soja. In jüngster Zeit expandierte der Sojaanbau auch in die Bundesstaaten Maranhão und Pará. Kennzeichnend für den Sojaanbau waren eine Mechanisierung in der Landwirtschaft und eine extensive Monokultur. Damit kann die Sojaökonomie auch als Geburtsstunde des brasilianischen Agribusiness – der industriell organisierten Agraökonomie – gesehen werden. Der Sojaanbau führte einerseits zu einem bemerkenswerten Wohlstandsgewinn. Dieser Wohlstand verteilte sich jedoch – wie nicht anders zu erwarten – auf wenige einflussreiche Personen. Andererseits gibt es auch eine Reihe an negativen Folgen, insbesondere für die Ökologie: Verunreinigung von Böden und Gewässern, Vernichtung der natürlichen Vegetation, Zurückdrängen des Lebensraumes für Tiere sowie Belastungen der Umwelt durch den Einsatz von Chemie und Pestiziden.

Der Erfolg der Sojaökonomie – und damit der „Zyklus des Sojas" – hält bis in die heutige Zeit an. Im Jahr 2004 belief sich die gesamte Anbaufläche für Sojabohnen auf rund 60 Mio. Hektar.

Die Anfänge der neuen Republik (1985–1994)

Der Übergang vom Militärregime hin zu einer Demokratie passierte nicht nur in Brasilien. In ganz Südamerika waren Militärregierungen ein Auslaufmodell. Schon von Beginn an war es das Ziel der Militärregierung, Brasilien zurück in die Demokratie zu führen. Die Pläne der Militärs, die erstarkte Oppositionspartei unter dem Militärregime und nicht zuletzt die Wirtschaftskrise schufen eine Eigendynamik und leiteten somit das Ende der brasilianischen Militärdiktatur ein. Im Jahr 1985 stand die Machtübernahme durch den erfahrenen Politprofi Tancredo Neves an. Er genoss breite Unterstützung durch die Machtzirkel um den Ex-Präsidenten Geisel, vonseiten des Medienimperiums TV-Globo und sogar von den Kommunisten. Kurz vor seinem Amtsantritt verstarb Neves jedoch an einer Sepsis, die er bisher verheimlicht hatte. Da nun schnell ein Ersatz für Neves gefunden werden musste, fiel die Wahl auf Sarney.

José Sarney

José Sarney war bereits Gouverneur des Bundesstaates Maranhão gewesen und hatte ab dem Jahr 1971 als Mitglied der ARENA im Senat in Brasilia gesessen. Außerdem war Sarney ab 1979 Präsident der PDS (Partido Nachfolgepartei der ARENA) bis er sich 1984 schließlich der PMDB (*Partido do Movimento Democrático* Brasileiro) anschloss. Am 22. April 1985 nahm Sarney sein Amt als Präsident Brasiliens auf und führte ein Kabinett aus den beiden Parteien PMDB und PFL (*Partido da Frente Liberal*) an. Die ersten Aufgaben, die Sarney zu bewältigen hatte, waren: Erstens die Aufhebung der Gesetze aus der Militärdiktatur und zweitens die Wahl einer verfassungsgebenden Versammlung mit dem Ziel, eine neue Verfassung auszuarbeiten. Bereits im Mai 1985 stellte die Legislative unter Sarney wichtige Weichen für die politische Zukunft Brasiliens. Sie etablierte die Direktwahl des Präsidenten, garantierte das Wahlrecht für Analphabeten und legalisierte alle politische Parteien.

Die Lage der heimischen Wirtschaft stellte wohl die größte Herausforderung für Sarneys Präsidentschaft dar. Im Jahr 1985 wuchs die Wirtschaft um 8 % dank der Exportstärke. Dadurch konnte Brasilien einen Handelsbilanzüberschuss von US$ 13,1 Mrd. erwirtschaften. Allerdings machte die außer Rand und Band geratene Inflation der Volkswirtschaft zu schaffen. Die jährliche Inflationsrate verharrte zwischen den Jahren 1984 und 1986 auf einem dreistelligen Niveau. Im Jahr 1984 belief sie sich auf 223,8 %, kletterte 1985 auf 235,5 % bevor sie 1986 auf 192 % sank. Brasilien tat sich schwer beim Kampf gegen die Inflation. Vonseiten der Politik gab es keine Bereitschaft für eine orthodoxe Wirtschaftspolitik zum Zwecke der Inflationssenkung. Eine Rezessions-Strategie (Erhöhung der Leitzinsen und damit Drosselung des Wirtschaftswachstums) war nicht gewünscht. Durch die Indexierung von Vermögenswerten konnte die Inflation aus der Vergangenheit in der brasilianischen Volkswirtschaft nicht abgebaut werden. Sie „versteckte" sich in den gegenwärtigen Preisen und blieb auch in der zukünftigen Inflationsrate enthalten, wodurch ein wahrer Teufelskreis in Gang kam. Eine Schocktherapie war also unausweichlich für Brasilien. Das Land musste sich „an seinen eigenen Haaren aus dem Sumpf ziehen". So legte Sarney am 28. Februar 1986 den *Plano Cruzado* auf. Es handelte sich hierbei um eine Währungsreform bei dem die bestehende Währung *Cruzeiro* zum *Cruzado* wurde. Dabei strich die Zentralbank drei Nullen. Der *Plano Cruzado* war die erste von insgesamt fünf Währungsreformen innerhalb von acht Jahren. Sarney schwor das Volk regelrecht für den „Kampf auf Leben und Tod" gegen die Inflation ein. Da der *Plano Cruzado* in einer Wirtschaftswachstumsphase stattfand, stiegen die Reallöhne der brasilianischen Bevölkerung sogar an. Die Konsequenzen des *Plano Cruzado* waren folgende: Die Regierung fror die bestehenden Gehälter und Löhne ein, beendete die Indexierung und nahm eine Neujustierung der gesetzlichen Mindestlöhne vor. Der Lohn- und Preisstopp sollte der chronischen Inflation endgültig den Garaus machen. Allerdings scheiterte der *Plano Cruzado*. Hierfür gab es zwei entscheidende Gründe: Erstens wurde die staatliche Nachfrage nicht reduziert und zweitens war die Festlegung der neuen Löhne zu hoch gewesen. Somit steigerte sich die Kaufkraft, was eine Erhöhung der Nachfrage und damit des Konsums mit sich brachte. Das war nur weiteres Öl auf das „Feuer" der Inflation. Die Inflation explodierte abermals in den Jahren 1988 bis 1990. 1988 betrug die Inflationsrate ganze 1.038 % und im Folgejahr 1989 kletterte sie sogar auf 1.783 %.

Am 22. September 1988 verabschiedete die verfassungsgebende Versammlung schließlich die neue Verfassung. Sie leistete Fortschritte in sozialen und politischen Rechten, stärkte die Bürgerrechte, gewährte Minderheiten- und Konsumentenschutz, beschnitt die Macht der Exekutive und festigte die Justiz sowie das Parlament. Darüber hinaus trug die neue Verfassung auch der aufkommenden Globalisierung Rechnung, indem sie mehr internationalen Wettbewerb in Brasilien zuließ. Außerdem berücksichtigte die neue Verfassung erstmals Regelungen zum Umweltschutz und stellte das nationale Naturerbe (Amazonas Regenwald, den Küstendschungel Mata Atlántica sowie das Sumpfgebiet Pantanal) unter Verfassungsschutz. Aufgrund der vielen Neuerungen und Regeln markierte die neue Verfassung einen wichtigen Wendepunkt im Demokratisierungsprozess von Brasilien.

Fernando Collor de Mello

Am 15. November 1989 fanden nach 29 Jahren (nach 1960) die ersten direkten und freien Präsidentschaftswahlen in Brasilien statt. Insgesamt 82 Mio. Wahlberechtigte waren zur Wahl aufgerufen. Die Präsidentschaftswahlen von 1989 waren auch die ersten großen Fernsehwahlen in Brasilien. Auch heute sind die Wahlen in Brasilien sehr stark von den Medien beeinflusst. Collor führte eine Partei an – die PRN – und setzte sich im zweiten Wahlgang gegen seinen Konkurrenten Lula durch. Er gewann die Wahl mit 36 Mio. Stimmen gegen 31 Mio. Stimmen. Collors Familie war im Mediengeschäft aktiv, daher bekam er Unterstützung durch den größten brasilianischen Medienkonzern TV Globo. Neben der Medienwelt erhielt Collor Beistand von einigen Unternehmerverbänden aus São Paulo sowie von dem Wirtschaftsverband *Confederação das Associações Comerciais do Brasil*.

Die Ausgangslage der brasilianischen Volkswirtschaft war auch zu Collors Regierungsbeginn nicht die angenehmste. Der neu gewählte Präsident sah sich mit einer extrem hohen Inflationsrate konfrontiert. Sie betrug im Jahr 1990 etwa 72 % bis 80 % pro Monat und war auf einem guten Weg, sich zu einer Hyperinflation auszuweiten. Angesichts der Umstände sah sich Collor gezwungen, mit radikalen Mitteln gegen die Inflation vorzugehen. Collor lancierte den *„Plano Brasil Novo"*, der eine Reihe von extremen Änderungen vorsah: Die Bankguthaben aller Bürger wurden für 18 Monate eingefroren, um den Geldumlauf zu drosseln (nach dem Motto: „Kein Geld – keine Inflation"), Einfrieren von Preisen, Kürzen von öffentlichen Ausgaben, Verminderung der Zahl der Ministerien, Privatisierung staatlicher Unternehmen sowie eine Liberalisierung des Außenhandels. Mit der Strategie hin zur freieren Wirtschaftsordnung mit mehr Weltmarktorientierung schlug Collor den richtigen Weg für Brasilien ein. Allein im Zeitraum von 1990 bis 1994 wurden 33 Staatsunternehmen privatisiert, womit die brasilianische Regierung Einnahmen in Höhe von 8,6 Mrd. US$ erzielte.

Mit Sicherheit waren die vielen Jahre der Inflation eine Lehre für die Brasilianer und stimulierten zunehmend die Konsumfreude der Bevölkerung. Wenn ich an die unzähligen, stark frequentierten „Shopping Tempel" im Brasilien des 21. Jahrhunderts denke, kann ich mir sehr gut vorstellen, dass die immerwährend gute Konsumlaune der Brasilianer auch historisch begründet ist. Aufgrund der mangelnden Geldwertstabilität sagten sich viele Brasilianer: ‚Besser ich gebe mein Geld heute für den Konsum aus, anstatt zu warten und zu sehen, dass das Geld morgen weniger wert ist'.

Im Mai 1992 erhob jedoch Pedro Collor – der Bruder Fernando Collors – Anschuldigungen gegen den Präsidenten und gegen dessen Wahlkampffinancier Paulo Cesar Farias. Die Medien deckten Schritt für Schritt das Korruptionssystem von Fernando Collor auf. Dies führte dazu, dass Collor unter dem Druck der Öffentlichkeit am 2. Oktober 1992 vom Abgeordnetenhaus für 180 Tage suspendiert wurde. Anschließend leitete der Senat ein Amtsenthebungsverfahren ein, sodass Collor im Dezember 1992 aus dem Amt ausschied. Neben dem Korruptionsskandal von Collor wurden kurze Zeit später viele weitere Korruptionsaffären aufgedeckt. Zahlreiche Parlamentarier, darunter der Leiter des Amtsenthebungsverfahrens gegen Collor – Ibsen Pinheiro – wurden selbst der Korruption überführt. Der Vizepräsident Itamar Franco führte die Amtsperiode von Collor zu Ende. Der aus Minas Gerais stammende Ingenieur war in einer Oppositionsgruppe während der Zeit der Militärdiktatur aktiv. Franco stoppte zunächst die Privatisierungspolitik seines Vorgängers. Unter Franco fand am 21. April 1993 ein Plebiszit über die künftige Staatsform Brasiliens statt. Hierbei gewann die Republik mit 66 % der Stimmen gegen die Monarchie (10 % der Stimmen). Außerdem setzte sich der Präsidentialismus mit 55 % der Stimmen gegen den Parlamentarismus mit 25 % der Stimmen durch. Im August 1993 leitete Franco eine erneute Währungsreform ein. Der *Cruzeiro* wurde nun zum *Cruzeiro Real*, bei dem wieder einmal drei Nullen gestrichen wurden. Allerdings gelang es Franco nicht, die Inflation in den Griff zu bekommen. Im Dezember 1993 kletterte die monatliche Inflationsrate wieder auf 36 %. Erst der Nachfolger Francos, Fernando Henrique Cardoso, schaffte es, die Inflation effektiv zu senken. Cardoso war von Mai 1993 bis April 1994 Finanzminister Brasiliens. Ab Januar 1994 initiierte Cardoso mit dem *Plano Real* eine nachhaltige Währungsreform. Zunächst schuf er am 28. Februar 1994 eine Übergangswährung – die *Unidade Real de Valor* (URV) – und koppelte diese an den US-Dollar. Auf diese Weise konnten sich die Brasilianer an eine stabile Währung gewöhnen. Das ist die Vorgängerwährung der aktuellen brasilianischen Währung: dem

Real. Gleichzeitig gelang es Cardoso eine vorteilhafte Koordination von Währungs- und Haushaltspolitik zuwege zu bringen. Am 1. Juli 1994 wurde schließlich die neue Währung – der Brasilianische Real (kurz R$) – eingeführt. Auf das Wirken Cardosos und dessen entscheidenden und effektiven Maßnahmen für das Erstarken der brasilianischen Wirtschaft werde ich in Kapitel 4 eingehen.

3. Brasilien im 21. Jahrhundert – Das „B" der BRIC-Staaten

In diesem Kapitel werde ich vor allem auf drei Punkte eingehen: die Demografie, das Bildungssystem und die Politik des Landes. Sie sind elementare Treiber, die die wirtschaftliche Leistungsfähigkeit eines Staates beeinflussen. Gerade im Falle Brasiliens sind das Bevölkerungswachstum, der allgemeine Bildungsstand und die politischen Rahmenbedingungen maßgebliche Faktoren für die volkswirtschaftliche Leistung des größten südamerikanischen Landes. Um die brasilianische Wirtschaft zu verstehen ist es daher sinnvoll, sich erst einmal die dazugehörigen Rahmenbedingungen näher anzusehen.

Brasilien – Eine Bestandsaufnahme

Brasilien ist mit seinen 198 Mio. Einwohnern ein sehr bevölkerungsreiches Land auf unserer Erde. Da sich diese Einwohner jedoch auf eine Fläche von 8,5 Mio. Quadratkilometer verteilen, ist Brasilien im Weltdurchschnitt vergleichsweise dünn besiedelt. Gerade einmal 22 Menschen verteilen sich im Schnitt auf einen Quadratkilometer (km^2) Land. In Deutschland liegt diese Kennzahl bei 229 Einwohnern pro km^2. Deutschland ist demzufolge zehn Mal so dicht besiedelt wie Brasilien. Wenn wir uns Brasilien genauer ansehen, stellen wir fest, dass das Land sehr ungleichmäßig bevölkert ist. Der Südosten sowie die Küstenregion sind relativ dicht besiedelt, während der Norden (Amazonas-Region) und der Zentralwesten sehr dünn besiedelt sind. Während meines einjährigen Brasilienaufenthalts fuhr ich einmal mit dem Überlandbus von Goiánia nach São Paulo.

Einen Großteil der 15-stündigen Fahrt durch den brasilianischen Zentralwesten habe ich damit verbracht meine Nase an der Fensterscheibe plattzudrücken und mir die endlosen Weiten Brasiliens anzuschauen. Erst durch eine 15-stündige Überlandfahrt bekam ich einen realen Eindruck von der Größe Brasiliens.

Brasilien gliedert sich administrativ in fünf Großregionen, die jeweils mehrere Bundesstaaten umfassen: Süden, Südosten, Nordosten, Zentralwesten und Norden. Die bevölkerungsreichsten Regionen sind der Südosten (84 Einwohner/ km^2) sowie der Süden (49 Einwohner/ km^2). Zusammengenommen haben der Süden und der Südosten 108 Millionen Einwohner, was 56,25 % der brasilianischen Gesamtbevölkerung entspricht. In diesen Großregionen befinden sich auch die beiden Megastädte Brasiliens: São Paulo und Rio de Janeiro. Im krassen Gegensatz dazu stehen die Großregionen Zentralwesten sowie der Norden Brasiliens: Der Zentralwesten – der „Wilde Westen" Brasiliens – hat gerade einmal 13,7 Mio. Einwohner bei einer Fläche von über 1,6 Mio. km^2 (8 Einwohner/ km^2). Im Norden Brasiliens verteilen sich 15,8 Mio. Einwohner auf einer Fläche von 3,8 Mio. km^2 (3 Einwohner/ km^2). Der Norden Brasiliens – primär durch den Amazonas-Regenwald geprägt – macht 42,27 % der Fläche aus, aber lediglich 8,2 % der Brasilianer leben dort. Diese beiden Großregionen sind folglich sehr dünn besiedelt und vergleichsweise wenig erschlossen.

Brasilien weist noch eine Besonderheit auf, die mir bei vielen Reisen durch das Land aufgefallen ist. Es hat einen enorm hohen Urbanisierungsgrad. Die ländlichen Regionen scheinen nahezu menschenleer – im Gegensatz dazu wachsen die städtischen Regionen stark. Während 1940 gerade einmal 30 % der Bevölkerung in Städten lebte, stieg dieser Anteil auf 55 % im Jahr 1970. Heute ballen sich 87 % aller Brasilianer – rund 170 Mio. Menschen – in den Städten ihres Landes. Die extreme Landflucht zwischen den 1950er und 1970er Jahren trieb die rasche Urbanisierungswelle voran. Ähnlich wie in Deutschland gilt auch in Brasilien folgende Devise: „Weg vom Land, rein in die Städte, denn hier gibt es die Aufstiegschancen und Jobs. In den Städten holen wir uns unsere Fleischtöpfe". Die Urbanisierung geschah in erster Linie im Südosten und im Süden des Landes. Durch die gezielte Förderung von Industrien und diversen

Wirtschaftszweigen urbanisierten sich die Städte und Regionen des Südostens und des Südens schneller als beispielsweise im Nordosten Brasiliens. In den zehn größten städtischen Ballungsräumen Brasiliens wohnen heute insgesamt 54 Millionen Menschen.

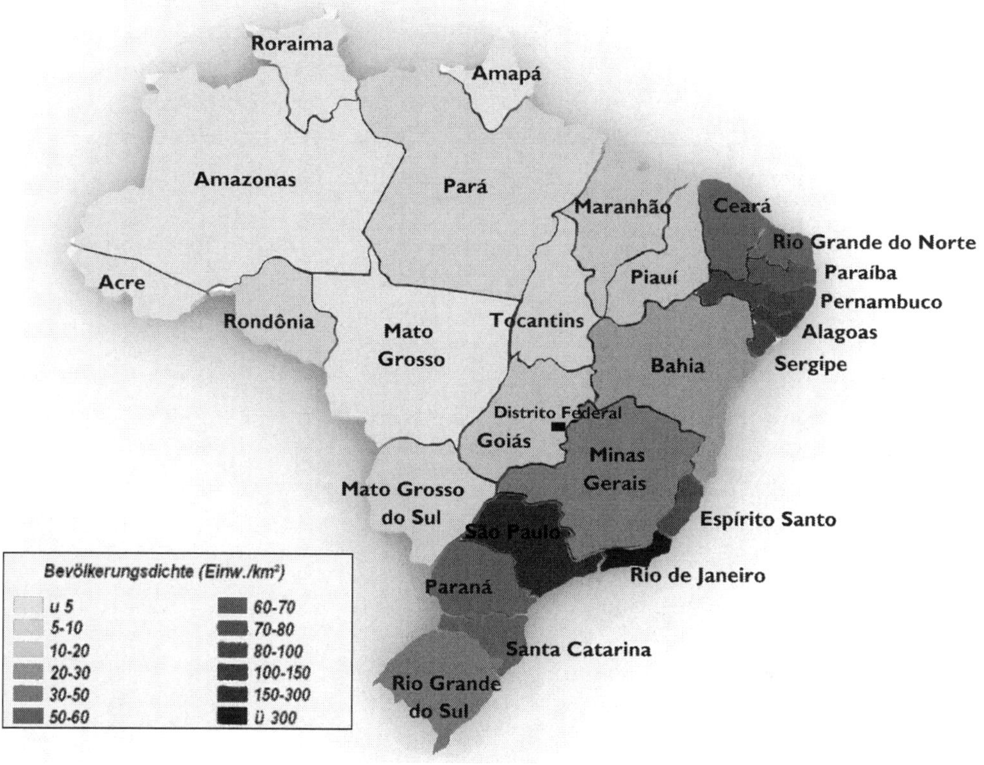

Brasilien – Bevölkerungsdichte

Eines der bemerkenswertesten Phänomene Brasiliens ist das starke Bevölkerungswachstum im 20. Jahrhundert. Die brasilianische Bevölkerung hat sich im Verlauf des 20. Jahrhunderts sage und schreibe verzehnfacht. Im Jahr 1900 hatte Brasilien gerade einmal 17 Mio. Einwohner. Besonders starke Wachstumsperioden waren die Zeiträume 1900–1910, 1950–1970 und 1980–1990. Zu Beginn des 20. Jahrhunderts war die Masseneinwanderung nach Brasilien der

Haupttreiber für das Bevölkerungswachstum. Mitte des 20. Jahrhunderts und in den 1980er Jahren war es das natürliche Bevölkerungswachstum, das die Population Brasiliens anschwellen ließ. Viele Brasilianer – die ich persönlich kennengelernt habe – die etwa zwischen 1950 und 1970 geboren wurden, erzählten mir, dass sie 10 Geschwister oder mehr hätten. Ich meinerseits wurde im Jahr 1982 geboren. Sehr viele meiner brasilianischen Freunde und Bekannten sind in einem ähnlichen Alter wie ich – sie sind also Kinder der 1980er Jahre. In dem Jahr, welches ich in Brasilien verbrachte, hatte ich das Gefühl, dass die Mehrheit der Menschen meines Alters war.

Jahr	Einwohner
1900	17 Mio.
1910	23,2 Mio.
1920	30,6 Mio.
1930	37 Mio.
1940	41,1 Mio.
1950	51,9 Mio.
1960	70,9 Mio.
1970	94,5 Mio.
1980	118,6 Mio.
1990	148,8 Mio.
2000	171,3 Mio.
2010	190,7 Mio.

Einwohnerentwicklung Brasiliens im 20. Jahrhundert

Ein Blick auf die Bevölkerungspyramide Brasiliens verrät, dass die Kinder der 1980er zu den größten Alterssegmenten gehören. Aktuell liegt das Durchschnittsalter Brasiliens bei 29 Jahren. Da ich genau in diesem Alter bin, kann ich mich sehr gut in die brasilianische Volksseele einfühlen. Immer wenn ich in Brasilien auf die Straße ging, mich auf den Weg zur Uni machte oder zu meiner Arbeit pendelte, fiel mir auf: Das Land hat im Vergleich zu Europa eine außerordentlich junge Bevölkerung. Der Durchschnitts-Brasilianer ist Ende 20, hat die ersten Jahre seines Arbeitslebens hinter sich und beschäftigt sich mit Dingen, die für Menschen mit Ende 20 gerade aktuell sind. Im 6. Kapitel werde ich noch näher auf dieses Thema eingehen. Mit einer Wachstumsrate von 0,9 % pro Jahr wächst die brasilianische Bevölkerung – im globalen Kontext gesehen – mittlerweile unterdurchschnittlich. Das Wachstum der Weltbevölkerung lag 2011 bei 1,096 %. Eine brasilianische Frau bringt im Durchschnitt 2,2 Kinder zur Welt. Damit liegt Brasilien über der magischen Grenze der Fertilitätsrate von 2,1 Kindern pro Frau. Bei mehr als 2,1 Geburten pro Frau befindet sich die Demografie eines Landes in einem ausgeglichenen Stadium und das Reproduktionsniveau ist erreicht. Das heißt die Bevölkerung nimmt weiter zu. Zum Vergleich: Eine deutsche Frau bringt im Durchschnitt 1,36 Kinder zur Welt. Das Bevölkerungswachstum in Deutschland belief sich 2011 auf – 0,21 %. Allerdings schwächt sich das Bevölkerungswachstum auch in Brasilien ab. Viele Brasilianerinnen, die aktuell im gebärfähigen Alter sind, haben gar keine Kinder oder nur eines. Hierbei handelt es sich meist um Frauen aus der Ober- und Mittelschicht. Für viele Frauen und Männer aus den unteren und bildungsfernen Schichten ist „Familienplanung" weiterhin ein Fremdwort. Aus verschiedensten Gründen sind viele Frauen gezwungen, ihr Kind bzw. mehrere Kinder in Alleinregie großzuziehen. Doch der Trend zu weniger Kindern macht sich auch in Brasilien bemerkbar. Ein weiteres interessantes Phänomen Brasiliens ist der bemerkenswerte Frauenüberschuss. Aktuell gibt es in Brasilien 97,16 Mio. Frauen und 95,2 Mio. Männer. Dafür gibt es vor allem zwei Gründe: Erstens haben Frauen eine höhere Lebenserwartung. Zweitens ist die Wahrscheinlichkeit für junge Männer (im Alter zwischen 20 und 24 Jahren) höher, einem Gewaltverbrechen zum Opfer zu fallen. Das gilt wieder insbesondere für junge Männer der unteren Schichten, die aus den *Favelas* (brasilianischer Ausdruck für Slums) kommen.

Wer sind die Brasilianer? Wo liegen ihre Ursprünge und wie sehen sie aus? Wie bereits im 2. Kapitel beschrieben, stammt der überwiegende Teil der Brasilianer von Einwanderern ab, die zwischen 1500 und 1930 nach Brasilien kamen. Die europäischen Einwanderer kamen meist freiwillig in das Land, während Afrikaner alles andere als freiwillig in Brasilien sesshaft wurden. Die hellhäutigen Brasilianer stellen offiziell den größten Anteil an der brasilianischen Bevölkerung. Mit 47,73 % machen sie die knappe Hälfte der Gesamtbevölkerung aus. Die größten Herkunftsgruppen der weißen Brasilianer sind Portugiesen, Italiener, Spanier, Deutsche, Libanesen, Polen, Ukrainer und Juden. Heutzutage können viele weiße Brasilianer ihre Vorfahren nicht mehr eindeutig einem Herkunftsland zuordnen, da deren Ankunft in Brasilien schon zu weit in der Vergangenheit liegt. Daher bezeichnen sie ihre Herkunft einfach als „Brasilianisch". Der Süden Brasiliens sowie die Bundesstaaten São Paulo, Rio de Janeiro und Mato Grosso do Sul werden mehrheitlich von Weißen bewohnt. Die zweitgrößte ethnische Gruppe bilden offiziell mit 43,10 % die Mischlinge – in Brasilien auch „*Pardos*" genannt. Inoffiziell ist die Bevölkerungsgruppe der *Pardos* sogar die größte des Landes. Hierbei kommt folgendes Phänomen zum Tragen: Viele Brasilianer, die in Wirklichkeit Mischlinge sind, bezeichnen sich bei Umfragen und statistischen Erhebungen als „weiß". Dadurch wird die ursprüngliche ethnische Herkunft etwas kaschiert. Darüber hinaus haben viele weiße Brasilianer einen nichtweißen Vorfahren – etwa eine indianische oder eine afrikanische Urgroßmutter. Da allerdings der Großteil ihrer übrigen Vorfahren Weiße waren, sind die „nichtweißen Merkmale" bei hellhäutigen Brasilianern in der Physiognomie nur leicht bzw. ganz subtil vorhanden. Mit 7,6 % stellen die Schwarzen – oft auch Afrobrasilianer genannt – die drittgrößte Bevölkerungsgruppe Brasiliens. Der Nordosten Brasilien ist das Zentrum der afrobrasilianischen Bevölkerung – allen voran die Bundesstaaten Bahia und Piauí. Rund 2,1 % der Brasilianer sind asiatischen Ursprungs. Hierbei stellen Japaner, Chinesen und Koreaner die größten Herkunftsgruppen. Die asiatisch-stämmigen Brasilianer konzentrieren sich in den beiden Bundesstaaten São Paulo und Paraná. Der Anteil an indigenen Brasilianern (auch *Indios* oder *Indígenas* genannt) – die die eigentlichen Ureinwohner Brasiliens sind – ist sehr gering. Heutzutage gibt es noch knapp 600.000 Indios, die zumeist in den Großregionen Norden und Nordosten leben. Vereinzelt gibt es auch Indio Communities im Süden Brasiliens.

Ethnie	Prozentanteil
Weiße	47,30%
Pardos	43,10%
Schwarze	7,60%
Asiaten	2,10%
Indios	0,30%

Ethnische Zusammensetzung der brasilianischen Bevölkerung

Was wissen und können die Brasilianer? Wie sieht das Bildungssystem aus und wie werden sie auf das Arbeitsleben vorbereitet? Die Alphabetisierungsrate von Brasilien liegt bei 90,4 %. Andersherum bedeutet das, dass 9,6 % der Brasilianer Analphabeten sind. Mit dieser Quote liegt Brasilien im weltweiten Kontext in einem guten Bereich. Hinsichtlich der Alphabetisierung übertreffen lediglich alle OECD-Staaten sowie die osteuropäischen Transformationsländer Brasilien. Bei dem Alphabetisierungsniveau ist Brasilien etwa auf dem gleichen Level wie Mexiko, Chile, Kolumbien, China, Indonesien, Thailand, der Türkei und Bosnien-Herzegowina. Historisch gesehen hat Brasilien damit einen riesigen Schritt nach vorne gemacht - wenn man bedenkt, dass die Alphabetisierungsquote im Jahr 1920 gerade einmal bei 24,5 % lag (siehe Kapitel 2). Laut einer Statistik aus dem Jahr 2008 haben 11 % aller Brasilianer zwischen 25 und 64 Jahren einen Universitätsabschluss. In Brasilien wird diese Bildungsstufe als *Ensino Superior* (höhere Bildung) bezeichnet – was im weitesten Sinne mit einem Hochschulstudium in Deutschland gleichzusetzen ist.

Erfreulicherweise hat sich die Anzahl der Studenten innerhalb der letzten Dekade annähernd verdreifacht. Im Jahr 1999 gab es in Brasilien rund 2,3 Mio. Studenten, die an einer Hochschule eingeschrieben waren. Im Jahr 2009 stieg diese Zahl auf 6,4 Mio. eingeschriebene Studenten an. Gleichzeitig explodierte das Kursangebot auf eine Anzahl von insgesamt 28.671 Studiengängen. Von den insgesamt 6,4 Mio. Studenten Brasiliens sind 1,5 Mio. an einer öffentlichen Universität eingeschrieben, während die restlichen 4,9 Mio. Studenten an einer der vielen privaten Universitäten studiert. Im Jahr 2009 existierten in Brasilien insgesamt 2.314 Hochschulen. Davon sind 245 Hochschulen öffentlich und 2.069 Hochschulen privat. Die privaten Hochschulen (*Faculdade Particular*) haben meistens viele Filialen in mehreren Städten. Eine dieser privaten Hochschulen ist die UNIP, die insgesamt 31 Filialen im Bundesstaat São Paulo hat. Es gibt einen Spruch der lautet: „Es gibt mehr UNIP Filialen als es McDonalds gibt."

Eine positive Entwicklung spiegelt sich in der Tatsache wider, dass die ethnischen Minderheiten der Pardos und Schwarzen neuerdings stärker an den Universitäten vertreten sind. Schafften es von den Schülern im Alter von 18 bis 24 im Jahr 1999 nur 8 % der Pardos und 7,5 % der Schwarzen den Sprung an eine Hochschule, stieg deren Anteil 2009 auf 31,8 % (Pardos) und 28,2 % (Schwarze). Von den weißen Schulabgängern besuchen immerhin 62,6 % eine Hochschule. Der Zugang zur Hochschulbildung wurde für viele Bevölkerungsgruppen auf jeden Fall erleichtert. Außerdem gab es auch eine Zunahme von technisch orientierten Studiengängen, was ebenfalls vorteilhaft für Brasilien und dessen Wirtschaft ist – insbesondere um das naturwissenschaftlich-technische Know-how zu fördern.

Auf der anderen Seite existieren weiterhin Schwachstellen im brasilianischen Bildungswesen. Nimmt man einmal die Altersgruppe zwischen 18 und 24 Jahren unter die Lupe – die rund 23 Mio. Menschen umfasst – wird folgendes ersichtlich: Nur 14,5 % aller Personen in diesem Alterssegment – sprich 3,3 Mio. – besuchen eine Hochschule. Der durchschnittliche Brasilianer über 25 Jahren hat im Schnitt nur 7,1 Jahre Bildung genossen. Darüber hinaus hat das brasilianische Hochschulwesen durch die massive Ausweitung von Hochschulstandorten und Studiengängen an Qualität eingebüßt. Insbesondere bei den privaten Hochschulen gibt es kaum Eintrittshürden und die Anforderungen sind meist gering. Solange man bezahlt, kann man studieren und mit etwas Aufwand ohne Weiteres die Prüfungen meistern. Im Gegensatz dazu haben die öffentlichen Universitäten Aufnahmeprüfungen, die sehr umfangreich und anspruchsvoll sind.

In diesem Kontext gibt es ein weiteres Kuriosum in Brasilien: Die jungen Brasilianer, die aus den wohlhabenden Schichten entstammen, stellen die Mehrheit der Studenten an den öffentlichen Universitäten. Sie brauchen also keine Studiengebühren zu zahlen. Der Grund hierfür ist: Um die anspruchsvollen Aufnahmeprüfungen für die öffentlichen Unis zu bestehen, besuchen die angehenden Studenten sogenannte „*Cursinhos*". Ein *Cursinho* ist ein halbjähriger Vorbereitungskurs für die Aufnahmeprüfung an einer öffentlichen brasilianischen Universität. Damit erhöht man als Student die Chancen, die Aufnahmeprüfung für eine Universität erfolgreich zu bestehen. Im Durchschnitt kostet ein *Cursinho* R$ 5.000. Das entspricht rund einem Drittel eines durchschnittlichen brasilianischen Jahresgehalts. Den Rest kann man sich denken. Nur die Kinder aus reichen Elternhäusern haben die Möglichkeit einen *Cursinho* zu besuchen, um folglich an einer öffentlichen Universität mit guter Reputation zu studieren. Den Jugendlichen aus ärmeren Familien bleibt oft nichts anderes übrig, als Vollzeit zu arbeiten und damit das Studium an einer privaten Hochschule zu finanzieren. Das ist für sie die zeitsparendere Variante. Auch sonst arbeitet ein Großteil der brasilianischen Studenten parallel zum Studium und besucht vorzugsweise Abendkurse an der jeweiligen Universität. Die Universitäten kommen den Studenten insofern entgegen, indem sie viele Studiengänge mit Abendkursen anbieten.

Einerseits haben sich der Bildungsgrad und das akademische Umfeld in Brasilien über die Zeit erheblich verbessert. Vor allem die Anzahl und die Vielfalt an Studiengängen haben zugenommen. Anderseits existieren definitiv noch Defizite im Bildungssystem. Während meiner Zeit in Brasilien hatte ich vor allem mit Brasilianern aus den gebildeten Schichten zu tun, die sehr weltgewandt waren, Auslandsaufenthalte hinter sich hatten und mehrerer Fremdsprachen mächtig waren. Allerdings habe ich darüber hinaus sehr vielfältige Bekanntschaften gemacht - mit Professoren, Studenten, Unternehmern, Politikern, Arbeitern, Polizisten, Rentnern, Straßenkindern und sogar mit Kriminellen. Durch die lockere und offene Art der Brasilianer fängt man in Brasilien oft innerhalb von Sekundenschnelle ein Gespräch an. Wenn man sich mit einfachen Leuten in Brasilien unterhält, merkt man dann sehr rasch, dass der Allgemeinbildungsgrad nicht der höchste ist. Trotzdem war ich oft überrascht, wie gut einige Brasilianer speziell über Deutschland Bescheid wussten und wie sehr sie sich für das Ausland im allgemeinen interessierten. In jedem Falle muss das Land im Bereich Bildung buchstäblich noch einige Hausaufgaben machen. Das sagt einem auch fast jeder Brasilianer, wenn er auf die Schwachstellen seines Heimatlandes zu sprechen kommt. Das Schlagwort im Bildungswesen heißt eindeutig: mehr Qualität statt ausufernde Quantität.

Der Fortschritt Brasiliens innerhalb der letzten Jahrzehnte macht sich auch in der Kennzahl des Human Development Index (HDI) bemerkbar. Das Schöne am HDI ist, dass der Index viele Faktoren mit einbezieht. Neben einer wirtschaftlichen Größe – dem Bruttonationaleinkommen – das in den Index einfließt, berücksichtigt der HDI noch eine Reihe weiterer Faktoren. Dazu gehören die Gesundheit, Ernährung, Bildung, Freizeit und Mitsprachemöglichkeiten der Menschen. Mit einem HDI von 0,718 gehört Brasilien zur Gruppe der hoch entwickelten Staaten. Zum Vergleich: Deutschland hat einen HDI von 0,905. Hier noch einige HDI-Werte von weiteren ausgewählten Nationen: USA (0,910), Schweiz (0,903), Italien (0,874), China (0,687), Indien (0,547), Mexiko (0,770), Ägypten (0,644), Nigeria (0,459) und die Demokratische Republik Kongo (0,286). Von 187 erfassten Staaten im HDI Ranking nimmt Brasilien Platz 84 ein. Zieht man die HDI Werte anderer Staaten mit in Betracht, wird folgende Tatsache ersichtlich: Brasilien hat beachtliche Fortschritte in seiner Entwicklung gemacht. Allerdings gibt es in mehreren Bereichen noch Aufholbedarf. Hier sind vor allem die Bereiche Bildung, Umweltschutz, Steuersystem sowie die Infrastruktur zu nennen.

Um die Funktionsweise des brasilianischen Staates noch besser zu verstehen und aus unserer europäischen Perspektive klarer zu sehen, kommen wir nicht darum herum uns mit der politischen Maschinerie Brasiliens zu befassen. Wer herrscht in Brasilien und hält die Zügel in der Hand? Und wie sieht die politische Landschaft Brasiliens aus? Diese Fragen werde ich nun im Folgenden angehen.

Politik auf brasilianisch – Die Schaltstellen der Macht

Politik und Brasilien – diese Kombination ist von ganz besonderer Brisanz. Das Schlagwort „Politik“ ruft bei vielen Brasilianern gemischte Emotionen hervor – in den meisten Fällen eher negative. Gefühlt jeder zweite Brasilianer beklagt sich über die „korrupten, egoistischen, geldgierigen und falschen Politiker“, die das Land regieren. Einer meiner ehemaligen WG-Mitbewohner in São Paulo regte sich besonders über die politische Kaste auf und sparte nicht mit vulgären Ausdrücken, um die Politiker zu charakterisieren. In der Tat ist die Politik ein bewegter und volatiler Faktor im brasilianischen Kontext. Während des gesamten 20. Jahrhunderts wechselte Brasilien 34 Mal seinen Präsidenten. Statistisch gesehen regierte jeder Präsident also nur knapp 3 Jahre lang das Land. Ein deutscher Bundeskanzler hingegen hielt sich im Schnitt sieben Jahre auf dem Thron der Macht. Welche Rolle spielt die Politik im „Brazil Game“? Wer sind diese vermeintlich „korrupten und selbstherrlichen“ Politiker? Wie politisiert sind das Land und seine Leute? Und welchen Anteil hat die Politik an dem jüngsten Brasilien-Boom?

Brasilien ist von seiner Staatsform eine präsidiale Bundesrepublik. Seit dem Jahr 1988 – nach dem Ende der Militärdiktatur – erlangte Brasilien seine föderative Struktur. Aus demselben Jahr stammt auch die aktuelle Verfassung, die in der Zwischenzeit mehrmals geändert wurde. Brasilien hat ein Zweikammersystem, das sich aus dem Abgeordnetenhaus und dem Senat zusammensetzt. Das Abgeordnetenhaus (*Câmara dos Deputados*) hat 513 Mitglieder und der föderative Senat (*Senado Federal*) setzt sich aus 81 Senatoren zusammen. Dabei stellt jeder der 26 Bundesstaaten plus der Bundesdistrikt Brasília drei Senatoren im Senat. Eine Wahlperiode für den Präsidenten und das Abgeordnetenhaus dauert vier Jahre. Der Präsident und die Amtsträger des Abgeordnetenhauses können einmal wiedergewählt werden. Ein brasilianischer Präsident kann also maximal acht Jahre im Amt bleiben. Die Mitglieder des Senates werden direkt auf acht Jahre gewählt. In Brasilien gibt es eine klare Gewaltenteilung. Auf Bundesebene repräsentieren der Präsident mit 21 Ministern und sechs Staatssekretären die Exekutive, das Abgeordnetenhaus und der Senat die Legislative und das Oberste Bundesgericht (*Supremo Tribunal Federal*) die Judikative. Der Präsident ist sowohl Regierungschef als auch Staatsoberhaupt in einem. Auf Bundesstaatenebene stellen Gouverneur (*Governador*) und die Landesregierung (*Governo do Estado*) die Exekutive dar, das Bundesstaats-Parlament (*Assembléia Legislativa*) macht die Legislative aus und das Oberste Gericht auf Bundesstaatenebene (*Tribunal de Justiça*) repräsentiert die Judikative.

Die Sitzverteilung in der Abgeordnetenkammer richtet sich proportional nach der Bevölkerungsgröße in den einzelnen Bundesstaaten. Daher gehen dort viele Sitze an Abgeordnete aus den wirtschaftlich starken Bundesstaaten des Südostens und des Südens – entsprechend ihrer Bevölkerungsgröße. Im Gegensatz dazu ist die Sitz-Gewichtung im Senat absolut gleichverteilt. Im Senat stellt jeder Bundesstaat drei Senatoren. Der dünn besiedelte Staat Amapá mit 600.000 Einwohnern hat im Senat genau so viel politisches Gewicht wie der große Bundesstaat Minas Gerais mit seinen 19 Mio. Einwohnern. Dies wurde von der Militärregierung eingeführt, um die politisierten und tendenziell eher linksgerichteten Bundesstaaten des Südostens politisch zu schwächen. Die Gleichverteilung der Sitze im Senat ungeachtet der Bevölkerungsgröße des Bundesstaates hat eine bemerkenswerte Machtverzerrung zur Folge.

Ein guter Freund von mir aus São Paulo ist selbst Abteilungsleiter im Obersten Gericht von São Paulo. Durch ihn hatte ich die Möglichkeit, einen Einblick in das *Tribunal de Justiça* von São Paulo zu bekommen. Das historische Gerichtsgebäude befindet sich im Zentrum nahe dem historischen Platz *Praça da Sé,* in der Nähe der Kathedrale von São Paulo. Die Büros der Angestellten sind in einem modernen spiegelverglasten Bürohochhaus untergebracht. Die Mitarbeiter machen einen sehr seriösen und professionellen Eindruck – auch wenn die brasilianische Lebensfreude ohne Zweifel Einzug in den Büroalltag hält. Mein Freund bestätigte mir, dass sich das Rechtssystem eindeutig zum Positiven verändert habe und es weit weniger von Korruption durchsetzt ist, als dies früher der Fall war. Laut diesem Insider-Statement erfuhr die Rechtsstaatlichkeit in Brasilien innerhalb der letzten Jahre eine Stärkung.

An dieser Stelle möchte ich noch kurz auf das brasilianische Wahlsystem eingehen. Ein Wahlsystem ist die Gesamtheit an Regeln, die zwei Vorgänge organisiert: Einmal erfasst es die Wählerpräferenzen für bestimmte Parteien und Politiker und zum zweiten regelt es die Umwandlung der Wählerpräferenzen in Mandate (Sitze im Parlament). Das Wahlsystem Brasiliens hat die Form eines personalisierten Verhältniswahlrechts mit Varianten der Mehrheitswahl. Dieses Verhältniswahlsystem gilt für alle Legislativorgane auf allen Ebenen – sei es die Abgeordnetenkammer in Brasília, oder beispielsweise das Bundesstaats-Parlament von Rio de Janeiro oder der Gemeinderat einer Stadt, wie beispielsweise Ribeirão Preto (Bundesstaat São Paulo). Jeder Brasilianer über 18 Jahren ist zur Stimmabgabe bei der Wahl verpflichtet. Ein Brasilianer, der im Ausland lebt, muss seine Stimme persönlich bei der jeweiligen Botschaft abgeben. Wenn man am Wahltag als wahlberechtigter Bürger keine Stimme abgibt, muss man Strafe zahlen. Und noch etwas Interessantes: Die Wahl in Brasilien ist komplett elektronisch. Bei der näheren Betrachtung des brasilianischen Wahlsystems sind laut Bernardo Fialho vor allem vier wichtige Aspekte hervorzuheben:

- Regeln zur Sitzverteilung
- Bildung von Wahlallianzen (Zusammenschluss mehrerer Parteien zu einem Bündnis)
- Offene gebundene Parteiliste
- Repräsentanz-Verzerrung in der Abgeordnetenkammer

Bei der Sitzverteilung gibt es im Wesentlichen zwei Schritte: erstens die Errechnung des Wahlquotienten (Anzahl der gültigen Stimmen geteilt durch die Gesamtanzahl der Sitze im Legislativorgan) und zweitens der Quotient aus erhaltenen Stimmen und dem Wahlquotient. Letzterer bestimmt, wie viele Sitze eine Partei im Parlament erhält. Der Wahlquotient hat in Brasilien die Funktion einer Sperrklausel. Das deutsche Pendant dazu ist die Fünfprozentklausel, die kleinen Splitterparteien den Einzug in die Legislativorgane erschwert. In Brasilien ist außerdem die Praxis etabliert, dass sich Wahlallianzen bilden. Dabei schließen sich meist mehrere kleine Parteien zu Bündnissen zusammen, um im Verbund stärker auftreten zu können und so mehr Stimmen zu erhalten. Eine Wahlallianz wird nämlich bei der späteren Sitzverteilung wie *eine* Partei behandelt. Das Ziel einer Partei in einer Wahlallianz ist es, für ihren jeweiligen Kandidaten so viele Stimmen wie möglich zu bekommen. Die Sitzverteilung richtet sich nämlich nach der individuellen Stimmanzahl der einzelnen Kandidaten auf der Allianzliste. Mithilfe des Wahlallianzenkonstrukts und mit populären Kandidaten schaffen es folglich auch Kleinparteien, Mandate in den Parlamenten zu erobern. Das nächste Charakteristikum des brasilianischen Wahlsystems ist die lose gebundene Wahlliste bei der Kandidatenwahl. Durch die lose gebundene Wahlliste steigt die innerparteiliche Konkurrenz zwischen den aufzustellenden Kandidaten. Auch mit diesem Mechanismus wird die Partei per se geschwächt. All diese Besonderheiten der brasilianischen Wahl führen zu einer Repräsentativitätsverzerrung zwischen dem Stimmenanteil einer Partei und der Anzahl ihrer Sitze im Parlament.

Zusammenfassend lässt sich festhalten, dass die Sitzverteilung in den Legislativorganen Brasiliens nach einem sehr komplexen System erfolgt. Gleichzeitig sind die Wahlen in Brasilien stark personenbezogen. Persönlichkeit und Popularität des Kandidaten entscheiden über das Abschneiden einer Partei während einer Wahl. Das Parteiprogramm und Inhalte sind dabei eher zweitrangig.

Kommen wir nun zu den eigentlichen Playern der Polit-Welt Brasiliens - den Politikern und den Parteien. Wer sind die Politiker Brasiliens? Welches Ansehen haben sie bei der Bevölkerung und wie wird Politik gemacht?

Meine erste Begegnung mit einem brasilianischen Politiker hatte ich bei einer Manifestation in São Paulo, bei der Mitarbeiter einer öffentlichen Institution mehr Lohn gefordert hatten. Der besagte Politiker ist der Vater eines Freundes von mir. Er ist *Vereador* für eine sozialistische Partei in einer mittelgroßen Stadt im Bundesstaat São Paulo. Ein *Vereador* ist in Brasilien so viel wie ein Stadtratsabgeordneter in Deutschland. Wir trafen ihn beim Mittagessen in einem der vielen Restaurants im Stadtteil Centro. Der Vater meines Freundes war ein richtiger *„Senhor"* von beleibter Statur, mit silbergrauen kurzen Haaren und einer ausdrucksvollen Stimme. Er wirkte auf mich sehr erfahren, souverän und hatte zudem noch etwas Bauernschlaues an sich. Ich wurde sogar von der Familie des besagten Politikers nach Hause eingeladen. Das Haus in seiner Heimatstadt zeugte von überdurchschnittlichem Wohlstand. Er hatte sich drei nebeneinandergelegene Parzellen gekauft und darauf sein Haus errichtet. Es hatte einen großen Innenhof, in den ein Swimmingpool integriert war. Der Schlafbereich des Hauses erinnerte mich eher an ein Luxushotel als an ein Wohnhaus. Mein gepflegtes Schlafzimmer hatte sein eigenes Bad. In einem zweiten Innenhof hatte das großräumige Haus sogar seine eigene Kapelle stehen. Der Vater eines zweiten Freundes, der aus der gleichen Stadt kommt, kannte diesen Politiker, bei dem ich genächtigt hatte. Er sagte mir leicht spöttisch: „Du hast ja das Haus des Typen gesehen – jetzt weißt du, was für ein waschechter Sozialist er ist."

Der durchschnittliche brasilianische Politiker ist männlich, 51 Jahre alt und ist mit 80%iger Wahrscheinlichkeit ein Akademiker. Unter den Politikern im Abgeordnetenhaus befinden sich Anwälte, Unternehmer, Krankenschwestern, Musiker und weitere Berufsgruppen. Ein Politiker aus dem Abgeordnetenhaus kommt zu Ein-Drittel Wahrscheinlichkeit aus einem der wirtschaftlich starken Bundesstaaten des Südostens. Brasilianische Politiker sind meistens charismatische Führer, die sich gerne selbst in Szene setzen und mit pathetischem Getue und Gerede eine Show abziehen. Brasilien ist ähnlich wie die USA eine „Show-Kultur", in der es darum geht, sich möglichst gut in Szene zu setzen. Inhalte, Wahlprogramme und Verantwortungsbewusstsein rücken dabei gerne mal leicht in den Hintergrund.

Im Allgemeinen genießen Politiker in Brasilien nicht gerade den besten Ruf. Die Abneigung gegenüber der Politikerkaste von Seiten der Bevölkerung kommt nicht von ungefähr: Es ist eine Tatsache, dass jeder der 81 Senatoren den Staat rund 10 Mio. Euro pro Jahr kostet. Ein Bundesparlamentsabgeordneter kostet den Staat „nur" 2,2 Mio. Euro pro Jahr. Zum Vergleich: Ein Bundestagsabgeordneter in Berlin kostet den deutschen Staat pro Jahr 320.000 Euro. Ein brasilianischer Abgeordneter ist also im Schnitt sieben Mal teurer als einer seiner deutschen Kollegen. Die Abgeordneten erhalten Diäten, Flüge, Benzingeld und Mietzuschüsse und ein Heer von Assistenten. Insgesamt kostet die brasilianische Legislative 2,2 Mrd. Euro pro Jahr. Hinzu kommen noch verdeckte Kosten, die durch Korruption und Pensionsverpflichtungen entstehen. Und Korruptionsskandale sind an der Tagesordnung. Sie haben klangvolle Namen wie *„Operação Vampiro"* (Operation Vampir), *„Escândalo da Mandioca"* (Maniokskandal) oder *„Dossiê Cayman"* (Akte Cayman). Einer der jüngeren großen Korruptionsskandale geschah unter dem ehemaligen Präsidenten Lula da Silva. Der sogenannte *„Escandalo de Mensalão"*, der im Jahr 2005 aufgedeckt wurde. *Mensalão* bedeutet so viel wie „hoher Monatslohn". Hinter der Affäre verbarg sich nichts weiter als ein System des Stimmenkaufs. Hierbei kauften die Chefstrategen des Kabinetts Lula die Stimmen von Abgeordneten verbündeter rechtskonservativer Parteien. Auf diese Weise sollten die Abgeordneten dazu gebracht werden, für Gesetzesvorlagen der PT zu stimmen. Andere Abgeordnete sollten sogar durch den Erhalt von Schmiergeldzahlungen das Lager hin zur PT wechseln. In diesem Zusammenhang stand auch der Mordfall an dem ehemaligen Präfekten der Stadt Santo André – Celso Daniel. Daniel hatte versucht, den Korruptionssumpf und das System der Bevorteilung ans Tageslicht zu bringen. Er handelte sich damit Feinde ein und wurde schließlich ermordet. Dies geschah allerdings noch alles vor dem Amtsantritt Lulas. Es gibt noch unzählige weitere Beispiele: Der Schmiergeldskandal um den Ex-Präsidenten Fernando Collor de Mello, das System der Vorteilsnahme bei der staatlichen Bank Nossa Caixa oder der *„Escândalo das passagens aéreas"* (Flugreisen Skandal), bei dem mehrere Abgeordnete private Flugreisen als Dienstreisen deklarierten und damit ihr Kontingent an kostenfreien Flugreisen überschritten.

Bei so vielen Affären und Unehrlichkeit liegt der Verdacht nahe, dass es den Politikern nicht zwangsläufig um das Wohl ihres Landes geht – sondern vielmehr um ihren eigenen Wohlstand. Und diese eigennützige Mentalität, die dahinter steht, wird durch die hohen Gehälter, die einem Berufseinsteiger winken, geradezu angefeuert.

Während meines Studiums in der Fakultät für Wirtschaftswissenschaften der USP in São Paulo bekam ich von einem Kommilitonen folgenden Satz zu Gehör: „Von allen Wirtschaftsstudenten, die du hier siehst, wollen etwa 90 % im staatlichen Sektor arbeiten. Dafür gibt es einen ganz einfachen Grund: Dort haben sie die Aussicht, am meisten zu verdienen." Wer in Brasilien den Weg einer politischen Karriere einschlägt, hat scheinbar finanziell ausgesorgt.

Allen Skandalen, Affären und Schattenseiten zum Trotz gibt es auch Lichtblicke. Die brasilianische Politik konnte innerhalb der letzten Jahre eine Reihe von Erfolgen verbuchen. Das Land erlebte seit Mitte 1990er Jahre eine erstaunliche politische Stabilität – die bis in die Gegenwart anhält. Nach der Militärdiktatur etablierte sich eine nachhaltige demokratische Kultur. Rund 70 % der brasilianischen Bevölkerung befürworten heute die Demokratie. Die politische Stabilität macht sich vor allem in der Kontinuität der zu Ende geführten Legislaturperioden bemerkbar. Sowohl Fernando Henrique Cardoso als auch Lula da Silva regierten acht Jahre in Brasília und lenkten die Geschicke Brasiliens. Lula führte die Wirtschaftspolitik seines Vorgängers Cardoso sogar fort und profitierte auf diese Weise von den aussichtsreichen Weichenstellungen, die Cardoso für die brasilianische Volkswirtschaft vorgenommen hatte. Die effektiven Wirtschaftsreformen bestanden insbesondere aus der Währungsreform *Plano Real*, der Inflationseindämmung und den Privatisierungen vieler Staatsbetriebe. Damit reifte Brasilien zu einem Anker der Stabilität in Lateinamerika heran. Dies wird umso deutlicher, wenn man einmal einen Blick auf die politisch volatilen Staaten Venezuela, Ecuador oder Bolivien wirft. Ein weiterer Pluspunkt an Brasilien ist die Tatsache, dass die Masse der unteren Bevölkerungsschichten nicht für populistische Zwecke missbraucht wird, wie es zum Beispiel in Venezuela mit seinem ehemaligen Diktator Hugo Chavez war und wohl noch ist. Neben der erfolgreichen Wirtschaftspolitik nach 1994 brachten die Regierungen Cardoso und Lula auch ein durchschlagendes Sozialhilfeprogramm zustande. Mit dem Programm *Bolsa Família* erhalten die Familien, die unterhalb der Armutsgrenze angesiedelt sind, zwischen sieben und 60 € pro Monat. Rund elf Millionen Familien in Brasilien profitieren von dem Programm *Bolsa Famí-*

lia. Ebenso gelang es der Politik, Fortschritte im Bildungsbereich zu erzielen. Derzeit besuchen nahezu alle brasilianischen Kinder eine Grundschule. Das ist eine bemerkenswerte Errungenschaft in einem Schwellenland mit knapp 200 Mio. Einwohnern und großen sozialen Unterschieden. Trotzdem sind weitere umfangreiche Verbesserungen im Bildungssystem nötig.

Zu den bekanntesten Politikern im modernen Brasilien gehören unter anderen: Lula da Silva, Dilma Rousseff, Fernando Henrique Cardoso, Gilberto Gil, Geraldo Alckmin, José Serra, Sérgio Guerra, Guido Mantega, José Dirceu und Roberto Jefferson. Der ehemalige Präsident Lula da Silva erfreute sich international bei vielen Staatsoberhäuptern großer Beliebtheit. Außerdem erlangte er Berühmtheit wegen seiner vielen lustigen und flapsigen Sprüche:

„Öl ist wie eine schöne Frau in einem Tanzsaal voller Männer."

„Jedermann ist unschuldig, es sei denn, das Gegenteil wird bewiesen."

„Dieses Land ist ja weit entwickelt, man glaubt gar nicht, in Afrika zu sein."

„Kein Kandidat ist besser als ich."

Bei so viel Personenbezogenheit wie in Brasilien geraten politische Parteien und deren Parteiprogramme als Institutionen etwas in den Hintergrund. Bei meiner ersten Brasilienreise im Jahr 2006 erlebte ich in der Stadt Florianopolis im Bundesstaat Santa Catarina einen Wahlkampf mit. Die Anhänger einer Partei waren auf einer der Hauptstraßen versammelt und hielten eine Parade. Es war ein buntes und lebendiges Treiben. Die vornehmlich weiblichen Anhänger hielten farbenfrohe Wahlplakate und Schilder in die Höhe, lachten und liefen wild durcheinander. Das ganze Spektakel ähnelte eher einem Karnevalsumzug als einer Wahlkampfveranstaltung. Bei meinen vielen Reisen durch Brasilien sind mir oft Wahlplakate aufgefallen, die in überlebensgroßer Pose einen Politiker inszenierten. Wahlsprüche habe ich auf Plakaten so gut wie überhaupt nicht gesehen. Es wird sofort deutlich, dass die Persönlichkeit des Politikers entscheidend für den Wahlerfolg ist und nicht das am besten durchdachte Wahlprogramm. In der Tat liegt hierin eine entscheidende Schwäche der brasilianischen Demokratie: Die meisten Parteien in Brasilien haben kein klares politisches Profil. Starke, charismatische Parteiführer halten die Parteien an deren Spitze zusammen. Stabile Parteien wie in den USA, Deutschland oder Großbritannien fehlen schlichtweg. Viele Politiker wechseln während ihrer beruflichen Laufbahn mehrmals das Partei-Lager. Es geht hierbei oft nicht um politische Überzeugung oder Verantwortung, sondern um die besten Karrierechancen. Auch hier ist der Opportunismus eindeutig stärker als die Prinzipientreue. Die starken Fluktuationen, denen das brasilianische Parteienwesen unterliegt, bestehen im Wesentlichen aus drei Punkten:

1. Abrupte Verschiebungen der prozentualen Stimmenanteile nach einer Bundeswahl
2. Zahlreiche Übertritte von Politikern zu anderen Parteien
3. Das Fusionieren bestehender Parteien und das Entstehen neuer Parteien.

Laut einer Umfrage aus dem Jahr 1989 hielten 25% der Brasilianer ihr eigenes Volk für „dumm“ und ungebildet. Um diese Unwissenheit des einfachen Volkes auszunutzen, brüsten sich die Parteiführer mit hochgestochenen Zielen und machen eine hohle Versprechung nach der anderen. Sie wollen sich vor den Wählern natürlich bestmöglich verkaufen, um deren Stimmen zu bekommen. Da ihre Ziele jedoch so gut wie unerreichbar sind, kann die Enttäuschung der Wähler nach einer Amtsperiode sehr groß sein. Daraus resultieren die volatilen Ergebnisse für eine einzelne Partei nach zwei aufeinanderfolgenden Wahlen. Dazu kommt, dass die Parteientreue auch auf Seiten der Politiker in Brasilien nicht die größte ist. Im Jahr 2008 wechselten mehr als 8.500 Politiker in Brasilien das politische Lager. Vor allem zwischen Wahltag und Regierungsbildung herrscht ein reger Mitgliederwechsel zwischen den Parteien. Die Aura der Macht und die Gelegenheit, einen lukrativen Posten zu ergattern, sind attraktiv – und das ungeachtet von politischen Prinzipien. Innerhalb mancher Legislaturperioden wechseln bis zu 40 % aller Politiker ihre Partei. Bekannte Politiker, die zu einer anderen Partei überwechselten sind beispielsweise: José Serra, Marina Silva, Roberto Jefferson, Francisco Rossi etc. Von den Parteien, die aktuell im Parlament vertreten sind, sind mehr als die Hälfte erst nach dem Jahr 1985 entstanden. Zum Vergleich: Die politischen Parteien in Deutschland, in den USA oder in Großbritannien sind im Durchschnitt sehr viel älter. Darüber hinaus begünstigt das brasilianische Wahlsystem durch den Wahlquotienten den Einzug vieler Mikroparteien ins Bundesparlament. In der aktuellen Legislaturperiode gibt es allein acht (!) Parteien, die die Regierungskoalition bilden. Allerdings ändert sich in Brasilien die Anzahl der Koalitionsparteien und der Parteienkonstellationen recht häufig. Kaum eine brasilianische Partei hat landesweit das Potenzial, bei einer Wahl viel mehr als 20 % der Wählerstimmen auf sich zu vereinen. Lediglich die PT, die PSDB und die PMDB sind imstande, solche Wahlergebnisse einzufahren. Um regieren zu können, muss die Partei mit der relativen Mehrheit Bündnisse mit anderen Parteien eingehen, um so eine Regierungskoalition bilden zu können. Im Senat und im Abgeordnetenhaus müssen stetig neue Mehrheiten gefunden werden. Heute existieren in Brasilien insgesamt 33 politische Parteien, von denen aktuell 29 im Bundesparlament vertreten sind. Allerdings spielen nur 15 Parteien eine wirklich wichtige Rolle. Die derzeit bekanntesten Parteien sind die Partido dos Trabalhadores (PT), aus deren Reihen sowohl der ehemalige Präsident als auch die aktuelle Präsidentin kommen, die große Oppositionspartei Partido da Social Democracia Brasileira (PSDB), die Partido Socialista Brasileiro (PSB), die Partido do Movimento Democrático Brasileiro (PMDB) und die Partido Progressista Brasileiro (PPB).

Im „Pantheon" der Parteien ist die PT gegenwärtig die einzige Programm- und Massenpartei Brasiliens. Die PSDB mit dem Spitzenkandidaten José Serra bildet derzeit das größte Gegengewicht zur regierenden PT. Je nach Perspektive ist die PSDB eine Zentrumspartei oder eine „rechte" Partei. Hinter den Parteien PMDB und PP verbirgt sich ursprünglich die ehemalige Regierungspartei aus der Zeit der Militärdiktatur ARENA. Es wird schnell klar, dass sich das Links-Rechts-Schema eines klassischen Parteienspektrums nicht so einfach auf Brasilien übertragen lässt. Ideologien und fixe Parteiprogramme sind in Brasilien Fehlanzeige. Parteien haben in Brasilien vielmehr den Charakter von fluktuierenden „Bewegungen". Wenn man einmal in Brasilien gelebt hat, wird einem schnell klar, dass solch eine Parteienkultur sehr gut zur offenen, flexiblen und wandelbaren brasilianischen Volksseele passt.

Partei	Gründungsjahr	Sitze im Bundesparlament	politische Ausrichtung
PP	2003	41	Progressiv
PT	1980	88	Mitte-links
PSDB	1988	54	Mitte-links
PMDB	1980	79	Zentrum
PTB	1945	21	Populistisch-nationalistisch
PDT	1980	28	Links
PSB	1947	34	Sozialdemokratisch
PC do B	1922	4	Kommunistisch
PPS	1992	12	Sozialdemokratisch
DEM	2007	43	Konservativ-liberal
PR	2006	41	Mitte-rechts
PV	1986	15	Grün-zentristisch
PSC	1985	17	Christdemokratisch

Überblick über die wichtigsten Parteien Brasiliens (Stand: 2012)

„Kampf der Korruption"

Fest steht, dass die brasilianische Demokratie so stark und stabil wie noch nie in ihrer Geschichte ist. Die große Mehrheit der Bevölkerung befürwortet die Demokratie und honoriert damit die politische Stabilität der letzten Dekaden. Brasilien hat wohlbemerkt keine demokratische Tradition wie viele Staaten der westlichen Welt. Unter diesem Aspekt ist die demokratische Kehrtwende der letzten Jahre äußerst bemerkenswert. Laut dem Globalisierungs-

Experten Nicholas Lemann hat Brasilien ein Dreifachwunder geschaffen: hohes Wirtschaftswachstum, politische Freiheit und die Verringerung der sozialen Ungleichheit. Die makroökonomische Stabilität ist eine entscheidende Voraussetzung für ein nachhaltiges brasilianisches Wirtschaftswachstum. Eine Politik der Preiswertstabilität und Beschäftigungspolitik machen hierbei den Schwerpunkt aus. Ausländische Direktinvestitionen, die Rohstoffhausse sowie Haushaltsüberschüsse sind wichtige Treiber des brasilianischen Wachstums. Im nächsten Abschnitt dieses Buches werde ich vertieft auf das Thema Wirtschaft eingehen. Das Ausmaß an politischer Freiheit ist ebenfalls auf einem hohen Niveau. Auf dem weltweiten Demokratieindex des Jahres 2012 landet Brasilien auf Platz 44 und liegt damit im „grünen Bereich". Mit dem Sozialprogramm *Bolsa Família* hat die brasilianische Regierung ein wichtiges Instrument für einen wirksamen Sozialstaat geschaffen. Außerdem hat die amtierende Präsidentin Dilma Rousseff der Korruption den Kampf angesagt. Im ersten Jahr ihrer Amtszeit entließ sie allein sieben Minister, bei denen großer Verdacht bestand, dass diese in eine Korruptionsaffäre verstrickt waren. Mit dem *„Lei da Ficha Limpa"* (Gesetz der sauberen Registrierkarte) ist eine Zeitenwende angebrochen. Durch dieses neue verfassungsgebende Gesetz kann der „korrupte Sumpf" aus der Vergangenheit im optimalen Fall nachhaltig trockengelegt werden. Brasilien hat dadurch die Möglichkeit, sich zu einem sauberen und seriösen Staat zu wandeln – was dem Land eine unfassbare Energie verleihen kann. Ob dies gelingen wird, ist jedoch noch offen. Trotz der erheblichen Fortschritte gibt es weiterhin große Herausforderungen für die brasilianische Politik: Allem voran sind hier die Verbesserung des Bildungssektors, Ausbau der Infrastruktur, eine weitere Öffnung der Volkswirtschaft für den Außenhandel sowie eine qualitative Verbesserung der Fiskalpolitik zu nennen. Auf die verschiedenen Herausforderungen komme ich in Kapitel 8 zu sprechen.

4. Die Wirtschaft des tropischen Riesenreiches

Bevor ich im Jahr 2006 das erste Mal nach Brasilien reiste, war der Aspekt „Wirtschaft" nicht im Fokus meines damaligen Brasilien-Bildes. Wenn ich „Brasilien" hörte, dachte ich eher an Copacabana, Strände, schöne Frauen, Lebensfreude, Karneval, Fußball, Samba, tropischen Regenwald und die Horrorgeschichten zum Thema Kriminalität in Brasilien. Die klassischen Klischees eben. Völlig unbeachtet blieb das Segment „Wirtschaft". Ich habe das Gefühl, dass Brasilien bis vor wenigen Jahren in den deutschen Medien kaum im Zusammenhang mit Wirtschaftsthemen auftauchte. China ist zum Beispiel durchgehend in den deutschen Medien präsent. „China - Der Drache erwacht", „China - Die neue Weltmacht" lauten zwei plakative Buchtitel. Die Volksrepublik China wird als neue Wirtschaftsweltmacht stark geredet und ist für viele Menschen der neue globale Gegenpol zu den USA. Brasilien hingegen assoziieren selbst heute noch viele Deutsche und andere Europäer mit den oben genannten Klischees. Allerdings macht sich hierzulande immer mehr der Tenor breit, dass auch Brasilien eine aufstrebende Wirtschaftsmacht ist. Als ich mich mit einem meiner Geschäftspartner, einem erfahrenen Gewerbemakler, über Brasilien unterhielt, spannte er in Bodybuilder-Pose seine beiden Bizepse an und sagte mit staunender Miene: „Brasilien – da ist Popeye aber ‚nichts' dagegen." Spätestens seit der Geburt der „BRIC-Story" ist Brasilien aus dem „Oberhaus" der Weltwirtschaft nicht mehr wegzudenken. Seitdem freut sich Brasilien, neues Wunschziel der ausländischen Direktinvestitionen (FDI) zu sein. Man braucht nur einen Blick auf die Statistiken zu werfen, denn sie spiegeln die veränderte Wahrnehmung von Brasilien als expandierende Volkswirtschaft in objektiven Zahlenwerten wider. Im Jahr 2002, als Brasilien im Fußball seinen fünften WM-Titel holte, lag das Land auf Rang 13 des weltweiten BIP-Rankings. Knapp zehn Jahre später hat es Brasilien geschafft, sich sechs Ranglistenplätze nach vorne zu kämpfen. Im laufenden Jahr 2012 liegt Brasilien auf Rang sieben des globalen BIP-Rankings. Brasilien ist die siebtgrößte Wirtschaftsnation der Welt. Bei meiner Ankunft in São Paulo fielen mir bei der Fahrt vom Flughafen ins Zentrum sofort die vielen modernen, spiegelverglasten Bürogebäude auf. Ich war in der Wirtschaftsmetropole Brasiliens angekommen und war beeindruckt von dem endlosen Häusermeer und dem hohen Verkehrsaufkommen in der Megastadt São Paulo. Die Unmengen an Hochhäusern wirken mächtig, aufstrebend und dynamisch auf den Betrachter. Ein sehr eindrucksvolles Bild der Megastadt bietet sich von der Spitze des Torre Banespa, des höchsten Gebäudes São Paulos. Spätestens da wird einem klar, dass Brasilien eines der am meisten urbanisierten Länder der Erde sein muss. Aus der Vogelperspektive über dem gehobenen Villenviertel Jardim Paulista gibt es ein weiteres spektakuläres Antlitz von São Paulo. Eine Wand von Hochhäusern ragt am Horizont empor und wirkt wie eine massive „ökonomische Festung". Gleichzeitig war es spürbar, in Lateinamerika zu sein. Lateinamerika hat seinen eigenen Rhythmus – anders als Europa, Nordamerika oder gar Ostasien. Brasilien wächst nicht so explosionsartig wie China. Aber mit einem konstanten Wirtschaftswachstum zwischen 2 % und 5 % in den vergangenen Jahren ist Brasilien in die Top Ten der Wirtschaftsnationen vorgestoßen. Auch während meiner vielen Rundgänge durch São Paulo spürte ich auf Schritt und Tritt: „Hier tut sich etwas. Das Land und seine Bewohner sind hungrig und deshalb sind sie in Bewegung." Es gibt eben nicht nur objektive, sachliche Kennzahlen aus den Wirtschaftsnachrichten. Ich konnte den Boom auf der Straße riechen. In der Bevölkerung herrscht eine Aufbruchsstimmung, Dynamik, Neugier, Wissensdurst, Offenheit, Optimismus und der Wille etwas zu erreichen.

Ich kann mich an folgenden Satz meines Professors an der USP erinnern: *„Brazil is stable now!"* Er teilte unserer internationalen Studentengruppe mit, dass die brasilianische Zentralbank mit ihrer Zinspolitik die Währung und die Teuerungsrate gut unter Kontrolle hat. Im Jahr 2004 lag der brasilianische Leitzins Selic noch bei 17,75 %. Seitdem ist er sukzessive gefallen, sodass er im

Jahr 2012 nur noch bei 7,5 % notierte. Brasiliens Währungshüter haben es geschafft die Inflation der vergangenen Jahrzehnte in Schach zu halten und haben somit ein vorteilhaftes Investitionsklima erzeugt. Mit anderen Worten: Brasilien hat seine makroökonomischen Voraussetzungen verbessert und gilt mittlerweile als ein seriöses Zielland von internationalen Investitionen. Der Brasilianische Real (R$) erfreut sich hoher Stabilität, die Zinsen der Geschäftsbanken sind konstant gesunken, die Kreditvergabe für Unternehmen wird erleichtert und das Geschäftsklima hat sich im ersten Jahrzehnt des 21. Jahrhunderts sehr zum Positiven verändert. Dazu kommt, dass sich Brasiliens Währungsreserven auf rund 370 Mrd. US$ belaufen. Damit hat Brasilien die siebtgrößten Währungsreserven weltweit und kann im internationalen Kontext als Gläubigernation angesehen werden (zum Vergleich: Die Währungsreserven Deutschlands summieren sich auf 211 Mrd. US$).

Es gibt drei fundamentale Ursachen für den anhaltenden Wachstumszyklus der brasilianischen Volkswirtschaft: Der weltweit explosionsartig gestiegene Bedarf an Rohstoffen, eine dynamische, unaufhaltsame Binnenkonjunktur sowie eine bemerkenswerte politische Stabilität. Die Rohstoff-Hausse hat Brasiliens Wirtschaft einen wahrhaftigen Schub verpasst. Gestiegene Preise für Eisenerz, neue „ultratiefe" Offshore-Erdölvorkommen im Atlantik, der neue Zuckerrohrboom als Grundlage für die Ethanol-Produktion, eine Soja Erfolgstory, Exportwachstum von Rind- und Geflügelfleisch, eine traditionell starke Kaffeewirtschaft etc. Die endlosen Weiten und die fruchtbaren Böden im Südosten und Zentralwesten Brasiliens sind entscheidende Wettbewerbsvorteile für eine konkurrenzfähige Agrarwirtschaft. Eine Reihe von brasilianischen Unternehmen ist zu schlagkräftigen Global Playern herangereift. Petrobras, Vale, Embraer, AmBev oder Itaú Unibanco sind bei internationalen Investoren und Asset Managern ein fester Begriff. In Kapitel 5 gehe ich noch näher auf die strategisch wichtigen Unternehmen Brasiliens ein. Zunächst stelle ich die volkswirtschaftlichen Rahmenbedingungen Brasiliens vor. Im Anschluss illustriere ich die drei Wirtschaftssektoren – Landwirtschaft, Industrie und Dienstleistungen – um das Profil der brasilianischen Wirtschaft zu veranschaulichen.

Der Plano Real – Die Basis für den jüngsten Brasilien-Boom

Mit dem Regierungsantritt von Fernando Henrique Cardoso im Jahr 1994 sollte eine neue Ära für Brasilien anbrechen. Fernando Henrique Cardoso (in Brasilien oft mit „FHC“ abgekürzt) war während seiner beruflichen Laufbahn als Soziologieprofessor sowie als Politiker tätig. In den letzten Jahren der Militärregierung schloss er sich der Demokratischen Bewegung an, um an einem friedlichen Übergang zur Demokratie mitzuwirken. Schließlich gründete er im Jahr 1988 die Partei PSDB. Im selben Jahr war Cardoso Teil der verfassungsgebenden Versammlung, die das Ziel hatte, eine neue demokratische Verfassung für Brasilien auszuarbeiten. Im Jahr 1992 führte Cardoso die PSDB in den Senat und wurde unter der Regierung Collor Minister für Außenbeziehungen. Von Mai 1993 bis März 1994 nahm Cardoso den Posten des Finanzministers ein. Während seiner Amtszeit als brasilianischer Finanzminister entwickelte Cardoso zusammen mit einer Gruppe von Ökonomen einen Stabilitätsplan, der den Gang der brasilianischen Volkswirtschaft maßgeblich zum Positiven verändern sollte: Die Rede ist vom *Plano Real*. Innerhalb von wenigen Jahren war der *Plano Real* die fünfte Währungsreform. Er war der bisher erfolgreichste Stabilisierungsplan in der brasilianischen Geschichte. Primär verfolgte der *Plano Real* drei Ziele: Die massive Reduktion der andauernden Hyperinflation, die Erhöhung der Kaufkraft der Bevölkerung und eine Remodellierung der Wirtschaftsektoren. Die Realisierung des *Plano Real* erfolgte in drei Etappen:

1. Ausgleich des Staatshaushaltes durch einen Ausgabenschnitt und Erhöhung der Einnahmen in den Jahren 1993 - 1994
2. Schaffung einer Übergangswährung – der *Unidade Real de Valor (URV)* – am 28. Februar 1994 um Schocks zu vermeiden und einen sanften Übergang zur neuen Währung zu gewährleisten

3. Einführung des Brasilianischen Real am 1. Juli 1994

Die erfolgreiche Durchführung des *Plano Real* brachte Cardoso eine enorme Sympathiewelle bei den Wählern ein, sodass er im Oktober 1994 zum 34. brasilianischen Präsidenten gewählt wurde. Sein Amtsantritt war am 1. Januar 1995.

Neben der Währungsreform leitete Cardoso eine Reihe von durchschlagenden Wirtschafts- und Strukturreformen ein. Diese Reformen bestanden primär aus sieben Punkten:

I. Privatisierung vieler großer Staatsunternehmen und Liberalisierung mehrerer Wirtschaftssektoren.

Der Staat hatte nun keinen Investitionsdruck mehr, da er nun nicht als Financier für die Staatsunternehmen agierte. Dadurch wurde der Gelddruck (sprich: Inflation) unterbunden, da Investitionskapital früher oft mit der Notenpresse beschafft wurde. Eine Folge davon war, dass sich ehemalige, oft ineffiziente Staatsunternehmen modernisierten.

II. Verkauf und Liquidation von insgesamt 65 staatlichen Banken.

In den meisten Fällen handelte es sich um Banken der einzelnen Bundesstaaten. Beispielsweise wurde die Banespa (ehem. Landesbank von São Paulo) an die spanische Banco Santander, die Banerj (ehem. Landesbank von Rio de Janeiro) an die Itaú und die Baneb (ehem. Landesbank von Bahia) an die Banco Bradesco verkauft. Dadurch wurde eine bemerkenswerte Konsolidierung und Effizienzsteigerung des Bankensektors erreicht.

III. Gründung mehrerer Aufsichtsbehörden.

IV. Öffnung des Außenhandels.

Mit einer graduellen Senkung der Importzölle öffnete sich der brasilianische Binnenmarkt nun verstärkt für ausländische Produkte. Die Öffnung des heimischen Marktes erfolgte auch vermehrt für ausländische Dienstleistungsunternehmen

(Finanzdienstleistungen, Handel und Unternehmensdienstleistungen). Durch die Schaffung einer internationalen Konkurrenzsituation waren die heimischen Unternehmen nun gezwungen, zukunftsfähig und fit für den Weltmarkt zu werden.

V. *Lei da Responsabilidade Fiscal* (Gesetz zur Steuerverantwortung).

Ein radikaler Ausgabenschnitt und die Sanierung des aufgeblähten und ineffizienten Staatsapparates zielen darauf ab, die Haushaltssituation zu verbessern.

VI. Neuverhandlung der Schulden von Bundesstaaten und Gemeinden unter harten Kriterien.

VII. Restriktive Geldpolitik.

Die Zentralbank erhöhte die Leitzinsen und stoppte den Gelddruck, um die Inflation nachhaltig unter Kontrolle zu bringen.

Rückblickend kann das Jahr 1994 fast als Zeitenwende, gar als Zäsur für die brasilianische Nation gesehen werden. Innerhalb der vergangenen 18 Jahre hat das größte südamerikanische Land eine nie da gewesene Stabilität erlebt – politisch wie wirtschaftlich. Gewiss gab es in der Zeit auch kleine „Krisenjahre" – beispielsweise 1998 und 2002. Diese wurden vor allem jeweils durch die Asienkrise und die Argentinien-Krise ausgelöst. Aber die Makrodaten und der langfristige Wachstumstrend stimmen – und das ist es, was zählt.

Ein Grund für Euphorie? Ist Brasilien das neue Land der Verheißung? Die Voraussetzungen sind gut. Brasilien hat ein vorteilhaftes Klima, verfügt über riesige Agrar-Anbauflächen, eine junge Bevölkerung, das Land ist kein Erdbebengebiet, es ist relativ dünn besiedelt und es gibt eine Reihe strategisch wichtiger Rohstoff-Vorkommen. Allerdings sollten wir auf dem Teppich bleiben. Wie jedes andere Land ist auch Brasilien ein Mosaikstein der Weltwirtschaft. Brasiliens Wirtschaft hängt von der Laune der globalen Wirtschaft ab. Die Volkswirtschaften USA, China, Euroland und natürlich Lateinamerika haben einen maßgeblichen Einfluss auf die Entwicklung Brasiliens. Auch wenn Brasilien bereits ein hohes Maß an wirtschaftlicher Autarkie besitzt, so schwebt das Land nicht in einem luftleeren Raum. Zudem haben die jüngsten Proteste im Juni 2013 gezeigt, dass in Brasilien noch einiges im Argen liegt.

Wie nachhaltig ist also der jüngste Brasilien-Boom? Kann Brasilien sein Wachstumstempo beibehalten? Wo liegen die genauen Stärken und Schwächen, die Chance und die Risiken für die brasilianische Volkswirtschaft? Und noch eine Frage: Gräbt Brasilien uns Europäern das Wasser ab? Müssen wir Brasilien immer mehr als Konkurrenten betrachten? Im Folgenden werden wir einmal die wichtigsten Wirtschaftskennzahlen näher unter die Lupe nehmen und uns anschließend die drei Wirtschaftssektoren genauer ansehen.

Fundamentale Zahlen und Fakten

Im Jahr 2011 belief sich das BIP Brasiliens auf US$ 2,32 Bill. Wie bereits erwähnt, belegt Brasilien den 7. Platz im jährlichen weltweiten BIP Wettbewerb. Im Jahr 2008 war Brasilien noch die zehntgrößte Volkswirtschaft weltweit. Derzeit rangelt Brasilien mit Großbritannien im BIP-Wettlauf um Platz sechs der größten Volkswirtschaften der Erde. Innerhalb von vier Jahren hat Brasilien drei Plätze im weltweiten BIP Ranking gutgemacht. Im Hinblick auf das BIP Volumen hat Brasilien die beiden kränkelnden Volkswirtschaften Spaniens und Italiens schon längst in den Schatten gestellt. Vergleicht man den heutigen Wert von Brasiliens BIP mit dem Wert von 1960, so bringt das selbst einen Wirtschaftswissenschaftler wie mich zum Staunen. Im Jahr 1960 betrug der BIP Wert für Brasilien gerade einmal 15 Mrd. US$. Natürlich bekam man in den 1960er Jahren für einen Dollar mehr als man heute dafür bekommt. Die Kaufkraft war eine andere und der reine Nominalbetrag – der in US$ ausgedrückt ist – kann etwas irreführend sein. Aber selbst kaufkraftbereinigt ist das brasilianische BIP gestiegen. Wie setzt sich das brasilianische BIP zusammen? Das BIP, oder die Wirtschaftsleistung, kann von zwei Seiten betrachtet werden: einmal von der Entstehungsseite und einmal von der Verwendungsseite. Auf der Entstehungsseite erzeugen die drei Wirtschaftssektoren Landwirtschaft, Industrie und Dienstleistungen das BIP. Der Dienstleistungssektor macht mit 67 % den größten Teil des BIP aus, gefolgt vom Industriesektor mit 27,5 % und schließlich dem primären Sektor mit einem Anteil am BIP von 5,5 %. Die Verwendungsseite besteht aus den folgenden drei Elementen: Investition, Konsum und Außenhandelsvolumen. Hier dominiert in Brasilien eindeutig der Anteil des Konsums. Er generiert 55,3 % der brasilianischen Wirtschaftsleistung. Investitionen belaufen sich auf 20,5 % und der Außenhandelsanteil am BIP macht 24,2 % aus. In Brasilien ist vor allem der Außenhandelsanteil in den letzten Jahren stark angestiegen. Der Rohstoffboom macht's möglich.

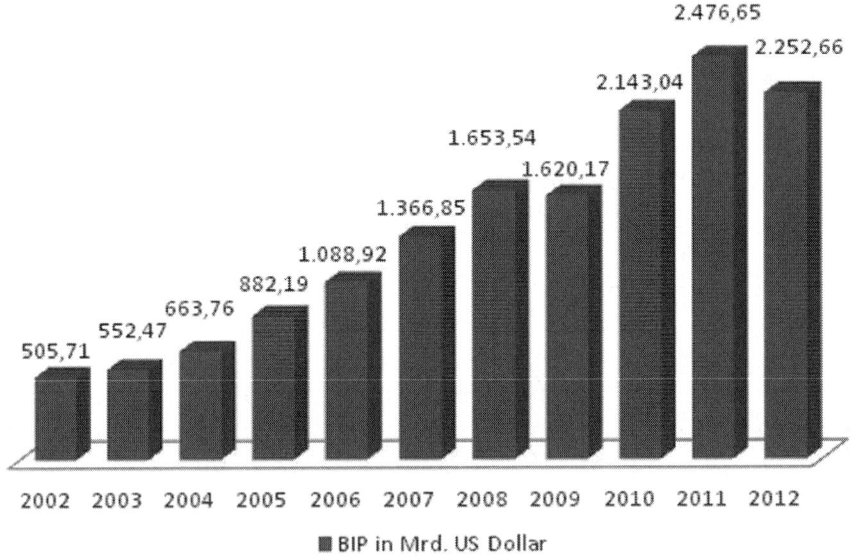

Entwicklung des brasilianischen BIP in Mrd. US$ – Jahre 2002 bis 2012

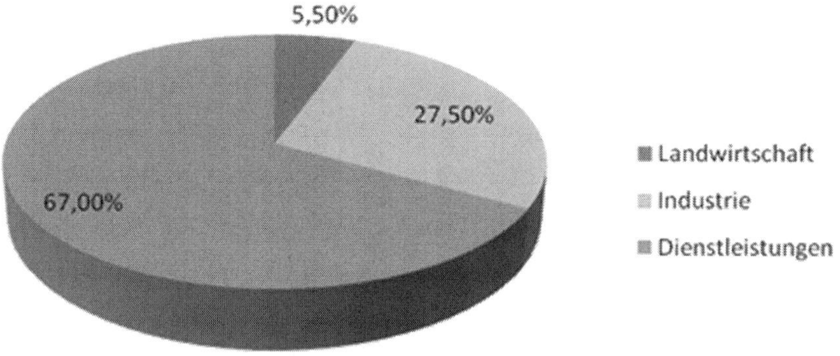

Zusammensetzung des brasilianischen BIP - Entstehungsseite

Das Bruttoinlandsprodukt pro Kopf (BIP/Kopf) hingegen fällt für Brasilien deutlich niedriger aus. Bei einer Bevölkerung von rund 200 Mio. Menschen ist eine sehr dynamische Wirtschaftskraft notwendig, um das BIP/Kopf auf ein höheres Level zu heben. Das BIP/Kopf Brasiliens liegt bei 12.789 US$. Damit belegt Brasilien Rang 54 weltweit, was einen Platz im Mittelfeld bedeutet. Vergleichbare Länder mit einem ähnlichen BIP/Kopf Wert wie Brasilien sind beispielsweise Russland (12.993 US$), die Türkei (10.522 US$), Polen (13.540 US$), Litauen (13.075 US$) und Argentinien (10.945 US$). Deutschland liegt in diesem Ranking derzeit auf Platz 20, die USA auf Platz 14 und das kleine Luxemburg auf Rang 1. Auch das BIP/Kopf ist innerhalb der letzten zehn Jahre angestiegen. Die effektive Wirtschaftspolitik, die vom Kabinett Cardoso eingeleitet wurde, hat der ehemalige Präsident Lula konsequent weiterverfolgt. Der Wohlstand je Einwohner ist gestiegen. Das merken vor allem die Menschen in den unteren Schichten. 100 R$ mehr im Monat macht sich im Portemonnaie eines Niedrigverdieners sichtlich bemerkbar.

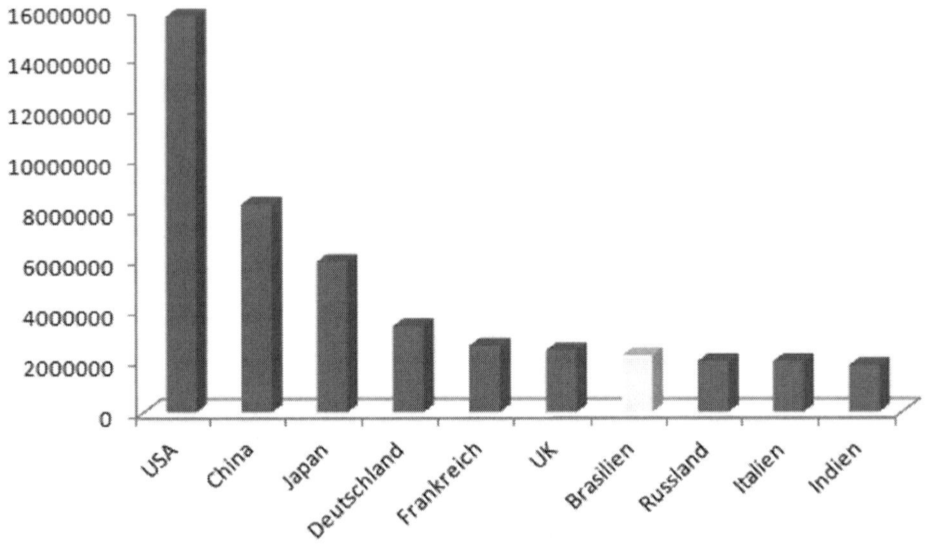

Die zehn größten Volkswirtschaften der Welt im Jahr 2012 – nach BIP (in US$)

Ein spannendes Thema im Zusammenhang mit der brasilianischen Wirtschaft ist die Inflation. Die Inflationsrate in Brasilien basiert auf der Entwicklung des Verbraucherpreisindizes (auch VPI oder CPI genannt). Historisch war die Teuerungsrate immer großen Schwankungen ausgesetzt. Wie bereits in Kapitel 2 geschildert gab es mehrere Hochinflationsperioden. Kurz vor Beginn der Militärdiktatur im Jahr 1964 schoss die Inflationsrate mit 91,8 % in schwindelerregende Höhen. In den 1980er Jahren erreichte sie Spitzenwerte von ca. 950 % pro Jahr. Kurz vor der jüngsten Währungsreform – dem *Plano Real* – explodierte die Inflation auf astronomische 2.951,63 % pro Jahr. Seit dem Beginn der Real Ära ab dem Jahr 1994 ist die Inflation konstant gesunken. Während sie im September 2003 noch 15,14 % betrug, sank sie in den Folgejahren rasch auf ca. 6 % ab und erreichte im Jahr 2006 einen Tiefststand in Höhe von 3,7 %. In den Jahren danach pendelte sie sich auf einem Durchschnittswert von rund 5,34 % pro

Jahr ein. Dank einer stabilitätsorientierten Geldpolitik mit einem vorab anvisierten Inflationsziel konnte Brasilien die Inflation gut unter Kontrolle halten. Die Brasilianer haben in ihrer Geschichte schon ihre Erfahrungen mit der raschen Geldentwertung gesammelt. Dies war interessanterweise einer der Gründe, warum sich die Automatisierung des brasilianischen Bankensektors so schnell entwickelt hat. Bereits in den 1980er Jahren konnten Kassenpositionen mithilfe von rechnergestützter Erfassung direkt ermittelt werden. Auch Überweisungen wurden schon damals sekundengenau durchgeführt, da das Geld im Tagesrhythmus an Wert verlor. Auch die bis in die Gegenwart anhaltende Konsumfreude der Brasilianer hat ihren Ursprung in den Inflationsjahren. Durch die schnelle Geldentwertung machte es für die Brasilianer keinerlei Sinn, das Bargeld zu horten, da es nach einer kurzen Weile seinen Wert einbüßte. Stattdessen gab es für sie nur die „Flucht in den Konsum“. Die Tauschmittelfunktion des Geldes wurde weit wichtiger als die Wertaufbewahrungsfunktion.

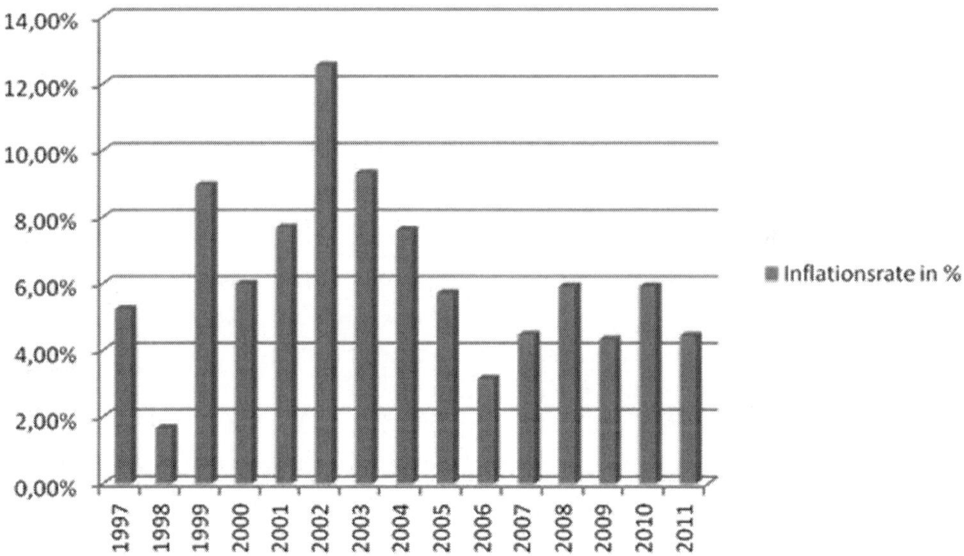

Durchschnittliche Inflationsrate in Brasilien der letzten 15 Jahre – 1997–2012

Heute hat sich der Wert des Brasilianischen Real erheblich stabilisiert. Der Wechselkurs zum Euro lag im Jahr 2012 bei 2,64 R$ je Euro (Oktober 2012). Das ist der gleiche Wechselkursnominalbetrag wie im Jahr 2007, als ich in Brasilien lebte, wo man für einen Euro zwischen 2,60 R$ und 2,70 R$ bekam. Allein in dieser Mikrobetrachtung spiegelt sich eine bemerkenswerte Stabilität der brasilianischen Währung wieder – auch wenn es sich hierbei „nur" um einen Nominalbetrag handelt. In der Tat schrieb der Brasilianische Real innerhalb der letzten Jahre seine eigene Erfolgsstory. Dank der Rohstoffhausse flossen große Mengen an Auslandskapital nach Brasilien. Die Anleger vertrauten dem jüngsten Brasilien-Boom und belohnten damit den Kurs der brasilianischen Währung. Damit zählte er zwischen 2006 und 2012 zu den härtesten Devisen der Welt. Ende Juni erreichte der Real gegenüber dem Euro mit 2,18 R$ ein Kurstief – also ein Bewertungshoch – und im Juli 2011 erreichte der Real mit 1,54 R$ ein Kurstief gegenüber dem US Dollar. Seitdem ist der Wert des Reals wieder abgesunken. Vor allem die jüngste strukturelle Krise Brasiliens sowie die Verlangsamung des chinesischen Wachstums drücken auf den Kurs des Reals. Die Inflation ist daher gegenwärtig wieder angestiegen.

Inflation als solche gilt als „Schmieröl für die Wirtschaft". Eine im gesunden Rahmen liegende Inflation – zusammen mit weiteren günstigen makroökonomischen Rahmenbedingungen – tut einer Volkswirtschaft in jedem Fall gut. Mit Hilfe von Inflation werden einerseits die Staatsschulden verringert und andererseits ist eine gewisse Abwertung der Währung vorteilhaft für die Exportsituation eines Landes. Die Produktpreise bleiben wettbewerbsfähig, was dazu führt, dass die Exportgüter nicht überteuert auf dem Weltmarkt angeboten werden. Eine moderate Inflation gepaart mit einem konstanten Wirtschaftswachstum kann eine Volkswirtschaft gesunden und erstarken lassen. Die USA hatten beispielsweise durch diese soeben beschriebene *„Financial Repression"*-Strategie, also BIP Wachstum mit einer Inflation zwischen 4 % und 5 % per anno, ihre hohe Staatsverschuldung nach dem 2. Weltkrieg konsequent abgebaut. Grundsätzlich sollten bei der Betrachtung der Inflation realwirtschaftliche Aspekte nicht außer Acht gelassen werden.

Die Geld- und Kapitalmärkte werden insbesondere durch den Leitzins gesteuert, der von der Zentralbank festgelegt wird. In Brasilien bestimmt die *Banco Central do Brasil* (BCB), die brasilianische Zentralbank, den Leitzins, der Selic (*Sistema Especial de Liquidação e Custodia*) genannt wird. Bei der Festlegung des Leitzinses hat die Zentralbank zwei Möglichkeiten: sie kann den Zins absenken oder anheben. Mit der Absenkung des Zinses will die Zentralbank die öffentlichen und privaten Investitionen stimulieren. Ziel ist es hierbei das Wirtschaftswachstum anzukurbeln. Daher wird diese Strategie auch als „Wachstumsziel" bezeichnet. Hebt die Zentralbank den Leitzins an, möchte sie einer drohenden Inflation entgegenwirken. Somit soll die Bevölkerung zum Sparen animiert werden. Diese Strategie hat die Bezeichnung „Inflationsziel". Historisch lagen die Leitzinsen in Brasilien auf einem hohen Niveau. Die astronomisch hohen Inflationsraten in der Vergangenheit und die allgegenwärtigen Inflationserwartungen ließen der Zentralbank keine andere Möglichkeit, als die Selic Rate auf einem Niveau von 12 bis 45 % zu halten. Aktuell liegt der Selic bei 9,0 %. Dies ist historisch gesehen einer der niedrigsten Werte des brasilianischen Leitzinses seit 1997. Nachdem die Leitzinsen bis zum September 2011 stetig auf ein Level von 12,5 % gestiegen sind, erfolgte am 1. September 2011 eine überraschende Zinswende. Innerhalb von zwölf Monaten senkte die Zentralbank den Selic aggressiv und abrupt auf 7,5 %. Mit dieser Strategie schwenkt Brasilien eindeutig vom Inflationsziel in Richtung Wachstumsziel. Die abgeflaute Konjunktur in den Jahren 2011/2012 begann die Staatsführung zu beunruhigen. Sie will in jedem Fall, dass Brasiliens Wirtschaft auf Wachstumskurs bleibt. Ein weiterer Grund für die Zinssenkung ist die bereits erwähnte übermäßige „Härte" des Brasilianischen Real. Um die Exporte nicht zu teuer werden zu lassen und die Importkonkurrenz nicht unnötig zu erhöhen, bevorzugen die Brasilianer einen „softeren" Real. Allerdings erfolgte diese Zinswende auch auf politischen Druck. Soviel zum Thema „Unabhängigkeit der Zentralbank".

brasilianischer Zinssatz BACEN – langfristige Graphik

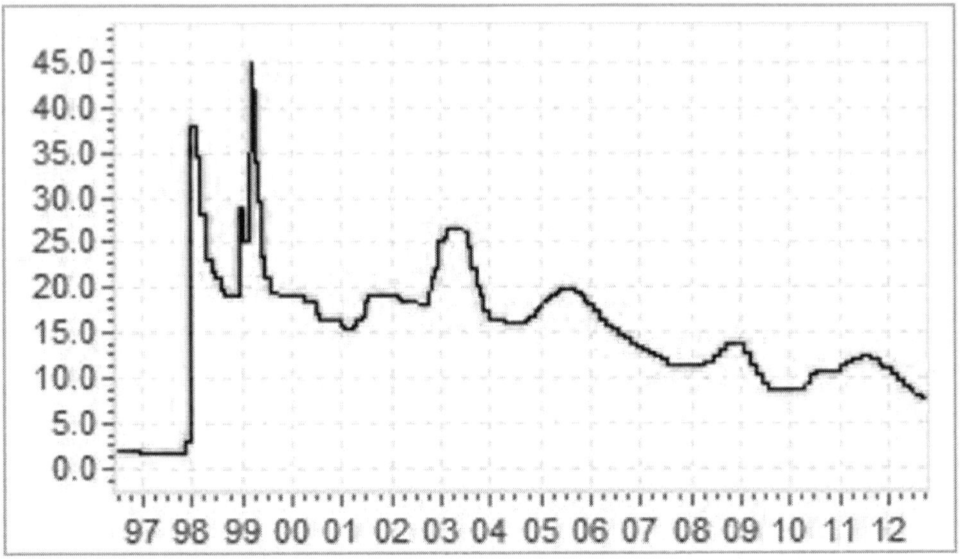

Leitzins Selic von 1997 bis 2012

Ein sinkender Leitzins soll vor allem die privaten Investitionen stimulieren. Die Anleger haben bei niedrigeren Zinsen einen nur geringen Anreiz, ihr Geld auf die Bank zu bringen. Stattdessen lohnt es sich für sie eher, aktiv in Anlagen mit einer erwarteten höheren Rendite zu investieren – in Aktien zum Beispiel. Speziell in Brasilien, wo die Investitionsquote relativ niedrig liegt, kann diese durch eine Zinssenkung in die Höhe gehen. Eine höhere Investitionsquote wirkt sich positiv auf das brasilianische Wirtschaftswachstum aus. Das sogenannte „inflationsneutrale Wachstumspotenzial", welches für Brasilien zwischen 4 – 5 % liegt, kann hierdurch aus der Reserve gelockt und im Idealfall erzielt werden. Es bezeichnet das BIP-Wachstum, das nach Abzug der Inflation noch übrig bleibt.

Genau wie die Gesamtwirtschaft befinden sich auch die Kapitalmärkte Brasiliens im Aufschwung. Ich erinnere mich, wie ich im Jahr 2007 mehrmals die Börse BOVESPA im Zentrum São Paulos besuchte. Einmal in Begleitung eines guten Freundes, der selbst Asset Manager bei einer großen deutschen Versicherung ist und einmal mit einer Universitätsgruppe der USP. Im Showroom der BOVESPA präsentierte sich die größte Aktienbörse Südamerikas zukunftsorientiert und technisiert. Ein stilvoll in Szene gesetzter Trading Desk, über dem eine digitale Anzeigetafel die aktuellen Börsenkurse anzeigt, vermittelt einen Eindruck von Transparenz und Investorenfreundlichkeit. Ein guter brasilianischer Freund erzählte mir damals begeistert von „Home Broker", einem onlinebasierten Aktienhandelssystem für Privatanleger. Auf diese Weise kann ein Privatinvestor online Aktienorders abgeben und mit Wertpapieren handeln. Die Jahre 2003 bis 2008 waren tatsächlich goldene Jahre für den brasilianischen Aktienmarkt. In diesem Zeitraum schoss der Index von 12.000 Punkten auf rund 70.000 (!) in die Höhe. Dieser Run auf die brasilianischen Aktien wurde durch die vielen Initial Public Offerings (IPO) – Börsengänge noch nicht gelisteter Unternehmen – in den Jahren 2006 und 2007 noch verstärkt. Im Zeitraum Januar bis September 2007 entfielen rund 10 % aller weltweiten IPOs auf Brasilien. Diese erreichten ein Börsenwertvolumen von 18,47 Mrd. US$ (von weltweit 182,56 Mrd. US$). Ich erinnere mich, wie einer meiner brasilianischen Kommilitonen von der USP im Jahr 2007 vom „schnellen Geld mit IPOs" berichtete. Über das Portal Yahoo Finance hat er die Termine der Börsengänge brasilianischer Unternehmen herausgesucht und sich mit dem richtigen Timing deren Aktien gekauft. Im Jahr 2007 gab es in Brasilien sage und schreibe 64 (!) IPOs. Erst die Finanzkrise 2008/2009 bereitete dem sonnigen Bullenmarkt an der Bovespa ein jähes Ende. Mittlerweile hat sich die Börse nach einigen Ups und Downs wieder erholt. Derzeit sind ca. 470 Unternehmen an der BOVESPA gelistet. Ende 2011 erreichte die BOVESPA eine Marktkapitalisierung in Höhe von 1,22 Bill. US$. Das macht sie zur achtgrößten Börse der Welt und zur größten Börse in Lateinamerika. Der bekannteste Index, in dem die größten und bekanntesten brasilianischen Unternehmen gelistet sind, ist der Ibovespa. Dazu zählen mehrere Unternehmen aus dem Rohstoffbereich (Petrobrás, Vale, MPX, Cosan), Industrieunternehmen (Embraer, Odebrecht) sowie die größten Unternehmen aus dem Dienstleistungssektor (Itaú-Unibanco, Bradesco, Pao de Azúcar). Im August 2011 erreichte allein der Ibovespa ein Handelsvolumen in Höhe von 14,8 Mrd. US$. Drei Jahre zuvor wurden insgesamt Aktien in einem Wert von 4,2 Mrd. US$ gehandelt. Das bedeutet eine Steigerung von über 250 % innerhalb von drei Jahren. Die weltweiten Kapitalströme finden immer häufiger den Weg nach Brasilien. Auch die großen Private Equity Unternehmen (Private Beteiligungsgesellschaften) nehmen zunehmend Brasilien ins Visier.

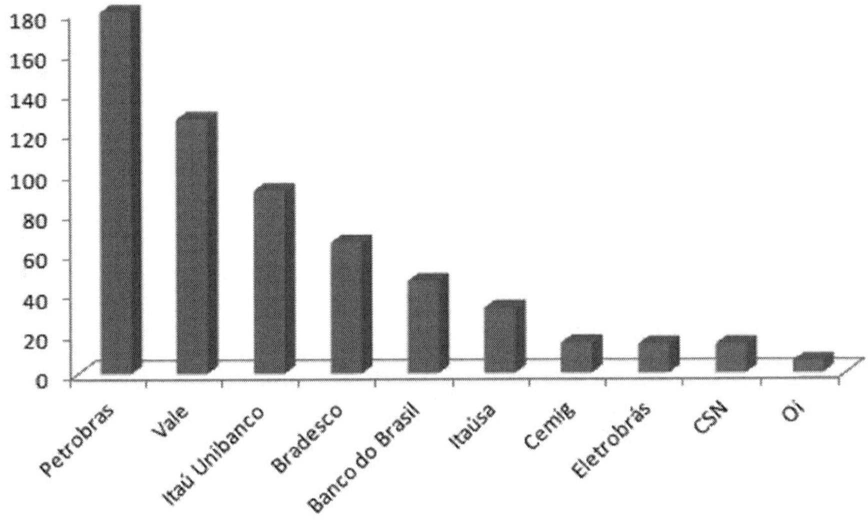

Brasiliens Top 10 Unternehmen nach Marktkapitalisierung in Mrd. US$ (Stand: April 2012)

Steigende Aktienmärkte haben eine besondere Symbolkraft: Sie spiegeln das zunehmende Vertrauen von Anlegern und Investoren in eine Volkswirtschaft wider. Aktienkurse beinhalten die zukünftigen erwarteten Gewinne und die zukünftige Wettbewerbsfähigkeit des jeweiligen Unternehmens, die bereits im aktuellen Kurs enthalten sind. Im Fachjargon sagt man, dass diese zukünftig erwartete Wertentwicklung der Aktie bereits heute im Aktienkurs „eingepreist“ ist. Die oft so mathematisch, kühl und zahlenbasierten Finanzmarktdaten dürfen jedoch über eine fundamentale Tatsache nicht hinwegtäuschen: Alle heutigen Kurse und Preise basieren auf reinen Erwartungen über zukünftige Entwicklungen. Anleger-Psychologie und Glaube spielen hierbei eine entscheidende Rolle. Aktienmarktbewegungen verlaufen oft parallel zu Währungsentwicklungen. Im Spezialfall Brasilien trifft diese „Regel" in der Tat zu. Die Stärke des Brasilianischen Real ist auch wieder ein Zeichen für den Glauben und die Hoffnung, die die Investoren dem Markt „Brasilien" schenken. Langfristige Trends sind meist stark und rigide – trotzdem müssen wir uns eines vor Augen halten: „Unverhofft kommt oft" und vor unvorhersehbaren Ereignissen ist auch Brasilien nicht gefeit.

Neben den Aktienmärkten erleben auch die Anleihenmärkte Brasiliens einen beispiellosen Aufschwung. Wie viele weitere lateinamerikanische Anleihenmärkte, hat sich der brasilianische Bondmarkt aus Investorensicht stark zum Positiven verändert. Seit der Finanzkrise 2008/09 hat ein Umdenkprozess stattgefunden, in dem Schwellenländer bzw. Emerging Markets nicht mehr ausschließlich als risikoreiche Märkte angesehen werden. Gleichzeitig werden die entwickelten Volkswirtschaften Nordamerikas und Europas (vor allem Südeuropas) nicht mehr als risikoarm betrachtet. Während viele entwickelte Volkswirtschaften eine hohe Verschuldungsquote und niedrige Leitzinsen aufweisen, haben Volkswirtschaften der Schwellenländer innerhalb der letzten zehn Jahre folgende Entwicklung durchgemacht: Sie haben eine „Entdollarisierung" ihrer Schulden realisiert und ihre Zahlungsbilanzen dahingehend umstrukturiert, dass sich das Vermögen erhöht und die Schulden verringern. Durch die „Entdollarisierung" reduzierten viele lateinamerikanische Schwellenländer ihre Abhängigkeit von ausländischen Schulden und erhöhten somit ihre Eigenständigkeit und nicht zuletzt die Stabilität. Festgefahrene Denkmuster über eine unendliche volkswirtschaftliche Stabilität der entwickelten Volkswirtschaften verändern sich also gegenwärtig.

Der brasilianische Bondmarkt ist der größte Bondmarkt in Lateinamerika nach Marktkapitalisierung. Im Jahr 2011 betrug das Volumen des brasilianischen Bondmarktes rund 1,42 Bill. US$.

Zum Vergleich: Der deutsche Bondmarkt (Bundesanleihen und Pfandbriefe) hatte im Jahr 2011 eine Marktkapitalisierung von rund 3,84 Bill. US$. Innerhalb der Emerging Markets weist Brasilien die höchsten Realzinsen auf. In R$ denominierte Bonds (d. h. Bonds die in der Währung R$ bewertet sind) sowie sogenannte CDI Swaps (Art eines derivativen Finanzinstrumentes) stellen die gängigsten Vehikel für Investoren dar, die in den brasilianischen Bondmarkt investieren möchten. Der Anteil an ausländischen Investoren am brasilianischen Bondmarkt beläuft sich auf 11,4 %. Die nationale Schulden-Strategie der Brasilianischen Zentralbank besteht primär aus zwei Punkten: Erstens zielt sie vor allem darauf ab, den Anteil der festverzinslichen sowie der inflationsgebundenen Anleihen zu erhöhen. Zweitens treibt sie eine Laufzeiten-Erhöhung der Anleihen voran. Seit der Jahrtausendwende erfuhren die inflationsgebundenen Anleihen einen starken Bedeutungsgewinn. Im Jahr 2000 machte diese Anleihenart gerade einmal 6 % des brasilianischen Bondmarktes aus. Hingegen schoss ihr Anteil im Jahr 2012 auf 30 % in die Höhe. Durch inflationsgebundene Anleihen kann das Inflationsrisiko ausgeschaltet werden, was den Erfolg dieser Anleihenart begünstigte. Mit einer Laufzeiterhöhung der Anleihen (z. B. von einem Jahr auf drei Jahre) kann der Bondmarkt zunehmend stabilisiert werden. Beide dieser Effekte führen dazu, dass der brasilianische Anleihenmarkt immer attraktiver für Investoren wird. Und das heißt wiederum, dass mehr Geld nach Brasilien fließen kann! Die BCB steuert den Leitzins über ein sogenanntes Geldmarktkomitee, das „Copom". Dieser Ausschuss, bestehend aus den führenden Köpfen der BCB, trifft sich acht Mal pro Jahr, um die Selic Rate festzulegen. Durch Auktionen oder gezielte Rückkaufaktionen hat die BCB die Möglichkeit am Sekundärmarkt zu intervenieren und behält somit die Kontrolle über den Anleihenmarkt. Wer investiert in den brasilianischen Anleihenmarkt? Den Löwenanteil machen die üblichen Verdächtigen aus: Kreditinstitute, Investmentfonds sowie Pensionsfonds. Zusammengenommen stellen diese drei Investorentypen mehr als 72 % der Investorenbasis am brasilianischen Markt für festverzinsliche Wertpapiere. Um ein paar Beispiele für Brasilien Bonds zu nennen: Der LTN (fester Zinscoupon), BRL Selic indexed floating-rate debt security (variabler Zinscoupon) oder BRL inflation-linked floating rate debt security (inflationsgebundene Anleihe). Daneben existieren noch weitere derivative Finanzinstrumente wie Futures oder Zinsswaps.

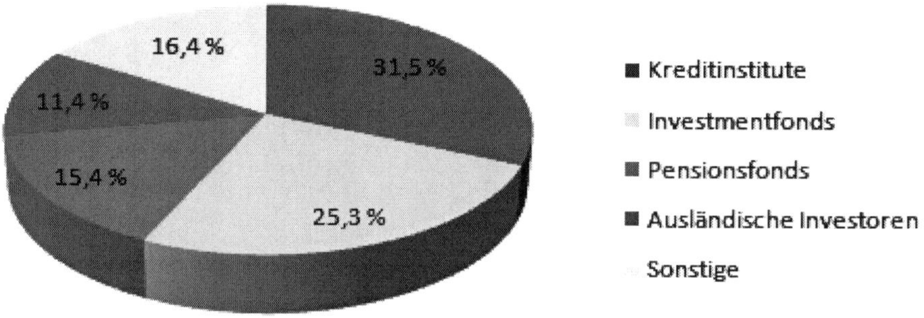

Investoren am brasilianischen Bondmarkt

Jetzt haben wir uns schon so einige wichtige Makrodaten näher angesehen, die den jüngsten Wachstumszyklus der brasilianischen Wirtschaft illustrieren. Wer aber ist verantwortlich für das Wachstum? Wer erarbeitet das Wirtschaftswachstum? Insgesamt verfügt Brasilien über eine arbeitende Bevölkerung in Höhe von 95 Mio. Menschen. Die „Labor Force" besteht zu 59 % aus Männern, was rund 56 Mio. Menschen entspricht und 41 % aus Frauen oder ca. 39 Mio. arbeitenden Frauen. Der Rest der brasilianischen Bevölkerung besteht aus nichterwerbstätigen Personen – also Rentnern, Arbeitslosen, Kindern sowie Hausfrauen. Während meinen vielen Brasilien-Aufenthalten hat mich eine Sache sehr beeindruckt: Ich habe viele Brasilianer als sehr fleißig und strebsam erlebt. Viele Studenten, die ich kennenlernte, arbeiteten Vollzeit parallel zu ihrem Studium. Die Universitäten in Brasilien stellen sich auf diese Situation ein. Es gibt zahlreiche Abendstudien, wo die Vorlesungen erst ab 19:00 Uhr – also nach „Feierabend" anfangen. An vielen brasilianischen Hochschulen herrscht bis kurz vor Mitternacht ein reges Treiben. Das Studieren am Abend hat einen ganz eigenen Reiz, wenn ich an die vielen ausgelassenen Studentengrüppchen zurückdenke, die abends bei anbrechender Dunkelheit in der FEA-USP – meiner damaligen Fakultät für Wirtschaftswissenschaften – eintrafen. Wirtschaftswachstum ist nicht nur eine abstrakte ökonomische Maßgröße. Es ist nicht nur eine statistische Kennzahl, die in Marktberichten, Zeitungsartikeln oder wissenschaftlichen Arbeiten auftaucht. Nein! Wirtschaftswachstum ist etwas „Reales". Man kann es regelrecht „fühlen". Es ist von Menschen gemacht und es muss von genau diesen erst einmal erarbeitet werden. Und jeder einzelne Mensch trägt etwas dazu bei. Wenn auch nur einen kleinen Teil – aber jeder Mensch ist für sich und die Entwicklung des Landes, in dem er aktuell lebt und arbeitet, in einer Weise verantwortlich.

Der Löwenanteil der arbeitenden Brasilianer ist im Dienstleistungssektor beschäftigt. In diesem Bereich arbeiten knapp 63 Mio. Menschen. Rund 19 Mio. Brasilianer sind im traditionell starken Agrarsektor beschäftigt. Im industriellen Sektor verdienen mehr als 13 Mio. Brasilianer ihr täglich Brot. Bei der Betrachtung der Beschäftigungszahlen nach Sektor fällt auf, dass sehr viele Menschen im Agrarsektor tätig sind. Obwohl er nur 5,5 % der brasilianischen Wirtschaftsleistung ausmacht, bindet er ein Fünftel der brasilianischen Erwerbspersonen. Etwa 52 % der arbeitenden Bevölkerung sind Angestellte. Mit einer Rate von 29,4 % (2009) hat Brasilien einen sehr hohen Anteil an Selbstständigen in der Bevölkerung. Zum Vergleich: Die Selbstständigenquote in Deutschland liegt gegenwärtig bei 11 %. An dieser Stelle liegt es für mich auf der Hand, einen weiteren interessanten Aspekt der brasilianischen Wirtschaft zu durchleuchten. Genauer gesagt ist es eine Besonderheit des Arbeitsverhältnisses. Die Rede ist vom Formalitätsgrad des Beschäftigungsverhältnisses. Tatsächlich ist ein Großteil der brasilianischen arbeitenden Bevölkerung nicht in einem formalen Arbeitsverhältnis tätig. Der sogenannte informelle Sektor – im Deutschen auch „Schattenwirtschaft" genannt – beschäftigt insgesamt mehr als 50 % (!) der gesamten Erwerbspersonen. Das heißt, dass über 50 % aller arbeitenden Brasilianer keinen geregelten Arbeitsvertrag haben. Viele der informell Beschäftigten sind de facto selbstständig, da sie beispielsweise an einem Straßenstand Lebensmittel oder Handelswaren verkaufen. Am Ende dieses Kapitels werde ich noch einmal explizit auf den informellen Sektor zu sprechen kommen. Die Löhne einzelner Berufsgruppen klaffen in Brasilien zweifelsohne weit auseinander. Während ein *Motoboy*, also ein Motorradkurier mit einem Monatslohn von 850 R$ auskommen muss, kann ein Richter bis zu 16.000 R$ im Monat verdienen. Der Durchschnittslohn in São Paulo liegt derzeit bei ungefähr 1.345 R$ im Monat. Das entspricht bei aktuellem Wechselkurs etwa 486 € Monatslohn.

Die Arbeitslosigkeit ist in Brasilien mit 6,5 % auf einem moderaten Niveau. Somit gibt es in Brasilien 5,7 Mio. Arbeitslose. Arbeitslose erhalten in Brasilien eine Basisunterstützung vom Staat. Ein durchschnittliches Arbeitslosengeld beläuft sich – bei einem durchschnittlichen Lohn von 1.345 R$ (umgerechnet 486,20 €) – auf rund 672,50 R$ (umgerechnet 243,37 €). Es entspricht 50 % von den letzten drei Gehältern. Dies erhält ein Brasilianer allerdings nur dann, wenn er mindestens sechs Monate gearbeitet hat. Neben der direkten Arbeitslosenunterstützung gibt es eine Reihe von sozialen Hilfsprogrammen. Dazu zählen in erster Linie *„Fome Zero"* (Kein Hunger) und *„Minha Casa, Minha Vida"* (Mein Haus, mein Leben).

Auch im Bereich Außenhandel geht es für Brasilien weiter nach oben – in Richtung Wachstum. Sowohl bei Importen als auch bei Exporten verbucht Brasilien ein starkes Plus. Im Jahr 2011 lag das gesamte Außenhandelsvolumen Brasiliens bei rund 493 Mrd. US$. Die Exporte betragen 256 Mrd. US$ und die Importe beziffern sich auf 237 Mrd. €. Damit erwirtschaftet Brasilien einen Handelsüberschuss von 19 Mrd. €. Sowohl bei den Exporten als auch bei den Importen verzeichnet Brasilien innerhalb der letzten 10 Jahre ein beispielloses Wachstum. Zwischen den Jahren 2001 und 2011 stiegen die Exporte aus Brasilien in die Welt um 340 % an. Ähnlich stark schossen die Importe nach Brasilien in die Höhe. In 10 Jahren vergrößerte sich das Importvolumen um ganze 304 %. Allein der bilaterale Außenhandel mit Deutschland hat sich innerhalb von 16 Jahren nahezu verdreifacht. Zu den wichtigsten Exportgütern Brasiliens zählen Eisenerz, Maschinen, Erdöl, Ölsaaten und ölhaltige Früchte (sprich Soja) und Fleisch. Die wichtigsten

Exportpartner im Jahr 2010 waren China, USA, Argentinien, Niederlande und Deutschland. An dieser Stelle kommt eindeutig der sogenannte „Rotterdam-Effekt" zum Tragen. Aufgrund des riesigen Umschlagvolumens im Rotterdamer Hafen steigen die Niederlande zu Brasiliens viertgrößtem Exportpartner auf. In Wirklichkeit findet ein Großteil der über Rotterdam eingeführten brasilianischen Güter den Weg in andere europäische Staaten. Die Hauptimportgüter Brasiliens sind Maschinen, chemische Erzeugnisse, Elektronikwaren, elektrotechnische Erzeugnisse und Erdöl. Beim Erdöl handelt es um Leichtöl, welches benötigt wird, um das brasilianische Schweröl zu verdünnen. Zu den Hauptimportpartnern gehören USA, China, Argentinien, Deutschland und Japan. Schon beim ersten Blick wird ersichtlich, dass Brasiliens Handelspartnerstaaten über mehrere Kontinente verstreut sind. Auch hier verbirgt sich eine Stärke Brasiliens: Seine Handelspartner sind auf globaler Ebene geografisch gut diversifiziert. Gibt es eine Flaute im Außenhandel mit einer Weltregion oder einem bestimmten Staat, so kann sich Brasilien auf weitere Handelspartner stützen, die wirtschaftlich besser dastehen oder wo der Wechselkurs gerade günstig für das Import-Export-Geschäft steht.

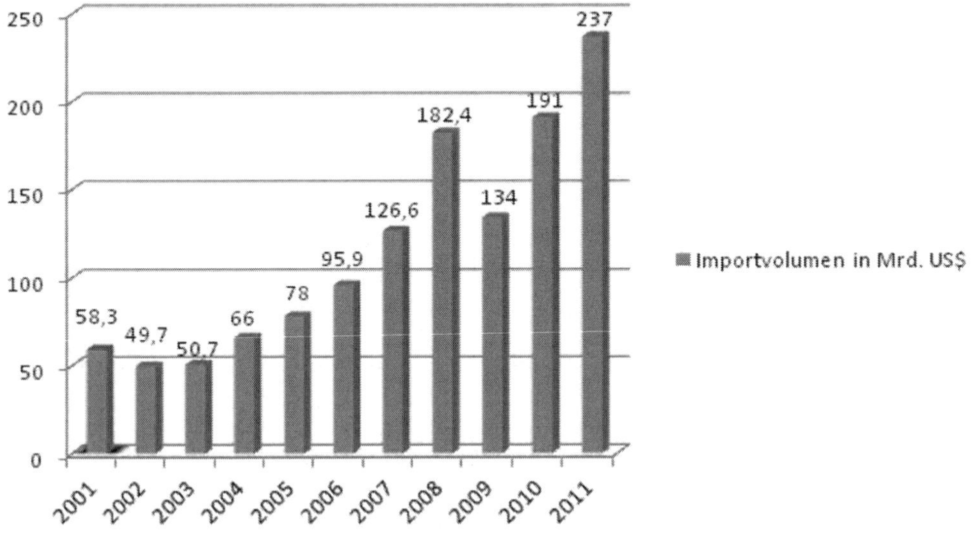

Importe aus dem Ausland nach Brasilien

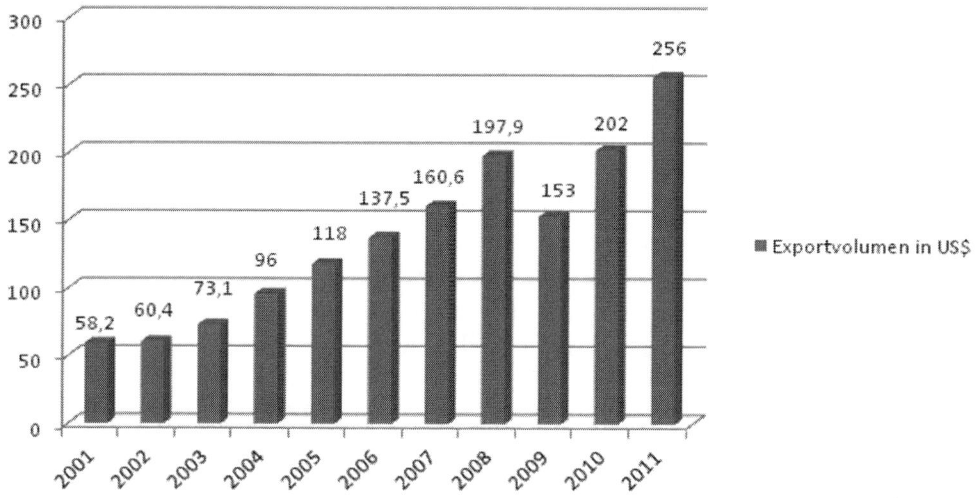

Exporte aus Brasilien ins Ausland

Während meiner Zeit in Brasilien habe ich selbst im Außenhandelsbereich gearbeitet. Traditionell bestehen enge Verflechtungen zwischen der deutschen und der brasilianischen Wirtschaft. Allein im Großraum von São Paulo sind rund 1.000 deutsche Unternehmen angesiedelt. Viele deutsche Großunternehmen – wie Siemens, BASF, Bosch oder VW – verfügen daher bereits über ein Standbein in Brasilien und können demzufolge für den dortigen Inlandsmarkt produzieren. In jüngster Zeit sind es vor allem mittelständische deutsche Unternehmen, die ihre Waren nach Brasilien exportieren. Ein delikater Punkt beim Thema Außenhandel ist das komplexe brasilianische Steuersystem. Es existieren mehrere Steuer-Arten, die bei Import-Export-Geschäften anfallen. Gerade der Import von PKWs aus dem Premium-Segment gestaltet sich schwierig. Auf PKWs, die nach Brasilien eingeführt werden, liegen exorbitant hohe Einfuhrzölle. Das ist der Grund, warum die Preise für Importautos der Oberklasse und oberen Mittelklasse schwindelerregende Höhen erreichen. Beispielsweise kostet ein BMW 325 (EZ 2008/09) in Brasilien ca. 119.000 R$ – das sind umgerechnet 53.000 €. In Deutschland liegt der Marktpreis für einen solchen Wagen bei etwa 16.000 €. Die Preise für gebrauchte BMWs sind in Brasilien mehr als doppelt so hoch – teilweise sogar fast dreimal so hoch – wie in Deutschland. Und die autoversessenen brasilianischen Käufer zahlen diese Preise auch. Die Zollbarriere verhindert somit eine natürliche Preisbildung – so wie sie in Deutschland oder in den USA existiert und wo folglich ein funktionierender Gebrauchtwagenmarkt existiert.

Neben dem sich dynamisch entwickelnden Außenhandel gibt es einen weiteren Aspekt, der für die Wirtschaftsentwicklung in Brasilien von großer Bedeutung ist: Die Rede ist von ausländischen Direktinvestitionen (auch „Foreign Direct Investments" oder kurz FDI genannt). Ausländische Direktinvestitionen sind Unternehmenskäufe, die von ausländischen Unternehmen in einem bestimmten Zielland durchgeführt werden. Sie umfassen sowohl das Aufkaufen von im Zielland heimischen Unternehmen als auch das Erweitern bereits bestehender Niederlassungen bzw. Filialnetze im jeweiligen Zielland. Im Gegenzug zu FDIs steht das indirekte „Portfolio Investment", bei dem Investoren in Aktien und Anleihen investieren (auch passives Investment genannt). FDIs können als Netto-Investmentzuflüsse in eine bestimmte Volkswirtschaft bezeichnet werden. Sie tauchen in der Zahlungsbilanz eines Staates auf und sind die Summe aus Eigenkapital, zuzüglich langfristigem Kapital und zuzüglich kurzfristigem Kapital. In der Praxiswelt sind FDIs ein Oberbegriff für Joint Ventures, Technologie- und Expertise-Transfer. Gerade für Schwellenländer ist ein hohes Maß an FDIs sehr wichtig, da hierdurch der Kapitalstock einer Volkswirtschaft vergrößert werden kann und vor allem wichtiges Know-how in das Zielland gelangt.

Beim Thema FDIs hat Brasilien in den letzten Jahren eine beeindruckende und glanzvolle Performance abgeliefert. Betrachtet man die langfristige Entwicklung von FDIs seitens ausländischer Unternehmen in Brasilien, so findet auch hier eine beachtliche Steigerung statt. Im Jahr 2011 bezifferten sich die FDI in Brasilien auf 67 Mrd. US$. Zum Vergleich: Fünf Jahre zuvor, im Jahr 2006, lagen die FDIs noch bei 19 Mrd. US$. Auch für das Jahr 2012 wird erwartet, dass die FDI auf einem ähnlich hohen Niveau liegen. Die FDI sind so stark angewachsen, dass durch sie das komplette jährliche Haushaltsdefizit ausgeglichen werden kann. Von einem solchen Szenario können derzeit viele europäische Krisenländer nur träumen. Für den rapiden Anstieg der FDI mit dem Ziel Brasilien gibt es folgenden Grund: die große Bevölkerung – der „demografische Machtfaktor", sowie die jüngste makroökonomische Stabilität der brasilianischen Volkswirtschaft. Auf diese Weise erzeugen FDIs eine Aufwärtsspirale – auf Basis des florierenden Binnenkonsums, Ressourcenreichtum und kontinuierlichem Wirtschaftswachstum.

Brasiliens Präsidentin Rousseff kündigte im August 2012 an, 66 Mrd. US$ an FDIs anzulocken. Mit diesem Fundraising sollen die dringend notwendigen Infrastrukturinvestitionen vorangetrieben werden. Gerade im Hinblick auf die WM 2014 und die Olympischen Spiele 2016 schreit die Infrastruktur nur so danach, ausgebessert zu werden. Im Vergleich zu China beispielsweise hat Brasilien im Infrastrukturbereich noch einiges aufzuholen. Allein für das Jahr 2012 werden FDIs von mindestens 50 Mrd. US$ erwartet.

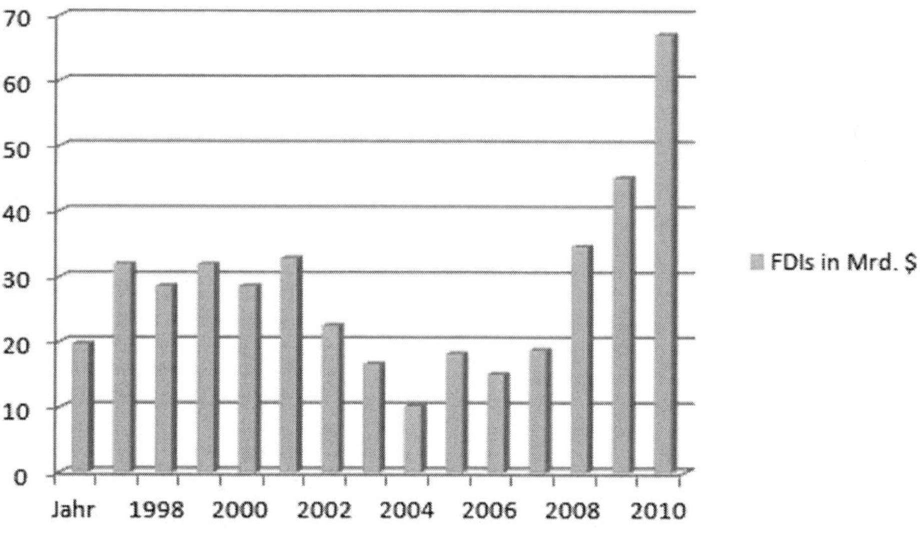

Foreign Direct Investments (FDI) in Brasilien

Die Haupttreiber im FDI Bereich sind einerseits Investitionen im Bereich der Finanzdienstleistungen (3,2 Mrd. US$) – vor allem mit dem Ursprungsland Schweiz. Andererseits überraschten gestiegene Investitionen in die brasilianische Industrie (15,13 Mrd. US$). Hier dominieren laut der Banco Central do Brasil FDIs in den drei Bereichen Nahrungsmittel, chemische Erzeugnisse und Pharma.

Profil der brasilianischen Wirtschaft – Der Branchenmix und der Einfluss der Brasil SA

Nachdem wir uns die vielen Statistiken und makroökonomischen Meilensteine Brasiliens angesehen haben, wollen wir nun einen Blick auf die greifbare Realität lenken. Wie sieht die brasilianische Wirtschaft in der Praxis konkret aus? Welche Branchen und Unternehmen verbergen sich hinter der glänzenden Fassade der oben aufgelisteten Grafiken und Statistiken? Traditionell stark ist der Rohstoffbereich: Öl- und Gas sowie Eisenerz auf der Seite der Hard Commodities und Zuckerrohr, Kaffee, Soja, Rindfleisch und Orangensaftkonzentrat auf der Seite der Soft Commodities. Zu den wichtigsten Branchen im Industriesektor gehören der Automobilsektor, Stahlerzeugung, Luft- und Raumfahrt, Nahrungsmittel und Getränke, Papier/Zellulose, Chemie, Versorger, sowie die Bauwirtschaft. Im Dienstleistungsbereich machen Banken, Finanzdienstleistungen, Einzelhandel, Telekommunikation, IT-Dienstleistungen und nicht zuletzt die Immobilienwirtschaft die bedeutendsten Segmente aus. Weiterhin gibt es sektorenübergreifend einige Mischkonzerne, deren Fokus allerdings auf dem produzierenden Gewerbe liegt. Mit dieser vielfältigen Branchenstruktur ist die brasilianische Wirtschaft im weltweiten Vergleich gut aufgestellt. Aufgrund der relativ gleichmäßigen Gewichtung der einzelnen Wirtschaftszweige entsteht ein vorteilhaftes Diversifikationspotenzial. Das Klumpenrisiko, das durch eine einseitige Branchen-Konzentration entsteht – wie beispielsweise in Spanien, wo sich die ganze

Volkswirtschaft auf Tourismus und Immobilien eingeschossen hatte – kann auf diese Weise minimiert werden. Im Folgenden werde ich die drei Sektoren noch näher unter die Lupe nehmen.

Um die räumliche Gestalt der brasilianischen Wirtschaft zu durchdringen, ist es aufschlussreich, sich einmal die geografische Verteilung der größten brasilianischen Unternehmen anzusehen. Sehr schnell wird hierbei offensichtlich, dass die meisten Unternehmen in der Makroregion *Sudeste*, dem brasilianischen Südosten liegen. Allein hier befinden sich sieben Millionenstädte – also fast die Hälfte aller brasilianischen Millionenstädte. Sowohl bei den größten börsengelisteten Unternehmen als auch bei den stärksten Unternehmen nach Umsatz hat der brasilianische Südosten die Nase vorn. Diese Konzentration von Unternehmen hat in den letzten Jahrzehnten zu einer zügellosen Binnenwanderung aus den ärmeren Regionen Brasiliens (v. a. Nordosten) in die dynamischeren Regionen (Südosten) geführt. São Paulo und Rio de Janeiro sind mit Abstand die beiden wichtigsten Wirtschaftsmetropolen Brasiliens. Rio de Janeiro hat eine große historische Bedeutung für Brasilien und war bis 1960 Hauptstadt des Landes. Heute ist Rio de Janeiro der Sitz mehrerer brasilianischer Top-Konzerne sowie wichtiger Institutionen wie Petrobras, Vale, BNDES oder Caixa Econômica. São Paulo profitierte innerhalb der letzten 100 Jahre vor allem von seiner geografischen Lage und seiner „Hub"- Funktion, indem es eine Verbindung zwischen dem riesigen brasilianischen Inland und dem Weltmarkt herstellte. Von den 35 größten Aktiengesellschaften hatten im Jahr 2008 insgesamt 20 ihren Sitz in einer der beiden brasilianischen Megalopolen. Selbstverständlich haben São Paulo und Rio de Janeiro auch eine enorme kulturelle Bedeutung für Brasilien. Sie sind beide große Forschungs- und Bildungszentren mit zusammengenommen 31 Universitäten und wissenschaftlichen Instituten. Außerdem beheimaten beide Städte jeweils vier große Fußballklubs. Zudem wird São Paulo in Brasilien auch als Bindeglied – zwischen dem wohlhabenden europäischen Süden einerseits und dem ärmeren afro-indianischen Nordosten andererseits – angesehen. Sowohl logistisch, ökonomisch, kulturell und auch emotional. Hier in São Paulo findet ganz Brasilien zusammen.

Geografische Verteilung der umsatzstärksten Unternehmen Brasiliens

Die brasilianische Wirtschaftswelt zeichnet sich durch eine auffällige Dominanz der Großunternehmen aus. Kleine und mittlere Unternehmen (Small and Midcap Enterprises, kurz SME) fallen bei der Betrachtung leicht mal unter den Tisch. Allein in meinem brasilianischen Freundes- und Bekanntenkreis arbeiten (oder hatten gearbeitet) mindestens zehn Personen bei einem der nationalen börsengelisteten Großunternehmen. Bei meinem deutschen Freundeskreis arbeiten gerade einmal fünf Leute bei einem der deutschen börsengelisteten Großunternehmen. Die meisten meiner Freunde und Bekannten arbeiten bei nicht-börsengelisteten Unternehmen bzw. bei SMEs. Man könnte denken, dass in Brasilien vergleichsweise viele Leute bei Großunternehmen beschäftigt sind. Diese Schlussfolgerung ist zum Teil richtig: In Deutschland vereinen die SMEs mehr als 70 % aller Beschäftigten auf sich. Immerhin arbeiten 68,3 % aller brasilianischen Beschäftigten in SMEs. Der Anteil an Beschäftigten in SMEs in Deutschland und Brasilien ist also nahezu gleich. Diese verzerrte Wahrnehmung, dass brasilianische Großunternehmen innerhalb Brasiliens so mächtig und tonangebend wirken, hängt mit der dominanten Außenwirkung der brasilianischen Großunternehmen zusammen. Die brasilianischen Großunternehmen haben exzellente Verbindungen in die Politik und machen einen Großteil der Gesamtumsätze aus. Im Gegensatz dazu sind SMEs in Brasilien weit weniger einflussreich. SMEs litten in Brasilien bislang unter einer hohen Steuerlast, einem extrem komplexen Steuersystem sowie unter einer ausufernden Bürokratie. Außerdem hatten sie es in der Vergangenheit oft schwer, Zugang zu Krediten zu bekommen. Großunternehmen hingegen stellen in Brasilien für viele Akademiker eine attraktive Karriereoption dar, da die Löhne hier im Durchschnitt höher sind als die Löhne bei SMEs. Jüngst versucht die brasilianische Regierung verstärkt SMEs und das Unternehmertum zu fördern, um die Wirtschaftsstruktur dadurch horizontal weiter zu diversifizieren.

Die engen Verbindungen zwischen der politischen Kaste und der großen brasilianischen Wirtschaftselite lassen sich wie folgt gut veranschaulichen: Ähnlich wie es in Deutschland bis Anfang der 2000er Jahre die „Deutschland AG“ gab, so gibt es in Brasilien bis heute die sinnbildliche „Brasil SA“, wie sie Alexander Busch in seinem Buch „Wirtschaftsmacht Brasilien – Der grüne Riese erwacht“ beschreibt (SA ist die Abkürzung für *Sociedade Anónima* und ist mit einer deutschen AG vergleichbar). Sie kann als ein Interessengeflecht von Verbindungen, Abhängigkeiten und Seilschaften angesehen werden. Dieses Netzwerk hat seit den Wirtschaftsreformen der 1990er Jahre mit dem *Plano Real* eine neue Dynamik erfahren. Bei den Hauptakteuren der „Brasil SA“ handelt es sich um folgende Unternehmen und Institutionen: die BNDES,

Banco do Brasil, Vale, Petrobrás, Caixa Econômica und eine Reihe von gewichtigen Pensionsfonds. Mit Hilfe der „Brasil SA" kann der Machtapparat des Staates und dessen Einflussnahme auf die strategisch wichtigen Konzerne des Landes ausgeweitet werden. Die BNDES ist der Hauptakteur der „Brasil SA". Sie ist die größte staatliche Entwicklungsbank der Welt und ist an das brasilianische Bundesministerium für Entwicklung, Industrie und Außenhandel angegliedert. Das operative Kerngeschäft der BNDES besteht in der Investitionsförderung und der Kreditvergabe. Schwerpunktmäßig fördert sie mit ihren Krediten neue Fabriken, Technologie- und Infrastrukturprojekte aber ebenso Unternehmen aus dem Dienstleistungssektor. Sie ist der wichtigste staatliche Financier in Brasilien. Unter der Regierung Lula kamen erstmals überwiegend Ökonomen in die Machtpositionen der BNDES. Unter ihrer Leitung avancierte die BNDES zu einem strategischen Vehikel für das Vorankommen der brasilianischen Wirtschaft. Ihr Fokus liegt auf der Förderung und Stärkung von nationalen strategisch wichtigen Unternehmen und Branchen. Dazu zählen primär die großen Player aus dem Commodity-Bereich, wie beispielsweise Vale (Eisenerz), Petrobras (Erdöl) und JBS (Rind- und Geflügelfleisch). Funktional kann man die BNDES auch mit der KfW in Deutschland vergleichen. Die BNDES genießt in Brasilien einen guten Ruf, da sie neben nationaler Wirtschaftsförderung auch soziale Investitionen durchführt – wie beispielsweise Investitionen in Bildungseinrichtungen, in das Gesundheitssystem oder in Abwasser- und Abfallentsorgungssysteme. Mit ihren nachhaltigen Fördermaßnahmen und einer seriösen, skandalfreien Handlungsweise stellt die BNDES das saubere und integere Element der „Brasil SA" dar. Neben der BNDES gibt es allerdings noch einen weiteren Block von gewichtigen Akteuren innerhalb der „Brasil SA": Die Rede ist von den großen Pensionskassen Brasiliens. Diese Pensionskassen verwalten ein Gesamtvermögen von umgerechnet über 200 Mrd. US$ und verfügen daher über eine große „Investment-Power". Previ, Petros, Funcev, Fundação CESP und Valia gehören zu den fünf größten brasilianischen Pensionsfonds nach verwaltetem Vermögen. Sie sind jeweils einem der großen Staatsunternehmen zugeordnet (Previ gehört zu Banco do Brasil, Petros zu Petrobras etc.) und herrschen über ein Vermögen von 305 Mrd. R$, was umgerechnet rund 152 Mrd. US$ entspricht (Stand: 2012). Insgesamt sechs Millionen Brasilianer profitieren direkt oder indirekt von den Ersparnissen der Pensionsfonds – in den meisten Fällen sind es Rentner, die ihre Alterssicherung kassieren. Im Gegensatz zu der transparent agierenden BNDES sind die Pensionsfonds jedoch weitaus intransparenter und verfilzter. Die Pensionsfonds sind meistens mit einer politischen Partei verbandelt und hohe Posten werden hier gerne an Regierungspolitiker, Gewerkschaftsfunktionäre oder politisch gleichgesinnte Unternehmensvertreter vergeben. Kurzum stellen die Pensionsfonds ein exekutives Machtinstrument bestimmter politischer Parteien dar. Als Folge dessen sind die Fonds oft eine Brutstätte für Korruptionsfälle, Skandale und ineffizientes Management. Unterm Strich lässt sich allerdings Folgendes festhalten: Die „Brasil SA" hat einen maßgeblichen Anteil an den jüngsten Erfolgen der brasilianischen Wirtschaftsentwicklung. Sie schafft nämlich einen Ausgleich zwischen zwei Extremen: Einerseits versucht sie den Unternehmen entgegenzukommen, indem sie Entscheidungen treffen, die sich positiv auf die Unternehmensgewinne auswirken. Andererseits möchte die Politik die Unternehmen dahingehend beeinflussen, dass diese arbeitnehmerfreundliche Bedingungen für ihre Mitarbeiter schaffen, Arbeitsplätze sichern und im Idealfall die Einkommen erhöhen, was eine höhere Kaufkraft und mehr Steuereinnahmen zur Folge hat. Die großen und wichtigen Unternehmen sowie die führenden Politiker haben so die Möglichkeit an einem Strang zu ziehen, anstatt sich verbal und faktisch – mit populistischen Parolen oder unmenschlichen Unternehmensentscheidungen – zu „zerfleischen".

Der primäre Sektor – Hard- und Soft Commodities sind das Zauberwort

Innerhalb der letzten 15 Jahre hat die ganze Welt einen beispiellosen Rohstoff-Hype erfahren. Der weltweite Bedarf an Rohstoffen hat astronomische Höhen erreicht. Gleichzeitig sind die Preise für „harte" Rohstoffe wie Erdöl, Eisenerz, Kupfer, Gold, Silber oder Blei förmlich explodiert. Auch „weiche" Rohstoffe wie Zucker, Weizen, Soja etc. haben eine gewaltige Aufwertung erfahren. Für die rasant gestiegene Nachfrage gibt es vor allem drei Gründe: Die sukzessive Verknappung des weltweiten Rohstoffangebots, Spekulationsblasen, die durch die internationalen Finanzmärkte hervorgerufen werden sowie der steigende Rohstoffhunger der wachsenden Schwellenländer. Brasilien kommt an dieser Stelle eine besondere Rolle zu. Als einer der wichtigsten Rohstofflieferanten der Welt hat Brasilien die Möglichkeit maßgeblich an dem weltweiten Rohstoffboom teilzuhaben. Und das tut es auch! Der Rohstoff- und Agrarsektor hat entscheidend zum aktuellen Wirtschaftsaufschwung Brasiliens beigetragen. Er stellt für Brasilien einen immensen Wettbewerbsvorteil auf der Bühne der Weltwirtschaft dar und kann auch als nationales „Wirtschaftsheiligtum" betrachtet werden. Schaut man sich die zehn größten Aktienwerte Brasiliens an (Betrachtung 2012), sind drei der darin enthaltenen Unternehmen dem Primärsektor zuzuordnen. Der Primärsektor umfasst im weitesten Sinne die Urproduktion von Gütern. Dazu gehören Land- und Forstwirtschaft, Fischerei, Tierhaltung, Bergbau und die Energieerzeugung.

Um es einmal in Investorensprache auszudrücken: Der Rohstoffreichtum Brasiliens besteht in einer ausgewogenen Mischung aus „Hard-" und „Soft Commodities". Hard Commodites umfassen einerseits Energierohstoffe und andererseits beinhalten sie die Rohstoffart der Metalle, die, wie der Name bereits verrät, eine „harte" Konsistenz aufweisen. Im Falle von Brasilien sind die wichtigsten Hard Commodities auf der Metallseite Eisenerz, Niob und Gold. Auf der Seite der Energierohstoffe dominieren in Brasilien sowohl Erdöl als auch der neue Wunderkraftstoff Ethanol.

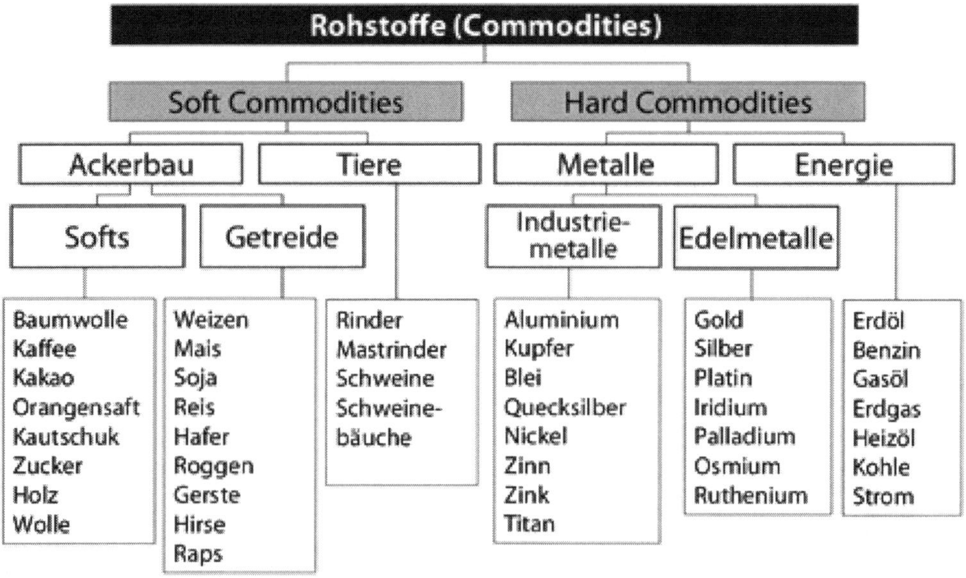

Überblick – Hard- und Soft Commodities

Soft Commodities sind ein Überbegriff für „weiche" Agrarrohstoffe wie Getreide, die sogenannten „Softs" und Tiere. In diesem Sektor ist Brasilien traditionell stark und exzellent aufgestellt. Zu den wichtigsten Soft Commodities von Brasilien zählen Kaffee, Orangensaft, Zucker, Kautschuk, Kakao, Soja, Mais, Rindfleisch sowie Geflügelfleisch. Ein weiter gefasstes Konzept des Agrarrohstoffsektors ist der sogenannte Agribusinesssektor. Er umfasst neben landwirtschaftlichen auch industrielle sowie Dienstleistungsaktivitäten, die mit Agrarrohstoffen zusammenhängen (z. B. Lebensmittelindustrie und Handel). Laut der brasilianischen Regierung generiert das Agribusiness (*Agronegócio*) 22 % des brasilianischen BIP. Während einige Rohstoffunternehmen große weltweit bekannte Aktiengesellschaften sind, wie Vale oder Petrobras, sind andere Unternehmen (zumindest der weltweiten Medienöffentlichkeit) nahezu unbekannt. Dazu zählen beispielsweise Unternehmen wie der Sojakonzern Grupo Andre Maggi oder der große Kaffeeproduzent Cooxupé. Letztere Unternehmen sind aus dem Grund unbekannt, da sie trotz ihrer Größe noch kein „*Going Public*" hinter sich haben – sprich sie haben sich noch nicht in eine Aktiengesellschaft umgewandelt.

Im Folgenden werde ich auf die wichtigsten Segmente des Primären Sektors eingehen und diese kurz und prägnant skizzieren, damit Sie einen guten Überblick bekommen.

Erdöl

Erdöl gehört zu den bedeutendsten Rohstoffarten Brasiliens. Vor der Küste des Bundesstaates Bahia wurden in den 1940er Jahren erstmals Erdölvorkommen entdeckt. Das Schlagwort „*O petróleo é nosso*" (Das Erdöl ist unser) sollte von diesem Zeitpunkt an die protektionistische und monopolistische brasilianische Erdölpolitik bestimmen. Mit dem Gesetz Lei *N° 2004* aus dem Jahr 1953 schuf Präsident Vargas den *Conselho Nacional do Petróleo* (Nationalen Erdölrat) und institutionalisierte Petrobras als Monopolunternehmen für den brasilianischen Erdölsektor. Im Jahr 1997 verabschiedete der damals amtierende Präsident Cardoso das sogenannte *Lei N° 9478* (Erdöl-Gesetz Nr. 9478). Seit der Einführung dieses Gesetzes ist es auch ausländischen Erdölunternehmen erlaubt, im Upstream-Bereich in Brasilien zu operieren und sich am Explorations-Prozess von Erdöl in Brasilien zu beteiligen. Vorher konnten ausländische Erdöl-Player nur im Downstream-Bereich in Brasilien agieren – sprich ein Tankstellennetz betreiben. Im weltweiten Vergleich der Erdöl fördernden Staaten liegt Brasilien mit einer Fördermenge von 2,3 Mio. Barrel pro Tag aktuell auf Rang 13 (2011). Der Löwenanteil der Vorkommen von Brasilien lagert Offshore – also unter dem Meeresgrund des Atlantischen Ozeans. Diese Offshore-Vorkommen sind in mehrere Gebiete untergliedert. Die mit Abstand größten Fördergebiete sind das Santos Basin sowie das Campos Basin. Mit einer Fläche von 352.260 km² ist das Santos Basin in etwa so groß wie Deutschland. Das Campos Basin hat mit rund 115.000 km² immerhin eine größere Fläche als Bulgarien. Die beiden Fördergebiete grenzen aneinander an und erstrecken sich in südwestlich-nordöstlicher Richtung auf einer Länge von 1.200 km und einer durchschnittlichen Breite von 150 km. Sie liegen rund 200 km von der brasilianischen Küste entfernt und reichen von Santa Catarina im Südwesten bis Espirito Santo im Nordosten. Innerhalb der großen Basins befinden sich eine Reihe größer Erdölfelder – darunter Tubarão, Tupi (auch „Lula oil field" genannt), Iara, Parque das Baleias, Terra oder Roncador. Daneben existieren zahlreiche Explorations-Blocks. Ich erinnere mich, wie ich bei einem Flug von Brasilien nach Deutschland über die Offshore-Erdölanlagen geflogen bin. Die weitläufigen beleuchteten Bohrinseln und Förderplattformen wirkten nach Anbruch der Dunkelheit wie eine faszinierende Stadt mitten im Ozean. Eine der bahnbrechendsten Neuheiten in der brasilianischen Erdölbranche kündigte sich im Jahr 2007 an: Am 8. November 2007 verkündete die brasilianische Regierung die Entdeckung des Erdölfeldes „Tupi". Es ist im Santos Basin lokalisiert und enthält – nach mehreren Probebohrungen – Reserven bis zu 10 Mrd. Barrel Erdöl. Diese Reserven befinden sich in ultratiefen Gewässern in einer Tiefe von mehr als 5.000 Metern unter Normalnull und lagern unter einer 2.000 Meter dicken Salzschicht (portugiesisch: *„Pré-Sal"*). Im Falle eines andauernden Bohrerfolges entsprechen diese Reserven einem Geldwert von bis zu 8 Bill. US$ (je nach aktuellem Rohölpreis). Damit würde Brasilien in die Top-Liga der Erdöl fördernden Staaten weltweit aufsteigen – gemessen nach Reserven. Brasilien würde dann einen gigantischen Sprung von Platz 24 auf Platz neun machen. Mit Reserven von ca. 94,4 Mrd. Barrel liegt Brasilien dann auf einer Höhe mit Erdölstaaten wie Russland und den Vereinigten Arabischen Emiraten. Das Unternehmen, welches maßgeblich an der Entdeckung der *Pré-Sal* Reserven beteiligt ist, ist der brasilianische Erdöl-Riese Petrobras. Nach mehreren erfolgreichen Probebohrungen, die 400 Tage andauerten und rund 320 Mio. US$ kosteten, schoss der Börsenwert von Petrobras in der zweiten Jahreshälfte 2006 auf einen Höchstwert von 385 Mrd. R$. Das entsprach einem US$ Wert in Höhe von 187,4 Mrd US$. Damit eroberte Petrobras den Spitzenplatz im Ranking der wertvollsten brasilianischen Unternehmen nach Marktkapitalisierung. Sowohl im Upstream-Bereich (Exploration und Förderung) als auch im Downstream-Bereich (Raffination und Vertrieb) nimmt Petrobras eine Schlüsselposition in Brasilien ein. Die Tankstellenkette von Petrobras, die „BR Distribuidora", ist mit Abstand Marktführer auf dem brasilianischen Tankstellenmarkt. Im Folgekapitel werde ich noch detailliert auf das Unternehmen Petrobras eingehen. Aufgrund seiner strategischen globalökonomischen Bedeutung hat der brasilianische Staat noch ein gehöriges Wort bei Petrobras mitzureden. Er ist mit 54 % Aktienbesitz deren größter Aktionär. Allerdings hat die brasilianische Erdölindustrie noch einige Hausaufgaben zu erledigen: Insbesondere im Raffinations-Bereich muss Brasilien seine Kapazitäten ausbauen. Aktuell operieren in Brasilien 13 Erdölraffinerien, von denen elf von Petrobras kontrolliert werden. Innerhalb der nächsten Jahre sollen fünf weitere Raffinerien gebaut werden. Außerdem zählt das enorme Potenzial, das sich aus den Reserven des *Pré-Sal* ergibt, noch nicht zu den nachgewiesenen konventionellen Reserven.

Allerdings ist der Ausblick für Brasiliens Erdölindustrie positiv und vielversprechend. Petrobras besitzt eine führende Fördertechnologie für Erdöl in ultratiefen Gewässern. In den Jahren zwischen 2000 und 2011 erhöhte sich die Erdölförderung stetig. Bis 2020 wird erwartet, dass sich die Fördermenge auf 3,2 Mio. Barrel pro Tag ausweitet. Das wäre eine Steigerung der täglichen Fördermenge von 50 % innerhalb von acht Jahren. Damit kann Brasilien seine Rolle als Erdölexporteur manifestieren und eine gewichtige Rolle im globalen „Great Oil Game" spielen.

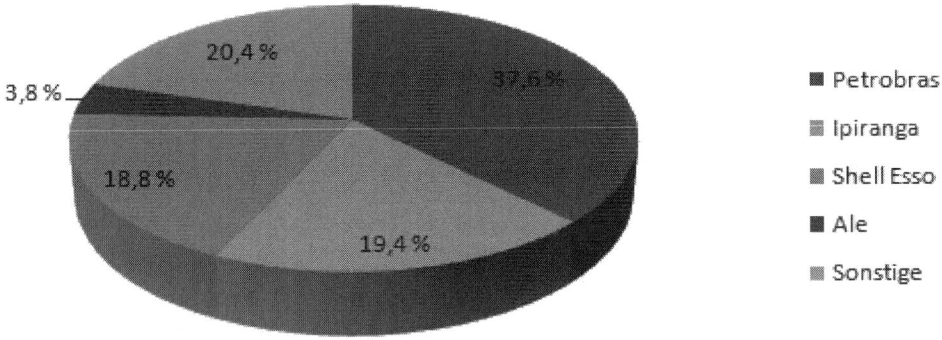

Tankstellenmarkt Brasilien – Marktanteile Mineralölunternehmen in %

Bergbau

Ein weiterer maßgeblicher Meilenstein innerhalb des brasilianischen Rohstoffuniversums ist der Bergbausektor. Brasilien hat eine lange Bergbaugeschichte, die bis in die Zeit der *Bandeirantes* zu Beginn des 18. Jahrhundert zurückreicht. Damals wurden vor allem Edelmetalle wie Silber, Gold, Diamanten und Kupfer in den Gebieten der heutigen Staaten São Paulo, Minas Gerais und Goiás abgebaut. Heute zählen insbesondere Eisenerz, Niob, Mangan und Tantalit zu den wichtigsten Bodenschätzen auf dem brasilianischen Territorium. Eisenerz ist mit Abstand das wichtigste Bergbausegment Brasiliens. Immens reiche Eisenerzvorkommen lagern insbesondere in den folgenden drei Regionen Brasiliens: In den Carajás Bergen im östlichen Amazonas-Becken (Bundesstaat Pará), in Minas Gerais in der *Serra Azul* (Die blauen Berge) sowie im westlichen Grenzgebiet der Bundesstaaten Mato Grosso do Sul und Mato Grosso. Das brasilianische Eisenerz hat eine außerordentlich gute Qualität, denn es kommt primär in Form von dunkelgrauen Hämatiten vor. Das Mineral hat im reinen Zustand einen Eisenanteil von 70 % und stellt damit das qualitativ hochwertigste Eisenerz dar. Brasiliens Eisenerzreserven werden insgesamt auf 48 Mrd. t geschätzt. Die Carajás Mine in Pará ist die größte Eisenerzmine der Welt. Allein in dieser Mine, so wird geschätzt, lagern Reserven in Höhe von 18 Mrd. t. Zusätzlich existieren in der Bergbauprovinz im Osten Parás noch Rohstoffe wie Gold, Kupfer, Nickel und Mangan.

Mit einer jährlichen Fördermenge von 300 Mio. t ist Brasilien hinter China und Australien der drittgrößte Eisenerzproduzent der Welt. Die brasilianische Bergbaugesellschaft Vale spielt im Eisenerzsektor eine Schlüsselrolle. Das zweitgrößte Bergbauunternehmen der Welt ist gleichzeitig der größte Eisenerzexporteur weltweit. Vale kontrolliert zusammen mit den beiden anderen globalen Bergbau-Giganten BHP Billiton und Rio Tinto rund 70 % des Weltmarkts für Eisenerz. Sie bilden damit ein Oligopol und haben eine große Macht bei der Preisfestsetzung für Eisenerz – weit mehr als etwa die OPEC für Erdöl. Letztere kontrolliert „nur“ 40 % der weltweiten Erdölvorkommen. Innerhalb der letzten 40 Jahre waren Preisabsprachen zwischen den großen Bergbauunternehmen und den großen Stahlproduzenten die Regel und bildeten auf diese Weise eine Benchmark für Eisenerz. Ein weiterer wichtiger Player im brasilianischen Bergbau Business ist das Unternehmen MNX, ein Tochterunternehmen der Holding Grupo EBX. Deren CEO, Eike Batista, ist eine Ikone des brasilianischen Rohstoff-Business und war vor Kurzem der reichste Mann Brasiliens. Ein Großteil des brasilianischen Eisenerzes wird nach China verschifft. Dort wird es dann für den Bau von Gebäuden und Infrastrukturbauwerken verwendet. Eisenerz ist ein strategisch entscheidender Rohstoff, da er die Basis für die Stahlerzeugung bildet. Stahl wiederum ist das wichtigste Baumaterial. Eisenerz macht rund 95 % aller weltweit verwendeten Metalle pro Jahr aus. Die Aussichten für den Eisenerzsektor sind positiv, da auch in Zukunft die Nachfrage nach Eisenerz intakt bleiben wird. Die entwickelten Volkswirtschaften und insbesondere die Schwellenländer dieser Erde werden auch weiterhin Stahl produzieren und verarbeiten, um ihre Städte und Infrastruktursysteme baulich zu modernisieren. Derzeit gibt es noch keine Anzeichen für eine drohende Rohstoffknappheit bei Eisenerz. Laut des U.S. Geological Survey (USGS) belaufen sich die weltweiten Eisenerzreserven auf ca. 180 Mrd. t. Bei einer konstanten jährlichen Produktionsrate von 2,4 Mrd. t reichen die Reserven noch mindestens für die nächsten 75 Jahre. In jedem Falle sitzt Brasilien mit seinen Eisenerzvorkommen auf einer „Goldgrube" und hat die Möglichkeit seinen Wohlstand dadurch weiter zu vergrößern.

Ethanol und Zuckerrohr

Ein ganz besonderes Kapitel im Rohstoff-Universum ist der brasilianische Ethanolsektor. Ethanol ist in Brasilien eine wahre Erfolgsstory und wohl eine der charakteristischsten Nischenbranchen der südamerikanischen Nation. Als Reaktion auf die Ölkrise zu Beginn der 1970er Jahre rief die damalige Militärregierung bereits vor 40 Jahren ein Ethanol-Programm namens *„Proálcool"*

Carajas – Die größte Eisenerzmine der Welt im Osten des Bundesstaates Pará

ins Leben, um einen Biokraftstoff aus regenerativen Energien zu fördern. Ziel war es, in Zukunft unabhängiger vom Erdöl zu sein. Bereits in den 1980er Jahren trug das Programm Früchte, nachdem sich auch die Automobilindustrie auf den neuen Kraftstoff eingestellt hatte. Sie entwickelte als Antwort darauf die sogenannten Flex Fuel Vehicles (FFV) – Motoren, die sowohl mit Normalbenzin als auch mit Bioethanol laufen. In den 1990er Jahren geriet das Ethanol-Programm in eine Krise, da diese Biokraftstoff-Strategie Brasilien verkehrstechnisch auf das Auto festnagelte. Seit der Jahrtausendwende ist die Ethanolbranche allerdings wieder in einen Wachstumszyklus eingetreten, da der Ölpreis seit dieser Zeit in die Höhe schoss und Ethanol sich als praktische und günstige Alternative zu Benzin anbot. Das brasilianische Ethanol wird aus Zuckerrohr gewonnen. In Sachen Ethanolgewinnung hat Zuckerrohr einen entscheidenden Vorteil: Bei der Herstellung von

Ethanol hat Zuckerrohr im Vergleich mit anderen Pflanzen wie Mais oder Weizen den höchsten Energiegehalt – sprich es ist am effizientesten. Zusammen haben die Zuckerrohranbaugebiete in Brasilien eine Fläche von mehr als 80.000 km^2. Das ist eine Fläche, die größer ist als Bayern. Brasilien ist nach den USA der zweitgrößte Produzent und der größte Exporteur für Ethanol weltweit. Ethanol ist insbesondere aus ökonomischen Gesichtspunkten interessant: Die Produktionskosten beziffern sich auf ungefähr 0,22 US$ pro Liter Ethanol. Vor allem seit dem Jahr 2000 konnte Brasilien seine Ethanolproduktion massiv ausweiten. Sie stieg von 10,6 Mrd. Liter im Jahr 2001 auf über 26 Mrd. Liter im Jahr 2010. In den letzten beiden Jahren brach die Produktion allerdings wieder ein und belief sich im Jahr 2012 auf 22 Mrd. Liter. Trotzdem erzeugt Brasilien mit dieser Produktionsmenge rund ein Viertel des weltweiten Ethanols. Zusammengenommen produzieren die USA und Brasilien etwa 80 % des weltweiten Ethanols. Brasilien hat sich das ehrgeizige Ziel gesetzt, bis zum Jahr 2025 10 % des globalen Kraftstoffes zu produzieren. Die Zuckerrohranbaugebiete Brasiliens verteilen sich mehrheitlich auf fünf Bundesstaaten: São Paulo, Minas Gerais, Paraná, Goiás und Mato Grosso do Sul. Sie bilden ein weitflächiges zusammenhängendes Anbaugebiet. Ich erinnere mich, wie ich mit einem guten Freund von Ribeirão Preto aus durch den Norden des Bundesstaates São Paulo gefahren bin. Weit und breit haben wir nur die grünen Zuckerrohrplantagen gesehen. Man spricht auch vom „Grünen Gold" Brasiliens. Als ich mit dem Überlandbus einmal nachts durch den Bundesstaat São Paulo fuhr, sah ich das größte Feuer, das ich je in meinem Leben gesehen hatte. Es zog sich am dunklen Horizont kilometerlang parallel zur Überlandstraße entlang. Ein intensiver, süßlicher Geruch lag über dem Nachthimmel. Erst später erfuhr ich, dass es sich hierbei um brennende Zuckerrohrfelder handelte. Vor der Ernte, die sowohl mit Maschinen als auch per Hand durchgeführt wird, werden die Zuckerrohrfelder angezündet. Das verbrannte Zuckerrohr kann somit leichter geschnitten, sprich einfacher geerntet werden. Die Ernte wird in den insgesamt 378 Destillerien (*Usinas*) des Landes durch einen sogenannten Fermentationsprozess alkoholisch gegärt und in einem thermischen Trennverfahren gereinigt. Rund 60 % der Zuckerrohrernte wird für die Ethanolproduktion aufgewendet. Etwa 40 % der Zuckerrohrernte fließt in die Herstellung von Zucker.

Ein entscheidender Vorteil besteht darin, dass in Brasilien an 220 Tagen in zwei Durchgängen pro Jahr geerntet werden kann. Die Zuckerrohranbauflächen können problemlos weiter vergrößert werden. Theoretisch können 65 Mio. Hektar Land in Zuckerrohrplantagen umgewandelt werden. Das entspräche einer Fläche von Frankreich und Portugal zusammengenommen. Hier kann Brasilien seinen Trumpf ausspielen und seine endlosen Landressourcen gezielt nutzen, um Zuckerrohr in Massen anzubauen und dieses in einen Agrarrohstoff umzuwandeln. Außerdem wird erwartet, dass der Ertrag bei der Ethanolproduktion in Zukunft auf 10.000 Liter/Hektar ansteigen wird. Zu den wichtigsten nationalen Playern in dieser Branche gehören die Unternehmen Cosan und Brenco.

Kraftstoffpreise in São Paulo im Jahr 2006 (in R$) – Ethanol (A) und Normalbenzin (G)

Der Automobilmarkt für Flex Fuel Vehicles (FFV) stellt die Nachfrageseite für die Ethanolbranche dar. PKWs mit Flex Fuel Motor können sowohl Normalbenzin als auch Ethanol tanken. Im Jahr 1979 erschienen mit dem Fiat 147 erstmals ein Flex Fuel Automobil auf dem brasilianischen Automobilmarkt. Seitdem erlebte das Segment für FFVs einen Boom. Knapp zehn Jahre später, Ende der 1980er, war die brasilianische Autoflotte von FFVs bereits auf 4 Mio. Fahrzeuge angewachsen. Nach einem Einbruch in den 1990er Jahren aufgrund der explodierten Zuckerpreise erfolgte die zweite Boomphase für FFVs in der ersten Dekade der 2000er Jahre. Wenn man sich allein die Produktionszahlen für FFVs ansieht, wird ersichtlich, wie massiv der Ethanol-basierte Flex Fuel Automobilboom vonstattengegangen ist. FFVs machen einen Großteil aller Neuwagenverkäufe in Brasilien aus. Im Jahr 2010 waren 77,1 % der neu zugelassenen Fahrzeuge Flex Fuel Autos. Heutzutage fahren 14,8 Mio. Flex Fuel Fahrzeuge auf Brasiliens Straßen, was knapp einem Drittel der gesamten brasilianischen Automobilflotte (PKWs) entspricht. Damit fahren mehr als die Hälfte aller weltweit zugelassenen Flex Fuel Autos auf brasilianischen Straßen. Beispiele für FFVs sind der VW Gol 1.6 Total Flex (brasilianische Variante des VW Golf), VW Polo E-Flex, der Chevrolet Celta oder der Fiat Palio. Wenn ich mir in Brasilien ein Auto gemietet habe, hatte ich fast immer einen Flex Fuel Wagen. Es bot sich einfach an, da Ethanol schlichtweg günstiger als Normalbenzin ist. Da setzt sich in einem der „Homo Oeconomicus“ durch. In neun von zehn Fällen habe ich dann effektiv auch Ethanol in meinen Tank gefüllt. Im Jahr 2012 kostete ein Liter Ethanol in Brasilien etwa 1,80 R$ pro Liter Kraftstoff, was umgerechnet 66 Eurocent entspricht.

Nach dem „Zyklus des Zuckers“ aus dem 16. und 17. Jahrhundert erlebt die brasilianische Zuckerbranche mit dem Ethanol eine glorreiche Renaissance. Im Prinzip kann man seit Beginn der 1980er bzw. seit Anfang der 2000er Jahre vom „Zyklus des Ethanols“ sprechen. Durch die jüngste Preisdeckelung hat die Ethanolbranche wieder einen kleinen Dämpfer erfahren. Der Vorrang von Erdöl, eine schlechte langfristige Planung seitens der Regierung sowie extreme Wetterbedingungen führten zu einem Rückgang der Ethanolproduktion. Zwischen 2008 und 2012 mussten

41 Destillerien schließen. Bei näherer Betrachtung erweist sich die Ethanolwirtschaft als ein hochkomplexes Thema mit Vor- und Nachteilen: Der Hauptvorteil liegt eindeutig in den geringen Produktionskosten, in der Energieeffizienz und in der Schaffung einer echten Alternative zum Erdöl. Brasilien kann billiger als jedes andere Land der Welt produzieren. Außerdem wird durch den Fermentationsprozess in den Destillerien überschüssige Energie produziert, die beispielsweise verkauft werden kann. Auch der Endverbraucher kann sich freuen: Für 1 Liter Ethanol bezahlt ein Autofahrer lediglich zwei Drittel des Preises für Normalbenzin. Die entscheidenden Nachteile beim Destillieren von Ethanol sind die hohen sozialen Kosten sowie die Luftverpestung durch die Zuckerrohrwirtschaft. Zum Zwecke der Wirtschaftlichkeit wurden viele kleinere Felder zu größeren, latifundienartigen Plantagen zusammengelegt. Bei diesem Vorgang wurden viele Kleinbauern um ihr Land mit wenig Geld „geprellt" und teilweise sogar gewaltsam vertrieben. Derzeit arbeiten ca. 400.000 Menschen als Zuckerrohrschneider für die Ethanolindustrie. Die Arbeitsbedingungen sind hart – fast sklavenähnlich – und die Löhne äußerst mager. Ein Landarbeiter verdient umgerechnet gerade einmal 150 € pro Monat, was etwa dem brasilianischen Mindestlohn entspricht. An dieser Stelle spielt auch das Thema „Landreform" eine Rolle, die seit Jahren aussteht. Der Erfolg der Ethanolwirtschaft findet leider auch auf Kosten vieler Kleinbauern statt.

Kaffee

Neben den benannten Energierohstoffen hat Brasilien auch in mehreren Agrarrohstoffsegmenten die Nase vorn. Der Agrarrohstoff der wohl am häufigsten mit Brasilien in Verbindung gebracht wird, ist der Kaffee. Mit seiner langen Historie und seiner großen Bedeutung für die Entwicklung des brasilianischen Inlandes sowie seiner gesamten Volkswirtschaft, nimmt die Kaffeewirtschaft eine Schlüsselrolle ein. Wie in Kapitel 2 ausführlich beschrieben, dauerte die erste Boomphase des Kaffees mit zwei Höhepunkten von 1820 bis 1850 an. Zur damaligen Zeit erfolgte der Übergang von der Sklaven- zur Lohnarbeit. Die damalige Produktionsmenge erreichte 1840 einen Spitzenwert von 240.000 t Kaffee. Durch moderne Erntemethoden kann heutzutage natürlich viel mehr Ertrag generiert werden als im 19. Jahrhundert: Im Jahr 2012 lag die brasilianische Kaffeeproduktion bei rund 3 Mio. t (50,45 Mio. Sack Kaffee). Damit ist Brasilien der weltgrößte Kaffeeproduzent und außerdem der weltgrößte Kaffeeexporteur mit einem Anteil am Weltmarkt von 15 %. Der größte Importeur brasilianischen Kaffees sind die USA. Bei rund 80 % der in Brasilien angebauten Kaffesorten handelt es sich um die Art *„Arabica"*. Bei dem restlichen verbleibenden Kaffee-Arten dominiert eindeutig der *Café Robusta*. Die Haupt-Kaffeeregionen Brasiliens liegen in den Bundesstaaten Minas Gerais, São Paulo, Paraná, Espirito Santo und Bahia. Zusammengenommen beläuft sich die Fläche der brasilianischen Kaffee-Anbauflächen auf 2,3 Mio. Hektar. Wie wird der Kaffee nun angebaut und geerntet? Während der *Café Arabica* vorwiegend in den Höhenlagen zwischen 450 und 800 m angebaut wird, wird der *Robusta* in flacheren Höhenlagen von weniger als 450 m über Normalnull angebaut. Es gibt drei Möglichkeiten, den Kaffee zu ernten: die Trockenmethode, die Feuchtmethode oder die „Halbgewaschene Methode". Bei der Trockenmethode werden die Kaffeebeeren zunächst gepflückt und dann getrocknet. Im Gegensatz dazu wird die Kaffeebeere bei der Feuchtmethode in Wasser eingelegt. Die letztere Methode erzeugt einen saftigeren und fruchtigeren Geschmack. Der Löwenanteil von Brasiliens Kaffee wird nach der Trockenmethode geerntet. Auf der Angebotsseite ist der Kaffeesektor in Brasilien horizontal in Form von Kaffeekooperativen organisiert. Insgesamt operieren in Brasilien 287.000 Kaffeeproduzenten. Im Durchschnitt haben die Felder eine Größe von maximal 10 Hektar. Lediglich 4 % der Plantagen sind flächenmäßig größer als 50 Hektar. Die wohl größte Kaffeekooperative Brasiliens ist Cooxupé, die allein eine Produktionsmenge von 460.000 t erreicht – das entspricht der Gesamtproduktion Kolumbiens. Eine Kuriosität in der brasilianischen Kaffeewelt ist die Tatsache, dass der qualitativ hochwertige Kaffee nahezu komplett exportiert wird. In Brasilien selbst verbleibt dann der Kaffee von geringerer

Qualität. Ich erinnere mich an dieser Stelle an den Kaffee, den ich immer während meines Praktikums im Büro der AHK getrunken habe. Er war bestenfalls von durchschnittlicher Qualität und hat den Kaffeetrinker bei weitem nicht „vom Hocker" gehauen. Fest steht auf jeden Fall, dass sich Kaffee über die Jahrhunderte als eines der wichtigsten Exportgüter Brasiliens behauptet hat.

Kaffee – Agrarrohstoff und Genussmittel

Soja

Auch beim Stichwort „Soja" sollten die Wirtschaftskenner Brasiliens hellhörig werden. Seitdem brasilianische Agrarunternehmen damit anfingen, Soja zu Beginn der 1980er Jahren im großen Stil anzubauen, hat dieser Sektor ein sagenhaftes Wachstum hingelegt. Die aus China stammende Sojapflanze fand erstmals gegen Ende des 19. Jahrhunderts ihren Weg nach Brasilien. Der Agronomie-Professor Gustavo Dutra führte Experimente mit der Anpflanzung der Sojapflanze in Brasilien durch. Nach erfolgreichen Forschungsergebnissen entstand die erste Sojaplantage im Bundesstaat Rio Grande do Sul. Den echten Durchbruch schaffte Soja dann in den 1970er Jahren. Insbesondere zwischen den Jahren 1990 und 2010 hat die brasilianische Sojabranche ein atemberaubendes Wachstum erfahren: Die Sojawirtschaft expandierte in 20 Jahren um mehr als 200 % (!). Die Produktionsmenge weitete sich von 20 Mio. t im Jahr 1980 auf eine Gesamtmenge von 68,5 Mio. t im Jahr 2010 aus. Damit ist Brasilien heute hinter den USA der zweitgrößte Sojaproduzent der Erde. Brasilien hat sich damit einen Weltmarktanteil von 26 % erkämpft. Die gesamte Sojaproduktion aus dem Jahr 2010 entspricht einer Geldmenge von 37 Mrd. US$. Aktuellen Schätzungen zufolge soll die Sojaernte 2012/13 sogar so gut ausfallen, dass Brasilien die USA als weltgrößten Sojaproduzenten ablöst. Warum ist der Sojasektor nun so explosionsartig gewachsen? Die Hauptursachen für den grenzenlosen Sojaboom sind einerseits die starke Nachfrage aus China, welcher der weltgrößte Sojaimporteur ist. China importiert rund 70 % des brasilianischen Sojas. Anderseits saugt auch Europa einen großen Teil der brasilianischen Sojaernte in sich auf. Nach den verheerenden Erfahrungen mit Rinderwahnsinn setzt die europäische Agrarindustrie nun größtenteils Soja als Futtermittel für die Tierhaltung in der EU ein. Sojaderivate finden sich in vielerlei Produkten unseres Alltags wieder, wie zum Beispiel in Speiseöl, Kosmetika, Seife, Lösungsmitteln, Farbmitteln oder auch in Biokraftstoffen. Drei brasilianische Bundesstaaten erbringen zusammen mehr als die Hälfte der nationalen Sojaproduktion: Mato Grosso (27 % der nationalen Produktion), Paraná (16 %) und Goiás (9%). Die Gesamtfläche der Anbauflächen beläuft sich auf 39 Mio. Hektar Agrarland. Das Unternehmen Grupo André Maggi ist mit Abstand der wichtigste nationale Sojaproduzent Brasiliens. Neben den brasilianischen Produzenten hat auch das Oligopol der Agrarrohstoff-Trader ein gehöriges Wort mitzureden. Die Rede ist hier von den vier Unternehmen Archer Daniels Midland (ADM), Bunge, Cargill und Louis Dreyfus, die auch „ABCD“ genannt werden. Sie teilen rund zwei Drittel des Weltmarktes für Soja unter sich auf. Zwei herausragende Pioniere der brasilianischen Sojawirtschaft in der zweiten Hälfte 20. Jahrhunderts sind Olacyr de Moraes (Der Soja-König) und der Gründer des oben schon erwähnten Konzerns, André Maggi. Mit einer Gruppe von Unternehmern begann Olacyr de Moraes als erster die Bundesstaaten Mato Grosso und Mato Grosso do Sul für den Sojaanbau ins Visier zu nehmen. Mit seinem Unternehmen Itamari Agro Pecuária S.A. begann er zunächst in Mato Grosso do Sul mit dem Sojaanbau und expandierte in den 1980ern gen Norden nach Mato Grosso. Mithilfe von umfangreichen Investitionen in Forschung und Entwicklung gelang es ihm, eine proteinreiche Soja-Art zu entwickeln. Er wurde in den 1980er Jahren zum größten Sojaproduzenten weltweit, was ihm den Namen „Soja-König" einbrachte. André Maggi ist der Erfolgsunternehmer des brasilianischen Soja-Universums. In Zeiten, in denen der brasilianische Sojasektor in eine Krise schlitterte, kam Maggi eine geniale Idee: Er fasste den Entschluss, das Soja mit Schiffen in Richtung Amazonas zu transportieren und von dort aus zu den Konsumenten des Weltmarktes zu verschiffen. Diesen Coup schaffte er mithilfe von schwedischen Binnenschiffen, die tauglich gegen schwimmende Eisbrocken sind. Somit gelang es den Schiffen, treibende Urwaldbäume und Untiefen zu überfahren. Maggis Plan ging auf und er war nun imstande, die Transportkosten für Soja um fast 40 % zu senken. Zu den Financiers von Maggi gehörten unter anderem auch die West LB sowie die KfW.

Wie bei jeder Branche gibt es auch für den brasilianischen Sojasektor Pros und Contras: Zunächst einmal sind da die überaus günstigen Produktionskosten, die Brasilien auf dem Weltmarkt überaus kompetitiv machen. Brasilien hat seinen Wettbewerbsvorteil für sich entdeckt: Die Bewirtschaftung seines gigantischen kontinentalen Hinterlandes ermöglicht es Skaleneffekte zu erzielen. Über die große Menge an Agrarrohstoffen, die produziert wird, kann Brasilien erhebliche Kosten einsparen. Darüber hinaus kann die Anbaufläche problemlos ausgeweitet werden. In Zahlen: 50 Mio. Hektar potenzielle Flächen könnten noch für den Sojaanbau eingesetzt werden. Die Politik betrachtet den Agribusinesssektor als strategischen Wirtschaftszweig und fördert ihn wo es immer es geht. Zu den kritischen Aspekten gehört zweifellos die Umweltzerstörung. Erst durch weitflächige Brandrodungen von Regenwald können die überdimensionalen Agrarflächen bereitgestellt werden. Des Weiteren weist die Infrastruktur große Mängel auf. Hier ist es vor allem die schlechte Qualität der Überlandstraßen, die mit Schlaglöchern übersät sind. Ich habe die Straßen in Goiás mit eigenen Augen gesehen und kann dies selbst bezeugen. Da ein großer Teil des Transportes über Land erfolgt, leidet die Branche unter dem *„Custo Brasil"* (Brasilien-Kosten), womit unter anderem die mangelhafte Infrastruktur gemeint ist.

Sojaernte in Mato Grosso

Orangen

Was wäre Brasilien ohne seine vielen leckeren Früchte? Oft muss ich an die vielen köstlichen, frisch gepressten Fruchtsäfte in den brasilianischen Straßen-Snackbars denken. In den sogenannten *Lanchonetes* (Imbissstuben), die fast an jeder Straßenecke in den brasilianischen Städten zu finden sind, gibt es immer eine große Auswahl an frischen tropischen Fruchtsäften – ob Maracuja, Melone, Ananas, Papaya, Kokos, Erdbeere, Mango, Limette, Acerola oder Orange. Orangen nehmen unter Brasiliens Früchten eine Sonderrolle ein. Unter allen Früchten ist die Orange die am häufigsten angebaute Fruchtsorte. Ursprünglich aus Südostasien kommend, fand die Orange ihren Weg über Nordafrika und gelangte zur Zeit des Römischen Reiches nach Südeuropa. Erst mit der Kolonialisierung Amerikas durch die Spanier kam die Orange nach Südamerika. Der weltweite Handel mit Orangen existiert seit dem 19. Jahrhundert und der Handel mit Orangensaft respektive seit den 1940er Jahren. Erst seit den 1960er Jahren baut Brasilien Orangen im großen Stil an. Aufgrund eines frostbedingten Ernteausfalles in Florida zu dieser Zeit begannen Agrarunternehmer mit der Pflanzung von Orangen in Brasilien. In den 1980er Jahren überholte Brasilien bereits die USA, deren Hauptanbaugebiet für Orangen der Bundesstaat Florida ist. Ein rascher Fortschritt im Bereich der Agrotechnologie hatte Brasilien an den Spitzenplatz im Orangensektor katapultiert. Mittlerweile ist Brasilien mit Abstand zum weltweit größten Orangenproduzenten der Welt aufgestiegen. Im Jahr 2010 lag die gesamte Orangenproduktion Brasiliens bei 18,1 Mio. Tonnen. Damit umfasste Brasiliens Produktion die Mengenproduktion der drei darauffolgenden Nationen im Welt-Orangen-Ranking USA, Indien und China. Bei der Orangenproduktion hat Brasilien einen Weltmarktanteil von 27 %. Wo befinden sich die brasilianischen Orangenplantagen? Etwa 13,8 Mio. t Orangen, also 76 % der nationalen Gesamtproduktion stammen aus dem Bundesstaat São Paulo. Auf den Plätzen zwei und drei folgen die Bundesstaaten Bahia und Minas Gerais, die jeweils 5,5 % und 4,5 % der nationalen Gesamtproduktion generieren. Im großen zusammenhängenden Anbaugebiet, dem sogenannten *Cinturão Citrícola Brasileiro* (Brasilianischer Zitrusgürtel), der sich über die Bundesstaaten São Paulo und Minas Gerais erstreckt, sind 86 % aller Orangenplantagen Brasiliens angesiedelt. Im Jahr 2010 standen in Brasilien 165 Mio. Orangenbäume. Im Durchschnitt kommen auf einen Hektar 850 Orangenbäume. Was sind die Besonderheiten des brasilianischen Orangensektors? Erstens spielt die Verarbeitung der Orangen zu Orangensaftkonzentrat eine zentrale Rolle. In Brasilien werden rund 70 % aller geernteten Orangen zu Orangensaft weiterverarbeitet. Orangensaft wird weltweit in Form von gefrorenem Orangensaftkonzentrat gehandelt. Dadurch kann das Volumen verringert werden, was sich wiederum vorteilhaft auf die Transportkosten auswirkt. Der Weltmarkt für Orangensaftkonzentrat ist recht überschaubar. Er hat ein Gesamtvolumen von insgesamt 10,8 Mrd. US$. Brasilien dominiert den Weltmarkt für Orangensaft eindeutig mit einem Weltmarktanteil von 60 %. Etwa 85 % des weltweit gehandelten Orangensaftes stammt aus den Anbaugebieten São Paulos und Floridas. Zweitens spielt der Export bei Orangensaftkonzentrat eine fundamentale Rolle. Etwa 98 % der Früchte bzw. des Fruchtsaftes werden exportiert. Wie wir sehen, ist – ähnlich wie bei Kaffee und Soja – auch der brasilianische Orangensektor eine nahezu rein exportorientierte Branche. Diese Exportdominanz hat zur Folge, dass rund 80 % aller weltweit exportierten Orangensäfte einen brasilianischen Ursprung haben. Zu den wichtigsten Unternehmen im brasilianischen Orangensektor gehören die Unternehmen Cutrale, Citrosuco, Citrovita und Louis Dreyfus Commodities.

Rindfleisch

Rindfleisch und Brasilien. Das klingt nach einer guten Kombination. Jeder Fleischliebhaber wird in Brasilien voll und ganz auf seine Kosten kommen. Es gehört für ihn fast zum Pflichtprogramm, einmal ein brasilianisches *Churrasco* zu essen. Beim *Churrasco* handelt es sich um eine Variante des Grillens. Die brasilianischen Steakhäuser werden daher *Churrascaria* genannt. Es kann auch als südamerikanische Version des Barbecues angesehen werden. Vor allem Rindfleisch wird in vielen verschiedenen Varianten gegrillt – Rücken, Steak, Hüftsteak, oder etwa der delikate, in Brasilien hochgelobte Kammbraten (bras. *Cupim*). *Churrascarias* gibt es in vielerlei Zubereitungsarten und in allen Preiskategorien. Wenn man über die Stadtautobahnen der Megastadt São Paulo fährt, fallen einem die riesigen Steakhäuser am Autobahnrand auf. Sie werben mit großen Schriftzügen und wirken von Weitem aber eher wie überdimensionierte „Fresshallen". Daneben existieren in den Stadtzentren zahlreiche Steakhäuser, in denen oft nach Gewicht bezahlt wird. Wenn man es ganz exquisit haben möchte, kann man beispielsweise einmal im gehobenen Steak Restaurant „Fogo de Chão" dinieren. Bevor das Fleisch auf den Teller kommt, müssen vorher allerdings noch einige Arbeitsschritte erfolgen. Die Ursprünge der Rinderzucht in Brasilien reichen sogar bis in die Mitte des 16. Jahrhunderts zurück. Garcia d'Ávila, der Sohn des Entdeckers Tomé de Sousa, gilt als der Pionier der brasilianischen Rinderwirtschaft. Er gründete in Bahia (Casa da Torre) in den 1550er Jahren die erste Rinderzucht Brasiliens. Aufgrund des Goldbooms in Minas Gerais im 18. Jahrhundert verlagerte sich die Rinderzucht zunehmend in den Süden und Südosten Brasiliens. Erst gegen Ende der 1970er begann Brasilien zunehmend damit, Rindfleisch im großen Stil zu produzieren. Experten von Embrapa gelang es tropentaugliche Rinder der Zebu-Rasse mit europäischen Rinderrassen einzukreuzen. Damit war ein entscheidender Grundstein für die Zukunft der brasilianischen Rinderwirtschaft gelegt. Aktuell gilt der Zentralwesten Brasiliens als die wichtigste Region für die Rinderzucht. Brasilien ist derzeit der zweitgrößte Rindfleischproduzent der Welt. Mit einem Herdenbestand von 208 Mio. Rindern und Weideflächen von 172 Mio. Hektar (2011), verfügt Brasilien über exzellente Bedingungen für eine weltweit führende Rindfleischindustrie. Aufgrund seiner riesigen Weideflächen liegt die Belegungsrate gerade einmal bei 1,2 Rinderköpfen pro Hektar. Das heißt, dass nur etwas mehr als ein Rind auf eine Landfläche von einem Hektar kommt. Die Schlachtrate betrug im Jahr 2011 18,9 %, was 39,5 Mio. geschlachteten Rindern entspricht. Damit produzierte Brasilien im selben Jahr 9,1 Mio. t Rindfleisch und liegt mit dieser Produktionsmenge knapp hinter den USA, dem weltgrößten Rindfleischproduzenten. Brasiliens Rindfleischindustrie produziert sogar mehr Rindfleisch als die gesamten 27 EU Staaten zusammengenommen. Sie hat einen Weltmarktanteil in Höhe von 16,6 %. Insgesamt generierte sie damit im Jahr 2011 einen Gesamtumsatz in Höhe von 45,9 Mrd. US$ (bei einem Marktpreis von durchschnittlich 5.050 US$/t). In Sachen Rindfleischexport ist Brasilien sogar die Nummer Eins der Welt. Knapp 20 % des produzierten Rindfleisches, also 1,82 Mio. t, sind für den Export gedacht. Diese Massen an Rindfleisch werden insgesamt in 180 Länder dieser Erde ausgeführt. Gegenwärtig sind der Zentralwesten und der Norden Brasiliens die Regionen, die die größte Rindfleischproduktion aufweisen. Allein der Zentralwesten produziert mehr als ein Drittel des brasilianischen Rindfleisches. Hierbei sind die Bundesstaaten Mato Grosso (12,67 % Anteil an der nationalen Rindfleischproduktion) und Mato Grosso do Sul (12,09 %) die bedeutendsten Zentren für die Rinderzucht. Die endlosen Weiten des brasilianischen Zentralwestens ermöglichen eine extensive Weidewirtschaft mit unbegrenzt erscheinenden Expansionsmöglichkeiten. Folgende Unternehmen gehören zu den führenden Akteuren der brasilianischen Rindfleischindustrie: JBS Friboi, Bertin, Marfrig, Sadia, Independência und Minerva. Innerhalb der Jahre 1995 und 2010 hat die brasilianische Rindfleischindustrie ein astronomisches Wachstum hingelegt. Die Produktion konnte um 38 % ausgeweitet werden. Im gleichen Zeitraum hat sich der Rinderbestand um 27 % erhöht. Zwischen 1995 und 2010 hat vor allem der Export ein sagenhaftes Wachstum realisiert. In den 15 Jahren sind die Exporte um sage und schreibe 731 % in die Höhe geschossen. Das bedeutet nichts weniger als ein jährliches Exportwachstum von fast 49 %.

Was genau macht die brasilianischen Rindfleischproduzenten so stark? Auch hier kann Brasilien seinen altbewährten Standortvorteil ausspielen: Die endlosen Landflächen des Inlandes schaffen das Potenzial, um riesige Rinderherden aufzubauen. Intelligente Investitionen in Genomforschung und Erbbiologie der Rinder haben es ermöglicht, eine tropentaugliche Rinderrasse zu züchten. Darüber hinaus sind Brasiliens große Rindfleischkonzerne wie JBS Friboi auf Wachstumskurs und haben sich in den letzten Jahren auch geografisch zunehmend diversifiziert. JBS Friboi kaufte reihenweise Konkurrenten wie Swift, Pilgrims Pride sowie die Rindfleischsparte von Smithfield Foods auf. Als Folge seiner aggressiven Expansionsstrategie ist das brasilianische Unternehmen nun mit 37 Fabriken in den vier Schlüsselmärkten Brasilien, Argentinien, USA und Australien präsent. Nicht zuletzt ist die Schlachtrate in Brasilien im internationalen Vergleich immer noch niedrig. Auch hier besteht noch ein klares Wachstumspotenzial.

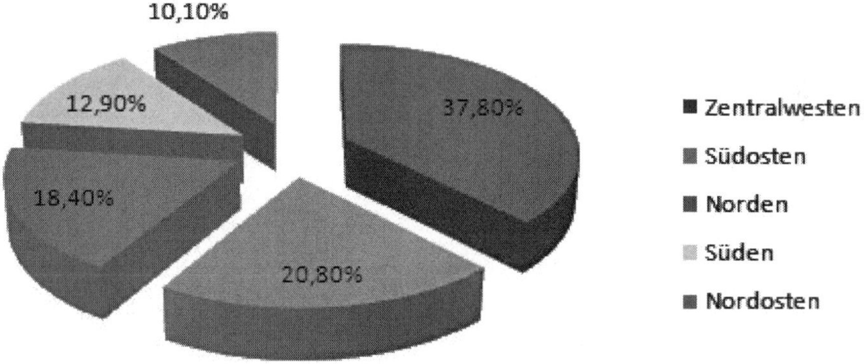

Rindfleischproduktion nach Makroregion

Rohstoffe als Allheilmittel?

Aus rein ökonomischer Sichtweise gibt es sehr viele Pro-Argumente für den brasilianischen Agribusinesssektor: Ein günstiges Klima, schier endlose Landressourcen, eine lange Agrartradition, sehr gutes Know-how, niedrige Löhne und überschaubare Produktionskosten machen Brasilien in diesem Sektor zu einem schlagkräftigen und höchst wettbewerbsfähigen Akteur auf dem Weltmarkt für Agrargüter. Die Nachfrageseite für Agrargüter ist ebenfalls intakt. Nahrungsmittel werden immer von Menschen konsumiert – egal in welcher Verfassung die Konjunktur gerade ist. Es handelt sich hierbei um eine nicht-zyklische Branche. Nahezu jedes Segment des brasilianischen Agribusinesssektors, sei es Orangensaft, Soja oder Rindfleisch, hat innerhalb der letzten 20 Jahre einen unfassbaren Boom hingelegt. Überdies hat sich der Agribusinesssektor in Brasilien als wahre „Wirtschaftswachstumsmaschine" bewährt. Diese Branche hat ein bemerkenswertes Wohlstandsniveau geschaffen. Alle fünf Bundesstaaten, die im großen Stil Agribusiness betreiben – São Paulo, Paraná, Minas Gerais, Matro Grosso, Mato Grosso do Sul und Goiás gehören zu den zehn reichsten Bundesstaaten Brasiliens nach BIP/Kopf. Hieraus ergibt sich schon der nächste Vorteil: Der Agribusinesssektor ist eine wahre Jobmaschine. Fast 20 Mio. Brasilianer arbeiten in diesem Sektor! Außerdem steckt Brasilien viel Geld in die Forschung für neue Agrartechnologien und Methoden. Insbesondere durch moderne Agrartechnologien und die unterstützende Funktion des Embrapa konnte sich Brasilien seinen Spitzenplatz in vielen Segmenten des Agribusiness sichern.

Zweifelsohne existiert wie bei allem auch eine Schattenseite: Die Vernichtung der Regenwälder, Vertreibung der Kleinbauern und Monokulturschwierigkeiten sind wohl die augenscheinlichsten Probleme. Der brasilianische Agrarboom bringt große ökologische und soziale Kosten mit sich. Um die Agrarflächen bereitzustellen, mussten zwangsläufig Millionen von Hektar Regenwald gerodet werden. Dies trifft vor allem auf den Sojaanbau zu, nicht jedoch auf den Anbau von Zuckerrohr. Diese Entwicklung wirkt sich verheerend auf die Artenvielfalt von Flora und Fauna aus. Außerdem kommt es deshalb schon zu klimatischen Verwerfungen und Veränderungen. Um Skalenvorteile zu schaffen – sprich um über die Masse die Erträge zu erhöhen und die Kosten zu bündeln - wurden riesige Monokulturen geschaffen. Auch die Arbeitsbedingungen vieler Landarbeiter gelten als katastrophal. Viele von ihnen arbeiten zum brasilianischen Mindestlohn. Wirtschaftsexperten und Investoren müssen sich bei aller Euphorie auch darüber im Klaren sein, dass der Agribusinessboom zum Schaden der natürlichen Ressourcen und auf den Schultern von Millionen von Niedrigverdienern stattfindet.

Auf der Welt gibt es, abgesehen von Brasilien, selbstverständlich noch viele weitere Schwellen- und Entwicklungsländer, die ebenfalls über riesige Rohstoffvorkommen verfügen: Nigeria, Venezuela, Bolivien, Sambia, Südafrika, Russland, Kongo, um nur einige zu nennen. Allerdings verstanden es bisher die wenigsten Staaten ihren Rohstoffreichtum nachhaltig zu nutzen und sinnvoll einzusetzen. Sie werden viel zu oft vom sogenannten „Rohstofffluch" heimgesucht – welcher Länder mit einer reichen Geologie zu korrupten, gewalttätigen und unsicheren Krisenstaaten degenerieren lässt. Dieses Szenario hat Brasilien glücklicherweise in den letzten 18 Jahren erfolgreich umgangen. Brasilien ist sich nun stärker denn je seines geografisch-geologischen Wettbewerbsvorteils bewusst: Das südamerikanische Land verfügt über riesige unbesiedelte Landflächen und fruchtbare Böden. Die vielen Flächen, die endlosen Weiten und das vorteilhafte Klima ermöglichen mehrere Ernten pro Jahr. Dazu kommen immens große Eisenerzvorkommen sowie Offshore-Erdölvorkommen. Trotzdem sollte sich das Land nicht auf seinem Rohstoffreichtum ausruhen. Insbesondere der Bereich der Hard Commodities unterliegt zyklischen Schwankungen. Hier ist vor allem eine langfristige und nachhaltige Planung vonseiten der Regierung gefragt. Wenn Brasilien seine Ressourcen intelligent nutzt, weiterhin erfolgreich auf den Weltmarkt bringt und nachhaltig wirtschaftet, wird es zu einem der einflussreichsten Rohstofflieferanten der Zukunft aufsteigen. Das ist leichter gesagt als getan – aber die Chance ist definitiv da!

Der sekundäre Sektor – Förderung der nationalen Industrie

Im Vergleich zu vielen westlichen Industrienationen hat die Industrialisierung in Brasilien erst relativ spät begonnen, obwohl die Anfänge bis in die Kolonialzeit zurückreichen. Die ersten Industriebetriebe entstanden zu Beginn des 19. Jahrhunderts insbesondere in Rio de Janeiro, in Minas Gerais und später in zunehmendem Maße auch in São Paulo. Dabei handelte es sich zunächst um Basisindustrien wie die Nahrungsmittelindustrie, die Textilindustrie und die Energieerzeugung. Erst im 20. Jahrhundert nahm der brasilianische Industriesektor richtig Fahrt auf. Die großen politischen Führer des 20. Jahrhunderts – Vargas und Kubitschek – forcierten die brasilianische Industrialisierung mit Unterstützung durch den Staat. Auf diese Weise erfolgte der Aufbau der nationalen Industrie insbesondere in Zusammenhang mit der Importsubstitutionsstrategie. Mittels Schutzzöllen versuchten die damaligen Regierungen den Heimatmarkt vor ausländischen Konkurrenzprodukten zu bewahren – was noch bis in die heutige Zeit geschieht. Im Rückblick ist die Industrialisierung auch deshalb so wichtig für Brasilien gewesen, da sie den Grundstein für eine diversifiziertere Zivilgesellschaft gelegt hat. Gewissermaßen ist die brasilianische Mittelschicht, die heute als wichtiges Bindeglied der Gesellschaft gilt, erst durch die Industrialisierung geboren worden.

Wenn man heute an Brasilien denkt, mag einem nicht direkt das Stichwort „Industrie" in den Sinn kommen. Brasilien hat schlichtweg nicht das Image, eine klassische Industrienation zu sein. Vielmehr gelten Staaten wie China, Deutschland, Japan, Südkorea und auch die USA (trotz ihrer Dienstleistungsdominanz) als bekannte und bewährte Industrienationen. Das hat vor allem zwei Gründe: Erstens ist Brasilien keine erstrangige Zielregion von Investitions- und Konsumgüterindustrien aus den entwickelten Märkten, wie zum Beispiel China, Osteuropa oder Mexiko. Diese genannten Weltregionen profitieren davon, dass Industriekonzerne aus den entwickelten Staaten ein Niedriglohnumfeld für ihre Produktionsstätten suchen. Unternehmen wie VW (Produktion in der Slowakei), Foxconn (Kontraktfertiger für Apple in China) oder Sony („Maquiladora"-Produktion in Mexiko) nutzen die niedrigen Lohnkosten aus und schaffen als Gegenleistung Arbeitsplätze in den Produktionsstandorten ihrer jeweiligen Zielländer. Zweitens gibt es keine weltweit bekannten, „rein" brasilianischen Marken im Konsum- und Investitionsgüterbereich (Elektronikgeräte, Haushaltswaren, Maschinenbau oder Automobile). Apple, BMW, Procter & Gamble, Pfizer, Samsung, Siemens, Toyota, Sony, aber zunehmend auch chinesische Marken wie Lenovo und Haier genießen weltweite Bekanntheit. Der Eindruck soll jedoch nicht täuschen: Trotz all den genannten Punkten gehört Brasilien heute zu einer der größten Industrienationen der Erde. Der sekundäre Sektor – sprich: der Industriesektor – macht ganze 26,9 % des brasilianischen BIP aus. Damit hat Brasilien ungefähr den gleichen Industrieanteil am BIP wie Deutschland. Brasilien kann, im weltweiten Kontext und in absoluten Zahlen ausgedrückt, eine stattliche Industrieproduktion mit einem Dollar-Wert in Höhe von 274,6 Mrd. US$ aufweisen. Damit ist Brasilien die neuntgrößte „Industrienation" der Welt, noch vor Staaten wie Kanada, Indien, Südkorea oder Spanien. Neben den großen nationalen Industriekonzernen wie Embraer, CSN, AmBev, Cemig, Odebrecht, Eletrobrás etc. sind auch viele internationale Unternehmen in Brasilien ansässig. VW, General Motors, Fiat, Pfizer, Bosch, Arcelor, Coca-Cola, General Electric und Siemens, um nur einige zu nennen. Der Industriestandort Brasilien produziert in erster Linie für den nationalen Binnenmarkt. Weiterhin profitiert der Standort vor allem von seiner „Drehscheibenfunktion" innerhalb Südamerikas. So exportiert Brasilien Autos, Maschinen, chemische Erzeugnisse, aber auch Elektronikwaren in andere südamerikanische Märkte (v. a. in die Mercosul-Staaten).

Derzeit hat die brasilianische Industrie mit Problemen zu kämpfen. Im Gegensatz zum florierenden Rohstoff- und Agrarsektor erlebt die brasilianische Industrie momentan eine Flaute. Nachdem die Industrieproduktion im Jahr 2011 nur ein leichtes Wachstum von 0,3 % erreichte, kam im Folgejahr der Fall. Im Zeitraum von

September 2011 bis September 2012 sank die Industrieproduktion um 3,1 %. Im gesamten Jahr 2012 sank die Industrieproduktion um weitere 2,7 %. zum Vorjahresniveau. Vor allem den Automobilsektor hat es hart getroffen: Er sank im ersten Halbjahr 2012 um satte 17,88 % (Juni 2012), im Vergleich zum Vorjahresmonat. Steigende Löhne, ein zu harter Real, günstige Konkurrenzprodukte aus Fernost, bürokratische Hürden, ein zu komplexes Steuersystem und eine mangelhafte Infrastruktur stellen den brasilianischen Industriesektor vor massive Herausforderungen. Mit aller Gewalt will die brasilianische Politik gegenlenken und einen erfolgreichen und kompetitiven heimischen Industriesektor „heranzüchten". Günstige Kredite, Steuervergünstigungen sowie der Erlass Sozialabgaben zu zahlen, sollen der nationalen Industrie wieder auf die Beine helfen. Ob die staatlich „gepushten" Anreize fruchten werden, wird sich in naher bis mittlerer Zukunft herausstellen.

Im Folgenden gehe ich auf die wichtigsten Branchen des produzierenden Gewerbes in Brasilien ein. Dies sind Branchen, die aus wirtschaftsstrategischen Gesichtspunkten eine besondere Bedeutung für Brasilien haben. Hierzu zählen die Nahrungsmittelindustrie (als Erweiterung der Wertschöpfungskette im Agribusinesssektor), die Energieversorger, die Stahlindustrie, die Automobilindustrie, der Flugzeugbau, der Maschinenbau, die chemische Industrie sowie die Bauindustrie.

Lebensmittel

Bei Brasiliens vor Kraft strotzendem Agrarsektor erklärt es sich fast von selbst, dass es neben der Urproduktion von Agrarrohstoffen auch eine beachtliche Lebensmittelindustrie geben muss. Und was für eine! Laut einem Bericht des brasilianischen Lebensmittel-Branchenverbandes Abia (*Associação Brasileira das Industrias de Alimentos*), trägt die Lebensmittelindustrie in Brasilien ganze 9 % zum BIP bei. Damit ist sie die zweitgrößte Industriebranche Brasiliens. Die Lebensmittelindustrie konnte ihre Gesamtumsätze im

Jahr 2012 um satte 11,3 % im Vergleich zum Vorjahr steigern, was einem Warenwert von 426,66 Mrd. R$ entspricht. Das entspricht einem Wert von mehr als 215 Mrd. US$. Zum Vergleich: Die deutsche Lebensmittelindustrie setzte 2011 Waren im Wert von umgerechnet 226 Mrd. US$ um – leicht oberhalb der brasilianischen Umsätze. Als nachgelagertes Element in der Wertschöpfungskette – nach der Agrarwirtschaft – kommt der brasilianischen Lebensmittelindustrie eine besondere Bedeutung zu. Sie bildet einen Kernbereich des viel beschworenen Agribusinesssektors und hat daher ein hohes volkswirtschaftliches Gewicht. In vielen Fällen gehen die Urproduktion und Nahrungsmittelerzeugung fließend ineinander über und treffen sich innerhalb eines Unternehmens. Daher ist es oft schwer, im Hinblick auf einzelne Unternehmen eine Trennlinie zwischen der Urproduktion und der Lebensmittelerzeugung zu ziehen.

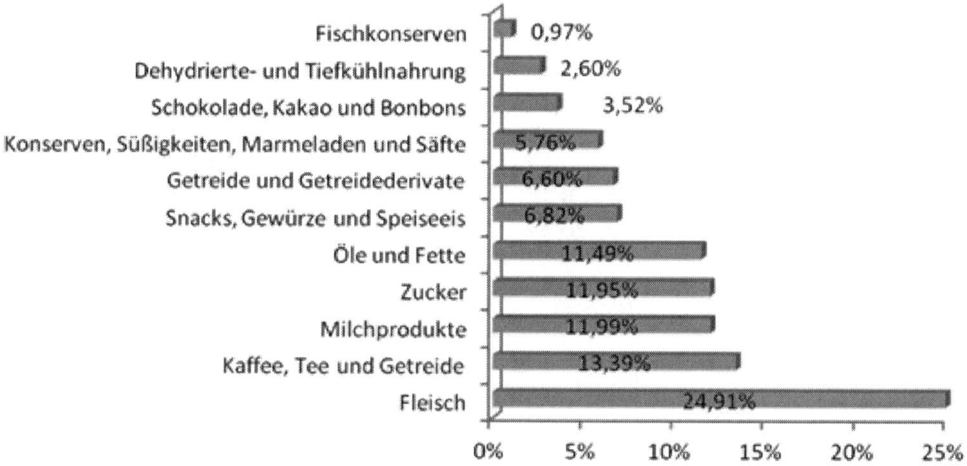

Wichtigste Segmente der brasilianischen Lebensmittelindustrie 2012 (Anteile in %)

Grundsätzlich kann die Lebensmittelindustrie in zwei Bereiche aufgegliedert werden: zum einen Nahrungsmittel und zum anderen Getränke. Der Bereich Nahrungsmittel wiederum kann weiter untergliedert werden in Fleisch, Fisch, Obst und Gemüse, Milch und Milchprodukte, Getreide - Reis- und Teigwaren, Fertignahrung, konservierte Nahrung, Öle und Fette, Süßwaren, Backwaren sowie Feinkosterzeugnisse. Zu den größten Unternehmen der brasilianischen Lebensmittelindustrie gehören Ambev, Bunge Alimentos, Cargill, JBS, Sadia, Unilever, ADM und Nestlé. Für einen Kenner der Lebensmittelbranche ist es schnell ersichtlich, dass hier auf dem brasilianischen Markt viele internationale Player (wie Cargill, Bunge oder Nestlé) mitmischen. Ambev, Sadia, BRF, JBS, Marfrig, Coamo, Coparsucar, Frigorífico Minerva und Coamo sind die größten „rein brasilianischen" Unternehmen des Lebensmittelsektors. Das belgisch-brasilianische Unternehmen AB InBev (mit der brasilianischen Tochterfirma AmBev) ist beispielsweise der größte Getränkehersteller Lateinamerikas und der weltgrößte Brauereikonzern. Es beherrscht mit den bekannten Marken Antarctica, Brahma, Skol und Bohemia den brasilianischen Biermarkt. Rund 300 große und mittelgroße Unternehmen des Lebensmittelsektors haben sich in dem Verband Abia zusammengeschlossen. Abia wurde im Jahr 1963 gegründet und vertritt die Interessen des Lebensmittelsektors insbesondere auf politischer Ebene und beabsichtigt, die Unternehmen der Branche sowohl technisch als auch finanziell zu stärken und zu fördern. Daneben gibt es zahlreiche kleinere und mittelgroße nationale Unternehmen, die in der Lebensmittelbranche operieren. Überhaupt ist das Segment der Lebensmittelindustrie durch SMEs geprägt. Insgesamt gibt es in Brasilien 36.000 Unternehmen, die in diesem Bereich agieren.

Die Lebensmittelindustrie hat in Brasilien eine lange Tradition. Aufgrund Brasiliens jahrhundertealter Agrarwirtschaft gehörte die Lebensmittelindustrie zu den ersten funktionierenden Wirtschaftssektoren Brasiliens. Ihre Dynamik lässt auch in der Gegenwart nicht nach. Zwischen den Jahren 2001 und 2010 hat sie Handelsüberschüsse in Höhe von 201 Mrd. US$ erwirtschaftet. Neben dem oben bereits erwähnten starken Umsatzwachstum in 2012 konnte die Lebensmittelindustrie auch ihre physische Produktion um 4 % ausweiten. Im selben Jahr hat der Sektor zusätzlich noch 59.000 neue Arbeitsstellen geschaffen. Insgesamt arbeiten mehr als 1,6 Mio. Brasilianer in der Lebensmittelbranche. Ein besonders wichtiges Element dieser Branche ist der Export. Brasilien ist weltweit, nach Exportwert, der viertgrößte Exporteur von Nahrungsmitteln. Das Exportvolumen belief sich im Jahr 2012 auf 43,4 Mrd. US$ (Vorjahr: 44,8 Mrd. US$). Zu den größten zukünftigen Herausforderungen der brasilianischen Lebensmittelbranche gehört das Vorhaben, vermehrt auch hochwertige Lebensmittel zu exportieren. Bislang liegt Brasiliens Stärke vor allem in der Herstellung von herkömmlichen, aufbereiteten Nahrungsmitteln. Bei hochwertigen, veredelten Lebensmitteln liegt Brasilien jedoch lediglich auf Weltrang 26. Zudem stöhnt die brasilianische Lebensmittelindustrie unter den gleichen Problemen wie der Agrarsektor. Dazu zählen insbesondere die hohe Steuerlast (35 % Besteuerung auf Lebensmittel und Getränke) sowie der prekäre Zustand der brasilianischen Infrastruktur, der oft zu logistischen Problemen führt. Trotz der genannten Hindernisse gehört die Lebensmittelindustrie zu den stärksten und wettbewerbsfähigsten Industriebranchen Brasiliens. Auch die zukünftigen Erwartungen der Branche sind positiv: Eine weiterhin steigende Weltbevölkerung bedeutet automatisch einen steigenden Bedarf an Nahrungsmitteln.

Elektrische Energie

Was wären unsere Volkswirtschaften, ja gar unsere gesamte Zivilisation, ohne elektrische Energie? Die Antwort liegt auf der Hand: Ohne elektrische Energie läuft rein gar nichts! Die Energieversorgerbranche befasst sich mit der technischen Gewinnung elektrischer Energie und dem Transport dieser Energie über Stromnetze zu den Konsumenten. Sie zählt in Brasilien neben der Lebensmittelbranche und der Textilbranche ebenfalls zu den ältesten Branchen des industriellen Sektors. Bei der Stadtentwicklung von Rio de Janeiro im ausgehenden 19. Jahrhundert spielte das kanadische Energieversorgerunternehmen Light (heute unter brasilianischer Kontrolle) eine tragende Rolle. Aufgrund seiner besonderen Bedeutung für die Volkswirtschaft hat der Energiesektor eine Schlüsselfunktion inne. Der Energiesektor Brasiliens ist der größte Energiesektor in ganz Lateinamerika und nach den USA und Kanada der drittgrößte Energiemarkt der amerikanischen Kontinente. Das wohl charakteristischste Merkmal des brasilianischen Energiesektors ist die Tatsache, dass Brasilien über die größten Wasserkraftkapazitäten der Welt verfügt. Wasserkraft ist für rund 82 % der gesamten brasilianischen Energieproduktion verantwortlich (Energieimporte mit einbezogen). Damit hat Brasilien prozentual gesehen den zweitgrößten Wasserkraftanteil in seiner Energiematrix weltweit (nach Norwegen). Folglich hat Brasilien global gesehen einen der höchsten Anteile an erneuerbaren Energien.

Innerhalb der letzten 40 Jahre hat der brasilianische Energiesektor eine bemerkenswerte Entwicklung durchgemacht. Kurzum: Er hat sich sukzessive von einem ineffizienten, staatlich dominierten Sektor in eine kompetitive, privatwirtschaftlich organisierte Branche umgewandelt. Aufgrund von staatlich subventionierten Tarifen, ineffizientem Management und Unterinvestitionen stand der brasilianische Energiesektor Ende der 1980er kurz vor dem Zusammenbruch. Präsident Cardoso initiierte im Jahr 1996 im Zuge der breit angelegten Wirtschaftsreformen einen radikalen Restrukturierungsplan für den Energiesektor – genannt „RE-SEB". Ziel der Restrukturierung war es, eine wettbewerbsfähige Branche mit privatem Kapital ins Leben zu rufen. Im Endeffekt steckten private, neu in den Markt eintretende Unternehmen rund 10 Mrd. US$ in den bisher staatlichen Energiesektor. Darunter vertreten waren auch eine Reihe ausländischer Unternehmen wie AES, El Paso, Duke Energy, Endesa und EDF. Sie erwarben damit 85 % des Stromnetzes. Zur gleichen Zeit gründete der Staat die neue unabhängige Regulier- und Aufsichtsbehörde ANEEL (*Agência Nacional de Energia Elétrica*), die an das Energieministerium MME (*Ministério de Minas e Energia*) angebunden ist. Hauptaufgabe der ANEEL war es fortan, die Stromerzeugung und Stromübertragung des frisch privatisierten Sektors zu regulieren und zu besteuern. Im Jahr 2001 kam es als Folge einer Trockenheit und Unterinvestitionen im Energiesektor zu massiven Produktionsverknappungen, da Brasilien nahezu komplett von Wasserkraft abhing. Dies führte letzten Endes zu einer Energiekrise, was zur Folge hatte, dass die Regierung einen Notfallplan mit speziellen Tarifen, Quotenregelungen und Energierationierungen anordnete. Damit sollte der Energiekonsum um 20 % gedrosselt werden. Glücklicherweise hatte der Plan Erfolg und das Ziel wurde erreicht. Diese Krise verstärkte den Drang der brasilianischen Energiebranche, die Kapazitäten zu verbessern, um in Zukunft eine verlässlichere und effizientere Stromversorgung zu haben. Unter der Regierung Lula wurde der Liberalisierungsprozess des Energiemarktes weitergeführt. Im Jahr 2004 führte die Regierung ein neues Marktmodell für den Energiesektor ein. Hierbei teilte sie den Markt in zwei Energiehandelsbereiche auf: Zum einen in einen freien Markt (ACL – *Ambiente da Contratação Livre*) und zum anderen in einen regulierten Markt (ACR - *Ambiente da Contratação Regulada*). Auf dem freien Markt können nur sogenannte IPPs (Independent power producers) und LICs (Large industrial consumers) agieren. Die großen Energienachfrager (meist große Industrieunternehmen) können frei mit den Stromerzeugern Preise und Energiemengen verhandeln. Der freie Markt macht rund 25 % des Marktvolumens für elektrische Energie aus. Auf dem regulierten Markt finden hingegen zweimal pro Jahr Auktionen statt. Bei diesen Auktionen verkaufen die großen Stromerzeuger-Unternehmen in einem auktionsartigen Bieterprozess die Strommengen an die insgesamt 64 Distributoren-Unternehmen, indem sie bilaterale Verträge miteinander schließen. Durch diesen Prozess soll der Privatisierungsprozess auf dem brasilianischen Strommarkt weiter vorangetrieben werden, was der gegenwärtigen Regierungsstrategie in die Hände spielt. Der regulierte Markt bildet die restlichen 75 % des Marktvolumens für elektrische Energie.

Wer sind die größten Player auf dem Energiemarkt? Zu den wichtigsten Branchengrößen gehören die Unternehmen Eletrobras, CEMIG, CESP, Copel, Eletropaulo und Light. Sie sind sowohl Stromerzeuger als auch Netzbetreiber. Inklusive der vielen neuen, privaten Unternehmen des Energiesektors sind insgesamt rund 64 Unternehmen auf dem Markt für elektrische Energie aktiv. Im Jahr 2012 waren sowohl Eletrobras als auch CEMIG in der Gruppe der größten brasilianischen Unternehmen nach Börsenwert vertreten. Eletrobras, das seinen Unternehmenssitz in Brasília hat, produziert 40 % der elektrischen Energie und betreibt 62 % des gesamten brasilianischen Stromnetzes. Damit ist das Unternehmen mit Abstand Marktführer auf dem brasilianischen Markt für elektrische Energie. Die Unternehmen CESP, Cemig und Copel haben jeweils einen Marktanteil von 8 %, 7 % und 5 % an der Energieproduktion. Insbesondere die Energieherstellung ist damit weitestgehend unter staatlicher Kontrolle. Der Staat übt insofern weiterhin seinen Einfluss auf den Energiesektor aus, denn er besitzt mit 52 % die Aktienmehrheit an Eletrobras (ähnlich wie bei Petrobras), mit 51 % an CEMIG und mit 41 % einen großen Anteil an CESP. Mittlerweile sind 65 % der Stromverteilerunternehmen privatisiert.

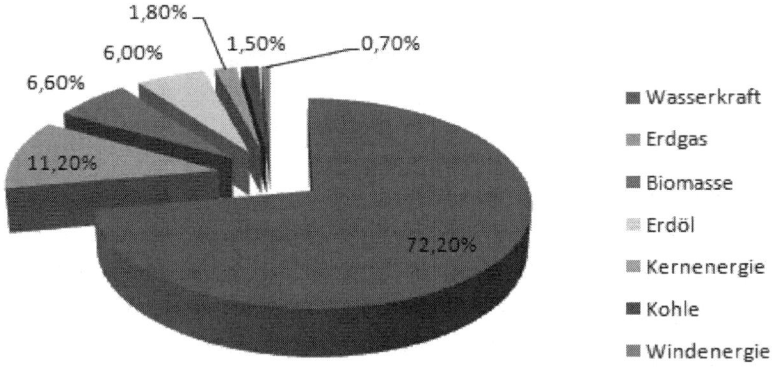

Brasiliens Energiematrix (2008) - Anteile der Energieträger an der Elektrizitätserzeugung (ohne Energieimporte)

Das brasilianische Stromnetz SIN (*Sistema Interligado Nacional*) hat eine Gesamtlänge von 96.140 km. Es befindet sich weiterhin in Staatsbesitz und transportiert 97 % der gesamten Energie Brasiliens. Im Jahr 2009 hatte Brasilien eine Generationskapazität (theoretisch erzeugbare Energiemenge) in Höhe von 106 Gigawatt – mit anderen Worten 106.000.000.000 Watt. Die tatsächlich realisierte Gesamtstromerzeugung in Brasilien belief sich im Jahr

2010 auf 470 Terawattstunden (TWh) – oder anders ausgedrückt 470.000.000.000 Kilowattstunden (kWh). Rechnet man die Stromimporte dazu, so steigt diese Zahl sogar auf 506 TWh. Das ist nichts anderes als die gesamte Angebotsmenge von elektrischem Strom in Brasilien. Auf der Angebotsseite dominiert, wie bereits erwähnt, klar die Wasserkraft. Die in Brasilien generierte Energie aus Wasserkraft macht 72,2 % der nationalen Energiematrix aus. Rechnet man die importierte Energie aus dem Ausland dazu, so steigt der Anteil der aus Wasserkraft gewonnenen Energie sogar auf 82 %. Das heißt, dass 82 % des brasilianischen Energieangebotes durch Wasserkraft erzeugt wird. Die insgesamt 859 Wasserkraftwerke erzeugen eine Energie von 401 TWh. Der größte Staudamm Brasiliens, der Itaipu Staudamm, generiert alleine schon 92,2 TWh. Damit produziert er knapp ein Viertel der gesamten Wasserkrafterzeugung des Landes und ist im Hinblick auf die tatsächliche Energieerzeugung sogar das größte Hydrokraftwerk der ganzen Welt, noch vor dem Drei-Schluchten-Damm in China. Die gesamte Stromnachfrage Brasiliens belief sich im Jahr 2010 auf 470 TWh. Das bedeutet bei einer Gesamtbevölkerung von 194 Mio. Menschen einen durchschnittlichen Stromkonsum pro Kopf von 2.422,68 kWh (zum Vergleich: In Deutschland lag dieser Wert bei 7.215 kWh pro Kopf und in den USA bei 13.395 kWh pro Kopf). Solch ein hoch erscheinender Wert kommt deshalb zustande, da die großen Industriebetriebe ein großes Maß an elektrischer Energie nachfragen. Die brasilianischen Energieversorger bedienten insgesamt eine Menge von 47 Mio. Konsumeinheiten (also Verbrauchsstellen), von denen 85 % private Haushalte sind.

Der Energiesektor nimmt eine Schlüsselrolle ein, da er mit der Bereitstellung von elektrischer Energie überhaupt erst die Basis für eine wirtschaftliche Entwicklung und somit die Existenz einer funktionierenden Volkswirtschaft schafft. Zu den wichtigsten Proargumenten im Hinblick auf den brasilianischen Energiemarkt gehören folgende Punkte: Mit seinem hohen Anteil an erneuerbaren Energieträgern – hier vor allem die Wasserkraft – reduziert Brasilien ganz besonders das nukleare Risiko sowie den CO_2-Ausstoß durch fossile Brennstoffe, wie zum Beispiel Kohlekraft. Aufgrund des Wirtschaftswachstums bildet der brasilianische Energiesektor einen Wachstumsmarkt. Die Energieversorgung muss mit dem Wirtschaftswachstum Schritt halten. An dieser Stelle sind Investitionen gefragt. Überdies bietet die Liberalisierung der Branche privaten Energieunternehmen (vor allem Netzbetreibern) die Möglichkeit, am Strommarkt zu partizipieren. Auf der anderen Seite existieren weiterhin Nachteile und Schwächen in der Branche. Hier ist in erster Linie die Ineffizienz des Netzes zu nennen. Stromausfälle sind weiterhin ein ernst zu nehmendes Problem. Auch beim hochgelobten Auktionssystem entpuppen sich einige Defizite: Ein Mangel an Transparenz, eine unklare Rollenverteilung bei den Akteuren im Auktionsprozess sowie die Beschränkung von Auktionen auf das regulierte Marktsegment zählen zu den wichtigsten Mankos des Auktionssystems.

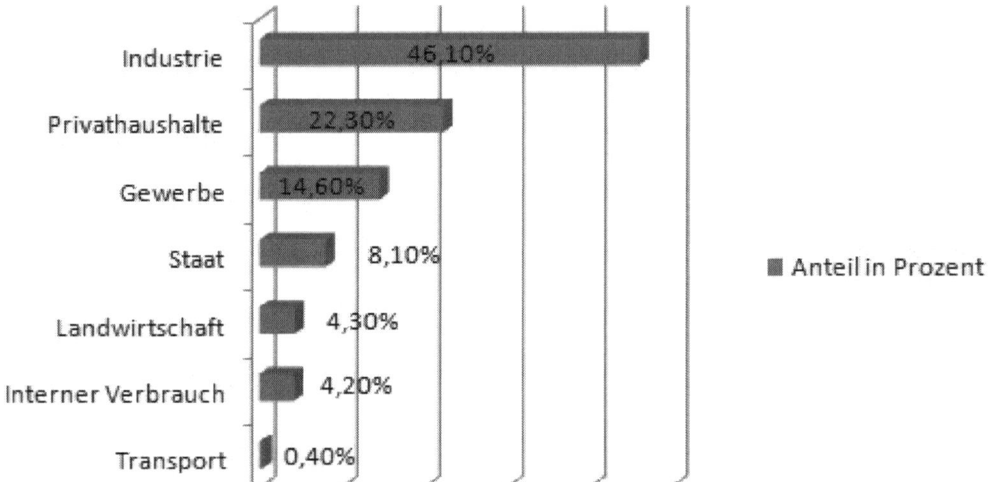

Stromnachfrage in Brasilien nach Sektor (2009)

Itaipu Damm im Bundesstaat Paraná

Stahl

Bei Brasiliens riesigen Erzvorkommen liegt es quasi auf der Hand: Eisenerz muss zunächst in Stahl umgewandelt werden, um überhaupt industriell nutzbar zu sein. Und schon wären wir bei der nächsten Schlüsselindustrie Brasiliens: die Stahlindustrie. Das erste Mal kam ich durch ein Gespräch am Flughafen von Rio de Janeiro in Berührung mit der Stahlbranche in Brasilien. Dort traf ich einen deutschen Ingenieur, der für ein großes Stahlwerk-Projekt in der Umgebung von Rio de Janeiro arbeitete. Schon bald fand ich heraus, um welches Stahlwerk es sich handelte: Der deutsche Stahlkonzern Thyssen Krupp hat seit dem Jahr 2006 begonnen, ein Stahlwerk mit dem Namen „TKCSA" im Bundesstaat Rio de Janeiro zu errichten. Das Projekt geriet außer Kontrolle, da die Kosten explodierten und ließ den Kurs der Thyssen Krupp Aktie in den Keller rauschen. In jedem Fall gehört die Stahlbranche zu den wichtigsten Industriebranchen Brasiliens.

Die Stahlindustrie ist ein wichtiger Basissektor für die Entwicklung von Volkswirtschaften – vor allem für deren jeweilige Infrastruktursysteme. Stahl ist eine Legierung (Metallmischung), die zum Großteil aus Eisen und zu einem geringen Teil aus anderen chemischen Elementen wie Mangan, Nickel und Wolfram besteht. Er gehört zu den wichtigsten Werkstoffen für viele Industriezweige, wie zum Beispiel für die Bauindustrie (sowohl Gebäude als auch Infrastrukturprojekte), die Automobilindustrie, Maschinenbau, Luft- und Raumfahrt, Werkzeuge sowie die Waffenindustrie. In Brasilien hat in jüngster Zeit vor allem der Bauboom in vielen Städten zum erhöhten Bedarf an Stahl geführt. Nicht zuletzt die anstehenden Großevents – die Fußball WM 2014 und die Olympischen Spiele in Rio de Janeiro 2016 – werden für den Stadien- und Infrastrukturbau große Mengen Rohstahl benötigen. Der brasilianische Stahlsektor gehört zu den wettbewerbsfähigsten Industriezweigen weltweit. Mit einer Gesamtproduktion von 35,2 Mio. t Rohstahl im Jahr 2011, die in 29 Stahlwerken landesweit erfolgt, ist Brasilien der neuntgrößte Stahlproduzent der Welt. Damit ist Brasilien wieder einmal auf Platz Eins unter allen lateinamerikanischen Staaten. Das größte Land Südamerikas produziert 51,3 % des gesamten Rohstahls in Lateinamerika. Schätzungen zufolge verfügt der brasilianische Stahlsektor sogar über die Kapazität, um mehr als 42 Mio. t Rohstahl p. a. herzustellen. Der Gesamtwert der brasilianischen Stahlproduktion in Dollar ausgedrückt beträgt umgerechnet etwa 22 Mrd. US$ (2011). Direkt arbeiten 110.000 Beschäftigte für die brasilianische Stahlindustrie, indirekt hängen an diesem Industriezweig etwa 3 Mio. Arbeitsplätze. Somit ist der Stahlsektor für 4 % des brasilianischen BIP verantwortlich und trägt mit satten 18 % zum brasilianischen Handelsbilanzüberschuss bei, was einem Wert von 4 Mrd. US$ entspricht. Aktuell gehören die Konzerne Gerdau, CSN, Arcelor Brasil, Usiminas und Votorantim Siderurgia zu den wichtigsten Unternehmen der brasilianischen Stahlbranche, in der insgesamt elf Unternehmen operativ tätig sind. Gerdau S. A. ist mit Abstand der größte Stahlproduzent Brasiliens. Mit einer heimischen Rohstahlproduktion von 7,6 Mio. t hat er einen Marktanteil von 21,6 %. Der börsengelistete Konzern liegt Kopf-an-Kopf mit dem größten US-Stahlproduzenten US-Steel und wetteifert um den ersten Platz in der Stahlproduktion auf dem gesamtamerikanischen Kontinent. Der deutschstämmige Brasilianer João Gerdau gründete in Porto Alegre im Jahr 1901 eine Nagelfabrik, womit der Grundstein für die spätere Gerdau S. A. gelegt war. Im Jahr 1946 trat der deutsche Banker Curt Johannpeter in das Unternehmen ein und führte eine umfangreiche und entscheidende Modernisierung des Geschäftsbetriebes durch. Heute beschäftigt die Gerdau S. A. 45.000 Mitarbeiter und ist auf vier Kontinenten in 14 Ländern mit insgesamt 337 Standorten präsent. Mit einer weltweiten Rohstahlproduktion von 26 Mio. t, einem Umsatz von 18,9 Mrd. US$ und einem Gewinn von 1 Mrd. US$ ist die Gerdau S. A. das 14. größte Stahlunternehmen der Welt. Gerdau S. A. ist auch in Deutschland präsent. Das Unternehmen CSN ist das zweitgrößte Stahlunternehmen Brasiliens. Das ehemalige Staatsunternehmen wurde im Jahr 1941 gegründet und arbeitete gemäß einer US-amerikanisch-brasilianischen Vereinbarung zunächst für die Rüstungsproduktion im Zweiten Weltkrieg. Unter der Regierung Itamar Franco erfolgte die Privatisierung über einen Auktionsprozess. Nach der Privatisierung fand eine Kapitalerhöhung statt, die dem Unternehmen wieder neuen Spielraum für Investitionen verschaffte. Ab Mitte der 1990er Jahre zielte die CSN darauf ab, ihre Rohstahl-Produktion auszuweiten, die Produktauswahl zu verfeinern, eine umfassende Wartung ihrer Kapazitäten durchzuführen und in die Umweltverträglichkeit der Produktionsstätten zu investieren. Allein in den Jahren 2004 und 2005 investierte die CSN 1,3 Mrd. US$ in die Erweiterung der Kapazitäten, in ein Kohleterminal für ein Blockheizkraftwerk sowie für M&A Aktivitäten im Ausland. Überdies hält die CSN einen Aktienanteil am Eisenerzriesen Vale. Derzeit arbeiten 20.791 Mitarbeiter für das Unternehmen, welches 2012 einen Umsatz von 8,81 Mrd. US$ erwirtschaftete. Seine Stahlwerke befinden sich in Volta Redonda im Bundesstaat Rio de Janeiro, die Eisenerzminen (Arcos und Congonhas) in Minas Gerais und seine firmeneigenen Kohlenminen in Siderópolis in Santa Catarina. Usiminas mit Sitz in Belo Horizonte ist das erste ehemalige Staatsunternehmen Brasiliens, dass privatisiert wurde. Zu Zeiten der Kubitschek-Regierung wurde Usiminas 1956 gegründet. Ab dem Jahr 1958 ging das Unternehmen in einem Joint Venture mit japanischem Kapital auf. Ursprünglich arbeiteten hier auch Japaner als Minenarbeiter. Als Folge unmenschlicher Arbeitsbedingungen kam es zu Aufständen vonseiten der Arbeiterschaft gegen die Unternehmensleitung. Ähnlich wie die Gesamtwirtschaft machte Usiminas in den 1970er und 1980er Jahren Höhen und Tiefen durch. Nach seiner Privatisierung im Jahr 1991 verschlankte sich die Belegschaft des Unternehmens und Usiminas investiere 2,1 Mrd. US$ - vor allem in die Optimierung der Produktion, die Modernisierung der technischen Anlagen sowie in die Umweltverträglichkeit der Produktion. Im Zuge eines Optimierungsplanes investierte das Unternehmen 852 Mio. US$ in zwei zukunftsträchtige Projekte: Die Produktion von Stahlrollen und die Schaffung des Tochterunternehmens Unigal – ein Joint Venture mit Nippon Steel, das Stahlplatten für die Automobil-, die Haushaltsgeräte- und die Bauindustrie herstellt. Im Jahr 2011 produzierte Usiminas 6,7 Mio. t Rohstahl. Aktuell arbeiten 46.069 Beschäftigte für Usiminas und erwirtschaften einen Umsatz von 1,81 Mrd. US$. Usiminas operiert in den Bundesstaaten Minas Gerais und São Paulo.

Der Schwerpunkt der brasilianischen Stahlindustrie ist eindeutig der Südosten des Landes. Die vier Bundesstaaten São Paulo, Rio de Janeiro, Minas Gerais und Espirito Santo generieren 96 % der brasilianischen Stahlproduktion. Ein weiterer Standort ist der Bundesstaat Rio Grande do Sul, die Heimat der Gerdau S. A. Aus wirtschaftsgeografischen Aspekten macht es absolut Sinn, dass der Löwenanteil der Stahlproduktion im Südosten angesiedelt ist. Der Südosten sowie der Süden sind die wirtschaftsstärksten Großregionen Brasiliens. Hier kann der Rohstahl am schnellsten zu seinen Abnehmern – den Industriebetrieben aus allerlei Branchen – gelangen.

Brasiliens Produktionskapazität für Rohstahl – geografische Verteilung

Kraftfahrzeuge

Gerne erinnere ich mich an meine Reisen in Brasilien zurück, die ich oftmals mit dem Auto angetreten hatte. In den meisten Fällen hatte ich mir einen VW Gol oder einen Chevrolet Celta gemietet. Hierbei handelt es sich um klassische Standardmodelle auf dem brasilianischen Automarkt. Die genannten Kompaktwagen sind wendig, günstig im Verbrauch und gehören zusammen mit dem Fiat Palio zu den preislich erschwinglichsten Autos – ganz gleich ob man den Wagen mietet oder kauft. Gefühlte Zwei-Drittel der gesamten brasilianischen Autoflotte bestehen aus solchen oder ähnlichen Kompaktwagen. Aufgrund der mengenmäßigen Dominanz der Klein- und Kompaktwagen mutet das Straßenleben in Brasilien – bezogen auf die Bauweise der Autos – eher „südeuropäisch“ an, obgleich wir uns hier auf dem amerikanischen Kontinent befinden, der zum Teil stark von US-Autos geprägt ist (vor allem in Mexiko und Zentralamerika). Mittelklasselimousinen sind in Brasilien meist japanischen Fabrikats und die Oberklasse ist fest in deutsch-japanischer Hand. Der brasilianische Automobilmarkt ist ein Kapitel für sich. Brasilianer lieben es, Neuwagen zu erstehen, koste es was es wolle und sei es mithilfe eines Kredites. Ein ganz besonderes Phänomen sind die immens hohen Automobilpreise, die zu den höchsten der ganzen Welt gehören. Darauf werde ich im Folgenden noch zu sprechen kommen.

Die Tatsache mag einige Leser überraschen, aber Brasilien ist der siebtgrößte Autoproduzent der Welt. Mit einer Gesamtproduktion von 3,6 Mio. Einheiten (alle Kraftfahrzeugtypen) im Jahr 2011 kann sich Brasilien im Club der Top Ten Automobilproduzenten sehen lassen. Zum Vergleich: Deutschland produzierte im selben Jahr 6,3 Mio. Kraftfahrzeuge (Platz 4 weltweit). Allerdings ist nicht nur die Produktion gestiegen – insbesondere der Absatz von Automobilen hat sich innerhalb der letzten Jahre erheblich erhöht. Sowohl der gestiegene Wohlstand (höhere Reallöhne), als auch einfacherer Zugang zu Krediten und nicht zuletzt die Konsumkultur (Stichwort: Auto als Statussymbol) ließen die Verkaufszahlen für PKW in die Höhe schießen. Im Jahr 2011 kauften die Brasilianer 3,6 Mio. Autos (davon 23,6 % Importfahrzeuge). Aktuell rangelt Brasilien mit Deutschland um den vierten Platz hinsichtlich der PKW-Verkaufszahlen. Bei uns in Deutschland lagen die PKW-Verkaufszahlen im gleichen Jahr bei 3,17 Mio. Autos. In 10 Jahren ist der Absatz für KFZ in Brasilien um sagenhafte 157 % förmlich explodiert. Von den Neuzulassungen aus dem Jahr haben 78,5 % einen Flex Fuel Motor, der es den Fahrzeugen ermöglicht, neben Benzin auch Ethanol zu tanken.

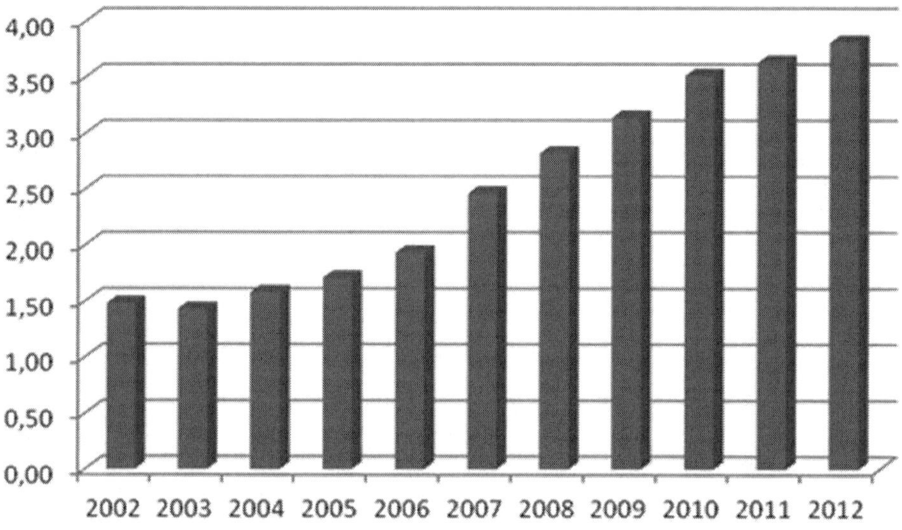

Jährliche Kfz-Neuzulassungen in Brasilien von 2002–2012

Wie kommt dieser Verkaufsboom für Autos zustande? Welche Geschichte steht hinter dem aktuellen brasilianischen Auto-Kaufrausch? Die Anfänge der Massenproduktion reichen bis in die 1920er Jahre zurück. Der US-Autokonzern General Motors (GM) errichtete seine erste Fabrik im Jahr 1930 in Ipiranga, einem Stadtteil von São Paulo. Heute betreibt GM Fabriken in São Caetano und in São José dos Campos (Bundesstaat São Paulo). Im Jahr 1956 startete in Santa Bárbara d'Oeste im Staat São Paulo die Produktion von Romi-Isetta und DKW (frühere deutsche Automobilhersteller) begann ab 1958 mit der Fertigung von Lastwagen. Schließlich eröffnete auch Volkswagen im Jahr 1959 seine erste Fabrik in São Bernardo do Campo. Ford baut einen Großteil seiner brasilianischen Modelle seit 1968 in Camaçari (Bundesstaat Bahia) und Fiat fertigt seit 1976 in Betim (Bundesstaat Minas Gerais) für den brasilianischen Automarkt. Innerhalb der letzten 30 Jahre zogen weitere Hersteller wie Honda, Renault, Toyota, Hyundai und Citroën nach und eröffneten ebenfalls Werke in Brasilien. Daimler

Benz betreibt seit 1998 ein Werk für LKWs und Omnibusse in Juiz de Fora (Bundesstaat Minas Gerais). Daneben gab es noch kleinere brasilianische Automobilhersteller wie Gurgel, Puma und Miura. Allerdings hat es keiner dieser Produzenten geschafft, im harten internationalen Wettbewerb mit den Herstellern aus Europa, den USA oder Ostasien zu überleben. Hier wären wir schon bei einer Besonderheit der brasilianischen Autoindustrie: Obwohl Brasilien zu den sieben größten Autoproduzenten – und bei den Verkäufen sogar in die „Top Five" weltweit vorgestoßen ist – gibt es keinen rein brasilianischen Autohersteller, der eine nennenswerte Marktmacht besitzt. Die Automobilbranche ist komplett in ausländischer Hand. Selbstverständlich agieren VW, Fiat, General Motors und die anderen in Brasilien produzierenden Hersteller als „S. A." oder als „Ltda." (z. B. *Volkswagen do Brasil Ltda.* oder *General Motors do Brasil*) und werden demzufolge unternehmensrechtlich sowie steuerlich wie brasilianische Unternehmen behandelt. Trotzdem sind und bleiben die jeweiligen Mutterkonzerne ausländische Unternehmen.

Der brasilianische Automarkt wird von vier Herstellern dominiert – die auch als „Die großen Vier" bekannt sind. Die Rede ist von Fiat, Volkswagen, General Motors (Chevrolet) und Ford. Mit einem aggregierten Marktanteil von 78 % (Basis: Neuzulassungen 2009) teilen sie den Markt quasi unter sich auf. In der „zweiten Reihe" finden sich die Marken Toyota, Renault, Honda und Citroën. Während „Die großen Vier" beim Kompaktwagen-Segment das Sagen haben, dominieren die Japaner Honda und Toyota das Mittelklasse-Segment (Limousinen). Im Oberklasse-Segment sind BMW, Audi, Mercedes Benz, Maserati und Lexus auf dem Markt vertreten, die allerdings nicht alle über Produktionsstätten in Brasilien verfügen (z. B. BMW oder Maserati). Mit einem Anteil von 21 % am industriellen Output ist die Autoindustrie für mehr als ein Fünftel der gesamten Industrieproduktion des Landes verantwortlich. Das entspricht wiederum 5 % des gesamten BIP. An der Autoindustrie hängen in Brasilien rund 1,5 Mio. Jobs. Insgesamt 26 Autoproduzenten produzieren in 53 Fabriken in neun brasilianischen Bundesstaaten. Auf die Staaten São Paulo, Minas Gerais, Paraná, Rio Grande do Sul und Bahia entfällt der Löwenanteil der Fertigung. 500 Automobilzulieferer ergänzen die Wertschöpfungskette des brasilianischen Automobilsektors und ein Netzwerk von mehr als 4.800 Autohändlern schlägt die Brücke zum Endkäufer. Im Jahr 2012 exportierte Brasilien 540.000 Fahrzeuge ins Ausland. 80 % der Exporte gingen in andere südamerikanische Staaten (davon 60 % nach Argentinien). Brasilien übernimmt damit die Funktion, die wichtigste Produktionsbasis für Autos und Nutzfahrzeuge in ganz Südamerika zu sein. Die Exportdynamik hängt entscheidend vom Wechselkurs des Reals ab, welcher darüber entscheidet, ob sich Exporte lohnen oder ob sie schlichtweg zu teuer sind.

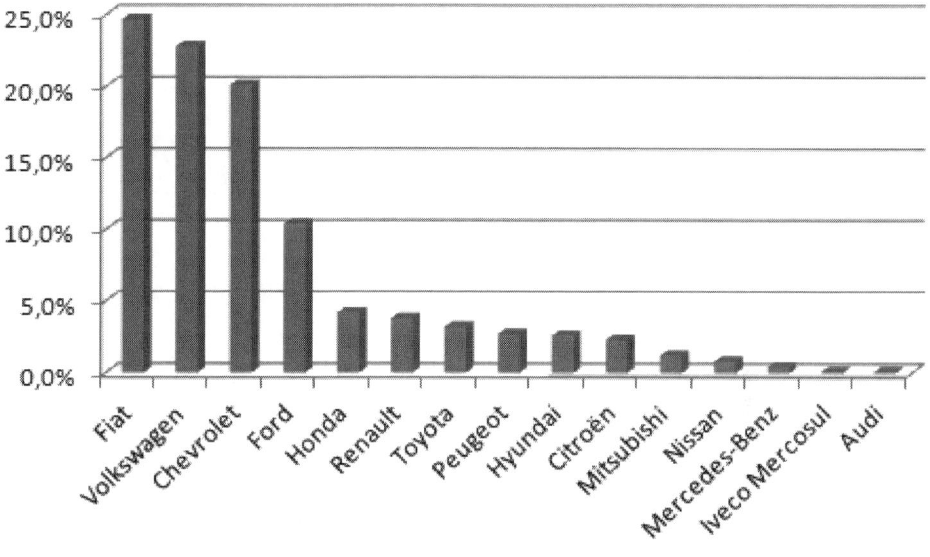

Marktanteile der Autohersteller in Prozent

Zu den beliebtesten Modellen gehören der VW Gol, der Chevrolet Celta, der Chevrolet Corsa Sedan, Fiat Uno, der VW Fox/Cross Fox, der Fiat Palio, Fiat Strada, Ford Fiesta, Toyota Corolla und VW Voyage. Der VW Gol ist mit einer Absatzmenge von 293.323 Fahrzeugen (2012) derzeit das beliebteste Auto Brasiliens. Aktuell hat Brasilien eine Kraftfahrzeugflotte von 34,6 Mio. KFZ (rechnet man alle Kleintransporter, Motorräder, Omnibusse dazu, so zählt die brasilianische Fahrzeugflotte sogar über 70 Mio. Fahrzeuge). Darunter sind 27,4 Mio. PKW und 7,2 Mio. Nutzfahrzeuge. Rechnet man diese Anzahl an KFZ auf die Gesamtbevölkerung runter, so ergibt sich, dass im Durchschnitt nur jeder siebte Brasilianer einen PKW fährt (zum Vergleich: in Deutschland fährt im Schnitt jeder Zweite einen PKW). Daraus ergibt sich ein enormes Potenzial: Der brasilianische Automobilmarkt ist noch nicht gesättigt. Es bestehen gute Chancen, dass sich die PKW-Flotte innerhalb der nächsten 10 bis 20 Jahre sukzessive vergrößern wird. Selbst bei einer PKW-Flotte von 50 Mio. Autos hätte lediglich jeder vierte Brasilianer im Durchschnitt ein eigenes Auto. Beim Automarkt Brasilien gilt ähnlich wie beim chinesischen Automarkt: „Die Masse macht's!"

Wie tickt nun der Markt? So wie ich die Brasilianer kennengelernt habe, haben sie eine deutliche Präferenz für Neuwagen. Und Neuwagen werden fast zu jedem Preis gekauft. Eine Bekannte aus São Paulo hatte sich im Jahr 2009 einen neuen Citroën C3 gekauft. Ich wunderte mich zunächst, dass sie sich als junge Frau im Alter von 23 Jahren schon einen Neuwagen geleistet hat. Sie erzählte mir, dass sie den Wagen auf Kredit gekauft hat und diesen für die nächsten sechs Jahre abbezahlen wird. Mir wurde bald klar, dass diese Art des Autokaufes in Brasilien gang und gäbe ist. Autos werden auf Pump gekauft. Ein Gebrauchtwagenmarkt mit erschwinglicheren Autos – wie er in Deutschland oder in den USA existiert – ist aufgrund mangelnden Vertrauens in Brasilien nicht sonderlich weit entwickelt. Höchstens die sogenannten *Semi Novos* (Halbneue Autos), ein- bis zweijährige PKWs, haben auf dem Markt noch gute Absatzchancen. In der Megastadt São Paulo bin ich mehrmals an großen Autohändlern vorbeigefahren, die genau diese *Semi Novos* anbieten. Wer sich für das Thema interessiert, kann auch mal einen Blick auf die Webseite www.icarros.com.br werfen. Das Auto ist in Brasilien zu einem wichtigen Statussymbol geworden. Einer meiner brasilianischen Freunde, der selbst Unternehmer ist, erzählte mir von seinem neuen Volvo, bei dem es sich um ein Importfahrzeug handelt. Bei genau diesen importierten Fahrzeugen wird es allerdings schwierig – und vor allem: es wird richtig teuer! Auf importierte Fahrzeuge muss der Kunde 55 % Importzölle zahlen. In Brasilien sind beispielsweise deutsche Autos doppelt so teuer wie bei uns. Und der Kunde ist bereit diesen hohen Preis zu zahlen. Wenn er unbedingt dieses eine Auto haben möchte, hat er schlichtweg keine andere Wahl, als tief in die Tasche zu greifen. Mit dieser Strategie will die Regierung den Autokäufer dazu zwingen, Fahrzeuge aus heimischer Produktion zu kaufen.

Brasiliens Automarkt nimmt Fahrt auf – Stadtautobahn in São Paulo

Hinter all diesen Tatsachen verbirgt sich eines der wohl wichtigsten Phänomene der brasilianischen Automobilbranche: Auch hier nimmt der Staat wieder einmal einen großen Einfluss auf das Marktgeschehen. Mit immensen Importzöllen, Steuervergünstigungen für heimische Automobilproduzenten und staatlichen Investitionshilfen will die derzeitige Regierung unter Dilma Rousseff den Markt vor ausländischer Konkurrenz abschotten. Diese Abschottung erfolgt vor allem gegenüber den drei wichtigsten „*Mature Markets*" der globalen Automobilindustrie – den USA, Europa und Ostasien. Der jüngste „protektionistische Akt" der Regierung ist eine radikale Erhöhung der Importzölle von Fahrzeugen aus Mexiko, wo bis vor Kurzem noch ein Abkommen bestand. In Form von staatlichen Finanzhilfen – auch durch die Entwicklungsbank BNDES – will die Regierung den Autokonzernen bei neuen Investitionen „unter die Arme greifen". Mit dieser Strategie will die Regierung folgende Ziele erreichen: Sie möchte das Produktionswachstum im eigenen Land aufrecht erhalten, Arbeitsplätze sichern und die Kapitalflüsse in Brasilien halten. Kurzum: Die brasilianische Autoindustrie soll um jeden Preis bestehen bleiben und weiter wachsen. Durch diese Schritte passiert nun folgendes: Die Automobilpreise steigen in schwindelerregende Höhen. Laut dem Brasilien-Chef von Renault, Olivier Murguet, gehören die Produktionskosten zu den höchsten weltweit. Hier taucht wieder der „*Custo Brasil*" auf – ein Mix aus relativ hohen Löhnen, Steuern, Bürokratie und hohen Transportkosten (aufgrund der problematischen Infrastruktur). Außerdem können Investitionsentscheidungen zuungunsten Brasiliens ausfallen: BMW, Jaguar Land Rover (Tat Group) und die chinesische JAC Motors Gruppe überdenken mittlerweile ihre geplanten Werkseröffnungen in Brasilien. Letztendlich leiden die internationale Wettbewerbsfähigkeit sowie die Markteffizienz unter der protektionistischen Wirtschaftspolitik. Mein brasilianischer Bekannter, der Unternehmer, bemängelte beispielsweise die Qualität der in Brasilien produzierten Fahrzeuge – einige hätten noch nicht einmal elektrische Fensterheber und seien überhaupt von bescheidener Qualität. Die jüngste Entwicklung der Automobilindustrie zeigt: Die heimische Automobilproduktion ist seit dem Jahr 2010 leicht eingebrochen. Während die Verkäufe von heimischen Fahrzeugen gesunken sind, sind gleichzeitig die Verkäufe von Importfahrzeugen gestiegen. Trotz der Komplexität des brasilianischen Automarktes und der zwanghaften politischen Einflussnahme auf das Marktgeschehen sind die Zukunftsprognosen für die Branche positiv. Der Markt ist schlichtweg noch nicht gesättigt und das Nachfragepotenzial wird sowohl für PKW als auch für Nutzfahrzeuge bestehen bleiben.

Bauindustrie

Wenn Sie das erste Mal in Brasilien sind, wird es Ihnen auffallen: Das Stadtbild brasilianischer Großstädte (wie São Paulo, Rio de Janeiro, Belo Horizonte, Fortaleza) und mittelgroßer Städte (wie Santos, Campinas, Ribeirão Preto, Florianópolis, Uberlândia oder Joinville) ist stark von Hochhäusern geprägt. Sie müssen noch nicht einmal nach Brasilien reisen. Stattdessen können Sie auch die Namen verschiedener brasilianischer Städte „googeln". Dann werden Sie es auf den Bildern sehen: Eine Ansammlung von Hochhausbauten drückt den Städten massiv ihren Stempel auf. Im Gegensatz zum klassischen US-amerikanischen Stadtbild – wo Hochhäuser meistens nur in den „Downtown"-Distrikten, also den zentralen Geschäftsvierteln, gen Himmel ragen – scheinen sich die Hochhauslandschaften in den brasilianischen Städten, vom Zentrum ausgehend, immer weiter auszubreiten. Ein Hauptgrund für diese massive bauliche Verdichtung in den Städten ist zweifelsohne die starke Landflucht, die die explosionsartige Urbanisierung ausgelöst hat. Bei den Hochhäusern in den brasilianischen Städten handelt es sich außerdem in neun von zehn Fällen um Wohnhochhäuser, die sogenannten *Condominios* (engl. Condominium). Innerhalb der letzten 30 Jahre hat es einen regelrechten Bauboom gegeben, bei dem die großen Bau- und Immobilienunternehmen blockweise städtische Grundstücke aufgekauft haben. Dort wo einst flache Einfamilienhäuser der unteren und mittleren Mittelschicht standen, begannen die Bauunternehmen

15- bis 20-stöckige Wohnhochhäuser hochzuziehen. Im Gegensatz zu den USA, Deutschland und Frankreich, wo Wohnhochhäuser in vielen Fällen als soziale Brennpunkte gelten, sind die besagten *Condominios* in Brasilien das Zuhause der oberen und unteren Mittelschicht (teilweise auch der Oberschicht). Die untersten sozialen Schichten Brasiliens hausen in den meisten Fällen in den berühmt-berüchtigten *Favelas*. Ein Großteil der brasilianischen Mittelschicht präferiert die neuen, pflegeleichten und sicheren Apartments (mit Doormen und Alarmsicherung) als Behausungsart. Die Bauindustrie kann sich über diese Entwicklung freuen.

Immer wenn man über den Bau- bzw. Immobiliensektor spricht, reißt man ein großes Thema an – oder besser gesagt einen großen Wirtschaftssektor, der sich in viele Teilbereiche aufgliedert. Die Teilbereiche des Immobilienuniversums unterteilen sich im weitesten Sinne in sechs Branchen: Baubranche, Maklerbranche, Immobilienfinanzierung, Projektentwicklung, Immobilieninvestment und Immobilienmanagement (Facility Management, Property Management und Center Management). Ich werde mich hier in erster Linie auf die Baubranche beschränken, da es sich hierbei im eigentlichen Sinne um einen „Industriesektor" handelt. Immobilien können sozusagen als hergestelltes „Produkt" der Bauindustrie betrachtet werden. Die übrigen Branchen des Immobilienuniversums (z. B. Makler oder Immobilieninvestment) sind vielmehr dem Dienstleistungssektor zuzuordnen. Viele der brasilianischen Bauunternehmen wie Cyrela, BR Malls, Gafisa sind gleichzeitig universale Immobiliendienstleister. Das heißt, dass streng genommen gewisse Geschäftsbereiche dieser Unternehmen eher zum Dienstleistungssektor zählen, anstatt zum produzierenden Gewerbe. Wenn man über Immobilienmärkte spricht, muss man sich im Klaren sein, das man stets über Teilmärkte spricht. Bei Immobilien unterscheidet man zwischen Wohnimmobilien (Einfamilienhäuser, Mehrfamilienhäuser / Apartmenthäuser), Gewerbeimmobilien (Büros, Einzelhandel / Shopping Center, Industrieimmobilien, Logistikimmobilien) und Spezialimmobilien (Krankenhäuser, Bahnhöfe, Diskotheken, Altenheime). Hier möchte ich mich primär auf Wohnimmobilien, Büros und Shopping Center beschränken. Dieser Bereich ist in

Brasilien unter dem Namen *Construção Civil* bekannt. Daneben gibt es noch den Bau von Infrastrukturbauwerken wie Straßen, Kraftwerken, Eisenbahnlinien, Wasserleitungen und Flughäfen. Insbesondere dieses Segment der Baubranche wird als kritisch und vital für die zukünftige Wirtschaftsentwicklung Brasiliens angesehen. Eine funktionierende Infrastruktur ist elementar für ein weiteres und nachhaltiges Wachstum der größten Volkswirtschaft Lateinamerikas. Mithilfe des staatlichen Programmes PAC 2 sollen in den Jahren 2011 bis 2014 rund 1 Bill. R$ in Infrastrukturprojekte fließen.

Typische Wohnhochhäuser in São Paulo

Laut der brasilianischen Zeitschrift Exame war Brasilien im Jahr 2012 der bewegteste Immobilienmarkt der Erde. Was heißt das konkret? Gemäß dem Global House Price Index, einem bekannten Index für Immobilienpreise, der vom Immobiliendienstleister Knight Frank herausgegeben wird, sind die Immobilienpreise in Brasilien im weltweiten Kontext am stärksten in die Höhe geschossen. Mit satten 15,2 % Preisanstieg innerhalb der letzten zwölf Monate liegt Brasilien im Ranking auf Platz 1, noch vor den weiteren „heißen" Immobilienmärkten unserer Erde – wie Hong Kong, Türkei, Russland und Kolumbien. Der Bausektor spielt bei dieser Entwicklung eine maßgebliche Rolle, denn er stellt die Angebotsseite des Immobilienmarktes dar. Im Jahr 2011 machte der Bausektor in Brasilien 5,7 % des BIP aus. Innerhalb von zehn Jahren – zwischen 2001 und 2011 hat sich der Wohnungsbestand um sage und schreibe 28 % ausgeweitet. Während im Jahr 2001 insgesamt 44,7 Mio. Wohnungen bzw. Haushalte existierten, gab es 2011 bereits 57,3 Mio. Wohnungen. Das heißt, dass zwischen 2001 und 2011 im jährlichen Durchschnitt rund 1,26 Mio. Wohnungen neu erstellt wurden. Allerdings hat sich in den letzten 20 Jahren auch die Haushaltsgröße merklich verringert. Von 4,2 Köpfen pro Haushalt im Jahr 1991 auf 3,3 Köpfe pro Haushalt im Jahr 2011. Das heißt mit anderen Worten, dass es auch in Brasilien einen Trend zu kleineren Haushalten gibt (natürlich ist dieser hier noch weit entfernt von den kleinen Haushaltsgrößen in Europa). 87 % der Wohneinheiten sind Häuser, 12,98 % sind Apartments und 0,02 % sind Indio-Hütten. Im Jahr 2010 beliefen sich die gesamten Bruttoeinnahmen der Baubranche auf 263,09 Mrd. R$, was einem Wert von 150,34 Mrd. US$ entspricht. Bei der Frage ,wie viele Personen in der Baubranche beschäftigt sind, wird es kompliziert. Nach offiziellen Angaben des IBGE verdienten im Jahr 2010 rund 2,48 Mio. Arbeitnehmer in der Baubranche ihren Lebensunterhalt. De facto arbeiten allerdings ca. 6,8 Mio. Menschen für die brasilianische Bauindustrie. Somit sind 4,4 Mio. Menschen informell im Bausektor beschäftigt. Letztere arbeiten ohne Arbeitsausweis – also schwarz, in Eigenleistung, als Selbstständige im informellen Sinne oder gar ohne jegliche Entlohnung. Der Durchschnittslohn eines Beschäftigten im brasilianischen Bausektor beläuft sich auf 1.300 R$ pro Monat. Das entspricht einem Monatslohn von umgerechnet 550 €.

Global House Price Index - Top 20		
Rang	Land	Preisveränderung in 12 Monaten
1	Brasilien	15,2%
2	Hong Kong	14,2%
3	Türkei	11,5%
4	Russland	10,7%
5	Kolumbien	10,5%
6	Österreich	10,1%
7	China	7,7%
8	Malaysia	7,3%
9	Norwegen	7,0%
10	Island	6,6%
11	Indien	6,5%
12	Estland	6,4%
13	Schweiz	6,3%
14	Neuseeland	5,0%
15	Indonesien	4,2%
16	Mexiko	3,7%
17	Kanada	3,6%
18	USA	3,6%
19	Deutschland	3,3%
20	Belgien	2,8%

Global House Price Index 2012 von Knight Frank – Die Top 20 Immobilienmärkte

Zwischen den Jahren 1992 und 2003 war der brasilianische Bausektor von Instabilität geprägt. Ein niedriges Investitionsniveau, unzureichend qualifizierte Arbeitskräfte und eine spärliche Anzahl von Immobilienfinanzierungen prägten das Marktumfeld. Ab 2004 nahm die brasilianische Baubranche schließlich Fahrt auf. Ein leichterer Zugang zu Krediten, sinkende Zinsen und staatliche geförderte Anreize, z. B. das Förderprogrammes *Minha Casa, Minha Vida* (Mein Haus, mein Leben) schafften ein positives

Umfeld für Bauaktivitäten. Wie bereits oben erwähnt haben sich die brasilianischen Großstädte innerhalb der letzten Jahrzehnte baulich zunehmend vertikalisiert. Aus Gesprächen mit älteren *Paulistanos* erfuhr ich, dass viele Stadtviertel, die heute durch Hochhausbauten geprägt sind, früher viel dünner besiedelt waren und sich durch eine flache Bauweise auszeichneten. Immobilienspekulanten haben im Laufe der Jahre oft „Häuserblockweise" städtische Flächen aufgekauft, die darauf stehenden alten Häuser abgerissen und neue 10- bis 20-stöckige Condominiums errichtet. Einerseits trugen sie damit dem Urbanisierungsdruck Rechnung, denn für die vielen Menschen, die vom Land in die Städte strömten, musste Wohnraum geschaffen werden. Jedoch – wie soll es auch anders sein – ging es den Immobilienunternehmen in erster Linie um den Profit. Aus dem Abverkauf von Wohnungen konnten sie sehr viel mehr Gewinn schlagen als mit der Erstellung von flachen Einfamilien- oder Reihenhäusern. Außerdem verteuerte sich das Bauland in São Paulo im Laufe des 20. Jahrhunderts zusehends. Aktuell erreichen die Baulandpreise in São Paulo schwindelerregende Höhen. Wer sind die größten Player der brasilianischen Bauindustrie? Zu den bedeutendsten Bauunternehmen des Landes zählen Odebrecht, Gafisa, PDG Realty, MRV Engenharia, Cyrela, Brookfield Incorporações, BR Malls und Rossi Residencial. Viele dieser genannten Unternehmen haben in ihrem operativen Geschäft auch einen starken Fokus auf Projektentwicklung und Immobilieninvestment (z. B. PDG Realty oder Cyrela). Insgesamt sind 79.400 Unternehmen in der brasilianischen Bauindustrie operativ tätig. Die Baubranche kann auf fast zehn Boom-Jahre zurückblicken (abgesehen vom Krisenjahr 2009 als Folge der globalen Finanzkrise). In den Jahren wuchs sie stets schneller als das brasilianische BIP. Die Baubranche hat das BIP – um es auf Finanzdeutsch zu sagen – in den meisten Jahren zwischen 2004 und 2012 „outperformt". Trotz der Erhöhung des Angebotes scheinen die Preise auf den Immobilienmärkten der großen Millionenstädte zu explodieren. Zwischen den Jahren 2008 und 2012 rauschten die Preise in Rio de Janeiro um 185 % und in São Paulo um 151 % in die Höhe. Die durchschnittlichen Preise pro m^2 betragen in Rio de Janeiro 3.700 US$ und in São Paulo 3.500 US$. Ein weiteres wichtiges Charakteristikum des brasilianischen Immobilienuniversums ist die hohe Eigentümerquote. Insgesamt 75 % des landesweiten Wohnungsbestandes sind Eigentumswohnungen. Auch im Gewerbeimmobilienbereich gibt es im wahrsten Sinne des Wortes „Spielraum nach oben". Die mit Abstand wichtigsten Standorte für Gewerbeimmobilien sind São Paulo und Rio de Janeiro. Hier befinden sich die größten Büroflächenmärkte des Landes. Rund 60 % aller hochwertigen Büroflächen (Kategorie AA oder A) in Brasilien sind in diesen beiden Städten lokalisiert. Im Jahr 2009 belief sich der Gesamtbestand von Büroflächen in São Paulo auf 9,4 Mio. m^2. Mit dieser Menge an Büroflächen ist der Mietmarkt für Büroflächen noch nicht gesättigt. Zum Vergleich die Büroflächenbestände in ausgewählten Städten: New York City: 40 Mio. m^2 London: 25 Mio. m^2; Frankfurt a. M.: 12 Mio. m^2. Innerhalb der letzten Jahre führte das begrenzte Büroflächenangebot bei anhaltend hoher Nachfrage zu einem enormen Anstieg der Mieten. Allerdings sind die Leerstandsquoten in São Paulo und Rio de Janeiro in jüngster Zeit angestiegen. Laut Jones Lang LaSalle und Colliers liegen sie aktuell bei 17,7 % in São Paulo beziehungsweise bei 10,1 % in Rio de Janeiro. Viele vormals im Bau befindliche Bürohochhäuser sind nun fertiggestellt und das Angebot an Büroflächen hat sich damit deutlich ausgeweitet. Auch der Bereich Shopping-Center ist im Wachstum begriffen. In dieses Segment flossen 25 % aller Bauinvestitionen. Aktuell gibt es in São Paulo rund 44 Shopping-Center. In vielen mittelgroßen brasilianischen Städten wie Ribeirão Preto, Goiânia oder São José dos Campos ist der Bereich Shopping-Center ebenfalls ein Wachstumssegment. In den nächsten Jahren wird der brasilianische Hotelsektor zunehmend in den Fokus der Medienöffentlichkeit gelangen. Im Angesicht der nahenden Fußball WM 2014 und der Olympischen Spiele 2016 liegt dies auf der Hand. Zudem hat die brasilianische Regierung ein starkes Interesse daran, den Tourismussektor zu vergrößern und visiert eine Menge von über 9 Mio. Besuchern pro Jahr an. Seit 2008 haben vier große globale Hotelgruppen Development-Teams nach Brasilien entsandt, um den Markt für mögliche Investitionen und Projekte zu durchleuchten. Vor allem der brasilianische Nordosten gehört zu einer attraktiven Region für Hotelinvestments. Rund 43 % aller Hotelprojekte, die bis 2008 im Gange waren, entfielen auf den Nordosten. Außerdem erfährt der Hotelsektor über die staatlich geförderten Kredite *Pro-Copa* Unterstützung vonseiten der BNDES, die dafür 1 Mrd. R$ für Renovierungen und die Expansion des Hotelsektors bereitstellt. Die Hauptrisiken für die brasilianische Hotelbranche sind: Hohe Grundstückspreise in den Städten, komplexe Baugesetze und eine mangelhafte Verfügbarkeit von bebaubarem Land. Doch unter dem Strich sieht es für den brasilianischen Hotelsektor definitiv positiv aus.

Die Hauptgründe für den jüngsten Bauboom sind folgende: Eine anhaltend hohe Nachfrage bei begrenztem Angebot (in Bra-

Die Vertikalisierung der brasilianischen Großstädte – Hier São Paulo

silien fehlen knapp 8,3 Mio. Wohnungen), erleichterter Zugang zu Krediten, steuerliche Anreize sowie niedrige Zinsen schaffen exzellente Voraussetzungen für einen schwungvollen und dynamischen Immobilienmarkt. In den kommenden Jahren wird vor allem im Hinblick auf die beiden Sport-Großereignisse ein weiteres Wachstum erwartet. Allerdings mehren sich Zeichen einer Abkühlung des Marktes. Insbesondere die hohe Verschuldung der Brasilianer kann in den nächsten Jahren zu größerer Vorsicht führen, was auf die Nachfrage nach Immobilien drücken wird. Eine der wichtigsten Herausforderungen für die brasilianische Immobilienwirtschaft wird die Schaffung von ausreichendem Wohnraum, insbesondere für die niedrigen Einkommensschichten sein.

Chemische Industrie

Fast auf Schritt und Tritt begleiten uns als Konsumenten Produkte, die aus chemischen Verbindungen hergestellt werden. Ob Plastikflaschen, Verpackungen für Lebensmittel, Plastiktüten, Rohre, Folien, Gummi sowie diverse Vorprodukte für die Pharma- und Textilindustrie – all diese Produkte sind Ergebnisse eines chemischen Prozesses. Hier knüpft die Chemieindustrie an. Ihre Kernaufgabe liegt darin, Rohstoffe durch einen chemischen Prozess umzuwandeln und somit neue Substanzen herzustellen. Insgesamt existieren etwa 70.000 Produkte, die durch chemische Verfahren erzeugt werden. Auch der Chemiesektor stellt in Brasilien eine weitere wichtige Industriebranche dar. Mit einem Umsatzvolumen von 248,95 Mrd. R$ oder umgerechnet 158,8 Mrd. US$ machte er im Jahr 2011 6,35 % des brasilianischen BIP aus und generiert etwa 10 % des gesamten nationalen industriellen Outputs. Damit legte sie ein robustes Wachstum in Höhe von 23 % im Vergleich zum Vorjahr hin, wo das Umsatzvolumen der brasilianischen Chemieindustrie noch bei 128,6 Mrd. US$ lag. Insgesamt arbeiten etwa 400.000 Menschen in der brasilianischen Chemieindustrie. Damit ist Brasilien der siebtgrößte Standort der Chemieindustrie weltweit. Wichtige chemische Verbindungen, die für die Produktion von zahlreichen Wirtschaftsgütern eingesetzt werden, sind Polymere (Polyethylen, PVC, Polypropylen, Polyvinylchlorid, Polystyren, Polyester und Acryl), petrochemische Verbindungen (Ethyl, Toluol, Benzol, Ethanol und Vinylchlorid), anorganische Chemikalien (Salze, Chloride, Säuren, Titan Dioxid und Hydrogen Peroxid), Düngemittel (Phosphate, Ammoniak und Kaliumkarbonate) und sonstige Verbindungen (Gummi, Tenside, Färbemittel, Terpentin und Granulat). Der mit Abstand größte Produktbereich im brasilianischen Chemiesektor nach Nettoerträgen ist der Bereich der technischen Chemie (auch Industriechemie genannt). Er ist allein für 48 % der Nettoerträge verantwortlich. Der zweitwichtigste Produktbereich ist der Bereich der pharmazeutischen Produkte, der 16 % der Nettoerträge ausmacht (2010).

Insgesamt gibt es in Brasilien 4.000 Unternehmen, die in der chemischen Industrie operativ tätig sind. Das größte Chemieunternehmen ist Braskem. Das erst im Jahr 2002 gegründete Unternehmen entstand als Folge der Privatisierung der Petrochemischen Industrie. Nachdem die Regierung das Privatisierungsprogramm für die Chemieindustrie (PND) ins Leben rief, sicherte sich der Mischkonzern Odebrecht S. A. aus Bahia wichtige Anteile in der Branche. Odebrecht S. A. kaufte eine Reihe von Chemieunternehmen auf – darunter PPH, Poliolefinas, Salgema, CPC sowie einen großen Geschäftsanteil von Copesul. Infolge der Konsolidierung aus den sechs Unternehmen Copene, OPP, Trikem, Nitrocarbono, Proppet und Polialden entstand die heutige Braskem S. A. Diese ist heute das viertgrößte Petrochemieunternehmen auf den amerikanischen Kontinenten und das größte Petrochemieunternehmen Lateinamerikas nach Umsatz. Gemessen an seiner Produktionskapazität ist Braskem sogar das größte Petrochemieunternehmen der westlichen Hemisphäre. Das Unternehmen betreibt in Brasilien zwei große Petrochemiekomplexe – einer in Camaçari (Bahia) und einer in Triunfo (Rio Grande do Sul). Die 2010 eröffnete Ethylen-Anlage in Triunfo stellt einen wichtigen Meilenstein für die Entwicklung der brasilianischen „Grünen Chemie" dar, weil es zu 100% erneuerbare Rohstoffe für seine Produktion einsetzt (in diesem Fall Ethanol). Zudem besitzt Braskem das größte und fortschrittlichste F&E Zentrum Südamerikas – das Braskem Technology & Innovation Center. Im Jahr 2007 vollzog Braskem zusammen mit Petrobras und Ultrapar die größte Unternehmensfusion in der brasilianischen Wirtschaftsgeschichte: Sie kauften für $ 4 Mrd. das Erdölunternehmen Grupo Ipiranga und teilten die Geschäftsbereiche (Distribution und Petrochemie) unter sich auf, wobei Braskem sich den petrochemischen Bereich einverleibte. Außerdem geht Braskem eine Kooperation mit Petrobras ein, mit dem Ziel, eine neue Polypropylen-Anlage in Paulina (Bundesstaat São Paulo) zu errichten. Auf den Rängen danach folgen die Unternehmen Refap, BASF und Bayer. Refap wurde 1968 in Canoas, Rio Grande do Sul gegründet und ist seit 2001 im Petrobras-Konzern aufgegangen. Das Unternehmen ist auf den Bereich Petrochemie spezialisiert. Mit Bayer, BASF, Du Pont, Dow und Bunge sind sie unter den Top Ten. Ähnlich wie in der Automobilbranche gibt es auch im Chemiesektor eine starke Präsenz ausländischer Unternehmen. Allerdings sind hier die größten beiden Unternehmen – Braskem und Refap – in brasilianischer Hand. Die Unternehmen der brasilianischen Chemieindustrie haben sich in dem Branchenverband ABIQUIM zusammengeschlossen, der 1964 gegründet wurde. Seine Hauptaufgabe besteht darin, die nachhaltige Entwicklung der Chemiebranche zu fördern und deren Wettbewerbsfähigkeit zu steigern.

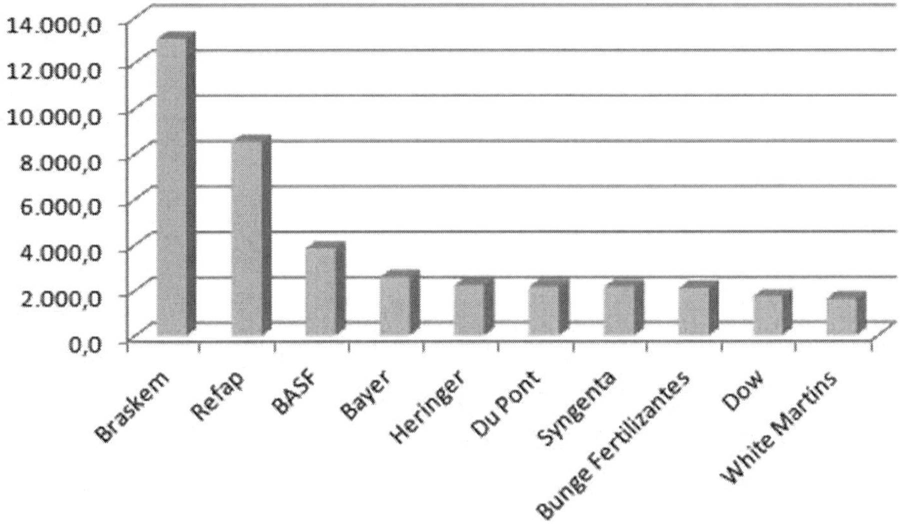

Die größten 10 Chemieunternehmen Brasiliens nach Umsatz (in Mio. US$)

Die Hauptstandorte der brasilianischen Chemieindustrie – im Bereich der Industriechemie/technischen Chemie – sind die Bundesstaaten São Paulo, Rio de Janeiro, Rio Grande do Sul, Bahia und Minas Gerais. Zusammengenommen befinden sich in diesen fünf Bundesstaaten mehr als 84 % aller Standorte der brasilianischen Chemieindustrie. In einigen Bundesstaaten im Norden oder Zentralwesten (Amapá, Tocantins, Mato Grosso) befindet sich keine einzige Chemie-Produktionsstätte. Obwohl der brasilianische

Chemiesektor sich dynamisch entwickelt ist er kein exportorientierter Sektor. Im Chemiesektor gibt es ein Handelsdefizit in Höhe von 26,5 Mrd. US$ Brasilien importiert weit mehr chemische Erzeugnisse als es exportiert. Dies ist ein weiteres Beispiel für die nach innen – das heißt. auf den Heimatmarkt – ausgerichtete Industrie des Landes. Der Durchschnittslohn im Chemiesektor lag im Jahr 2010 bei umgerechnet 2.474 US$ pro Monat, was in etwa vier bis fünfmal so hoch ist wie der nationale Durchschnittslohn.

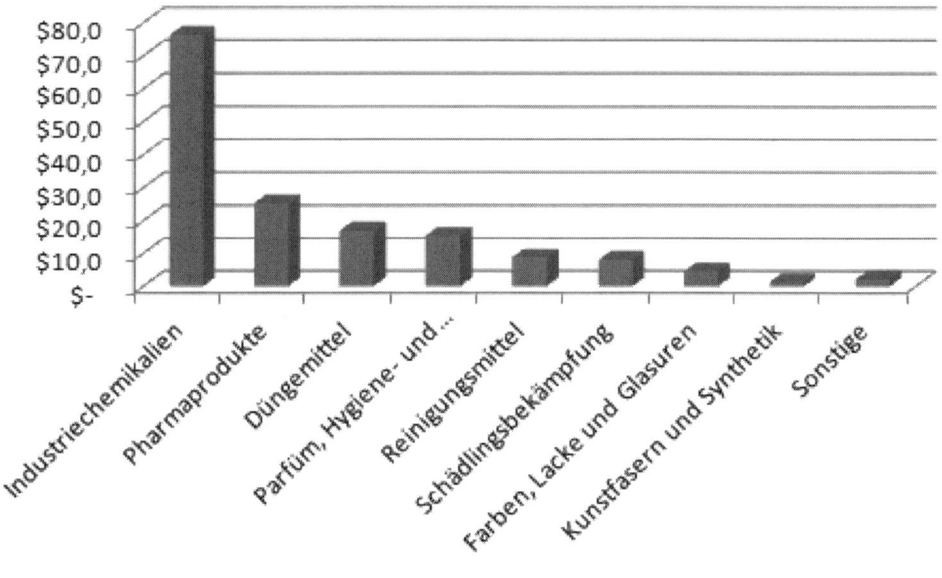

Umsätze der brasilianischen Chemieindustrie nach Segmenten (in Mrd. US$)

Sonstige Industriezweige

Daneben gibt es noch weitere wichtige Industriezweige wie beispielsweise die Papier- und Zelluloseindustrie, die Industrie für Elektronikwaren oder die Luft- und Raumfahrtindustrie. Die brasilianische Papier- und Zelluloseindustrie profitiert maßgeblich von den endlos erscheinenden Ressourcen an Wäldern, die das gesamte Amazonasbecken bedecken. Wichtige Unternehmen dieser Branche sind Aracruz Celulose aus São Paulo und Suzano Papel e Celulose aus Bahia. Die Elektronikindustrie ist ein weiteres Beispiel für die bei brasilianischen Regierungen so beliebte Importsubstitution. Im Bundesstaat Amazonas wurde für diesen Industriezweig sogar extra eine Freihandelszone eingerichtet. Mit dieser Strategie beabsichtigte die Regierung den Bundesstaat Amazonas – bzw. ihr urbanes und ökonomisches Zentrum Manaus – wirtschaftlich zu beleben. Wichtige Unternehmen der brasilianischen Elektronikindustrie sind LG, JVC, Siemens, Sat Bras, Multidata Eletrônica etc. Ähnlich wie im Automobilsektor will Brasília auch in der Elektronikbranche den Kauf von heimisch produzierten Elektronikwaren forcieren. Importierte Elektronikwaren sind in Brasilien sehr überteuert. Viele meiner brasilianischen Freunde haben mich daher gebeten – als ich von Deutschland aus nach Brasilien reiste – dass ich ihnen Elektronikwaren mitbringen möchte. Ob Handys, USB-Sticks, Laptops, Router oder MP3-Player. Als Ventil zu dieser Politik haben sich allerdings riesige Elektronik-Schwarzmärkte etabliert, auf denen die Elektronikwaren zu erschwinglicheren Preisen zu haben sind (z. B. Santa Efigênia in São Paulo). Das mit Abstand wichtigste Unternehmen der brasilianischen Luft- und Raumfahrtindustrie ist der Flugzeugbauer Embraer, auf den ich in Kapitel 5 noch intensiver eingehen werde. Daneben gibt es noch einige große Mischkonzerne wie Votorantim und Odebrecht, deren Unternehmensbereiche zum Großteil im industriellen Sektor angesiedelt sind.

Der brasilianische Industriesektor stellt eine wichtige Stütze für die brasilianische Volkswirtschaft dar. Er hat sich vergleichsweise spät entwickelt und nahm erst Mitte des 20. Jahrhunderts richtig Fahrt auf. Aufseiten der Politik gehörten Vargas und Kubitschek zu den Hauptbefürwortern und Vorkämpfern für einen starken nationalen Industriesektor. Mit Hilfe der Importsubstitutions-Strategie bauten die Wirtschaftslenker sukzessive nationale Industriebranchen auf und bewahrten diese vor ausländischer Konkurrenz mit Schutzzöllen. Aktuell macht der Industriesektor über ein Viertel des brasilianischen BIP aus und beschäftigt 19 % aller arbeitenden Brasilianer. Im Gegensatz zum primären Sektor ist der brasilianische sekundäre Sektor in erster Linie auf den Binnenmarkt fokussiert. Während einige Industriesektoren fortschrittlich und global wettbewerbsfähig operieren, wie beispielsweise der Chemiesektor oder die Stahlindustrie, sind andere Industriebranchen im globalen Wettbewerbsumfeld eher schwach auf der Brust, wie die Automobil- oder die Elektronikindustrie. Letztere werden aus wirtschaftsstrategischen Gründen und zur Sicherung von Arbeitsplätzen wie ein „nationales Wirtschaftsheiligtum" behandelt und mithilfe von steuerlichen Anreizen und Schutzzöllen am Leben gehalten und vor der globalen Konkurrenz abgeschirmt.

Der tertiäre Sektor – Die drei „K's" Konsum, Kredite und Kommunikation

Die Brasilienkenner unter Ihnen werden mir zustimmen: Brasilien ist eindeutig eine Konsumgesellschaft. Die Menschen in Brasilien lieben es, ihr verdientes Geld schnell wieder auszugeben, um ihren neuen Reichtum der Außenwelt zeigen zu können – sei es in Form von Handys, Kleidung, Schuhen, Autos, Immobilien oder Schönheit/Aussehen. Überall sind in Brasilien in den letzten Jahren Shopping-Center aus dem Boden geschossen. Allein im Großraum São Paulo gibt es derzeit 50 Shopping-Center. Das Shopping-Center hat sich in Brasilien zu einem der beliebtesten Orte für das gesellschaftliche Geschehen entwickelt. Hier im *Shopping* trifft man sich in der Mittagspause, nach Feierabend, man isst, kauft ein, bespricht Geschäftliches, flaniert, „parkt" die Kinder in einer Kinderwelt mit Spielgeräten, läuft Schlittschuh, gönnt sich eine Massage oder geht ins Kino. Ein fortwährendes Sehen und Gesehenwerden. Und ein Konsumieren, ohne sich allzu viele Gedanken über das Geldausgeben oder gar über morgen zu machen. An dieser Mentalität knüpft der tertiäre Sektor perfekt an. Der tertiäre Sektor – oder Dienstleistungssektor – trägt mit einem Anteil von 70% am meisten zur brasilianischen Wirtschaftsleistung bei. Brasilien hat somit in etwa denselben prozentualen Dienstleistungsanteil am BIP wie Deutschland. Damit ist das Land zweifelsohne eine Dienstleistungsgesellschaft. Der Dienstleistungssektor ist ein sehr breit gefächerter Wirtschaftssektor und umfasst eine Vielzahl an Branchen. Er umfasst Finanzdienstleistungen, Bildungsdienstleistungen, persönliche Dienstleistungen, unternehmensbezogene Dienstleistungen, Gesundheitsdienstleistungen und IT-Dienstleistungen. Klassische Dienstleistungsbranchen sind Banken, Versicherungen, Tourismus, Handel, Verkehr, Telekommunikation, Reinigungsdienste, Gesundheitsdienstleistungen, Bildung etc. Banken und insbesondere Kreditkartenunternehmen nutzen die Konsummentalität ihrer Landsleute radikal aus und machen ein Geschäft daraus. Der Konsum-Hype, der in der neuen brasilianischen Mittelschicht um sich greift, ist so stark, dass viele Brasilianer sich Sachen auf Raten kaufen. Sie kaufen zum Beispiel Markenschuhe (z. B. Sneakers von Nike) und haben die Möglichkeit, diese in 20 Raten abzubezahlen. Dann erhalten Sie die Ware sofort und die Finanzierung wird in die Zukunft verlagert. Der mangelnde Spartrieb der Brasilianer ist auch historisch begründet. Zur Zeiten der Hyperinflation in den 1980er Jahren haben die Leute erfahren, dass es keinen Sinn macht Geld zu sparen. Geld, das man damals gehortet hat, war kurze Zeit später bereits wertlos. Da war es besser, man haut die Einkünfte gleich auf den Kopf! Werfen wir noch einmal einen Blick auf die größten zehn brasilianischen Unternehmen, so werden uns die Namen mehrerer Banken auffallen. Sieht man sich die Unternehmen im IBOVESPA Index an, so werden einem bei näherem Hinsehen viele Einzelhandelsunternehmen ins Auge springen. Die Brasilianer reden und plaudern gerne und sind sowieso Meister der Kommunikation. Das wissen auch die vielen Telekommunikationsunternehmen. Ich erinnere mich, dass die Guthaben meiner Prepaidhandykarten, immer bereits nach kurzer Zeit erschöpft waren. Mit dem Handy telefonieren ist in Brasilien nicht wirklich günstig. Im Folgenden gehe ich auf die bedeutendsten Branchen des brasilianischen Dienstleistungssektors ein.

Banken

Wenn man einmal in São Paulo gelebt hat, kommt man an der brasilianischen Finanzbranche wohl kaum vorbei. In São Paulo wartet die Banken- und Investmentwelt mit einer massiven Präsenz auf. Allein drei der insgesamt fünf zentralen Geschäftsviertel der Megastadt São Paulo sind stark vom Finanzsektor geprägt. Im historischen Zentrum, dem *Centro de São Paulo* ist die Börse BM&F Bovespa angesiedelt, an der Avenida Paulista haben viele Banken ihren Sitz (Bic Banco, Banco Safra) und in den neu etablierten CBDs (Central Business District) in Itaim Bibi bzw. Avenida Berrini sind viele internationale Banken, Investmenthäuser und weitere Unternehmen des tertiären Sektors vertreten. Die brasilianischen Banken können auf eine beachtliche Entwicklung zurückblicken. Allein drei der großen börsengelisteten brasilianischen Banken gehörten 2012 zu den zehn wertvollsten Unternehmen des Landes nach Marktkapitalisierung. Ein wichtiges Fundament für die heutige Stärke der Banken war die Reorganisation des Bankensektors im Zuge des *Plano Real* im Jahr 1994. Damals führte die Reform des Bankensektors zu einer gesunden und förderlichen Konsolidierung der Branche. Wie in jedem anderen Staat der Welt kann die Bankenbranche als Schlüsselsektor der gesamten Volkswirtschaft gesehen werden, dem eine besondere Rolle zukommt. In der jüngsten Zeit meldeten die großen brasilianischen Banken Rekordgewinne, wie zuletzt im Jahr 2011. Die Bankenbranche ist die rentabelste Wirtschaftsbranche Brasiliens. Die drei größten börsengelisteten Geschäftsbanken sind die Itaú Unibanco, Banco Bradesco und die Banco do Brasil. Itaú Unibanco ist nach Börsenwert und Profitabilität die größte börsengelistete private Geschäftsbank Brasiliens. Sie ist gleichzeitig die größte Bank der südlichen Hemisphäre und die zehntgrößte Bank der Welt nach Börsenwert (2012).

Die Banken als Profiteure des Wirtschaftsbooms – Stadtansicht von São Paulo mit dem Unibanco-Gebäude im Hintergrund

Um die heutige Bankenlandschaft und die Schlagkraft der Branche zu verstehen, ist es aufschlussreich, noch einmal einen Blick in die Geschichte des brasilianischen Bankensektors zu werfen. Im Jahr 1808, noch vor der Unabhängigkeit Brasiliens, wurde die Banco do Brasil gegründet. Sie ist damit die älteste Bank Brasiliens und existiert bis heute (siehe Kapitel 2). Über 150 Jahre lang, bis zum Jahr 1964, übernahm die Banco do Brasil die Funktion einer Zentralbank und agierte gleichzeitig als monopolistischer Finanzintermediär. In der ersten Hälfte des 20. Jahrhunderts entstanden an der Seite der Banco do Brasil weitere Banken (Banco Bradesco, Nossa Caixa oder Banco Safra). Die Gesamtanzahl der Banken belief sich im Jahr 1945 bereits auf 508. Mittlerweile erkannte die brasilianische Regierung die Notwendigkeit, die Anzahl der operierenden Banken zu begrenzen und die Eintrittsbarrieren zu erhöhen. Gleichzeitig beabsichtigte sie eine neue Zentralbank zu schaffen und gründete zu diesem Zweck die Institution SUMOC (*Superintendência de Moeda e Crédito*). Die SUMOC sollte gleichzeitig den Geldmarkt kontrollieren und setzte einen Zinsdeckel in Höhe von 12 % auf Darlehen durch. Durch die neuen Regelungen sank die Anzahl der Banken bis zum Jahr 1964 auf 336. Die Banken konnten ihre Einnahmen schließlich nur durch die Erweiterung ihres Filialnetzes oder durch das Angebot neuer Dienstleistungen steigern. Als Antwort auf die Rezession Anfang der 1960er Jahre wollte die Regierung nun die Sparquote der Bevölkerung erhöhen. Zu diesem Zweck verabschiedete sie das Reformgesetz 4595 (*Lei 4595*), das unter anderem die Aufhebung des Zinsdeckels von 12 % und die Einrichtung der neuen Zentralbank vorsah. Außerdem schuf sie für die Banken Anreize, mit anderen Banken zu fusionieren. Die Reformen waren erfolgreich. Innerhalb von zehn Jahren weitete sich das Gesamtvolumen der Bankaktiva von 22 Mrd. US$ auf 173 Mrd. US$ aus. Parallel dazu sank die Anzahl der Banken von 320 auf 105 im Jahr 1975. Die Banken wurden nun ihrer eigentlichen Rolle gerecht: der Kreditvergabe. Zwischen 1965 und 1975 weitete sich das Kreditvolumen massiv aus, sodass sich der Anteil der Kredite an den gesamten Aktiva im Jahr 1975 auf 69 % belief (von ursprünglich 49 % im Jahr 1965). Insbesondere in den Inflationsjahren profitierten die Banken von Floating-Gewinnen, indem sie die Geldwertkorrektur zu ihren Gunsten ausnutzten. Im Zuge der Reformen in der ersten Hälfte der 1990er Jahre sahen sich die brasilianischen Banken gezwungen ihre Effizienz zu steigern. Die Anzahl der Mitarbeiter sank merklich von 824.316 (1989) auf rund 450.000 (1997). Eine Folge der Reformen des *Plano Real* von 1994 war die umfangreiche Konsolidierung des Bankensektors. Ziel war es die Wettbewerbsfähigkeit des von staatlichen Banken dominierten Sektors zu erhöhen. In drei Phasen wurde der Bankensektor neu strukturiert: Liquidierung von unprofitablen Kreditinstituten und Reduzierung der Anzahl von Banken durch Fusionen und Übernahmen, die Restrukturierung von privaten und staatlichen Banken mit dem Ziel den Zahlungsverkehr und das Vertrauensniveau aufrecht zu erhalten, sowie die Öffnung des Marktes für ausländische Banken. Ab 1994 führten die Banken außerdem Servicegebühren auf ihre Dienstleistungen ein und ab 1996 weiteten sie ihre Kreditportfolien stark aus. Gleichzeitig stiegen die Zinsen kurz vor der Jahrtausendwende rapide an. Die Banken profitierten nun zunehmend von der steigenden Konsumneigung der Brasilianer.

Heute strotzt der brasilianische Bankensektor nur so vor Kraft und ist in kerngesunder Verfassung. Insgesamt operieren am Bankenmarkt 200 Geschäftsbanken, 20 Investmentbanken und fünf Entwicklungsbanken. Unter den zehn größten Banken sind drei staatliche Banken (Banco do Brasil, Caixa Econômica, BNDES), vier nationale Banken (Itaú-Unibanco, Bradesco, Banco Safra, Votorantim) und drei ausländische Banken (Santander, Citibank, HSBC) vertreten. Den Bankkunden stand 2011 ein landesweites Filialnetz von 34.300 Bankfilialen zur Verfügung. Derzeit führen die brasilianischen Banken 98 Mio. Sparkonten und 92 Mio. Girokonten. Im Jahr 2012 beliefen sich die aggregierten Gewinne der 13 größten brasilianischen Banken auf insgesamt 48,48 Mrd. R$. Das entspricht umgerechnet etwa 19,7 Mrd. €. Überhaupt zeichnen sich die brasilianischen Banken durch ein hohes Maß an Rentabilität aus. Die Rentabilität des Bankensektors liegt im Durchschnitt 8 % über der Rentabilität der Unternehmen aus anderen Wirtschaftsbranchen. Die großen Banken Brasiliens erreichen im Hinblick auf ihre Profitabilität Spitzenplätze. Nach Simbabwe erzielen sie die höchsten Zinsmargen weltweit. Diese liegen im Durchschnitt bei astronomisch hohen 35 % (zum Vergleich: in Deutschland beträgt die Zinsmarge 2,7 %). Die Eigenkapitalrendite glänzte im Jahr 2011 mit einem Wert von 27 %. Zusammengenommen erreichte die Summe aller Aktiva des brasilianischen Bankensektors ein Volumen von 4,27 Bill. R$ im Jahr 2010 (1,87 Bill. €). Die Aktiva haben sich damit innerhalb von fünf Jahren – zwischen 2005 und 2010 – verdoppelt. Im Jahr 2010 waren rund 600.000 Personen im Bankensektor beschäftigt. Der Anteil vom Kreditvolumen am BIP, der sukzessive nach oben klettert, lag 2011 bei 49,1 %. Die mit Abstand wichtigsten Kreditarten bei Konsumentenkrediten waren Privatdarlehen und Autokredite. Weitere bedeutende Kreditarten sind Kreditkarten und Überziehungskredite.

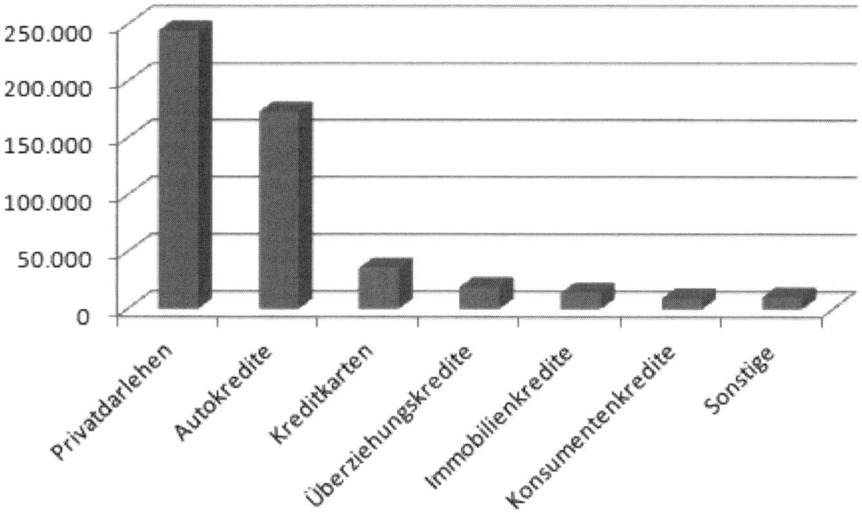

Die wichtigsten Kreditarten bei Konsumentenkrediten in Brasilien in Mio. R$ im Überblick (2011)

Worin liegt nun genau die Stärke des brasilianischen Bankensektors? Was unterscheidet ihn von Bankensektoren in anderen Ländern? Während der umfangreichen Konsolidierungswelle im Zuge des *Plano Real* von 1994 fanden auf dem brasilianischen Bankenmarkt zahlreiche Liquidierungen und Übernahmen statt. Dies führte zu einer merklichen Effizienzsteigerung und zu einer Rationalisierung des Sektors. Der zunehmende Wettbewerbsdruck, der auch durch den Markteintritt ausländischer Kreditinstitute erzeugt wurde, schaffte ein gesundes und leistungsfähiges Branchenumfeld. Ein weiterer Erfolgsfaktor ist zweifelsohne die gute Performance der brasilianischen Volkswirtschaft, von der der Bankensektor augenscheinlich profitiert. Eine sinkende Arbeitslosenquote, eine schrumpfende informelle Wirtschaft, sowie ein steigendes Lohnniveau ermöglichen es den Banken, den Markt noch tiefer zu durchdringen. Aufgrund der gestiegenen Nachfrage nach Gütern und Dienstleistungen ist die Nachfrage nach Krediten innerhalb der letzten 10 Jahre in die Höhe geschossen. Zwischen den Jahren 2000 und 2009 wuchs das Kreditvolumen der Konsumentenkredite mit durchschnittlichen 22,5 % pro Jahr, während das Gesamtvolumen an gewerblichen Krediten im Durchschnitt mit 16,2 % p. a. anstieg. Aus dieser Entwicklung ergibt sich quasi automatisch, dass immer mehr Brasilianer Bankdienstleistungen in Anspruch nehmen. In dem Zeitraum zwischen 2002 und 2011 ist die Anzahl der Bankkonten von 56 Mio. auf 92. Mio. förmlich explodiert. Die zunehmende Konsolidierung der Bankenbranche führte auch zu einer erheblichen Konzentration der Banken. Heute sind mengenmäßig weit weniger Kreditinstitute am Markt vertreten als dies in der Vergangenheit der Fall war. Dies trifft nicht nur auf die privaten börsengelisteten Banken zu, sondern auch auf die staatlichen Banken Brasiliens. Zu den größten Akquisitionen der letzten Jahre gehörten folgende: Itaú kaufte Unibanco, die spanische Santander schluckte die Banken Banespa und ABN Real. Überdies akquirierte die staatliche Banco do Brasil die ebenfalls staatliche Nossa Caixa sowie die BESC (*Banco do Estado de Santa Catarina*). Bei den Spareinlagen kommen die drei staatlichen Banken Banco do Brasil, Caixa Econômica und BNDES auf einen Marktanteil von 42 %. Mittlerweile verwalten die zehn größten Banken Brasiliens 93 % der gesamten Spareinlagen. Aufgrund dieser hohen Konzentration agieren die führenden Banken Brasiliens wie in einem Kartellmodus. Ein gutes Beispiel für diese dominante Stellung der Banken ist die Tatsache, dass die sinkenden Leitzinsen nicht an den Endkunden weitergegeben werden. Somit können die Banken exorbitant hohe Zinsmargen einstreichen, was sich deutlich positiv auf deren Ertragssituation auswirkt. Erst auf staatlichen Druck senkten die führenden Banken-Player am Markt nun jüngst ihre Kreditzinsen. Der hohe Anteil an Zinserträgen ist auch einer der Gründe, warum Brasiliens Banken vor der weltweiten Finanzkrise 2008/2009 weitestgehend verschont geblieben sind. Sie waren nicht gezwungen, in spekulative Zertifikate zu investieren, sondern konnten sich „zurücklehnen" und zusehen, wie die hohen Zinserträge in ihre Kassen flossen. In diesem Zusammenhang kommt auch die förderliche Regulierung des brasilianischen Bankensektors zum Tragen. Insbesondere strenge Vorschriften zu Mindestreserven und Eigenkapitalquote ließen die Banken gesunden. Im Durchschnitt verfügten brasilianische Banken im Jahr 2010 über eine Eigenkapitalquote von 16,9 %.

Als Fazit lässt sich festhalten: Der brasilianische Bankensektor gilt als der am weitesten entwickelte Bankensektor Lateinamerikas. Mit einer guten Mischung aus Regulierung und freien Marktkräften hat sich der Sektor zu einer schlagkräftigen Wirtschaftsbranche entwickelt, die in jüngster Zeit auch Krisenresistenz bewiesen hat. Die Branche zeichnet sich durch eine hohe Konzentration, eine starke Ausweitung des Kreditvolumens, eine bemerkenswerte Ertragsstärke sowie durch Krisenfestigkeit aus. Aus der Geschichte der Inflationsjahre haben die Banken gelernt. Das riesige Konsumentenpotenzial von 195 Mio. Menschen, eine junge Bevölkerung und ein anhaltendes Wohnungsdefizit von 8 Mio. Wohneinheiten schaffen zusätzliche Wachstumsmöglichkeiten für den Bankensektor.

Einzelhandel

Ach wie schön ist doch das Einkaufen gehen! Mit vollem Portemonnaie – oder besser gesagt mit einer scheinbar prall gefüllten Kreditkarte – lässt sich das Leben in vollen Zügen genießen. Die Frage *„Vamos pro Shopping?“* „Wollen wir ins Shopping-Center gehen?“ ist sinnbildlich zu einem festen Bestandteil des brasilianischen Lifestyles geworden. Von dieser Entwicklung profitiert zweifelsohne der Einzelhandel. Allein in São Paulo gibt es unzählige Shopping-Malls, die nur darauf warten vom Konsumenten entdeckt zu werden. Im Gegensatz zu Rio de Janeiro, Salvador oder Fortaleza, wo es Strände gibt, gehört das Shopping-Center für die *Paulistanos* zu einem der wichtigsten Orte an, dem man seine Freizeit verbringt. Brasilien ist definitiv eine Konsumkultur. Der Konsum generiert den Löwenanteil der brasilianischen Wirtschaftsleistung. Ausländer, die nach Brasilien kommen, werden dies spätestens dann bemerken, nachdem sie einmal einen Blick in eine Shopping-Mall geworfen haben. Brasilianer legen das Geld ungern auf die hohe Kante, sondern „investieren" das Verdiente lieber im Hier und Jetzt – sprich: im Konsum.

Die brasilianische Einzelhandelsbranche kann auf eine überaus erfolgreiche Dekade zurückblicken. In den Jahren 2002 bis 2012 wuchs die Einzelhandelsbranche schneller als das BIP. Der Einzelhandelssektor verbucht insbesondere seit dem Jahr 2004 Wachstumsraten, die doppelt bis dreifach über dem nationalen BIP-Wachstum liegen. Für diesen Boom gibt es folgende Gründe: gestiegene Löhne, eine wachsende Mittelschicht mit größerer Kaufkraft, die fortwährende Urbanisierung, die allgemeine volkswirtschaftliche Stabilität, eine zunehmende Kreditvergabe seitens der Banken sowie staatliche Entwicklungsprogramme für die Geringverdiener. Innerhalb der letzten Jahre hat der Einzelhandelssektor also eine rasante Entwicklung gemacht. Er entwickelte sich zunehmend zu einem kompetitiven Wirtschaftssektor. Ein gestiegenes Qualifikationsniveau der Angestellten und der Trend hin zu IT-gestützten Managementsystemen schaffen ein positives Branchenumfeld und führen zu einer Professionalisierung des Sektors. Der Boom der Shopping-Center als Einzelhandelsknotenpunkte befeuert zusätzlich das Wachstum dieses Sektors. Einer Studie des Beratungsunternehmens A.T. Kearney zufolge ist Brasilien der weltweit beste Einzelhandelsmarkt für Retail-Investoren. Bereits das zweite Mal in Folge belegt Brasilien im Jahr 2012 Platz Eins des Rankings *Global Retail Development Index.*

Der Einzelhandelssektor macht rund 14 % des brasilianischen BIP aus. Laut Flavio Rocha hat der Einzelhandelssektor das Potenzial in zehn Jahren rund 30 % des BIP zu generieren. Insgesamt sind 1,5 Mio. Einzelhandelsunternehmen auf dem brasilianischen Markt präsent. Damit stellen sie 84 % aller Handelsunternehmen des Landes. Schätzungsweise arbeiten rund 6,5 Mio. Menschen im Einzelhandelssektor. Damit beschäftigt der Einzelhandelssektor mit Abstand die meisten Arbeitnehmer im Gewerbebereich. Grob betrachtet lässt sich der Einzelhandelsmarkt in drei Segmente unterteilen: Autohändler, Großhändler und Einzelhändler. Im Jahr

2012 erwirtschafteten die Top Ten Einzelhandelsunternehmen ein Umsatzvolumen in Höhe von 144,4 Mrd. R$. Die mit Abstand größten Segmente des Einzelhandelssektors sind der Autohandel, Hyper- und Supermärkte sowie der Markt für Kraftstoffe. Danach folgen Bekleidung, Möbel und Haushaltselektronikwaren sowie Baumaterialien. Traditionell liegt der Schwerpunkt der Einzelhandelsunternehmen in den Makroregionen Südosten und Süden Brasiliens, da hier die aggregierte Kaufkraft am höchsten ist.

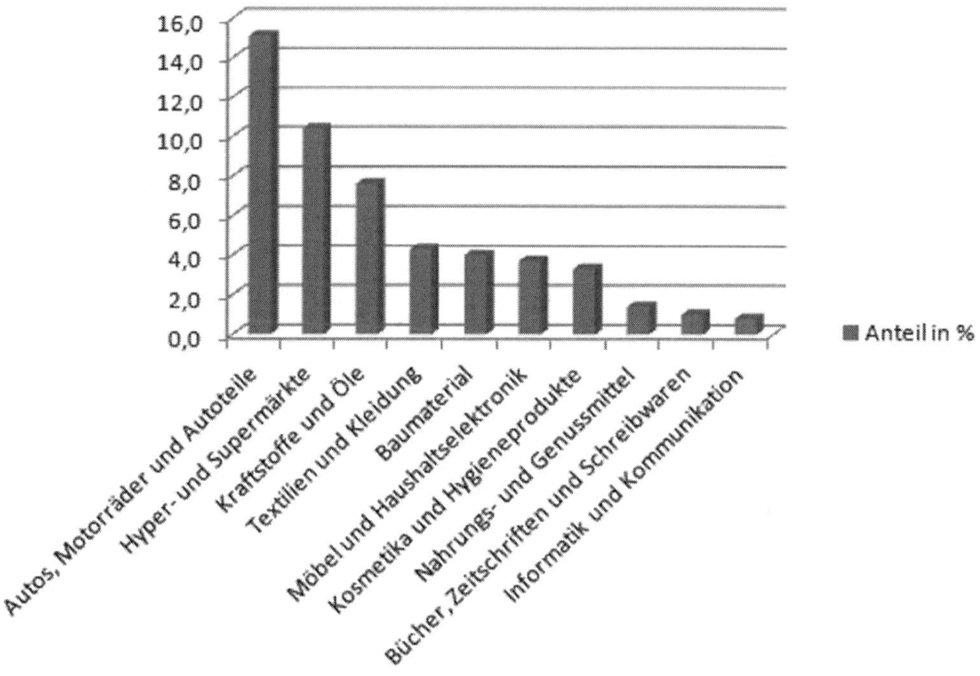

Die wichtigsten Segmente des brasilianischen Einzelhandels

Neben vielen nationalen Unternehmen wie Pão de Açúcar, Lojas Americánas und Máquina de Vendas haben sich zwei große internationale Einzelhandelsunternehmen bedeutende Marktanteile am brasilianischen Markt gesichert. Die Rede ist von der französischen

Einzelhandelskette Carrefour und dem US-Hypermarktriesen Wal-Mart. Zusammengenommen machen die beiden internationalen Platzhirsche mehr als ein Drittel der Einzelhandelsumsätze aus.

Die Shopping-Center-Branche ist eine der größten Profiteure des brasilianischen Einzelhandelsbooms. Gegenwärtig gibt es in ganz Brasilien etwa 800 Shopping-Center. Davon sind allein 110 Center im Großraum von São Paulo angesiedelt. Allein im Jahr 2012 wurden 27 neue Shopping-Center eröffnet. Im selben Jahr setzte die Shopping-Center-Branche 119,5 Mrd. R$ um (46 Mrd. €). Das bedeutet ein Wachstum von 10,65 % im Vergleich zum Vorjahr. Ein hoher Beschäftigungsgrad, steigende Löhne sowie ein einfacherer Zugang zu Krediten beschleunigen den landesweiten Shopping-Center-Boom. Zu den beliebtesten Waren gehören Modeartikel, Telefon- und Handyartikel, Kosmetika sowie Spielwaren. Auch die Teilsegmente Ernährung, Freizeitartikel und Schmuck konnten Gewinnwachstum verbuchen. Insgesamt betrachtet macht das Shopping-Center-Segment 19 % des gesamten Einzelhandelssektor-Umsatzvolumens aus. Damit generiert die Shopping-Center-Branche 2,7 % des brasilianischen BIP. Zu den größten Shopping-Center Unternehmen gehören Iguatemi Empresa de Shopping-Centers S. A., BR Malls und Multiplan. Das größte Shopping-Center Brasiliens, Shopping Aricanduva, befindet sich im Osten São Paulos. Es umfasst 403.000 m² Verkaufsfläche.

Barra Point – Shopping-Center in Rio de Janeiro

Telekommunikation

Brasilianer sind in den meisten Fällen sehr kommunikative Menschen. Die große Kommunikationsbereitschaft führte innerhalb der letzten 15 Jahre zwangsläufig zu einem beispiellosen Boom des Telekommunikationssektors. Während meiner Zeit in Brasilien kaufte ich mir ein Prepaidhandy. Wie bei allen Prepaidhandys lud ich das Gesprächsguthaben zu einem bestimmten Geldbetrag immer wieder auf. Ich wurde das Gefühl nicht los, dass meine Prepaidkarten immer sehr schnell leer waren. Mein Gefühl hat mich nicht getäuscht. Laut einer Studie der International Telecommunications Union (ITU) gehören brasilianische Handygesprächstarife zu den zehn teuersten der Welt. Brasilien erzielt lediglich Rang 93 weltweit hinsichtlich des Preis-Leistungs-Verhältnisses bei Telekommunikationsdienstleistungen. Der Telekommunikationssektor ist eine weitere ökonomische Erfolgstory Brasiliens. Die Branche legte seit ihrer Liberalisierung im Jahr 1998 ein atemberaubendes Wachstum hin. Zwischen den Jahren 2000 und 2010 wuchs die Anzahl der Festnetzanschlüsse um 36 %. Die Mobilfunkanschlüsse schossen im gleichen Zeitraum um sagenhafte 774 % in die Höhe. Im Jahr 2012 gab es in Brasilien 44,3 Mio. Festnetzanschlüsse und 261,8 Mio. Mobilfunkanschlüsse. Mittlerweile kommen statistisch gesehen auf jeden Brasilianer 1,34 Handys. Brasilianer lieben es, zu kommunizieren und gleichzeitig frei und flexibel zu sein. Das schafft ideale Voraussetzungen für einen grenzenlosen Mobilfunkboom. Die aggregierten Nettoerlöse der größten Telekommunikationsdienstleister summierten sich 2012 auf 130,7 Mrd. R$. Brasilien gilt als der viertprofitabelste Telekommunikationsmarkt der Welt.

Das Jahr 1998 markierte einen entscheidenden Wendepunkt im brasilianischen Telekommunikationssektor. Mit dem Gesetz namens *Lei Geral de Telecomunicações* (LGT) wurde die staatliche Regulierungsbehörde Anatel geschaffen. Hiermit legte der Gesetzgeber den Grundstein für eine umfassende Privatisierung der Branche und deren Öffnung für den Wettbewerb. Das Gesetz LGT unterteilte die Branche fortan in drei verschiedene Rechtsrahmen: Anbieter mit staatlich regulierten Tarifen (*serviço público*) durch die

Anatel, private Anbieter (*serviço privado),* bei denen sich die Tarife frei am Markt herausbilden sowie Anbieter mit gemischter Tarifbildung für ihre Dienstleistungen (*serviço misto*). Letztere verkaufen ihre Dienstleistungen sowohl nach regulierten (*concessionárias*) als auch nach freien Tarifen (*espelhos*). Die Reformen im Telekommunikationssektor waren sehr bedeutsam, um die Marktdynamik innerhalb der Branche neu zu entfachen. Nur so konnte die ehemals staatlich verkrustete Branche mit den bahnbrechenden technologischen Neuerungen im Mobilfunkbereich und der jüngsten „Mobile Revolution" – ausgelöst durch die Smartphone-Welle – Schritt halten. In den Jahren zwischen 1973 und 1998 lagen die Gesamtinvestitionen der ehemaligen staatlichen Telefongesellschaft Telemar bei 60 Mrd. R$. Im Gegensatz dazu kletterte das private Investitionsvolumen im Telekommunikationssektor zwischen 1998 und 2010 auf 180 Mrd. R$. Es war damit bereits dreimal so hoch wie die gesamten Investitionen innerhalb der letzten 25 Jahre vor der Reform im Jahr 1998. Vor der Reform musste ein Kunde bis zu zwei Jahre warten, bis er die Telefondienstleistungen nutzen konnte. Heutzutage dauert derselbe Vorgang weniger als eine Woche. Mit anderen Worten: Die Privatisierung führte zu einer enormen Effizienzsteigerung.

Grundsätzlich kann der Telekommunikationsmarkt in vier Teilsegmente aufgegliedert werden: der Markt für Festnetzanschlüsse, der Markt für Mobilfunkanschlüsse, der Markt für Breitbandanschlüsse (*banda larga*) sowie Pay-TV. Ich beschränke mich hierbei auf die Teilmärkte Festnetztelefonie und Mobilfunk. Während der Markt für Festnetzanschlüsse eine gemischte Tarifbildung aufweist, erfolgt die Tarifbildung auf dem Markt für Mobilfunkanschlüsse frei über den Markt. Nach den Reformen fand eine rege Fusions- und Übernahmewelle auf dem Telekommunikationsmarkt statt. Dabei sind starke Allianzen entstanden, wie z. B. die Fusion von Telefônica Brasil und Vivo. Das daraus entstandene Unternehmen Telefônica Vivo ist gegenwärtig das größte Telekommunikationsunternehmen Brasiliens mit 91,9 Mio. Kunden. Im Konzern Telefônica Vivo sind außerdem die Unternehmen Telemig Celular und Telesp aufgegangen. Der Telekommunikations-Riese Oi ist aus den Unternehmen Telemar, Brasil

Telecom und Amazônia Celular hervorgegangen. Nach Umsatz ist Oi das drittgrößte Telekommunikationsunternehmen in Südamerika. Mittlerweile hat sich ein Oligopol von sechs führenden Unternehmen herausgebildet, die den brasilianischen Telekommunikationsmarkt unter sich aufteilen. Telefônica/Vivo, Oi, Claro/Embratel/Net, TIM Participações, Nextel und GVT. Während Oi die Nummer Eins im Bereich Festnetz ist (Marktanteil 42,1 %), beherrscht die Allianz Telefônica/Vivo mit 29,1 % Marktanteil den dynamischen nationalen Mobilfunkmarkt. Sechs große Telekommunikationsunternehmen sind überdies im Aktienindex IBOVESPA vertreten: Oi, Brasil Telecom, TIM Participações, Net, Telemig Celular und Telesp.

Der brasilianische Telekommunikationsmarkt mag auf den ersten Blick etwas verworren erscheinen. Kreuz und quer ranken die Unternehmensverbindungen, hier eine Übernahme, da ein Kauf der Aktienmehrheit und dort ein Joint Venture. Fest steht jedoch, dass sich die Effizienz durch den Privatisierungsprozess stark erhöht hat. Insbesondere der Mobilfunkboom ist wohl eine der bemerkenswertesten Erfolgstorys in der jüngeren brasilianischen Wirtschaftsgeschichte.

Medien

Kommunikation erfolgt nicht allein über das Telefon bzw. das Gehör. Auch das visuelle Element spielt eine bedeutende Rolle. Neben den „Drei Gewalten“ – Exekutive, Legislative und Judikative – gibt es in Brasilien noch eine vierte Gewalt, die ebenso mächtig zu sein scheint: das Fernsehen. Der Fernseher ist, ähnlich wie mittlerweile das Handy, ein integraler Bestandteil eines brasilianischen Haushaltes. Wie in vielen anderen Ländern dieser Erde ist das Fernsehen in Brasilien das Massenmedium par excellence. In den meisten Fällen gibt es mehrere TV-Geräte pro Haushalt. Die berühmten brasilianischen TV-Soaps, hierzulande *Telenovelas* genannt, erfreuen sich auch bei TV-Zuschauern außerhalb Brasiliens großer Beliebtheit. Auf den ersten Blick wirkt das brasilianische Fernsehprogramm sehr bunt, schrill und überdreht. Die Inhalte sind nicht sonderlich tiefgründig oder gar intellektuell. Sie haben vielmehr einen reißerischen, emotionalen, sinnlichen, seichten und oberflächlichen Charakter. Gemäß einer Studie von Pricewaterhouse Coopers gehören die Mediensektoren in China und Brasilien zu den am schnellsten expandierenden der Welt.

Die Medienbranche setzt sich aus allen Unternehmen zusammen, die mediale Inhalte zu Informationszwecken und zur Unterhaltung entwickeln, produzieren und verkaufen. Sie lässt sich in drei Hauptgruppen unterteilen: Printmedien, audiovisuelle Medien (TV und Radio) sowie Onlinemedien. Die Gesamteinnahmen der brasilianischen Medienbranche summieren sich auf 43 Mrd. US$. In der Medienwelt spielt die Werbung eine tragende Rolle. Werbeeinnahmen sind ein bedeutender Umsatzfaktor, wie beispielsweise Fernsehwerbung, Anzeigen in Zeitungen und Magazinen oder Werbung im Online-Segment. 63,3 % aller Werbeinvestitionen entfallen auf das Free-TV, 18,9 % auf den Bereich Zeitungen und Magazine und 5,1 % auf den Bereich Internet. Ich beschränke mich im Folgenden auf Zeitungen/Magazine, TV, Radio und Internet.

Der Bereich Printmedien konnte im Jahr 2011 ein Wachstum von 3,5 % verbuchen. Nimmt man alle Tagezeitungen zusammen, dann liegt die tägliche Gesamtauflage bei 4,4 Mio. Exemplaren. Insgesamt existieren in Brasilien 372 Tageszeitungen. Statistisch lesen 21 Mio. Brasilianer – also 11 % der Bevölkerung – Printmedien. Zu den größten Tageszeitungen des Landes gehören Folha de São Paulo, Super Notícia, O Globo, Estado de São Paulo und Correio Brasiliense. Die größte Tageszeitung Brasiliens, die Folha de São Paulo, hat eine Auflage von 297.000 Exemplaren pro Tag. Das Segment Magazine weist gegenwärtig eine Auflage von 13,7 Mio. Exemplaren pro Jahr auf. Die Einnahmen betragen für dieses Segment 1,3 Mrd. R$. Bekannte Magazine sind beispielsweise Exame, Veja, Época, Carta Capital und IstoÉ.

Das mit Abstand größte Segment in der brasilianischen Medienwelt ist das Fernsehen. Laut einer Statistik schauen 175 Mio. Brasilianer regelmäßig Fernsehen. Durchschnittlich verbringt ein Brasilianer

Bekannte brasilianische Zeitschriften

3 ½ bis 5 ½ Stunden pro Tag vor dem Fernseher. Die absolute Mehrheit von 90 % bevorzugt das TV als Hauptnachrichtenmedium. Das Fernsehen etablierte sich in Brasilien früher zum Massenmedium als in vielen anderen Schwellen- und Entwicklungsländern. Die Machthaber der Militärdiktatur trieben die Verbreitung des TVs in der Bevölkerung maßgeblich voran. Sie wollten das Fernsehen als Kommunikationsmedium nutzen, um ein nationales Identitätsgefühl zu schaffen, und zur Informationskontrolle. Auf diese Weise beabsichtigten die Militärs ihre Machtbasis nachhaltig zu sichern. Im Jahr 1965 formierte sich das Unternehmen Globo aus Rio de Janeiro zum ersten umfassenden Medienkonzern des Landes und errang die Marktführerschaft. Seither übt das Fernsehen einen großen Einfluss auf die öffentliche Meinungsbildung in Brasilien aus. Im Jahr

2011 gab es in Brasilien 155 Mio. TV-Geräte. 95 % aller Haushalte sind mit mindestens einem TV-Gerät ausgestattet. Das klassische Free TV macht den Löwenanteil aus (83 % aller Haushalte). Der rapide wachsende Pay TV Markt (+30 %) erreicht in Brasilien derzeit 10 % aller Haushalte. Insgesamt existieren landesweit 138 TV-Sender. Neben Globo SBT, Rede Redord, Rede Bandeirantes, CNT TV Gazeta oder MTV gibt es noch eine Reihe von Regierungssendern, religiösen sowie kommerziellen Sendern. Zu den bedeutendsten Nachrichtensendern gehören Globo News und Record News. Ein Markenzeichen von Brasiliens Fernsehwelt ist die bereits erwähnte *Telenovela*. Hierbei handelt es sich um eine Fernsehserie, die sich in der Regel über 40 bis zu 100 Folgen erstrecken kann. Der Protagonist ist meist weiblich und ist in eine komplexe Geschichte voller Liebesbeziehungen, Familiendramen und Intrigen verstrickt. Meist sind *Telenovelas* emotionsgeladen, spannend, dramatisch und vereinen mehrere Handlungsstränge, die parallel laufen. *Telenovelas* haben sich im Laufe ihrer Geschichte rund um den Globus verbreitet. Sie wurden in andere lateinamerikanische Staaten, in die USA, nach Osteuropa und sogar nach China exportiert.

Auch das Radio schätzen die Brasilianer als Massenmedium. Etwa 75 % der Bevölkerung hört Radio. Während die Mehrheit die Klänge des Radios zu Hause genießt (70 %), hört die andere Gruppe gerne Radio im Auto. Rund 80 % aller Autos in Brasilien sind mit einem Radio ausgestattet. Das Radio als Medium hat sich als sehr flexibel und anpassungsfähig erwiesen. Es konnte mit dem Internetboom Schritt halten, indem es Internetradio eingeführt hat. Zudem besitzen bereits 49 % aller Brasilianer ein Handy-Radio.

Das Internet ist der neue Star in der brasilianischen Medienlandschaft. Wie auch in vielen anderen Ländern unserer Erde erobert das Internet mit großen Schritten die Medienwelt. Derzeit gibt es in Brasilien 94 Mio. Internetuser (Ende 2012). Darunter sind 52 Mio. User, die regelmäßig online sind. Zieht man die Gesamtbevölkerung in Betracht, so beträgt der Verbreitungsgrad des Internets knapp 50 %. Damit ist Brasilien der fünftgrößte Internetmarkt der Erde, was die Nutzung betrifft. Derzeit sind in Brasilien etwa 99 Mio. Computer in Gebrauch. Das Internet wird bevorzugt als Informationsquelle beispielsweise vor Wareneinkäufen genutzt, wie etwa bei Autos. Auch als Marktplatz – Stichwort „E-Commerce" – gewinnt das Internet rasant an Bedeutung. Mit haushohen Wachstumsraten von 32,5 % schoss der brasilianische E-Commerce Markt im Jahr 2011 in die Höhe. Auch im Jahr 2012, in dem sich das BIP-Wachstum Brasiliens merklich abschwächte, legte der Bereich E-Commerce immer noch ein rasantes Wachstum in Höhe von 25 % hin. Brasilianer halten im Internet gerne nach Angeboten und Rabatten Ausschau. Gleichzeitig boomen in Brasilien die Social Networks, die onlinebasierten sozialen Netzwerke. Orkut, Skype und Facebook können in den letzten Jahren auf schwindellerregende Wachstumsraten zurückblicken. Die 2004 ins Leben gerufene Social Network-Plattform Orkut konnte ihre Mitgliederzahl in vier Jahren von 1 Mio. (2004) auf 40 Mio. User (2008) ausweiten. Im Jahr 2008 übernahm schließlich Google die Kontrolle über Orkut. Im Jahr 2011 waren 59,1 % aller Orkut-User weltweit Brasilianer. Seit Ende 2008/Anfang 2009 verliert Orkut aufgrund des weltweiten Siegeszuges von Facebook an Marktmacht innerhalb Brasiliens. Im Jahr 2012 erreichte die die Anzahl der Facebook-User in Brasilien die Marke von 65 Mio. Usern. Damit ist Facebook nun unangefochten die Nummer Eins unter Brasiliens Social Networks. Auch die Instant-Messaging-Programme (auch Chat-Programme genannt) haben in Brasilien Hochkonjunktur. In diesem Bereich herrschen in jüngster Zeit vor allem MSN und Skype vor. Innerhalb der letzten Jahre kletterte die Zahl der MSN-User in Brasilien auf 34 Mio. User. Im Jahr 2008 erreichte der Verbreitungsgrad bei den Internetnutzern 75 %. Ich erinnere mich, dass im Jahr 2007 praktisch „jeder" Brasilianer über einen MSN-Messenger-Account verfügte. Seit April 2013 ist MSN-Messenger allerdings vom Skype-Netzwerk übernommen worden und wird nun durch Letzteres ersetzt.

Ein herausragendes Merkmal in der brasilianischen Medienwelt ist die Dominanz des Unternehmens Organizações Globo. Globo ist wahrlich ein Gigant: Mit 24.000 Mitarbeitern, einem Umsatz von 12,7 Mrd. R$ und Aktivitäten in praktisch allen Segmenten (Free TV, Pay-TV, Radio, Printmedien, Internet, Kino, Verlage, Filmproduktion, Musikproduktion) ist Globo der größte Medienkonzern Lateinamerikas. Gemessen am Umsatz ist das Globo-

Netzwerk das zweitgrößte Mediennetzwerk der Welt (nach dem US-Medien-Giganten ABC) und gemessen an Zuschauern die Nummer Drei der Welt. Jeden Tag verfolgen 80 Mio. Zuschauer einen Kanal aus dem Globo Netzwerk. Außerdem ist Globo der größte Produzent von *Telenovelas*. Globos Präsident Roberto Marinho ist einer der reichsten Männer Brasiliens.

Sicherheitsdienstleistungen

Brasilien hat den Ruf ein kriminelles Land zu sein. Auch wenn sich die Lage teilweise gebessert hat, beherrscht die Kriminalität noch weite Teile des Landes. Raubüberfälle sind in den großen Städten keine Seltenheit. In den Kapiteln 6 und 8 werde ich noch näher auf das Thema Kriminalität eingehen. Die prekäre Sicherheitslage hat Brasiliens Alltagskultur geprägt. In gewisser Weise ist eine Angstkultur entstanden. Die Angst bildet die ideale Grundlage für einen weiteren Wirtschaftszweig innerhalb des Dienstleistungssektors. Die Rede ist vom Sektor für Sicherheitsdienstleistungen. Der Sicherheitssektor gliedert sich in eine Reihe von Teilmärkten auf, im Wesentlichen Zugangskontrollen, Videoüberwachung, Einbruchmelder, öffentliche Sicherheit, Flughafensicherheit, Massentransportmittel, Großereignisse und Internet-Sicherheit.

Im Vergleich zu den Dienstleistungsbranchen, die ich vorangehend beschrieben habe, ist der Markt für Sicherheitsdienstleistungen recht überschaubar und vom Volumen wesentlich kleiner. Streng genommen ist der Sektor für Sicherheitsdienstleistungen auch industriell geprägt, da er unter anderem auch die Herstellung von Zugangskontrollsystemen (Access Control Systems) umfasst. Die meisten Sicherheitsdienstleister sind jedoch ganz getreu ihrem Namen „Dienstleister", da rund die Hälfte aller am Markt operierenden Unternehmen Sicherheitssysteme vertreiben sowie diese Systeme installieren, implementieren und warten. Das Ziel dieser Branche ist klar definiert: die Prävention von Verbrechensdelikten durch Technologie. Wie kann es anders sein, auch der Markt für Sicherheitsdienstleistungen ist in Brasilien im Wachstum begriffen.

Zwischen den Jahren 2004 und 2012 wuchs die Branche konstant im Durchschnitt um 15 bis 20 % per annum. Im Jahr 2011 lag das Umsatzvolumen bei 29 Mrd. R$. Auf der Angebotsseite des Marktes existieren zahlreiche Unternehmen. Gegenwärtig operieren etwa 8.000 Unternehmen im Sektor für Sicherheitsdienstleistungen. Branchenkenner behaupten, dass etwa 50 % aller am Markt tätigen Unternehmen illegaler Natur und demzufolge auf dem Schwarzmarkt tätig sind. Obgleich SMEs 84 % aller Unternehmen dieser Branche stellen und für knapp die Hälfte aller Branchenumsätze verantwortlich sind, erwirtschaftet eine Handvoll Unternehmen die höchsten Umsätze dieses Wirtschaftszweigs. Dazu zählen internationale Branchengrößen wie Siemens, Johnson Controls, Tyco, Bosch, Samsung, GE und Pelco. Daneben gibt es zahlreiche brasilianische Unternehmen, wie zum Beispiel GRABER Soluções Integradas, VIP Security, Surcom Internacional Importação e Exportação, Sectra, SMH Sistemas, Sanlia Teconologia, Semaseg, Montrel und Spark Controles. Die Nachfrageseite ist ebenfalls breit gestreut. Zu den wichtigsten Nachfragern gehören der Staat, Kreditinstitute, Gewerbe sowie private Haushalte. Der Staat hat ein großes Interesse daran die öffentliche Sicherheit zu gewährleisten. Wichtige Bereiche sind an dieser Stelle Großereignisse, Massentransportmittel (Busse und U-Bahnen) sowie die Flughafensicherheit. Gerade im Hinblick auf die nahende Fußball-WM 2014 und die Olympischen Spiele 2016 gewinnt dieses Thema zusätzlich an Aktualität. Die Banken sind in Brasilien stets gut gesichert. In praktisch jeder Bankfiliale ist ein bewaffneter Wachmann anzutreffen. Schließlich wird auch die Wohnsituation vieler Brasilianer durch die Sicherheitsindustrie geprägt. Wächter bzw. Doormen (*Porteiro*), Kameras sowie elektrische Sicherheitszäune sollen die Bewohner vor kriminellen Machenschaften bewahren. Ich erinnere mich, dass nahezu jedes Apartmenthaus in São Paulo über einen Sicherheitsdienst verfügte. Doormen sind Standard. Auch vor wohlhabenden Einfamilienhäusern in den besseren Vierteln von São Paulo stehen in vielen Fällen boxartige Wachhäuschen, von denen aus der Doorman ein Auge auf das zu bewachende Haus wirft. Bereits im Jahr 2006 waren bereits mehr als drei Millionen Gebäude in Brasilien mit mindestens einem elektronischen Sicherheitsgerät ausgerüstet.

Die brasilianische Sicherheitsindustrie ist aus dem Bedürfnis nach Sicherheit und als Antwort auf die hohe Kriminalität entstanden. Sie zeichnet sich durch ein konstant hohes Wachstum aus. Gerade im Hinblick auf die nahenden Großereignisse und aufgrund weiterhin bestehender Sicherheitsrisiken durch die hohe Kriminalität hat dieser Sektor mittelfristig sehr gute Wachstumsaussichten.

Gepanzerter Geldtransporter in Brasilien

Sonstige Dienstleistungszweige

Neben den oben beschriebenen Branchen existieren viele weitere Dienstleistungssegmente wie Tourismus, Bildung, IT Services, Gesundheitsdienstleistungen oder etwa Immobiliendienstleistungen, um nur einige zu nennen. Insbesondere von dem Tourismusbereich erhofft sich Brasilien durch die Sportgroßereignisse einen Push-Effekt. Das Umsatzvolumen der Branche lag im Jahr

2009 bei 103,7 Mrd. R$, damit generiert sie 3,7 % des brasilianischen BIP. Ein Großteil der Branchenumsätze entfällt allerdings auf inländische Touristen. Im Hinblick auf ausländische Besucherzahlen rangiert Brasilien auf einem bescheidenen Niveau. Im Jahr 2011 kamen 5,4 Mio. ausländische Touristen nach Brasilien. Verglichen mit den führenden Nationen des internationalen Tourismus wie Frankreich (79,5 Mio. Touristen), Spanien (56,7 Mio.) und den USA (62,3 Mio.) fallen Brasiliens Besucherzahlen recht bescheiden aus. Auch in Lateinamerika wird Brasilien bezüglich ausländischer Besucherzahlen von Mexiko (23,4 Mio.) und Argentinien (6,7 Mio.) überflügelt. Mit anderen Worten: Im brasilianischen Tourismussektor steckt noch eine Menge Potenzial und Raum nach oben. Dazu zählt insbesondere auch die Hotelbranche. Der Sektor für Bildungsdienstleistungen brummt ebenfalls. Zwei Hauptgründe hierfür sind einerseits der Run auf die Hochschulen und andererseits das lückenhafte System öffentlicher Schulen. Viele Brasilianer lernen im Erwachsenenalter Fremdsprachen und studieren neben ihrem Job, um einen weiteren Abschluss zu erlangen. Die Stadt São Paulo hat sich neben Finanzdienstleistungen, Einzelhandel auch zu einem Zentrum für IT-Dienstleistungen entwickelt. Neben den großen internationalen IT-Dienstleistern wie Accenture, IBM, HP und Unisys gibt es eine Reihe von brasilianischen Unternehmen am Markt. Zu den größten brasilianischen IT-Service Unternehmen gehören CPM Braxis, Tivit, Stefanini, Politec, Itautec, Imáres and GPTI.

Der Dienstleistungssektor ist der größte Wirtschaftssektor Brasiliens. Die große Vielfalt innerhalb des Sektors macht ihn zu einem sehr dynamischen Wirtschaftssektor. Somit kann sich der Dienstleistungssektor schnell an neue technologische und gesellschaftliche Trends anpassen. Bezeichnend für die Entwicklung des Dienstleistungssektors ist das rapide Beschäftigungswachstum. Laut dem Institut IBGE entfallen auf den Dienstleistungssektor 75 % aller formellen Beschäftigungsverhältnisse. Die meisten neu geschaffenen Jobs entstehen in diesem Sektor, was ihn zu einer wahren „Jobmaschine" macht. Allerdings sind die meisten Dienstleistungsaktivitäten auf den Binnenmarkt ausgerichtet. Brasilien ist immer noch weit davon entfernt Exporteur von Dienstleistungen zu sein, wie es etwa die USA oder Großbritannien sind. Viele Segmente des Dienstleistungssektors sind noch nicht komplett gesättigt und haben demzufolge noch viel Wachstumspotenzial.

Der informelle Sektor – Die Welt der Straße

Nach der traditionellen Drei-Sektoren-Hypothese müssten jetzt alle drei Wirtschaftssektoren abgehakt sein. Primärer Sektor, sekundärer Sektor und der tertiäre Sektor. Aber Moment, in Brasilien gibt es noch einen weiteren „Wirtschaftssektor", der bei der herkömmlichen Betrachtungsweise leicht unter den Tisch fällt. Bei seiner Größe wäre es fahrlässig, wenn ich ihn einfach so außer Acht lassen würde. Gemeint ist der informelle Sektor. Was bedeutet „informeller Sektor"? Was verbirgt sich dahinter? Kurzum umfasst der informelle Wirtschaftssektor alle wirtschaftlichen Aktivitäten, die nicht dem Fiskus unterliegen und sich jeglicher staatlichen Kontrolle entziehen. Er kann auch als Schwarzmarkt oder noch allgemeiner als Schattenwirtschaft bezeichnet werden. Charakteristisch für den informellen Sektor sind schlechte Arbeitsbedingungen, niedrige Löhne und das Fehlen einer Sozialversicherung. Außerdem wird die informelle Wirtschaft oft mit weitverbreiteter Armut in Verbindung gebracht. Der informelle Sektor spiegelt die „Welt der Straße" wider, fernab von Uniabschlüssen, Arbeitsverträgen, Rentenversicherungen oder Steuererklärungen.

Ich erinnere mich an meine ersten Tage in São Paulo. Auf meinem Heimweg von der Uni zu meiner WG musste ich ein kleines schmuddeliges Viertel durchqueren. Es nannte sich *„Largo da Batata"*. Das Viertel liegt im Süden des Stadtteils Pinheiros und reicht bis kurz vor die breite Stadtautobahn Marginal Pinheiros, die parallel zu dem Fluss Rio Pinheiros verläuft. Mittlerweile gab es in diesem Viertel eine Reihe baulicher Revitalisierungsmaßnahmen sowie die Eröffnung einer neuen U-Bahnhaltestelle. Es ist um einen großen Verkehrsknotenpunkt gelegen. Dieses Viertel war von flachen, zwei bis dreistöckigen Geschäftshäusern geprägt, die im Schnitt 40 Jahre alt waren. Die Bausubstanz war damals im Jahr 2007 sehr heruntergekommen und in den Ladeneinheiten befanden sich Bars, Pizzerien, Läden mit günstigen Konsumgütern, Textilhändler sowie kleine Handwerksbetriebe. Am Straßenrand hatten zahllose fliegende Händler ihre Stände aufgemacht. Ähnlich wie auf einem Straßenbasar boten sie gefälschte Fußballtrikots, T-Shirts, Handyhüllen, Sonnenbrillen, Kappen, Billigklamotten, Taschen, Billiguhren, Billigschmuck, gefälschte CDs und allerlei Nippes an. An sich war das Viertel sicher, jedoch wurde ich Zeuge einer Reihe von üblen Prügeleien, die sich in diesen Häuserzeilen ereigneten. Diese Händler sind Paradebeispiele für die informelle Wirtschaft. De facto sind sie nicht arbeitslos – sie sind im gewissen Sinn sogar „Selbstständige". Jedoch wird keiner dieser „Geschäftsleute" eine offizielle Gewerbeerlaubnis haben. Genauso wenig zahlt mit Sicherheit keiner dieser Händler ordentlich Steuern. Er arbeitet am brasilianischen Fiskus vorbei.

Im Zuge der brasilianischen Binnenwanderung, die vor allem aus dem armen Nordosten in Richtung des reicheren Südostens stattfand bot die informelle Wirtschaft den Neuankömmlingen zahlreiche rasche Beschäftigungsmöglichkeiten.

Informelle Beschäftigung lässt sich folgendermaßen quantifizieren: Sie ist der prozentuale Anteil der informell Beschäftigten an der Gesamtanzahl aller Beschäftigten innerhalb einer Volkswirtschaft. Bei der genaueren Betrachtung des informellen Sektors muss man zwischen zwei Arten der Informalität unterscheiden (Definition der International Labor Organization ILO): Zum einen gibt es die informell Beschäftigten (*informal employment*). Sie meint die Anzahl aller Personen, die zwar in einer formellen Wirtschaftsbranche beschäftigt sind (z. B. Gastronomie, Einzelhandel, Kurierdienste, Sicherheitsfirmen), aber nicht in einem formellen Arbeitsverhältnis arbeiten. Beispielsweise verfügen diese Beschäftigten über keinen Arbeitsvertrag und haben keine Sozialversicherung. Zum anderen gibt es die Beschäftigten im informellen Sektor (*employment in the informal sector*). Bei Letzterem handelt es sich um eine firmenbasierte Betrachtung. Ein Unternehmen, das Teil des informellen Sektors ist, hat in der Regel keine offizielle Rechtsform, ist nicht in einem Handelsregister eingetragen, beschäftigt nichtregistrierte Arbeitnehmer, nimmt keine ordentliche Buchführung vor und bietet den Angestellten keinen Rechtsschutz. Beispiele für solche Unternehmen sind illegale Spielhallen, schwarze Taxifahrer, Straßenhändler, Prostituierte etc. Zusammengenommen stellen derartige Unternehmen in ihrer Gesamtheit den informellen Sektor dar. Der informelle Sektor wird nicht in die offiziellen volkswirtschaftlichen Statistiken miteinbezogen. Demzufolge erfasst die Arbeitslosenstatistik nur die formell registrierten Arbeitslosen. Da die Übergänge zwischen informeller Beschäftigung (v. a. informell Beschäftigte im formellen Sektor) und Arbeitslosigkeit fließend sind, liegt die de facto Arbeitslosenquote zwangsläufig höher als die offizielle Arbeitslosenquote.

Gegenwärtig sind etwas mehr als 50 % der brasilianischen Erwerbspersonen informell beschäftigt. Laut einer ILO-Statistik arbeiten 42,2 % aller Beschäftigten in formellen Wirtschaftsbranchen in einem informellen Arbeitsverhältnis. Hierbei handelt es sich mehrheitlich um weibliche Beschäftigte. Der Anteil der Beschäftigten im informellen Sektor an der gesamten arbeitenden Bevölkerung beläuft sich auf 24,3 %. Die Mehrheit der Beschäftigten im informellen Sektor ist männlich. Im Jahr 2006 standen 47 Mio. Brasilianer in einem formellen Arbeitsverhältnis, während 48 Mio. Brasilianer auf informelle Weise beschäftigt waren. Zu den Wirtschaftsbranchen, die besonders häufig Personen auf informelle Weise beschäftigen, gehören die Agrarwirtschaft, das Baugewerbe, der Transportsektor und die Textilbranche. Schätzungen zufolge existierten in Brasilien im Jahr 2006 10 Mio. informelle Unternehmen bzw. Betriebe. In den allermeisten Fällen handelt es sich hierbei um SMEs. In den letzten Jahren schrumpfte der informelle Sektor allerdings stetig. Gemäß einer Studie sank sein Anteil an der Gesamtwirtschaft zwischen 2002 und 2009 um 60 %. Vor allem die Schaffung von 9 Mio. formellen Jobs wirkte der Eigendynamik des informellen Sektors entgegen. Im Jahr 2006 betrug der Anteil an formell Beschäftigten (d. h. mit Arbeitsvertrag etc.) in Brasilien bereits 42,4 %. Im Jahr 2012 kletterte dieser Wert sogar auf 49,2 %. Im selben Jahr sank die Arbeitslosenquote auf 5,5 %.

 rechte Seite: Straßenmarkt in São Paulo

Der informelle Sektor stellt in Brasilien, genauso wie in fast allen anderen Schwellen- und Entwicklungsländern, eine wichtige Stütze für die heimische Wirtschaft dar. Er hat einen realen, greifbaren und offenen Charakter. Viele Unternehmen des informellen Sektors, wie beispielsweise Obstverkäufer, Straßenhändler oder Transportdienste, sind nicht per se illegal. Vielmehr bieten die informellen Märkte vor allem für Geringverdiener ein umfangreiches und bezahlbares Warenangebot und lassen sie am Konsumleben teilhaben. Zudem hält der informelle Sektor – insbesondere aus Arbeitsmarktperspektive – für große Teile der Gesellschaft ein wertvolles Reservoir an Jobs und Tätigkeiten bereit. Viele Menschen haben die Möglichkeit im informellen Sektor Geld zu verdienen und an der volkswirtschaftlichen Leistung teilzuhaben. Vor diesem Hintergrund kommt dem informellen Sektor in Brasilien als unterstützender Sektor sowie als „Pufferzone" für den formellen Arbeitsmarkt eine wichtige Bedeutung zu. Der U.S. Journalist und Autor Robert Neuwirth bezeichnete den informellen Sektor als eine erhebliche „Kraft für die globale Entwicklung". Diese Aussage trifft in der Einzelbetrachtung auch auf Brasilien zu.

5. Brasiliens Top Unternehmen – Die Global Player

Wenn die gesamte Volkswirtschaft wächst, müssen zwangsläufig auch die einzelnen Akteure mitwachsen: Die Rede ist von den Unternehmen. Nachdem Sie Kapitel 4 gelesen haben, werden Sie nun einige brasilianische Unternehmen zumindest vom Namen her kennengelernt haben. Trotzdem sind viele bedeutende Unternehmen, die aus Schwellenländern stammen, im Westen weiterhin unbekannt. Lediglich einige Fachleute aus der Finanz- und Investmentbranche bzw. Branchenkenner können sich unter vielen Firmennamen aus den Schwellenländern annähernd etwas vorstellen. Oder haben Sie schon einmal etwas von ERKE, Dongfeng Motor, Baidu, Sberbank, ONGC, Votorantim, Natura oder Gerdau gehört? Bei den letzten drei Namen handelt es sich um brasilianische Unternehmen. Alle diese Unternehmen sind große und einflussreiche Unternehmen aus den führenden Schwellenländern China, Russland, Indien und Brasilien. Sie haben eine starke Marktstellung in ihren Heimatländern und operieren mittlerweile auch global (zumeist in anderen Schwellen- und Entwicklungsländern).

Im Folgenden möchte ich Ihnen vier große und für Brasilien strategisch bedeutsame Unternehmen vorstellen. Auf diese Weise haben Sie die Möglichkeit, wichtige Akteure der brasilianischen Wirtschaft noch plastischer vor Augen zu haben. Selbstverständlich gibt es noch weitere brasilianische Global Player – aber ich möchte mich auf einige besonders authentische und für Brasilien repräsentative Unternehmen beschränken. Diese Unternehmen sind Petrobras, Vale, Embraer und Itaú Unibanco. Dafür habe ich zu jedem Wirtschaftssektor mindestens ein Unternehmen herausgesucht. Petrobras und Vale sind als Erdöl- und als Minenkonzern Beispiele für den primären Sektor. Als Unternehmen der Luft- und Raumfahrtindustrie steht Embraer für den sekundären

Sektor. Schließlich gehe ich noch auf die Bank Itaú Unibanco ein, als Beispiel für den tertiären Sektor. Die Unternehmen sind außerdem spannende Exempel, da es sich bei allen (außer Itaú Unibanco) um ehemalige Staatsbetriebe handelt, die den Übergang in die Privatisierung im Zuge der Reformen von 1994 exzellent gemeistert haben. Sie sind Paradebeispiele für eine effiziente und nachhaltige Privatisierung von Staatsbetrieben.

Petrobras – Das schwarze Gold vor der Küste

Petrobras ist der größte und der international wohl bekannteste und angesehenste Konzern Brasiliens. Vor allem bei Investment-Managern und Wirtschaftsfachleuten – auch außerhalb Brasiliens – ist Petrobras ein fester Begriff. Innerhalb Brasiliens ist der Erdölkonzern Petrobras eine nationale Wirtschaftsikone und eine Erfolgsstory. „*O desafio é a nossa energia*" (Die Herausforderung ist unsere Energie) lautet das Unternehmensmotto von Petrobras. Bei einem meiner Aufenthalte in Rio de Janeiro besuchte ich einmal das Petrobras Hauptquartier. Im westlichen Teil des CBDs von Rio de Janeiro erhebt sich ein kubusförmiges Hochhaus, das vor allem durch seine futuristisch-verschachtelt anmutende Außenfront auffällt. Der Verlagerung des wirtschaftlichen Schwerpunktes von Rio de Janeiro in Richtung São Paulo zum Trotz, befindet sich die Zentrale von Petrobras weiterhin in Rio. Ich erinnere mich an eine eindrucksvolle Szene während meines Rückfluges von Rio de Janeiro nach Frankfurt: Als die Nacht hereinbrach flog die Maschine über die Erdölfelder des *Bacia de Campos* (Campos Basin) vor der Küste Rio de Janeiros. Die beleuchteten Bohrinseln wirkten in der Dunkelheit wie eine mächtige, zusammenhängende Stadt inmitten auf hoher See. Petrobras ist überall in Brasilien präsent. An etlichen Orten und Straßenecken sieht man die grünen Tankstellen der Marke BR – die Tankstellenmarke von Petrobras. In der Fernsehwerbung, in Zeitungsartikeln, in Kreisen der Investmentbranche, bei Kleinaktionären und nicht zuletzt bei den politischen Machthabern in Brasilia ist das Unternehmen eine feste Größe und allgegenwärtig, sodass man ihm kaum entkommen kann.

Petrobras (Petróleo Brasileiro S.A.) wurde im Jahr 1953 per Dekret unter der Regierung von Vargas ins Leben gerufen. Im Jahr 1974 entdeckten Ölingenieure eine riesige Erdölprovinz im Atlantischen Ozean, das Campos Basin. Über einen Zeitraum vom 43 Jahren (1954 bis 1997) hatte Petrobras auf dem brasilianischen Mineralölmarkt eine Monopolstellung inne. Schließlich verabschiedete die Regierung 1997 ein Gesetz, welches das Monopol von Petrobras brach. Nach diesem Gesetz konnten auch ausländische Unternehmen auf dem brasilianischen Mineralölmarkt aktiv werden. Drei Jahre später, im Jahr 2000, gelang es Petrobras, die tiefsten Offshore-Bohrungen durchzuführen (1877 Meter unter dem Meeresspiegel). Im Jahr 2007 entdeckte Petrobras mit dem Erdölfeld Tupi das größte Offshore-Erdölvorkommen aller Zeiten vor der brasilianischen Küste, das sogenannte *Pré-Sal*. Hierbei handelt es sich um eine geologische Formation des Kontinentalschelfs – in Form einer Salzschicht – unter der sich ein gigantisches Erdöl-Reservoir in 5.000 bis 8.000 Metern Tiefe unter Normalnull befindet. Dieser Fund erhöhte Brasiliens Erdölreserven um 50 %. Mit dem Hype um die neuen Erdölfunde stieg der Börsenwert kurz nach Aufnahme der Förderung in astronomische Höhen, sodass Petrobras im Jahr 2010 nach Marktkapitalisierung das viertgrößte Unternehmen der Welt war. Das Reputation Institute verlieh Petrobras im Jahr 2009 den Titel: *„Fourth most respected company in the world"* (Das viert meist respektierte Unternehmen der Welt).

Petrobras ist ein börsengelistetes Unternehmen, dessen Aktienanteile weiterhin mehrheitlich im Staatsbesitz sind. Heute ist Petrobras das größte brasilianische Unternehmen nach Börsenwert, Umsatz und Gewinn. Im Jahr 2012 lag der Börsenwert bei 129 Mrd. US$, damit war Petrobras das 42. größte Unternehmen nach Börsenwert der Welt. In den ersten neun Monaten des Jahres 2007 war Petrobras das profitabelste Unternehmen Lateinamerikas. Die Erdölreserven summieren sich auf 16,4 Mrd. Barrel Rohöl. Gegenwärtig ist Petrobras das 14. größte Erdölunternehmen der Welt nach Fördermenge (2012). Die tägliche Fördermenge belief sich im Jahr 2012 auf 2.598.300 Barrel. Mit insgesamt 85.065 Mitarbeitern ist Petrobras auch das mitarbeiterstärkste Unternehmen Brasiliens. Außerdem ist Petrobras Marktführer im Bereich Distribution – sprich: Petrobras hat unter allen in Brasilien operierenden Mineralölunternehmen das größte Tankstellennetz (siehe Grafik Kapitel 4). Global betrachtet ist Petrobras in 25 Ländern auf vier Kontinenten präsent. Seit Anfang 2012 ist Maria das Graças Foster Präsidentin von Petrobras. Sie ist damit die erste weibliche Vorsitzende eines Erdölkonzerns weltweit.

Offizieller Name	Petróleo Brasileiro S.A.
Gründung	1953
Branche	Erdöl und Erdgas
Unternehmensform	Aktiengesellschaft
ISIN	BRPETRACNOR9
Umsatz	$ 100,70 Mrd.
Gewinn	$ 39 Mrd.
Börsenwert	$ 129 Mrd.
Mitarbeiter	85.065
Unternehmenssitz	Rio de Janeiro
Standorte weltweit	in 25 Ländern
Flotte	237 Schiffe
Länge der Pipelines	31.265 km
Tägliche Fördermenge	2.598.300 Barrel
Reserven	16,40 Mrd. Barrel
Bohrinseln	135
Raffinerien	15
Raffineriekapazität	2.249.000 Barrel/Tag
Biotreibstoffkraftwerke	7
Wärmekraftwerke	19
Anzahl an Tankstellen	8.507

Zahlen und Fakten Petrobras (2012)

Petrobras' operatives Geschäft erstreckt sich über eine große Bandbreite an Aktivitäten sowohl im Upstream-Bereich (Exploration und Produktion) als auch im Downstream-Bereich (Distribution und Vertrieb). Dazu zählen folgende Geschäftsbereiche: Exploration und Produktion von Erdöl und Erdgas, Raffinieren von Erdöl und Gas, Distribution, Petrochemie, Erzeugung elektrischer Energie, Produktion von Biokraftstoffen sowie Transport und Vermarktung. Die Exploration von Erdöl findet sowohl Onshore (auf dem Festland) als auch Offshore (auf dem Meer) statt. Zum Konzern Petrobras gehören mehrere Tochtergesellschaften, die jeweils in einem bestimmten Bereich operativ tätig sind. Die Petrobras Distribuidora BR ist die in Brasilien weitverbreitete Tankstellenmarke, Petrobrás Química agiert in der petrochemischen Industrie sowie in der Chemieindustrie, Petrobras Energia Participações, Gaspetro betreibt die Erdgassparte von Petrobras, Petrobras Biocombustível ist für die Ethanol- und Biodiesel-Produktion verantwortlich und Traspetro Petrobras Transporte S.A. organisiert den Transport von Erdöl sowie Erdölderivaten. Ein Markenzeichen und zugleich eine Stärke von Petrobras ist seine Expertise im Bereich Tiefseebohrungen (*deepwater drilling*). Grundsätzlich gibt es zwei Arten, wie Tiefseebohrungen durchgeführt werden: Über sogenannte *Semi Submersibles* (halbtauchende, schwimmende Bohrinseln) oder Bohrschiffe, die als mobile Bohrinseln konzipiert sind, kann das Erdöl an die Erdoberfläche gepumpt werden. Die erste halbtauchende Bohrinsel, die P-51 im Erdölfeld *Marlim Sul* im Campos Basin, ging Anfang 2009 in Betrieb. Sie ist auch die erste komplett in Brasilien hergestellte Bohrinsel. Petrobras kann eine ganze Serie von Rekorden im Bereich der Tiefseebohrungen vorweisen. Zuletzt gelang Petrobras im Jahr 2007 ein Rekord bei einer Tiefseebohrung in der Tiefe von 2.777 Metern. Aktuell führt Petrobras 22 % aller Tiefseebohrungen weltweit durch.

Innerhalb der letzten Jahre beherrschte vor allem ein Ereignis die brasilianische Erdölbranche und damit automatisch das Geschehen rund um Petrobras: Die Rede ist von der Entdeckung mehrerer Erdölfelder, die sich unter der Salzschicht des *Pré-Sal* befinden.

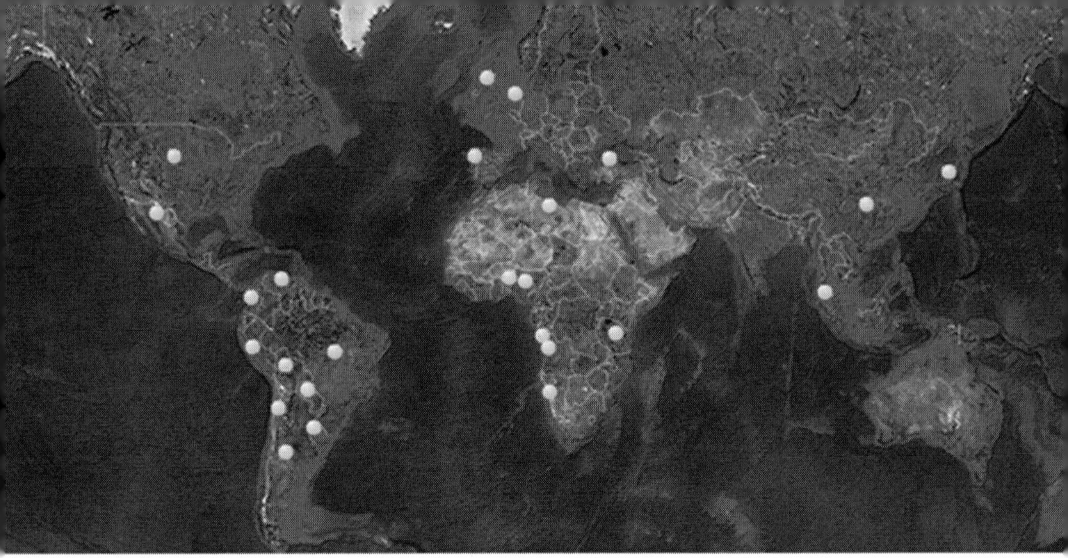

Weltweite Standorte von Petrobras

In diesem Gebiet, das eine Gesamtfläche von ca. 122.000 km² hat, schlummern 80 Mrd. Barrel Erdöl. Mittlerweile wurden bereits Konzessionen zur Förderung für eine Gesamtfläche von 41.000 km² erteilt. Ein großer Teil des Erdöls – nämlich 10 Mrd. Barrel – befindet sich im sogenannten Lula Ölfeld (vorher Tupi Ölfeld). Andere Ölfelder des *Pré-Sal* sind Júpiter, Iara, Carioca, Bem-Ti-Vi, Guara, Parati, Caramba und Azulão. Das Erdöl hat eine gute Qualität, allerdings ist die Förderung sehr teuer und zeitaufwendig, da sich das Erdöl unter einer dicken Salzschicht verbirgt. Der ungefähre Wert der gesamten Reserven wird auf 8 Bill. US$ beziffert. Innerhalb der letzten Jahre hat sich die Erdölförderung aus der Tiefe gut entwickelt. Seit Aufnahme der Produktion im Jahr 2008 wurden bereits mehr als 100 Mio. Barrel aus dem Reservoir des *Pré-Sal* gefördert. Die tägliche Fördermenge aus dem Reservoir des *Pré-Sal* erreicht derzeit 300.000 Barrel und soll sich laut Petrobras bis 2017 auf 1 Mio. Barrel ausweiten. Im Jahr 2012 stieg die Förderung um 9,35 % im Vergleich zum Vorjahr. Laut dem Strategieplan von Petrobras werden die Investitionen in Exploration und Förderung für das *Pré-Sal* bis 2017 bei 52 Mrd. US$ liegen. Allerdings gibt es eine Reihe von Risiken auf dem Weg zu den reichlich sprudelnden Erdöleinnahmen: Dazu zählen Budgetüberschreitung aufgrund unvorhersehbarer Kosten, eine hohe Kapitalbindung und allgemein eine Überdehnung der Unternehmensaktivitäten. Innerhalb von zehn Jahren könnten die Forschungs- und Entwicklungskosten bei einer Billion Dollar liegen, was der Hälfte des brasilianischen BIP entspricht. Vonseiten der Politik kann sich Reformmüdigkeit breitmachen, da die Aussicht auf die vielversprechenden Erdöleinnahmen die Politiker zu schnell in Sicherheit wiegen könnte. Selbst wenn das Projekt Erfolg hat und die Erdöleinnahmen realisiert werden, kann die sogenannte „*Dutch Disease*" eintreten. Hierbei lassen die Erdöleinnahmen die heimische Währung (hier den Real) so hart werden, dass andere exportorientierte Industriezweige darunter leiden, da ihre Produkte zu teuer werden.

Den größten Teil seines Erdgases bezieht Petrobras aus Bolivien. Im Jahr 2006 ereignete sich eine Kontroverse zwischen Petrobras und der bolivianischen Regierung. Der bolivianische Präsident Morales kündigte die Verstaatlichung aller Erdgasfelder an. Ziel war es – was sonst – höhere Staatseinnahmen aus dem profitablen Gasgeschäft zu erreichen. Schließlich einigten sich Petrobras und die bolivianische Regierung darauf, dass Petrobras einen Gewinnanteil von 18 % erhält. In jüngster Zeit mussten die Gas-Importe aus Bolivien erhöht werden, um die Produktion elektrischer Energie aufrechtzuerhalten, die aufgrund von mangelnden Regenfällen ins Stocken geriet. Das Pipeline-Netzwerk für Erdgas misst brasilienweit eine Gesamtlänge von 7.000 km. Auch der Bereich Biokraftstoffe ist für Petrobras von strategisch wichtiger Bedeutung. Das 2008 gegründete Tochterunternehmen Petrobras Biocombustível betreibt drei Anlagen zur Herstellung von Biokraftstoffen – in den Bundesstaaten Bahia, Minas Gerais und Ceará. Im Jahr 2009 startete Petrobras Biocombustível seine Ethanolproduktion und gründete dafür Unternehmenspartnerschaften, um in diesem Geschäftsfeld weiter zu expandieren.

Als Kernziele seiner Strategie nennt Petrobras drei Punkte: Wachstum, Profitabilität sowie ein sozial verträgliches und umweltbewusstes Handeln. Im Jahr 2007 formulierte Petrobras sein Strategieziel für das Jahr 2015 folgendermaßen: „Petrobras wird ein ganzheitliches Energieunternehmen sein, das sich durch starke internationale Präsenz auszeichnet und gleichzeitig eine führende Rolle in Lateinamerika einnimmt. Wir legen unseren Fokus auf Profitabilität sowie sozial verträgliches und umweltbewusstes Handeln." Petrobras ist auf gutem Wege, sein Strategieziel zu erfüllen.

Petrobras ist ein besonderes Unternehmen im brasilianischen Wirtschaftsuniversum. Aufgrund seiner vielfältigen Geschäftsaktivitäten ist das größte brasilianische Unternehmen gut diversifiziert. Zudem hat Petrobras in Brasilien eine Sonderstellung inne. Petrobras nimmt neben energiepolitischen und ökonomischen Aufgaben auch einen sozialen Auftrag wahr. Beispielsweise beteiligt sich Petrobras bei einer Reihe von Sportclubs, zahlreichen Events und Filmproduktionen im Kulturbereich als Sponsor. Petrobras ist der langjährigste Sponsor der brasilianischen Fußballmeisterschaften. Im Jahr 2007 fanden die *„Jogos Petrobras"* statt, eine firmeninterne Sportmeisterschaft, die wie eine Miniversion der Olympischen Spiele in sieben Disziplinen ausgetragen wur-

Petrobras-Bohrinsel vor der brasilianischen Küste

de. Darüber hinaus fördert Petrobras viele soziale Programme, wobei der Punkt *„Social & environmental responsibility"* großgeschrieben wird. Aufgrund seiner Volksnähe ist der Konzern national und international sehr angesehen. Der Einfluss des Staates auf Petrobras ist merklich spürbar, wie auch beispielsweise bei Kontrollen der Benzinpreise. Die Entdeckung der riesigen Offshore-Erdölvorkommen des *Pré-Sal* ist eine gigantische Chance für die brasilianische Erdölförderung. Petrobras spielt hierbei eine Schlüsselrolle. Auf dem Weg zum Erfolg existieren jedoch Risiken wie hohe Kosten und politisches Risiko. Zudem können unvorhersehbare Ereignisse die erwarteten Gewinne des Projektes schmälern.

Vale – Der Machtfaktor Eisenerz

Seit dem Jahr 2002 erlebte die Welt einen atemberaubenden Rohstoffboom. Innerhalb weniger Jahre verteuerten sich zahlreiche Industriemetalle um ein Vielfaches. Der große Appetit der Schwellenländer (allen voran China) auf Rohstoffe ließ die Nachfrage in die Höhe schießen. Dazu gesellten sich Spekulationen an den Finanzmärkten, was die Preise weiter nach oben schnellen ließ. In jüngster Zeit sind viele Rohstoffpreise zwar wieder gesunken, jedoch ist das Preisniveau weiterhin hoch. Auch der Preis für Eisenerz kannte innerhalb der letzten zehn Jahre nur eine Richtung: steil nach oben. Zwischen 2002 und 2012 hat sich der Preis pro Tonne Eisenerz mehr als verzehnfacht. Das brasilianische Bergbauunternehmen Vale ist einer der Profiteure dieser weltweiten Rohstoffhausse, die in der ersten Dekade der 2000er Jahre das globalwirtschaftliche Geschehen mitprägte. Heute ist Vale, nach der australisch-britischen BHP Billiton, das zweitgrößte Minenunternehmen der Welt und zugleich das Größte der amerikanischen Kontinente. Nach dem Erdölriesen Petrobras kann Vale als das zweite große „Wirtschaftsheiligtum" Brasiliens angesehen werden.

Vale wurde im Jahr 1942 unter der Regierung von Getúlio Vargas, mit Einwilligung der USA und Großbritanniens als *Companhia Vale do Rio Doce* (kurz CVRD) gegründet. Zu Beginn seiner geschäftlichen Aktivität förderte das Staatsunternehmen Eisenerz für die nationale Stahlproduktion. In den Anfängen des Unternehmens waren die Erzvorkommen immens hoch und die Nachfrage gering. In den 1950er Jahren lag die jährliche Fördermenge bei gerade einmal 4 Mio. t/Jahr. Seit dem Jahr 1961 wurde der Bergbauingenieur Eliezer Batista (der Vater von Eike Batista) zum neuen Präsidenten der CVRD ernannt. Unter seiner Führung konnte die CVRD ihre jährliche Fördermenge deutlich ausweiten. Batista erkannte, dass sich die CVRD international positionieren musste und dass Logistik einer der Schlüsselfaktoren für den zukünftigen Erfolg des Unternehmens sein würde. Das Bergbauunternehmen unterzeichnete im Jahr 1962 Exportverträge mit japanischen Stahlerzeugern, die eine Laufzeit von 16 Jahren hatten. Außerdem erlangte die CVRD nach schwierigen Verhandlungen die Anteilsmehrheit der Carajás Mine. Der Schritt zeigte Wirkung, denn die Produktion steigerte sich auf 8 Mio. t/Jahr. Zur Zeit der brasilianischen Militärdiktatur weitete die CVRD ihr operatives Geschäft auf andere Sparten, wie Aluminium, Zellulose, Papier und Schiffbau aus. Das Unternehmen blähte sich auf und wurde zum strategischen Spielball der machthabenden Generäle. Bereits im Jahr 1974 eroberte Brasilien weltweit Platz Eins bei der Förderung von Eisenerz. 1985 startete die CVRD das Projekt Carajás. Vier Jahre später, im Jahr 1989, brach die CVRD einen bahnbrechenden Rekord in der Eisenerzförderung, indem sie 108 Mio. t Eisenerz extrahierte. Im Jahr 1997 erfolgte die Privatisierung und im Jahr 2000 wurde der Banker Roger Agnelli im Alter von 41 Jahren der neue Präsident des Unternehmens. Agnelli leitete eine wertvolle Strategiewende ein, mit der er die Geschäftsaktivitäten der Vale bündelte und den Fokus wieder auf das operative Kerngeschäft – nämlich Eisenerz – legte. Sparten, die nichts mit Bergbau und Energie im weitesten Sinne zu tun hatten, stieß die CVRD ab. In den folgenden Jahren fand eine Reihe von Akquisitionen statt. So kaufte Vale im Jahr 2002 den brasilianischen Eisenerzproduzenten Ferteco, im Jahr 2003 das Bergbauunternehmen Caemi und im

Jahr 2006 den kanadischen Nickelproduzenten Inco. Durch diese Konzentration auf das Bergbaugeschäft schaffte die CVRD es im Jahr 2005 ihre Produktion binnen acht Jahren zu verdoppeln. Sie belief sich auf 225 Mio. t. Mehr als drei Viertel des geförderten Eisenerzes gingen nun in den Export. Im Jahr 2008 wurde die CVRD offiziell in „Vale" umbenannt.

Heute gehört die Vale S.A. zusammen mit BHP Billiton Plc und Rio Tinto Group zu den größten drei Bergbauunternehmen der Welt. Vale ist der weltgrößte Eisenerzproduzent und zugleich der zweitgrößte Nickelproduzent der Welt. Nach Petrobras ist die Vale der zweitgrößte brasilianische Konzern. Die Aktiengesellschaft ist gleichzeitig das größte exportierende Unternehmen Brasiliens nach Exportvolumen. Die Aktien der Vale werden an drei Börsen – an der BOVESPA in São Paulo, NYSE in New York und an der Euronext in Paris – gehandelt. Insgesamt halten rund 400.000 Aktionäre Anteile am Unternehmen. Von den großen Ratingagenturen bekommt Vale gute Noten: S&P bewertet das Unternehmen mit A, Moody's mit Baa2 und Fitch mit BBB+. Vale hat demzufolge ein Investment Grade Rating, was bedeutet, dass Vale im „Club" der seriösen Schuldner angekommen ist und eine hohe Kreditwürdigkeit besitzt. Im Jahr 2012 machte Vale einen Umsatz von 48,75 Mrd. US$ und erzielte ein EBITDA in Höhe von 14,07 Mrd. US$. Die Marktkapitalisierung lag im gleichen Jahr bei 82,6 Mrd. US$. In den letzten Jahren konnten sich die Aktionäre der Vale über eine üppige Dividende freuen: Die Vale schüttete 2012 6 Mrd. US$ (im Vorjahr sogar 9 Mrd. US$) an Dividenden aus und lag damit auf Platz Eins bei allen Bergbauunternehmen weltweit hinsichtlich Dividendenrendite für Investoren. Ganze 17,73 Mrd. US$ flossen im selben Jahr in Investitionen. Mehr als die Hälfte der Gewinne (51 %) wird in Asien erwirtschaftet, 20 % in Südamerika, immerhin 19 % in Europa und gerade einmal 6 % in Nordamerika. Die Vale ist in vier Geschäftsfeldern aktiv, in den Bereichen Bergbau, Logistik, Energie und Stahlerzeugung. Das Unternehmen ist auf allen fünf Kontinenten in insgesamt 31 Ländern präsent, unterhält Büros in 26 Ländern und Joint Ventures in acht Ländern. Darunter sind Länder wie beispielsweise die USA, Kanada, Chile,

China, Thailand, Indonesien, Südafrika, Mosambik und Kongo. Die Bilanzsumme erreichte 2012 einen Wert 131,48 Mrd. US$.

Offizieller Name	Vale S.A.
Gründung	1942
Branche	Bergbau
Unternehmensform	Aktiengesellschaft
ISIN	BRVALEACNOR0
Umsatz	$ 48,75 Mrd.
EBITDA	$ 14,07 Mrd.
Börsenwert	$ 82,60 Mrd.
Investitionen	$ 16,30 Mrd.
Bilanzsumme	$ 131,48 Mrd.
Mitarbeiter	119.000
Unternehmenssitz	Rio de Janeiro
Standorte weltweit	in 31 Ländern
Flotte	25 Schiffe
Anzahl Minen	56
Anzahl Häfen und Terminals	11
Anzahl Eisenbahnstrecken	2
Gesamtlänge Eisenbahnstrecken	1.797 km
Erdgas Förderbereiche	18

Zahlen und Fakten Vale (2012)

Der Bereich Bergbau stellt das strategische Kerngeschäft des Unternehmens dar und ist für mehr als 87 % der Umsätze verantwortlich. Rohstoffe sind essenziell für zahlreiche Industriegüter und bilden damit einen unverzichtbaren Teil für unsere moderne Zivilisation. Vale fördert einerseits Grundstoffe wie Eisenerz, Kohle, Granulat, Mangan und stellt Ferrolegierungen her. Andererseits baut Vale in ihren Minen Basismetalle wie Nickel, Kupfer, Aluminium und Kobalt ab. Der mit Abstand wichtigste Rohstoff ist Eisenerz. Mit einer jährlichen Fördermenge von 320 Mio. t Eisenerz lässt die Vale ihre Hauptkonkurrenten hinter sich. Die Förderstätten für Eisenerz befinden sich alle in Brasilien und untergliedern sich in vier geografische Bereiche (auch *„sistemas"* genannt) – *Sistema Sul, Sistema Sudeste, Sistema Centro-Oeste* und *Sistema Norte*. Im *Sistema Norte* befindet sich die Carajás Mine – die größte Eisenerzmine der Welt. Das Eisenerz, das aus der Carajás Mine stammt, hat einen entscheidenden Vorteil: Das Gestein hat einen sehr hohen Eisenanteil in Höhe von 67 %, was zu den höchsten weltweit gehört. Dieser hohe Reinheitsgrad ist insbesondere bei der Stahlerzeugung von großem Vorteil. Das operative Geschäft wird von den beiden Tochterunternehmen Mineração Corumbaense Reunida S.A. (MCR) und MBR kontrolliert und verwaltet. Neben Eisenerz produziert Vale außerdem die zur Stahlerzeugung wichtigen Pellets. Pellets sind granulatartige Kugeln, die in der Roheisenproduktion als Ausgangsmaterial für den Hochofenprozeß dienen. Die Produktion von Pellets belief sich im Jahr 2012 auf 55,6 Mio. Tonnen. Produziert wird in Brasilien, in China und im Oman. In diesem Bereich unterhält Vale drei Joint Ventures (Samarco, Zhuhai YPM und Anyang). Zu den Kunden gehören die großen Stahlhersteller der Erde. Mit Abstand wichtigstes Abnehmerland ist China (49 % aller Exporte von Pellets). Danach folgen Europa (17,1 %) und 11,7 % der produzierten Menge an Pellets ist für den Heimatmarkt Brasilien gedacht. Der Markt für Eisenerz und Pellets ist höchst kompetitiv. Zu den wichtigsten Erfolgsfaktoren auf diesem Markt zählen Preis, Qualität, Produktvielfalt, Vertrauen, operative Kosten sowie Transportkosten. Die Hauptkonkurrenten auf dem Weltmarkt sind BHP Billiton, Rio Tinto und die Fortescue Metals Group. Aufgrund seines hohen Eisengehaltes bei gleichzeitig niedrigem Aluminiumgehalt ist das brasilianische Eisenerz international sehr wettbewerbsfähig. Bei der Stahlerzeugung müssen die Hochöfen dann im späteren Schritt weniger Koks verbrennen, um das Erz in Stahl umzuwandeln. Auch am heimischen brasilianischen Markt herrscht ein reger Wettbewerb. Zu den Mitstreitern gehören die Unternehmen MMX, Anglo Ferrous Brazil, Ferrous

Resources und Bahia Mineiração. Außerdem sind die Stahlerzeuger Gerdau, CSN, V&M, Usiminas und Arcelor Mittal ebenfalls operativ im Bergbaugeschäft tätig.

Das 100%ige Tochterunternehmen der Vale, die Vale Manganês S.A., managt die Förderung von Mangan. An drei Orten findet die Manganförderung statt: in Azul im Bundesstaat Pará, in Morro de Mina im Bundesstaat Minas Gerais und in Urucum in Mato Grosso do Sul.

Ein anderer wichtiger Fokus von Vale ist die Nickelförderung. Vale ist der zweitgrößte Nickelförderer der Welt und erreichte im Jahr 2012 eine Produktionsmenge von 237.000 t. Vale unterhält Minen in Brasilien, Kanada, Indonesien sowie auf der Südseeinsel Neukaledonien.

Auch im Bereich der Kupferförderung ist Vale operativ tätig. Kupfer ist eines der wichtigsten Metalle für die heutige Industrie. Seine exzellenten Eigenschaften bei der Wärme- und Energieleitung sind einzigartig. Überdies ist Kupfer gut verformbar, recycelbar und resistent gegen Korrosion. Im Jahr 2012 baute die Vale insgesamt 290.000 t Kupfer ab. Die Kupferminen der Vale liegen in Brasilien, Chile, Kanada und Sambia. Da in der Nähe der Eisenerzmine Carajás auch Kupfer lagert (Sossego Mine), kann Vale hier Verbundvorteile realisieren, da hier eine komplette Infrastruktur zur Extraktion von Rohstoffen existiert.

Ein weiterer Rohstoff ist Kohle. Vale baut sowohl in Mosambik als auch in Australien Kohle ab. Die gesamte geförderte Menge summiert sich derzeit auf 7,08 Mio. t/Jahr. Wie beim Eisenerz, so wird auch die Kohle primär in Asien abgesetzt. Die Hauptkonkurrenten in diesem Geschäftszweig sind BHP Billiton, Xstrata, Anglo Coal und die Rio Tinto.

Neben der direkten Förderung von Mineralien investiert die Vale zudem in Exploration und Entwicklung. Mittels diverser Techniken suchen Geologen und Ingenieure gezielt nach Mineralien. Solche Techniken umfassen Gesteinsproben, unterirdische Sonden sowie Satellitenbilder. Da in diesem Bereich technische Innovationen überaus gefragt sind, unterhält Vale ein Labor – das sogenannte *Centro de Desenvolvimento Mineral* (CDM).

Um einen effektiven und zeitnahen Transport der Rohstoffe zu ihren Abnehmern zu gewährleisten, ist der Bereich Logistik für Vale von hoher Bedeutung. Hierbei handelt es sich um ein Logistiknetzwerk, das aus Eisenbahnen, Häfen/Terminals und Schiffen besteht. Vale betreibt elf Häfen in Brasilien, Mosambik, Oman, auf den Philippinen und in Argentinien. Zudem betreibt Vale zwei Eisenbahnstrecken (*Estrada de Ferro Vitória a Minas* und *Estrada de Ferro*) in Brasilien mit einer Gesamtlänge von 1.797 km. Die Logistikkette richtet sich strategisch primär auf die Achse Südamerika-Asien aus. Mit einer unternehmenseigenen Schiffsflotte von 25 Frachtern wickelt die Vale den Rohstofftransport über den Seeweg ab. Bei elf der 25 Frachtschiffe handelt es sich um die sogenannten Valemax, die eine Frachtkapazität von mehr als 400.000 t haben.

Rohstoff-Art	Geförderte Menge	Anzahl Minen
Eisenerz	320 Mio. t	12
Pellets	55,6 Mio. t	12*
Kohle	7,08 Mio t	10
Mangan	2,4 Mio. t	3
Nickel	237.000 t	6
Kupfer	290.000 t	7
Cobalt	2,34 Mio. t	4
Phosphat	7,98 Mio. t	6
Kalium	549.000 t	1

* Hierbei handelt es sich ebenfalls um Eisenerzminen

Geförderte Menge an Rohstoffen nach Rohstoffart

Vales Geschäftstätigkeit im Energiesegment erstreckt sich auf die Bereiche Wasserkraft und Erdgas. Das Unternehmen unterhält Wasserkraftwerke in Brasilien, Kanada und Indonesien. Außerdem operiert Vale auch in der Exploration von Erdgas in vier Erdgasfördergebieten, die sich in 18 Bohrplätze unterteilen. Seit 2008 hat Vale 14 Bohrlöcher angelegt (im Santos Basin und in Espirito Santo) bei denen in fünf Fällen Vorkommen nachgewiesen wurden. Derzeit läuft noch eine Testphase, in der die Menge der Reserven bestimmt wird.

Im Bereich Stahlerzeugung betreibt die Vale zusammen mit Thyssen Krupp das Stahlwerk TKCSA im Bundesstaat Rio de Janeiro in Form eines Joint Ventures. Überdies startete Vale zusammen mit den südkoreanischen Unternehmen Dongkuk und Posco ein Projekt im Bundesstaat Ceará. Hierbei handelt es sich um die Errichtung der *Companhia Siderúrgica do Pecém* – einem Stahlwerk, das sich auf die Herstellung von Stahlplatten spezialisiert.

Aus unternehmensstrategischer Sicht verfolgt die Vale folgende Ziele: Das brasilianische Unternehmen strebt an, langfristig der größte Rohstoffkonzern der Welt zu werden. Zu den primären Unternehmenswerten zählen effizientes Management, Verantwortung, Transparenz und Shareholder Value. Operativ beabsichtigt Vale seine Rohstoffbasis zu festigen und seine Führungsrolle im Bereich der Eisenerz- und Nickelförderung auszubauen. Gleichzeitig zielt Vale darauf ab, verstärkt in das Segment Düngemittel zu investieren und das Segment Kohlebergbau weiterzuentwickeln. Um seine globalen Handelsverflechtungen zu festigen, will Vale die Logistikkapazität optimieren. Dazu zählen beispielsweise die Ausweitung der Eisenbahnstrecken und der Aufbau eines globalen Distributionsnetzwerkes. Vale setzt auf eigens produzierte Energie. Aktuell werden 68% der Energie von Vale selbst erzeugt. Der Fokus liegt auf erneuerbaren Energien wie Wasserkraft, Windenergie und Biotreibstoffen.

Embraer – Ein Flugzeugbauer hebt ab

Im September 2009 besuchte ich die Stadt São José dos Campos. Die 600.000-Einwohner-Stadt, die im Vale do Paraíba zwischen São Paulo und Rio de Janeiro liegt, gilt brasilienweit als wichtiger Technologie- und Industriestandort. Ich hatte das Glück, durch jemanden aus meinem Bekanntenkreis, die bei dem brasilianischen Flugzeughersteller Embraer beschäftigt war, eine kurze Werksbesichtigung zu machen. Es war das erste Mal, dass ich auf dem

Werksgelände eines Flugzeugbauers war. Wir fuhren über ein riesiges Gelände – voller Hangars, Bürogebäuden, Forschungszentren und Landepisten. Aufgrund der Geheimhaltungspolitik des Unternehmens war es hier untersagt, Fotos zu machen. Der brasilianische Flugzeugbauer Embraer ist der größte Flugzeughersteller Lateinamerikas und gehört zu den zehn größten Flugzeugherstellern der Welt. Die Unternehmensentwicklung von Embraer ist eine brasilianische Erfolgsgeschichte, auch im Hinblick auf eine wirkungsvolle und nachhaltige Industriepolitik seitens der brasilianischen Regierung in diesem Wirtschaftssektor. Vielleicht ist es das beste Beispiel für eine erfolgreiche Etablierung eines neuen Industriezweigs auf brasilianischem Boden.

Die Ursprünge von Embraer reichen bis in die 1940er Jahre zurück. Zur damaligen Zeit kam bei der brasilianischen Regierung der Wunsch auf, eine eigene nationale Luft- und Raumfahrtindustrie aufzubauen. Zu diesem Zweck startete die brasilianische Regierung 1946 ein Projekt zur Gründung eines Technologiezentrums (*Centro Técnico Aeroespacial CTA*). Dazu holte sie sich Unterstützung vom renommierten Massachusetts Institute of Technology aus den USA. Vier Jahre später erfolgte die Gründung des *Instituto Technológico de Aeronáutica (ITA)*. Bei der Etablierung des ITA war ein Team von deutschen Wissenschaftlern um den deutschen Flugzeugkonstrukteur Heinrich Focke beteiligt. Die CTA und die deutschen Techniker bildeten eine fruchtbare Basis für die zukünftige brasilianische Flugzeugingenieurskultur. Schließlich erfolgte die Gründung von Embraer (*Empresa Brasileira de Aeronáutica S.A.*) im Jahr 1969 in São José dos Campos. Embraer startete unter der Führung des Piloten und Ingenieurs Ozires Silva seine Geschäftstätigkeit als staatliches Unternehmen. Im Jahr 1970 kamen die ersten drei Flugzeugmodelle auf den Markt. Hierbei handelte es sich um die Modelle *Bandeirantes,* den Trainingsjet *Xavante* und das Agrarflugzeug *Ipanema*. Die Jahre 1974 bis 1988 können als die ersten „goldenen Jahre" in der Geschichte von Embraer gesehen werden. Die Liberalisierung und Deregulierung der US Luft- und Raumfahrtindustrie im Jahr 1978 gab der Branche einen gehörigen Schub. Embraer begann mit der Lizenzfertigung von US-amerikanischen Flugzeugen der Firma Piper. Im Laufe der 1970er Jahre entwickelte Embraer weitere Flugzeuge

– *Brasília* (Turboprop), AMX und CBA 123 (Nachfolger der *Bandeirantes*). Das Geschäft ging rapide aufwärts und Embraer verkaufte zahlreiche Turboprop Flugzeuge an regionale Fluggesellschaften. Mit dem Ende des Kalten Krieges nach 1989 brachen jedoch schwere Zeiten für Embraer an. Die Rüstungsausgaben gingen weltweit in den Keller. Trotz der veränderten geopolitischen Situation erhöhte sich das Angebot an Flugzeugen und die Palette an Herstellern am Markt. Embraer schlug die falsche Strategie ein, indem es an seinem Passagierflugzeug CBA 123 festhielt und weitere 280 Mio. US$ in die Entwicklung dieses Flugzeugtyps steckte. Nun schwenkte die Nachfrage um in Richtung Jets. Der Umsatz von Embraer war im freien Fall begriffen und das Unternehmen segelte im Sturzflug in seine schwerste Absatzkrise. Als der Mitbegründer Ozires Silva wieder das Zepter der Macht bei Embraer übernahm, erkannte er die Notwendigkeit, dass Embraer privatisiert werden musste. Er nahm eine harte Umstrukturierung des Unternehmens vor: Er entließ 2.800 Mitarbeiter, schaffte es, für Embraer eine Finanzspritze von der Regierung in Höhe von 350 Mio. US$ zu bekommen und überzeugte die Regierung davon, Schulden des Unternehmens von 700 Mio. US$ zu übernehmen. Sechs Monate nach der Privatisierung mussten weitere 1.800 Personen entlassen werden. Nach der Privatisierung übernahm Maurício Botelho die Führung des Unternehmens. Botelho erkannte, dass sich Embraer mehr an den Wünschen der Kunden orientieren sollte und überhaupt „näher am Markt" agieren müsse, anstatt ständig nach technischer Perfektion zu streben. Laut den neuesten Marktstudien sei das Segment für Regionaljets/Kurzstreckenflugzeuge stark im Wachstum begriffen. Embraer setzte nun alles auf eine Karte und steckte seine ganze Energie in die Entwicklung des neuen Regionaljets ERJ 145. Das Projekt trug den verheißungsvollen Namen „*Programa de salvação*" (Rettungsprogramm). Die ersten Flugzeuge des neuen Typs kamen schließlich 1996 auf den Markt. Nun fand ein direkter Kampf gegen den kanadischen Konkurrenten Bombardier statt. Die Verkäufe des ERJ 145 schossen in die Höhe und Embraer eröffnete Filialen im Ausland – in Australien (1997), China und Singapur (beide 2000) – um seine Kundenbindungen zu stärken. Ab 1997 machte das Segment für Regionaljets bereits 60 % der Umsätze aus. In dieser Zeit traf das Management von Embraer eine Reihe von äußerst wertvollen Strategieentscheidungen, die maßgeblich für den gegenwärtigen Unternehmenserfolg sein sollten: Erstens investierte Embraer massiv in moderne IT-Systeme, sowohl im Ingenieurbereich als auch im Finanzbereich des Unternehmens. Zweitens verfolgte Embraer eine sehr konservative Finanzpolitik und baute sich ein finanzielles Polster auf – genauer gesagt Reserven von 900 Mio. US$. Drittens erweiterte Embraer seine Produktion im Bereich *Defense* (Militärflugzeuge), um seine Umsatzquellen zu diversifizieren. Viertens bildete sich unter Silvas Führung eine neue dynamische Unternehmenskultur heraus. Es herrschte nun eine Leistungskultur und die hierarchische Führungsstruktur wich einer Matrixstruktur. Das heißt im Klartext, dass die Mitarbeiter von Embraer zunehmend projektbezogen und flexibel arbeiteten. Zudem konnten sich die Mitarbeiter aktiv einbringen und wurden mit dem „*Programa Boa Idéia*" (Programm „Gute Idee") dazu ermuntert, zahlreiche Verbesserungsvorschläge hinsichtlich der Arbeitsprozesse zu machen. Fünftens erhöhte Embraer den Anteil an Akademikern unter seinen Angestellten (auf 37 % aller Mitarbeiter) und steckte mehr als 60 Mio. US$ in die Fortbildung seiner Mitarbeiter. Im Jahr 2001 hatte Embraer erstmals wieder mehr Mitarbeiter als vor seiner Privatisierung.

Die Luft- und Raumfahrtindustrie ist eine besondere Branche. Sie ist sehr kapitalintensiv, das heißt es erfordert enorm viel Kapital und hohe Anfangsinvestitionen, um das Geschäft erst einmal zum Laufen zu bringen. Die Entwicklungszeit für ein neues Flugzeug ist sehr lange und teuer. Diese kann 48 bis 54 Monate dauern und kostet in der Regel mehrere hundert Millionen Dollar. Außerdem ist dieser Industriezweig – ähnlich wie die Automobilindustrie – großen Nachfrageschwankungen ausgesetzt (wie z. B. der Verkaufseinbruch nach den Terrorattacken am 11. September 2001). Des Weiteren ist die Luft- und Raumfahrtindustrie stark abhängig von den Entscheidungen der internationalen Politik. Aus den genannten Gründen ist es lebenswichtig, dass die Manager ein gutes Feingefühl für zukünftige Entwicklungen haben. Dazu gehört auch das Management von unvorhersehbaren Risiken. Die Luft- und Raumfahrtbranche ist definitiv zyklisch und eventgetrieben.

Embraer 190 – Ein Klassiker unter Embraers Regionaljets

Embraer ist laut einer Statistik des Consultingunternehmens Candesic (2012) der achtgrößte Flugzeughersteller der Welt. Im Segment der Regionaljets/Kurzstreckenflugzeuge gehört Embraer sogar zu den zwei größten Flugzeugbauern der Welt. Nach wie vor wetteifert Embraer mit Bombardier um die Vorherrschaft in diesem harten Segment. Das Segment der Regionaljets fokussiert sich auf Flugzeuge mit einer Passagierkapazität zwischen 75 und 100 Sitzen. Im Jahr 2012 erwirtschaftete Embraer einen Umsatz von 2,16 Mrd. US$ und erzielte einen Gewinn in Höhe von 62 Mio. US$. Im selben Jahr belief sich der Börsenwert des Unternehmens auf 6,63 Mrd. US$. Embraer beschäftigt 18.032 Mitarbeiter (2012) und ist in sechs Ländern mit Standorten präsent. Der Flugzeughersteller Embraer gehört zu den größten Exporteuren Brasiliens und ist in Brasilien Marktführer für Regionaljets. Vom Gesamtumsatz des Unternehmens macht der Bereich „Zivile Luftfahrt" den größten Teil aus (60 %). Danach folgen die Bereiche „Geschäftsflugzeuge" (21 %), „Militär" (17 %) und „Sonstige" (2 %). Geografisch verteilen sich die Umsätze wie folgt: Europa mit 31 %, Nordamerika 24 %, Brasilien 14 %, China 14 %, Afrika/Mittlerer Osten 9 %, Asien/Pazifik 5 % und der Rest

Lateinamerikas 3 %. Die Familie ERJ 145 zählt eindeutig zu den Verkaufsschlagern von Embraer. Neben dem ERJ 145 mit 50 Sitzen umfasst sie die Flugzeugtypen ERJ 135, ERJ 140, den Legacy sowie das Militärflugzeug R-99. Zwischen den Jahren 1989 und 2013 gelang es Embraer über 990 Flugzeuge dieses Typs zu verkaufen. Fluggesellschaften machen die weitaus größte Kundengruppe von Embraer aus. Zu den Kunden zählen unter anderen Fluggesellschaften wie Delta Air Lines, US Airways, Air Canada, Virgin Australia, LOT, Portugália Airlines und China Southern. Die Anzahl der Flugzeugauslieferungen an die Kunden hat sich zwischen dem Jahr 2000 und heute sukzessive erhöht. Während Embraer im Millenniumjahr 160 Flugzeuge an seine Kunden lieferte, stieg der Wert im Jahr 2012 auf 216 Flugzeuge an. Darunter waren 106 Regionaljets, 99 Geschäftsflugzeuge und zwölf Militärflugzeuge. Das bisherige Rekordjahr war 2010 mit insgesamt 246 Auslieferungen.

Offizieller Name	Empresa Brasileira de Aeronáutica S.A.
Gründung	1969
Branche	Luft- und Raumfahrt
Unternehmensform	Aktiengesellschaft
ISIN	BREMBRACNOR4
Umsatz	$ 2,16 Mrd.
EBITDA	$ 572,26 Mio.
Gewinn	$ 62 Mio.
Börsenwert	$ 6,63 Mrd.
Investitionen	$ 315 Mio.
Bilanzsumme	$ 10,30 Mrd.
Mitarbeiter	18.223
Unternehmenssitz	São José dos Campos
Standorte weltweit	in 6 Ländern
Wert des Auftragsportfolios	$ 12,50 Mrd.
Auslieferungen	205

* EBITDA und Bilanzsumme aus 2011

Zahlen und Fakten Embraer (2012)

Jahr	Anzahl Auslieferungen
2000	160
2001	131
2002	161
2003	101
2004	148
2005	130
2006	130
2007	169
2008	204
2009	244
2010	246
2011	204
2012	205

Entwicklung der Flugzeugauslieferungen (Anzahl Flugzeuge) zwischen 2000 und 2012

Embraer produziert Flugzeugtypen in vier grundsätzlichen Bereichen: zivile Luftfahrt (*Aviação Civil*), Geschäftsflugzeuge (*Aviação Executiva*), Militärflugzeuge (*Defesa e Segurança*) und Agrarflugzeuge (*Aviação Agrícola*). Der Bereich „Zivile Luftfahrt" bildet das Kerngeschäft von Embraer und ist aus strategischen Gesichtspunkten von entscheidender Bedeutung für den brasilianischen Flugzeugbauer. Gemeint ist hiermit das Segment von Regionaljets, die eine Kapazität zwischen 70 und 124 Sitzen umfassen (von Embraer produzierte Flugzeugmodelle). Insgesamt sind 56 Fluggesellschaften aus 39 Ländern die Käufer von Embraers Regionaljets. Die Flugzeugtypen in diesem Bereich sind „E-170" mit einer Passagierkapazität von 70 – 78 Sitzen, die „E-175" mit 78 – 88 Sitzen, die „E-190" mit 98 – 114 Sitzen und die „E-195". Die Motoren dieser Flugzeugtypen sind von General Electric und die maximale Reichweite liegt bei 2.400 Knoten (bei der E-190), was einer Entfernung von 4.445 km entspricht. Embraer verkaufte bereits mehr als 900 Flugzeuge aus dieser Kategorie. Mit diesen Flugzeugen wurden weltweit bereits 13 Mio. Flüge mit über 15 Mio. Flugstunden bestritten.

Im Bereich „Geschäftsflugzeuge" (*Business Jets*) wartet Embraer mit drei Modellreihen auf. Die Rede ist von der „Legacy"- Reihe, dem „Lineage 1000“ und dem „Phenom 300“. Seit dem Jahr 2000 ist Embraer im Segment für Geschäftsflugzeuge aktiv. Geschäftsflugzeuge zeichnen sich durch relativ niedrige operative Kosten, gehobenen Komfort, viel Platz im Innenraum und eine hohe Reichweite aus. Die Geschäftsflugzeuge der Legacy-Reihe gehören wie die Regionaljets ebenfalls zur Familie der E-145 Flugzeuge. Es existieren vier Ausführungen: der „Legacy 450“, der „Legacy 500“, der „Legacy 600“ und der „Legacy 650“. Die Reichweite des Legacy 600 summiert sich auf 6.297 km und die Passagierkapazität liegt bei acht Personen. Ein Käufer muss 27,45 Mio. US$ hinlegen, um einen Legacy 600 zu erstehen. Der Lineage 1000 bietet Raum für 19 Passagiere und hat eine maximale Reichweite von 8.334 km. Die Höchstgeschwindigkeit liegt bei Mach 0,82 (890 km/h). Preis für einen Lineage 1000: 49,25 Mio. US$. Diese Flugzeugvariante ist insbesondere bei Käufern im Mittleren Osten beliebt.

Neben dem Flugzeugbau für den zivilen Luftverkehr spielt der militärische Bereich eine strategisch wichtige Rolle. Auch die Militärflugzeuge aus den Werkshallen von Embraer gehören der Familie der ERJ 145 an. Bisher lieferte Embraer mehr als 100 Flugzeuge an die brasilianische Luftwaffe *Força Aerea Brasileira*. Es gibt Flugzeuge in vier Bereichen: ISR Systems/ISTAR (Überwachung/Aufklärung/Zielerfassung/Spionage), Kampfflugzeuge, Training und Cargo. Für den Bereich ISTAR bietet Embraer die Flugzeuge „EMB 145 AEW&C“ und „EMB 145 MULTI INTEL“ an. Der „EMB 314 Super Tucano“ ist ein leichtes Kampfflugzeug, das insbesondere für Anti-Guerilla-Einsätze eingesetzt werden kann. Es kann ebenfalls für Trainingszwecke verwendet werden. Für den Cargo-Bereich wird derzeit das Frachtflugzeug „Embraer KC-390“ entwickelt, was voraussichtlich 2015 auf den Markt kommen soll. Schließlich produziert Embraer seit mehr als 40 Jahren erfolgreich Agrarflugzeuge. Das Agrarflugzeug Ipanema bewährt sich seit dem Beginn seiner Fertigung im Jahr 1970. Seitdem verkaufte Embraer 1.100 Flugzeuge vom Typ Ipanema. Rund 75 – 80 % der brasilianischen Flotte für Agrarflugzeuge stammen aus der Produktion von Embraer.

Unterm Strich ist der Ausblick in die Zukunft für Embraer positiv. Mit seiner großen Bandbreite an Flugzeugmodellen in unterschiedlichen Bereichen (z. B. zivile Luftfahrt und Militär) ist Embraers Produktpalette gut diversifiziert. Die weltweiten Märkte für Inlandsflüge/Regionalflüge sind weiterhin im Wachstum begriffen. Ein Großteil des Wachstums für Inlandsflüge wird in den Schwellenländern wie China, Indien und Indonesien generiert werden. Embraer schätzt, dass chinesische Airlines bis zum Jahr 2030 etwa 975 Regionaljets bzw. Kurzstreckenflugzeuge nachfragen werden. Zusätzlich müssen viele US-amerikanische Fluggesellschaften (American Airlines oder US Airways) ihre Flotten erneuern. Im April 2013 bestellte die US-Fluggesellschaft United 30 Flugzeuge von Embraer. Zudem hat Embraer im Laufe seiner Unternehmensgeschichte mehrmals Krisenfestigkeit bewiesen. Auf der anderen Seite drücken jedoch hohe Arbeitskosten und ein Rückstand bei den Auslieferungen auf die Unternehmensgewinne.

Itaú-Unibanco – Der neue Bankenriese Brasiliens

Im Zuge des jüngsten Wachstumszyklus der brasilianischen Volkswirtschaft gehört die Bankenbranche eindeutig zu den Gewinnern (siehe Kapitel 4). Als Schlüsselbranche der Wirtschaft – über die Kreditvergabe bzw. Geldschöpfung – sitzt sie in gewisser Weise an den Schalthebeln, die weiteres Wachstum ermöglichen oder potenzielles Wachstum drosseln kann. Selbst zu Inflationszeiten, um 1990 herum, strichen die brasilianischen Banken saftige Gewinne ein. Zu Zeiten der Hochinflation kassierten die Banken immens hohe Kreditzinsen. Die Zinsen waren so hoch, da sie einen Risikoaufschlag beinhalteten. Somit wollten sich die Banken gegen die schnelle Geldentwertung (monatliche Inflationsrate von 32 %) und das hohe Ausfallrisiko absichern. Auf diese Weise nutzten die Banken das Inflationsumfeld, um richtig Gewinn zu machen. Nach den Wirtschaftsreformen durch Präsident Cardoso im Jahr 1994 mussten viele Banken den Gürtel enger schnallen. Die satten Inflationsgewinne schwanden dahin. Während der Konsolidierung des Bankensektors schafften es viele Banken nicht, zu überleben. Allerdings gab es auch einige Gewinner des Reformprozesses. Eine dieser Gewinnerbanken ist die Itaú-Unibanco. Während meiner Zeit in São Paulo erinnere ich mich, dass eine Freundin von mir ein Jobangebot von Itaú Personnalité bekommen hatte, der Private Banking Sparte der Bank Itaú. Zuvor hatte sie fünf Jahre bei Unibanco als Kundenberaterin gearbeitet. Sie erzählte mir, dass ihr die Bank Itaú für den neuen Job das Doppelte von dem, was sie gegenwärtig verdiente, an Gehalt bot. Das war im Jahr 2007. So etwas nennt sich auf gut Deutsch „Wirtschaftsaufschwung" – um dieses kleine Ereignis im Gesamtkontext auf eine höhere Stufe zu heben.

Die heutige Itaú-Unibanco wurde im Jahr 1945 von dem Industriellen Alfredo Egydio de Souza Aranha in São Paulo unter dem Namen *Banco Central de Crédito* gegründet. Parallel dazu entstand die *Banco Itaú América* in der Kleinstadt Itaúna im Bundesstaat Minas Gerais. In den ersten 20 Jahren ihres Bestehens war die *Banco Central de Crédito* eine kleine Bank mit regionalem Fokus. Auf Geheiß der Regierung sollten alle Banken, die die Bezeichnung *„Banco Central"* in ihrem Firmennamen trugen, ihren Namen ändern, da *„Banco Central"* lediglich der Zentralbank vorbehalten werden sollte. Daraufhin nannte sich die *Banco Central de Crédito* in *„Banco Federal de Crédito"* um. Zwischen den Jahren 1964 und 1974 erfolgte eine Reihe von Fusionen und Übernahmen, unter anderem die Übernahme der *Banco Paulista de Comércio*. Im Jahr 1964 erfolgte insbesondere die Fusion zwischen der *Banco Federal de Crédito* und der *Banco Itaú América*. Seitdem trägt die Bank ihren heutigen Namen „Itaú". Die Holdinggesellschaft Itaúsa entstand zehn Jahre darauf, im Jahr 1974. Sie sollte von dem Zeitpunkt an die Aktienkontrolle über die Itaú innehaben. Nachdem die Banco Itaú in den Inflationszeiten der 1980er Jahre massive Gewinne erzielt hatte, sah sie sich 1986 mit einer Bedrohung konfrontiert: Die erste Währungsreform, der *Plano Cruzado* und später der *Plano Real* von 1994 setzten den ertragsreichen Zeiten ein Ende. Daraufhin handelte die Itaú rasch und strich 25.000 Stellen, sodass sich ihre Mitarbeiterzahl von 80.000 auf 55.000 verringerte. Als Folge des *Plano Real* setzte die Regierung die Privatisierung zahlreicher staatlicher Banken in die Tat um. Ziel war es, den aufgeblähten Bankensektor zu konsolidieren. Dies betraf in erster Linie die brasilianischen Landesbanken (Banken der Bundesstaaten). Mit der Privatisierung begann die große Einkaufstour der Banco Itaú. In den folgenden Jahren akquirierte die Banco Itaú gleich vier große Landesbanken: die BANERJ (*Banco do Estado do Rio de Janeiro*) 1997, die BEMGE (*Banco do Estado de Minas Gerais*) 1998, die Banestado (*Banco do Estado do Paraná*) im Jahr 2000 und schließlich die BEG (*Banco do Estado de Goiás*) im Jahr 2001. Insgesamt legte die Banco Itaú dafür eine Summe von 3,18 Mrd. R$ hin. Parallel dazu kaufte die Banco Itaú eine Reihe von ausländischen Banken. Dazu gehörten die *Banco Francês e Brasileiro* (Frankreich) 1995, die spätere Itaú Personnalité, die *Banco Del Beun Ayre* (Argentinien) 1998 und die *BBA Creditanstalt* (Österreich) im Jahr 2002. Darüber hinaus erwarb Banco Itaú die Private Banking Sparte der TSB Lloyds (2001), die Banco Brascan (2002) und die Banco Fiat (2003). Im Jahr 2004 wurde der Finanzdienstleister Taií geboren. Taií kooperierte mit Einzelhandelsunternehmen und bot Dienstleistungen wie Kreditkarten und Konsumentenkredite für Geringverdiener an. Zwei Jahre später, im Jahr 2006, kaufte die Holdinggesellschaft Itaúsa das operative Brasiliengeschäft der US Bank *BankBoston,* mit einer Kaufoption für die Bankoperationen in Chile und Uruguay. Der Wert der Aktiva der letzteren beiden Geschäftsbereiche bezifferte sich auf umgerechnet 700 Mio. US$. Im ersten Halbjahr 2006 überholte die Banco Itaú ihren Konkurrenten Banco Bradesco. Sie erwirtschaftete 2006 den höchsten Reingewinn aller brasilianischen Banken seit 20 Jahren. 2008 schloss die Banco Itaú einen Sponsorenvertrag in Milliardenhöhe mit dem brasilianischen Fußballverband CBF ab. Für den Zeitraum von 2008 bis inklusive der WM 2014 in Brasilien wird die Bank als Sponsor der brasilianischen Fußballnationalmannschaft agieren und außerdem Sponsor der Fußball-WM 2014 sein. Am 3. November 2008 fusionierte die Banco Itaú mit seinem ehemaligen Konkurrenten Unibanco. Durch die Fusion von Banco Itaú und Unibanco entstand ein neuer Bankenriese innerhalb Brasiliens Bankenlandschaft: Itaú-Unibanco Holding S.A. Zuletzt ging Itaú Unibanco eine Reihe von strategischen Partnerschaften ein: Hierbei handelt es sich um den Versicherer Porto Seguro (2009) und die Banken *Banco Carrefour* (2011) sowie *Banco BMG* (2012).

Die Itaú-Unibanco ist in den 68 Jahren ihres Bestehens zur größten privaten Geschäftsbank Brasiliens aufgestiegen. Itaú-Unibanco ist die größte Bank Brasiliens nach Börsenwert. Der Börsenwert (auch Marktkapitalisierung genannt), also die Gesamtanzahl der Aktien multipliziert mit dem aktuellen Aktienkurs, ist natürlich eine sehr volatile Größe. Er kann sich von dem einen auf den anderen Tag rasch ändern. Trotzdem ist er eine gute Messgröße für die gegenwärtige Marktstärke des jeweiligen Unternehmens. Im Aktienkurs sind nämlich auch die zukünftigen Erwartungen an die Entwicklung des Unternehmens mit enthalten. Der Börsenwert von Itaú Unibanco lag im April 2013 bei 75,79 Mrd. US$. Damit ist die Itaú-Unibanco laut www.corporateinformation.com gemessen am Börsenwert auch das viertgrößte Unternehmen Brasiliens und die größte Bank Lateinamerikas. Laut dem Magazin „The Banker" gehört die Itaú Unibanco zu den 25 größten Banken der Welt. Im Jahr 2012 belegte sie Rang 18. Einen weiteren Rekord kann die Itaú Unibanco bei der Höhe ihres Eigenkapitals verbuchen. Noch vor ihren Konkurrenten – Banco do Brasil, Santander oder Banco Bradesco – hortet sie den größten Eigenkapitalbestand von allen brasilianischen Banken. Dieser belief sich im Jahr 2012 auf 82,83 Mrd. R$ bzw. 38,12 Mrd. US$. Auch in Sachen Gewinne liegt die Itaú Unibanco an der Spitze. Für das Jahr 2012 erwirtschaftete die Itaú Unibanco Gewinne in Höhe von umgerechnet 6,99 Mrd. US$. Die Profitabilität von Itaú Unibanco kann sich sehen lassen. Eine klassische Kennzahl, die die Profitabilität von Banken misst, ist die Eigenkapitalrendite (englisch: *Return on Equity* oder kurz ROE). Die Eigenkapitalrendite der Itaú Unibanco erreichte im Jahr 2012 einen sagenhaften Wert von 19,4 %. Eigenkapitalrenditen zwischen 15 % und 20 % gelten als außerordentlich gut. Laut dem Informationsdienstleister Bloomberg ist die Itaú Unibanco sogar die fünft-profitabelste Bank der Welt. Gegenwärtig verfügt die Itaú Unibanco über Gesamtaktiva (Gesamtvermögen) in Höhe von 521,12 Mrd. US$. Bei den Gesamtaktiva liegt sie in Brasilien hinter der Banco do Brasil auf Rang 2. Das Gesamtvolumen des Kreditportfolios (Geldvolumen aller gewährten Kredite) summiert sich auf 219,15 Mrd. US$. Die Aktien der Itaú Unibanco Holding S.A. werden an den Börsen von São Paulo (BM&F Bovespa), New York (NYSE) und Buenos Aires (BCBA) gehandelt.

Offizieller Name	Itaú-Unibanco Holding S.A.
Gründung	1945
Branche	Banken
Unternehmensform	Aktiengesellschaft
ISIN	BRITUBACNOR4
Einnahmen	$ 26,71 Mrd.
Reingewinn	$ 6,99 Mrd.
Gesamtaktiva	$ 521,12 Mrd.
Eigenkapital	$ 38,12 Mrd.
ROE (Eigenkapitalrendite)	19,40%
Höhe des Kreditportfolios	$ 219,15 Mrd.
Börsenwert	$ 34,70 Mrd.
Gewinn je Aktie	$ 1,60
Mitarbeiter	96.977
Unternehmenssitz	São Paulo
Standorte weltweit	in 19 Ländern
Bankfilialen	5.027
Bankautomaten	27.960
Kunden	21,90 Mio.

Zahlen und Fakten Itaú Unibanco (2012)

Insgesamt arbeiten 96.977 Personen für die Itaú Unibanco. Damit ist sie nach der Banco do Brasil die mitarbeiterstärkste Bank Brasiliens. Auf dem brasilianischen Bankenmarkt ist die Itaú Unibanco mit 5.027 Bankfilialen und 27.960 Bankautomaten präsent (zum Vergleich: die deutsche Cash Group betreibt deutschlandweit etwa 9.000 Bankautomaten). Im Dezember 2010 zählte die Itaú Unibanco gemäß der brasilianischen Fachzeitschrift Exame

21,9 Mio. Kunden. Auch international wartet die Itaú Unibanco mit Büros und Filialnetzen auf. Die Itaú Unibanco ist in 19 Ländern außerhalb Brasiliens geschäftlich aktiv. Ihre geografischen Schwerpunkte sind Nord- und Südamerika, Europa und Asien. Sie ist unter anderem in USA, Mexiko, Argentinien, Chile, Deutschland, Schweiz, Frankreich, Luxemburg, Spanien, Japan und China vertreten. Während der Fokus in Südamerika auf dem Retail Banking (Privatkundengeschäft) liegt, konzentriert sich die Itaú in Europa und Nordamerika vor allem auf die Bereiche Private Banking (vermögende Privatkunden) und Corporate Banking (Firmenkunden). In Asien ist die Itaú Unibanco vorwiegend im Investment Banking operativ tätig. Die Itaú Unibanco ist in Brasilien Marktführer im Bereich Kreditkarten – sowohl hinsichtlich der Anzahl der Kreditkartenkunden als auch hinsichtlich des gesamten gewährten Kreditvolumens. Außerdem ist sie Marktführer im Segment Automobilkredite. Das Kreditportfolio für Automobilkredite, die vor allem bei Neuwagen in Anspruch genommen werden, betrug im Jahr 2012 53,9 Mrd. R$ bzw. 27,69 Mrd. US$. Ferner gehört die Itaú Unibanco zu den größten Anbietern von Versicherungen in Brasilien. Bis zum Jahr 2015 will die Itaú Unibanco 10,4 Mrd. R$ (etwa 5 Mrd. US$) in die Entwicklung ihrer IT-Systeme investieren. Allein 2,3 Mrd. R$ sollen in den Aufbau eines gigantischen Rechenzentrums fließen, das eine Fläche von 815.000 m^2 (120 Fußballfelder) haben soll. Die geplante Kapazität soll bei 24.000 möglichen Transaktionen pro Sekunde liegen. Im Hintergrund stehen zwei einflussreiche Familien-Clans, die die Itaú Unibanco Holding S.A. über die beiden Beteiligungsgesellschaften Itaúsa und Companhia E. Johnston de Participações kontrollieren. Die Rede ist von der *Família Moreira Salles* und die *Família Egydio Souza Aranha*. Sie bekleiden zudem gleichzeitig mit jeweils einem Familienmitglied die beiden Vorstandsposten an der Spitze des Bankunternehmens – gemeint sind Roberto Egydio Setubal und Pedro Moreira Salles.

Innerhalb der letzten Jahre erhielt die Itaú Unibanco eine Reihe von Auszeichnungen und Prämien von internationalen Fachzeitschriften und Magazinen: „The Banker“ zeichnete Itaú Unibanco als „Innovativste Investmentbank in Lateinamerika 2011“ aus,

„Trade Finance“ kürt sie zur „besten brasilianischen Bank 2012“, „Global Finance“ ernannte sie zur „besten Investmentbank Lateinamerikas 2012“ und „Euromoney“ verlieh der Itaú Unibanco den Titel „beste Investmentbank Brasiliens“ für die Jahre 2008, 2009 sowie für 2012. „Euromoney“ wählte den Vorstand Roberto Setubal zum „Banker des Jahres 2011“, insbesondere für seine herausragenden Leistungen zur außergewöhnlichen Verbesserung der Kapitalausstattung der Itaú Unibanco. Zudem war die Itaú Unibanco im Jahr 2012 die wertvollste Marke Brasiliens mit einem Markenwert in Höhe von 10,5 Mrd. US$.

Ähnlich wie die Deutsche Bank ist die Itaú Unibanco eine Universalbank. Eine Universalbank zeichnet sich dadurch aus, dass sie eine große umfangreiche Palette an Finanzdienstleistungen anbietet und somit möglichst alle Geschäftsbereiche aus dem Bankwesen abdeckt. Die Itaú Unibanco teilt ihr operatives Geschäft in fünf übergreifende Bereiche: Das klassische Retail Banking in den Filialen (Privatkundengeschäft), der Bereich Kredite (Kreditkarten, Immobilienkredite, Automobilkredite etc.), der Bereich Internationale Operationen, das Investmentbanking sowie der Bereich Wealth Management (vermögende Privatkunden). Der Bereich Retail Banking wird in den Filialen (*agências*) abgewickelt. Zu den Kunden gehören sowohl Privatpersonen als auch kleine und mittelgroße Unternehmen (SMEs). Insgesamt betreut eine Armada von 5.900 Kundenberatern die 2,7 Mio. Firmenkunden. Das Produktangebot umfasst Sparkonten, Einlagen, Anlageprodukte, Versicherungen, Cash Management und Zahlungsverkehr. Von strategisch außerordentlich wichtiger Bedeutung ist für die Itaú Unibanco der Geschäftsbereich „Kredite“. Hierzu zählen allerlei Arten von Krediten wie Kreditkarten, Automobilkredite, Immobilienkredite oder Konsumentenkredite. Dieser Geschäftsbereich ist in Brasilien sehr lukrativ – man braucht nur an die unerschütterliche Konsumlaune der Brasilianer zu denken. Aktuell managt die Itaú Unibanco laut eigenen Angaben 58,2 Mio. Kreditkarten-Konten (darunter 32,8 Mio. Kreditkarten und 25,4 Mio. Debitkarten). Das Kreditkartensegment Brasilien ist im Wachstum begriffen. 3,8 % aller Kreditkartenumsätze weltweit werden in Brasilien erwirtschaftet (zum Vergleich: Aus den USA stammen 33,6 % aller weltweiten Kreditkartenumsätze). Die großen Einzelhandelsunternehmen wie Pão de Açúcar oder Carrefour geben in Kooperation mit Kreditkartenfirmen (u. a. mit der brasilianischen Kreditkartenfirma Hipercard) Kreditkarten an Kunden heraus, um diese für den Einkauf in ihren Geschäften zu ködern. Daneben entwickelte sich in Brasilien vor allem der Bereich Konsumentenkredite in jüngster Zeit äußerst dynamisch. In den Zentren von Brasiliens Städten gibt es zahlreiche kleine Filialen von Kreditdienstleistern – wie zum Beispiel Fininvest, Pontocred oder Hipercard. Kommunikative Kreditverkäufer versuchen Passanten davon zu überzeugen, wie toll es ist, einen Kreditvertrag in ihrer Filiale abzuschließen. Viele der Kreditdienstleister gehören mittlerweile zum Itaú Unibanco Konzern. Kredite können in der Regel sehr schnell gewährt werden. Mithilfe eines automatischen Systems zur Kreditgewährung können Kredite innerhalb von neun Minuten bewilligt werden. In diesem Bereich ist die Itaú Unibanco landesweit führend. Des Weiteren ist die Itaú Unibanco in vielen anderen lateinamerikanischen Märkten vertreten. Itaú Unibanco hat den Anspruch als „Die spezialisierte Bank für Lateinamerika" zu gelten (*O banco especialista em América Latina*). Mit 274 Filialen, 6.100 Mitarbeitern und 547 Bankautomaten ist die Itaú Unibanco außerhalb Brasiliens in sieben lateinamerikanischen Ländern (Argentinien, Uruguay, Paraguay, Chile, Peru, Kolumbien und Mexiko) präsent. In Lateinamerika konzentriert sich die Itaú Unibanco sowohl auf das Retail Banking als auch auf die Bereiche Investment Banking und Private Banking. In Nordamerika, Europa und Asien beschränkt sich die operative Geschäftstätigkeit der Itaú Unibanco vorwiegend auf die Bereiche Investment Banking und institutionelle Kunden. Die Itaú BBA fungiert als Investmentbank-Arm innerhalb des Itaú Unibanco Konzerns. Sie deckt die Bereiche Investment Banking (Mergers & Acquisitions und Initial Public Offerings), Wholesale Banking (Betreuung großer finanzstarker Unternehmenskunden wie Immobilienentwickler, Industrieunternehmen, andere Banken oder Pensionsfonds) und Treasury (Kapital- und Liquiditätsmanagement) ab. Rund 3.100 Unternehmenskunden aus Brasilien und 700 Unternehmenskunden aus dem Rest Südamerikas vertrauen auf die Dienstleistungen der Itaú BBA. Das Volumen des Kreditportfolios der Itaú BBA hat sich innerhalb der letzten Jahre konstant ausgeweitet. Zuletzt lag es im Jahr 2012 bei 157,95 Mrd. R$ (oder 81,14 Mrd. US$). Zu guter Letzt existiert noch die Itaú Personnalité. Die Itaú Personnalité ist die Private-Banking-Sparte der Itaú Unibanco, die Dienstleistungen für vermögende Privatpersonen anbietet. Sie ist einer der größten Fondsmanager Brasiliens und hat einen Marktanteil von 19,5 %. Insgesamt belaufen sich die „Assets under Management" (das verwaltete Vermögen) auf 562 Mrd. R$ (oder 288,71 Mrd. US$). Das Magazin „Euromoney" zeichnete die Itaú Personnalité im Jahr 2012 das vierte Mal in Folge als den „Besten Rundumdienstleister im Private Banking" aus (*Best Private Bank Overall Services*).

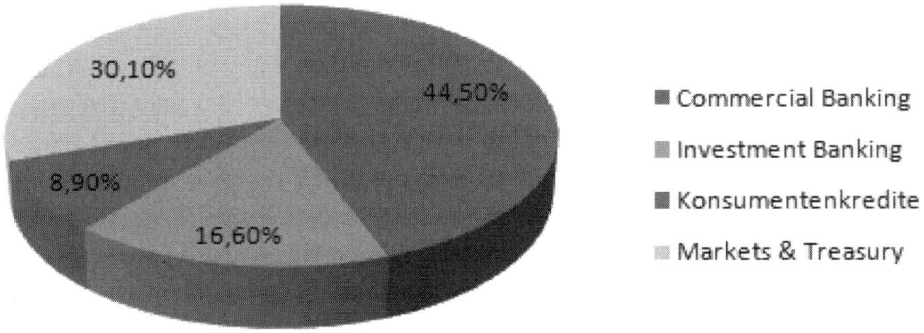

Zusammensetzung des Reingewinnes von Itaú Unibanco nach Segment

Innerhalb der letzten 20 Jahre hat die Itaú Unibanco mit ihrer geschickten und vorausschauenden Strategie eine bemerkenswerte Erfolgsserie hingelegt. Unmittelbar nach den Wirtschaftsreformen von 1994 wartete die Itaú Unibanco auf den richtigen Augenblick und kaufte mehrere frisch privatisierte Staatsbanken auf. Mithilfe einer sehr genauen Analyse und Prüfung während der Akquisitionsprozesse gelang es der Itaú Unibanco, einen entscheidenden Informationsvorteil vor ihren Konkurrenten zu erlangen. Die Itaú Unibanco reinvestierte sukzessive ihre Gewinne und kaufte damit stets neue Banken und Finanzdienstleistungsunternehmen auf. So konnte die Itaú beispielsweise ihren Eigenkapitalbestand zwischen 1990 und 2003 von 2,2 Mrd. R$ auf 10,7 Mrd. R$ fast verfünffachen. Gleichzeitig expandierte die Itaú Unibanco in den 1990er Jahren auch international. Auf diese Weise konnte die Itau Unibanco ihre Marktanteile Schritt für Schritt ausweiten und ihre Einflusssphäre vergrößern – sowohl geografisch als auch bezogen auf ihre vielfältigen Geschäftsbereiche. Die Itaú Unibanco gehört damit definitiv zu den Gewinnern des Konsolidierungsprozesses in der brasilianischen Bankenbranche. Während ihrer zahlreichen Bankenkäufe traf sie eine Reihe von wichtigen Entscheidungen: Sie setzte alles daran, die Führungskräfte und das Management aus den von ihr aufgekauften Banken im Unternehmen zu halten, investierte massiv in moderne IT-Systeme (Electronic Banking) und führte eine umfangreiche Prozess- und Kostenoptimierung durch. Dadurch erreichte die Itaú Unibanco eine nachhaltige Effizienzsteigerung innerhalb des Unternehmens und profitiert von der Vielfalt seiner operativen Geschäftszweige. Heute steht die Itaú Unibanco glänzend da und erfreut sich einer soliden Kapitalbasis. Gegenwärtig versucht die Itaú Unibanco an die neuen Trends anzuknüpfen und beabsichtigt neue Produkte wie Immobilienfonds, Schuldverschreibungen und Mobile Banking (Bankgeschäfte über das Handy) anzubieten. Die Vielfalt seiner Geschäftsbereiche, die internationale Präsenz, das Erkennen von Trends und Wachstumssegmenten und eine vorteilhafte Akquisitionspolitik machen die Itaú Unibanco zu einer der einflussreichsten, dynamischsten und solidesten Banken Lateinamerikas, die mittlerweile zur Top-Liga der Banken weltweit gehört.

6. Brazilisation – Die Entstehung einer neuen Kultur

Um ein Land wie Brasilien besser zu verstehen, hilft es immer, einen näheren Blick auf seine Gesellschaft und seine Menschen zu werfen. Brasilien scheint zunächst ein freies, liberales und unkompliziertes Land zu sein. Vor allem das warme Klima, viele Sonnenstunden, die offenen Menschen und die Kontaktfreudigkeit der Brasilianer, eine rege und legendäre Partykultur, Traumstrände sowie gutes Essen können die Sinne eines Ausländers verzaubern, der das erste Mal Brasilien bereist. Jemand könnte leicht auf die Idee kommen: „Hey, das ist das Paradies auf Erden!" Man findet insbesondere als europäischer *Gringo* (Ausländer) schnell Anschluss bei den Menschen. Vor allem Deutsche, Engländer und Italiener erfreuen sich in Brasilien großer Beliebtheit. In jedem Fall sind Brasilianer – speziell die Frauen, aber auch die Männer – äußerst kommunikativ, sie reden gerne, scherzen, machen Komplimente, lachen und genießen einfach den Augenblick, wo es nur geht. Sie beherrschen die Kunst der Kommunikation und Geselligkeit. In Brasilien werden einzelne Situationen sehr intensiv gelebt – dabei denkt und grübelt man nicht so viel über das, was noch kommt. Was das Feiern und das Nachtleben betrifft, sind Brasilianer wahre Weltmeister – und das nicht nur während der Karnevalszeit. In den meisten Fällen wird sich ein Besucher aus Europa in Brasilien durchaus wohl fühlen. Für mich persönlich ist Brasilien das „Land des Lächelns". Das Gros der Brasilianer zeichnet sich durch seine Kultur der Gastfreundschaft aus. Bei meiner ersten Brasilienreise war ich knapp zehn Tage bei einem brasilianischen Freund in Rio de Janeiro zu Gast. Mein Gastgeber stand immer sehr früh auf, bevor er sein morgendliches Fitnessprogramm absolvierte. Allmorgendlich fanden wir einen der besten Frühstückstische meines Lebens vor, mit vielen tropischen Köstlichkeiten wie frisch gepresste Säfte aus Papaya, Limetten oder Ananas, tropischen Früchten, gebratenen Zucker-Bananen, leckerem Müsli und Kokoskuchen.

Wie sieht die brasilianische Gesellschaft aus, welche die jüngste Epoche – die durch Demokratie, politische Stabilität und einen Wirtschaftsaufschwung geprägt ist – mitgestaltet und miterlebt? Wie kann man die „brasilianische Mentalität“ vor dem Hintergrund der landestypischen Besonderheiten am besten erklären? Welcher „Spirit“ treibt das Land an und welche Art von Mainstream-Kultur prägen das Land und seine Leute? In diesem Abschnitt meines Buches möchte ich außerdem ganz besonders auf eine Frage eingehen: Was ist wirklich „brasilianisch“? Oder mit anderen Worten, was zeichnet Brasilien aus und unterscheidet es von anderen Gesellschaften unserer Erde?

Die brasilianische Gesellschaft ist durch eine Reihe von elementaren Wesenszügen geprägt. Erstens ist Brasilien historisch gesehen eine Einwanderungsgesellschaft. Die im weltweiten Vergleich noch junge Zivilisationsgeschichte Brasiliens wurde maßgeblich von Einwanderern geprägt und gestaltet. Brasilien ist ein Schmelztiegel der Völker und Ethnien. Zweitens hat sich in Brasilien im Laufe der Jahrhunderte eine Klassengesellschaft herausgebildet. In allen Epochen der Geschichte inklusive der Gegenwart existieren in der Gesellschaft starke Gegensätze zwischen Arm und Reich. Gleichzeitig besteht bei vielen Menschen ein ausgeprägtes Klassenbewusstsein. Drittens spielt das Thema Religion in Brasilien eine tragende Rolle. Historisch dominierte der Katholizismus, der allerdings seit der zweiten Hälfte des 20. Jahrhunderts von zahlreichen protestantischen Glaubensgemeinschaften Konkurrenz bekommen hat. Brasilien ist das größte katholische Land der Welt und gehört unter den westlich geprägten Staaten dieser Erde zu den religiösesten Ländern. Viertens herrscht in Brasilien ein Lebensgefühl, das durch Optimismus, Gegenwartsbezogenheit und Fortschrittsglauben geprägt ist. Daraus folgen Eigenschaften wie eine ständige Bewegung und Dynamik im Denken, Konsumorientiertheit, ein Leben im Hier und Jetzt sowie das Ausblenden der Vergangenheit. Außerdem versuchen die Brasilianer oftmals Probleme zu ignorieren und negativen Gefühlen aus dem Weg zu gehen. Der Begriff „Brazilisation“ taucht oft im Zusammenhang mit soziologischen Themen auf. Oftmals wird hiermit das Auseinanderklaffen einer Gesellschaft aufgrund steigender sozialer Ungleichheit beschrieben. Ich erweitere an dieser Stelle den Sinngehalt des Wortes „Brazilisation", in dem ich noch andere typische und wesentliche brasilianische Charakteristika mit einbeziehe.

Schmelztiegel der Ethnien

Wenn wir über das Thema Einwanderung in Brasilien reden, ist es aufschlussreich, dass wir noch einmal einen Blick auf die ethnische Zusammensetzung werfen. In der Tat hat der Löwenanteil der Brasilianer südeuropäische und afrikanische Vorfahren. Während bei den südeuropäischen Urvätern Portugiesen, Italiener und Spanier überwiegen, stammen die Brasilianer mit afrikanischen Vorfahren insbesondere aus Angola und Mosambik (Bantuvölker) sowie aus einer Reihe von westafrikanischen Staaten (das Gebiet, welches die heutigen Staaten Nigeria, Ghana, Togo und Benin umfasst). Ein nicht zu unterschätzender Teil der Brasilianer hat auch indianisches Blut. Geschätzte 75 - 80 % aller Brasilianer haben mindestens einen portugiesisch klingenden Nachnamen. Beispiele für geläufige portugiesische Nachnamen sind: Sousa, Santos, Silva, Guimarães, Pinto, Carvalho, Mata, Monteiro, Rodrigues, Pereira, Campos, Gonçalves, Alves oder Cruz. Viele der ehemaligen Sklaven, die nahezu komplett afrikanische oder indianische Vorfahren haben, nahmen portugiesische Nachnamen an. Je weiter man in die Makroregionen Südosten oder Süden vorstößt, desto gängiger werden italienische, spanische, deutsche, libanesische oder japanische Nachnamen. In Südbrasilien sind Namen wie „Paulo Materazzi" (italienischstämmig) oder „Ricardo Meier" (deutschstämmig) an der Tagesordnung und im Bundesstaat São Paulo sind Namen wie „Suzana Kawasaki" (japanischstämmig) oder „Amanda Maluf" (libanesischstämmig) keine Seltenheit. In vielen Fällen haben Brasilianer mehrere Nachnamen wie zum Beispiel „Adriana Gonçalves Belucci". Hier werden schon erste Verschmelzungen der verschiedenen Ethnien und Nationalitäten ersichtlich (in diesem Fall italienisch-portugiesisch). In sprachlicher und kultureller Hinsicht passten sich die Menschen unterschiedlicher Herkunft im Verlauf der Geschichte dem brasilianisch-portugiesischen Mainstream an. Brasilien kann in etwa als südamerikanisches Äquivalent zu den durch die englische Sprache geprägten USA angesehen werden. Mit dem Hauptunterschied, dass nach Brasilien vorwiegend katholisch geprägte Südeuropäer einwanderten. Auch im Falle der Libanesen sind vorwiegend maronitische Christen nach Brasilien eingewandert, die den Papst als Kirchenoberhaupt anerkennen. Außerdem haben sich die ethnischen Gruppen in Brasilien bereits während der Kolonialzeit untereinander noch stärker vermischt als es in den USA der Fall war. Das Fehlen von hellhäutigen Frauen ließ den portugiesischen Kolonisatoren keine andere Wahl, als sich mit indianischen oder später auch mit afrikanischen Frauen zu paaren (siehe Kapitel 2). Diese Entwicklung legte den ersten Grundstein für die weitreichende Vermischung der Völker und Ethnien im heutigen Brasilien.

Wegen Brasiliens reger Einwanderungsgeschichte kann das Land definitiv als Einwanderer-Nation bezeichnet werden. Der Zeitraum der Masseneinwanderung lag zwischen 1887 und 1930 (siehe Kapitel 2). Dieser Menschenstrom hatte einen nachhaltigen Effekt auf die Zusammensetzung der brasilianischen Bevölkerung. Ein Aspekt ist laut Bernecker und Fausto in diesem Zusammenhang die politische Ideologie, die auch als „Branqueamento" (Politik der „Weißwerdung") bezeichnet wird. Mithilfe von gezielter Einwanderung aus Europa beabsichtigte die damalige brasilianische Regierung die Bevölkerung „weißer" werden zu lassen. Die damalige brasilianische Elite, die nahezu komplett aus Weißen bestand, war überzeugt von der Idee, dass eine „weißere" Bevölkerung positiv und förderlich für die brasilianische Entwicklung sein werde. Ich habe einige weiße Brasilianer getroffen, die mir erzählt haben, dass einer ihrer Urgroßelternteile nicht-weiß war – in diesem Fall afrikanisch, chinesisch oder indianisch. Wenn man allerdings diese Brasilianer gesehen hat, würde man denken, sie seien komplett „weiß“ inklusive aller Urgroßelternpaare. Für dieses Kuriosum gibt es natürlich eine Erklärung: Über die Generationen ist ein gehöriger Teil der Brasilianer – insbesondere aufgrund der einströmenden europäischen Einwanderer – „weißer“ bzw. „hellhäutiger“ geworden. Selbst dann, wenn ein Familienmitglied nicht weiß war. Aufgrund der verstärkten europäischen Einwanderung haben sich oftmals weiße Männer mit nicht-weißen Frauen gepaart. Ein weißer männlicher Ehepartner war oft gleichzusetzen mit einem gesellschaftlich-sozialen Aufstieg. Die Kinder dieser Paare paarten sich abermals mit anderen Weißen. Innerhalb weniger Generationen wurde die Hautfarbe von vielen Brasilianern damit zunehmend heller.

Ähnlich wie in den USA, Mexiko, oder Australien herrscht in Brasilien der Spirit einer Einwanderungsgesellschaft. Dazu zählen Merkmale wie Offenheit, Optimismus, Gründergeist, Religiosität, eine „Willkommens-Atmosphäre“ und die Fähigkeit, Neuankömmlinge gut und schnell zu integrieren. Im Vergleich zu jahrtausendealten Kulturnationen wie China, Ägypten, Irak, Griechenland oder auch Deutschland und Frankreich, hat Brasilien also eine recht junge Gesellschaft. Während meiner Zeit in Brasilien hatte ich oft das Gefühl, dass meine brasilianischen Freunde mich bereits als Brasilianer bzw. als „einen der ihren“ ansahen. Sie zählten oft Charakterzüge von mir auf, die in ihren Augen typisch brasilianisch seien. In vielen Situationen bekam ich zu hören, „du bist ja wie ein Brasilianer“. Ich hatte oft das Gefühl, dass mich die Brasilianer, bildlich gesprochen, „aufsaugen“ wollten, um mit ihnen eine Einheit zu bilden. In jedem Falle fühlt man sich als Neuankömmling im Allgemeinen sehr wohl. Eine Abgrenzung gegenüber Ausländern bzw. Neuankömmlingen, vor allem gegenüber Europäern, findet im Prinzip nicht statt. Allerdings ebbte die Einwanderung seit Anfang der 1960er Jahre massiv ab. Zur Zeit der Militärdiktatur strahlte Brasilien wenig Attraktivität aus und bot für Einwanderer wenig Perspektiven. Auch die Inflationszeiten der 1980er Jahre waren nicht wirklich förderlich, um das Image von Brasilien als ein Ziel für Einwanderung aufzupolieren. Der Anteil der in Brasilien lebenden Ausländer nahm im Verlauf des 20. Jahrhunderts konstant ab. In den

1980er Jahren wurde Brasilien sogar zu einem Auswanderungsland. In diesem Jahrzehnt verließen 1,8 Mio. Brasilianer das Land. Hauptzielländer waren die USA und Japan. Auch in den 1990er Jahren verließen weitere 550.000 Menschen Brasilien. Trotzdem wanderten ab den 1970er Jahren wieder Menschen nach Brasilien ein, diesmal vorwiegend aus Südkorea, China, Bolivien, Paraguay, Mosambik und Angola. Diese Einwanderer kamen jedoch in weitaus geringerer Anzahl als die Einwanderermassen in den ersten drei Jahrzehnten des 20. Jahrhunderts. Schätzungen zufolge halten sich derzeit zusätzlich noch rund 600.000 illegale Einwanderer in Brasilien auf. In jedem Fall können wir festhalten, dass Brasilien bis 1960 eine durch Einwanderung geprägte Gesellschaft war. In den letzten 50 Jahren hat Brasilien ausreichend Zeit gehabt, seine Einwanderer zu integrieren und in gewisser Weise zu „brasilianisieren". Mit „brasilianisieren" meine ich schlichtweg das Aufgehen im ethnischen und kulturellen Schmelztiegel Brasiliens. Oder mit anderen Worten: Das Land hat in den letzten 50 Jahren Zeit gehabt, in kulturell-ethnischer Hinsicht zu einer Nation zusammenzuwachsen. Die verschiedenen Einwanderergruppen vermischten sich zusehends und kreierten einen neuen „Volksstamm": den Brasilianer. Egal wo man sich gerade aufhält – ob auf der Straße, in der Universität, im Büro und sonst wo – begegnet man vielerlei Vorfahrenkombinationen: Italienisch-Portugiesisch, Spanisch-Deutsch-Afrikanisch, Portugiesisch-Spanisch, Italienisch-Deutsch, Portugiesisch-Libanesisch, Italienisch-Portugiesisch-Indianisch, Japanisch-Portugiesisch, Afrikanisch-Italienisch-Portugiesisch etc. Brasilianer mit Vorfahren aus nur einem Ursprungsland sind seltener anzutreffen. Ich habe bisher lediglich eine Brasilianerin mit rein portugiesischen, eine mit rein italienischen und eine mit rein deutschen Vorfahren getroffen. Die Einwanderer in Brasilien waren nach der Einwanderung außerdem gezwungen portugiesisch zu sprechen.

Seit dem Jahr 2000 hat sich das Blatt allerdings wieder gewendet. Aufgrund der politischen Stabilität und dem Wirtschaftsaufschwung ist Brasilien für Ausländer wieder attraktiver geworden. Zwischen 2010 und 2011 wanderten insgesamt rund 500.000 Menschen nach Brasilien ein.

Zeitraum	Anzahl Einwanderer nach Brasilien	Ausländeranteil in Brasilien (in %)
1890 - 1899	1.129.000	k. A.
1900 - 1909	622.000	6,20%
1910 - 1919	815.000	k. A.
1920 - 1929	846.000	4,90%
1930 - 1939	332.500	k. A.
1940 - 1949	114.500	3,10%
1950 - 1959	587.000	2,10%
1960 - 1969	159.500	1,80%
1970 - 1979	39.500	1,20%
1980 - 1989	-1.800.000	0,80%
1990 - 1999	-550.000	0,40%
2000 - 2009	455.000	0,30%
2010 - 2011	772.523	0,79%

Einwanderung nach Brasilien

Ein schwieriges Thema ist die Frage, ob es in Brasilien Rassismus gibt. Ich habe mich mit mehreren Brasilianern über dieses Thema unterhalten. In den meisten Fällen erzählten mir meine brasilianischen Gesprächspartner, dass in Brasilien eine subtile Form des Rassismus vorherrscht. Offiziell und in öffentlichen Sphären scheint Rassismus nicht existent und im Auge des Betrachters bietet sich ein harmonisches Bild. Es gibt Erfahrungsberichte, dass insbesondere bei Job-Interviews hellhäutige Bewerber ihren dunkelhäutigen Mitstreitern vorgezogen werden. Auch auf vielen Werbeplakaten sowie auf Wahlplakaten sind in erster Linie Menschen hellhäutigen Typs zu sehen. Auf den großen Promotion-Plakaten in Shopping-Centern oder bei der Printwerbung in Zeitschriften sind oftmals attraktive, hellhäutige, blonde Frauen zu sehen. Das Schönheitsideal der Brasilianer orientiert sich traditionell am südeuropäischen- bis mittel-nordeuropäischen Typus Mensch. Schätzungen zufolge bevorzugen 60 % der brasilianischen Männer dunkelhaarige Frauen, während für 40 % der blonde nordische Typ attraktiv ist. Allerdings findet auf vielerlei Werbeplakaten rund um das Thema „Brasilien“ in zunehmendem Maße auch die ethnische Vielfalt Einzug. Mir ist außerdem aufgefallen, dass die überwiegende Mehrheit der „White Collar Worker“ nicht nur ein weißes Oberhemd trägt, sondern auch in der Tat eine weiße Hautfarbe hat. Auf der anderen Seite bemerkte ich, dass viele Leute, die im Niedriglohnsegment (Busfahrer, Portiers, Verkäufer, Kassiererinnen, Bauarbeiter) beschäftigt waren, entweder Schwarze oder *Pardos* waren. Außerdem waren nahezu alle Obdachlosen oder Straßenkinder, die mir begegneten, dunkelhäutig. Entsprechend weiterer Erfahrungsberichte sollen die Aufstiegschancen im Job primär von der sozialen Schicht abhängen und daher zunehmend unabhängig von der Ethnie sein. Darauf werde ich im folgenden Abschnitt dieses Kapitels noch näher eingehen. In jedem Fall hat sich die Situation in den letzten Jahren gebessert. Die Zahl der dunkelhäutigen Studenten sowie der dunkelhäutigen „Aufsteiger“ in die Mittelschicht ist angestiegen. Für medialen und gesellschaftlichen Aufruhr sorgte die eingeführte Quotenregelung an den Universitäten für dunkelhäutige Studenten. Auf die Spitze getrieben wurde diese Regelung durch einen kuriosen Fall, bei dem sich eineiige Zwillinge auf einen Studienplatz bewarben. Einer der Zwillinge wurde als „Weißer“ eingestuft, während sein Bruder, der absolut identisch aussieht, als „Schwarzer“ eingestuft wurde. Nur der vermeintlich dunkelhäutige Bruder erhielt aufgrund der Quotenregelung einen Studienplatz. Dies entfachte eine hitzige Debatte über Quotenregelungen und die Unterdrückung des Themas „Rassismus“.

Das Thema Rassismus gilt in Brasilien bis heute als Tabuthema. Ich habe es auch öfter erlebt, dass Brasilianer nicht gerne über dieses Thema sprechen und es in vielen Fällen einfach lieber ausschweigen. Vor allem die brasilianische Oberschicht möchte das Thema gerne kleinreden. Der Anthropologe Gilberto Freyre gilt als der Urvater von der Idee der brasilianischen Rassendemokratie. In seinen Werken analysierte er die Verschmelzung europäischer, indianischer und afrikanischer Elemente in der brasilianischen Kultur. Daraus folgte der Leitgedanke, dass die Vermischung der Ethnien rassistischen Ideologien und Tendenzen entgegenwirke. Außerdem würden Minderheiten gut behandelt und die Sklaverei sei nach Freyre in Brasilien auch nicht so schlimm gewesen wie in anderen Ländern dieser Erde. Brasilien ist sozusagen das „Mischvolk" par excellence, was zur Basis der brasilianischen Identität gehöre. Auch der deutsche Schriftsteller Stefan Zweig war von der „ungehemmten Durchmischung, der völligen Gleichstellung von Schwarz und Weiß und Braun und Gelb" begeistert. Auf der anderen Seite gibt es jedoch auch Kritiker, die diese Harmonie infrage stellen. Die Soziologin Elisa Larkin erkennt einen „bemerkenswerten Kontrast zwischen der Überzeugung der weißen Mittel- und Oberschicht, keineswegs rassistisch veranlagt zu sein und der Realität, die durch extreme Unterschiede bei Einkommen, Bildungsniveau, Wohnsituation und Gesundheitsversorgung geprägt ist". Eine weitere Kritikerin der erzwungenen ethnischen Harmonie ist die Publizistin Miriam Leitão. Sie bezeichnet die Rassendemokratie als „Farbhexerei" und wirft der Oberschicht vor, dass sie das Thema tabuisiere und dies der Öffentlichkeit als „Demokratie" verkaufe. Im Gegensatz zu den USA hat sich in Brasilien geschichtlich nie eine schwarze Bürgerbewegung herausgebildet. Viele Brasilianer streben nach einer „virtuell weißen" Identität, um so gesellschaftlich aufzusteigen. Auf jeden Fall ist und bleibt das Thema „Rassen und Ethnien" in Brasilien ein interessantes, aber höchst komplexes Thema.

Als Ausländer habe ich meinerseits in Brasilien überwiegend positive Erfahrungen gemacht. Viele Brasilianer freuen sich, insbesondere mit europäischen Ausländern in Kontakt zu treten. Die Begegnungen sind meist von Neugier, Freundlichkeit, Respekt und Heiterkeit geprägt. Es werden oft Gemeinsamkeiten gesucht, um eine Brücke zu den Besuchern zu schlagen. Mit mir als Deutschen sprachen meine brasilianischen Bekannten gerne über Fußball, Autos und die Unterschiede zwischen Europa und Südamerika. In selteneren Fällen wird man von den Ghetto-Kids aus den Favelas beschimpft, wenn man zur falschen Zeit am falschen Ort ist.

Als Fazit lässt sich festhalten: Brasilien ist historisch gesehen eine Einwanderergesellschaft. Im Gegensatz zu vielen Staaten des Westens – den USA, Kanada sowie Westeuropa – hat es ab 1960 keine nennenswerte Einwanderung nach Brasilien gegeben. Brasilien hat die „Schotten dicht gemacht". Sowohl zur Zeit der Masseneinwanderung als auch nach 1960 hat es Brasilien geschafft, seine verschiedenen Einwanderergruppen zu integrieren und zu „brasilianisieren". Damit ist die Schaffung einer gemeinsamen brasilianischen Identität gemeint, obwohl einige Brasilianer ihre ursprünglichen Herkunftsländer in Ehren halten. Das größte Land Südamerikas gehört zu den ethnisch gemischtesten Gesellschaften der Erde und ist ein Schmelztiegel der Völker und Ethnien. Trotz einer vielfach beschworenen Harmonie zwischen den diversen ethnischen Gruppen herrscht eine subtile Form des Rassismus.

Eine Frage der Klasse

Der Ruf, eine extreme Gesellschaft mit großen sozialen Unterschieden zu sein, eilt Brasilien gewissermaßen voraus. Viele Bekannte und Personen, mit denen ich mich über das Thema „Brasilien" unterhielt, kennen den Film *„City of God"* (Originaltitel: *„Cidade de Deus"*) aus dem Jahr 2002. Der Film handelt von der harten Realität in den *Favelas* (Elendsvierteln) von Rio de Janeiro. Er erzählt von Jugendbanden, dem Leben in einer Favela und von Verbrecherkarrieren, die bereits in sehr jungen Jahren beginnen. Ein anderer Film mit dem Originaltitel: „Tropa de Elite" (Elitetruppe) illustriert den Drogenkrieg zwischen Elitetruppen der militarisierten Polizei und den Drogengangs. Dieser Film ist im Jahr 2008 sogar mit dem Goldenen Bären ausgezeichnet worden. Ich bin immer wieder verblüfft, wie stark diese Filme das Bild von Brasilien geprägt haben. Vor allem Leute aus meiner Generation, die noch nie in Brasilien waren, aber diese Filme kennen, haben oftmals einen verzerrten Eindruck von Brasilien. Sie müssen glauben, dass das Land extrem gefährlich ist, hinter jeder Straßenecke ein Bandit lauert und dass im Allgemeinen die Armut vorherrscht. Das mag in Teilen so sein, aber ganz so schlimm ist es definitiv nicht. Es gibt schließlich eine immer größer werdende Mittelschicht in Brasilien. Eine Sache stimmt allerdings: Die Unterschiede zwischen

Arm und Reich sind in Brasilien in der Tat frappierend. Auf der einen Seite springt einem die Armut nach der Ankunft in einer der brasilianischen Megastädte ins Auge. Neben den Schnellstraßen wuchern hier und dort die notdürftig errichteten Bretter- und Wellblechsiedlungen. Es handelt sich hierbei um die sogenannten *Favelas,* was so viel wie „Slum" auf Portugiesisch bedeutet. Diese prekären Siedlungen werden von den untersten sozialen Schichten bewohnt. Viele brasilianische Großstädte sind in ihren Peripherien von *Favelas* geprägt. In São Paulo, Rio de Janeiro und Fortaleza hatte ich einige einprägsame Erlebnisse zum Thema Armut in Brasilien. Im zentralen Stadtteil Liberdade von São Paulo begegnete mir und einem Freund aus Deutschland ein kleiner bettelnder Junge. Der dunkelhäutige, etwa achtjährige Junge war in eine Wolldecke eingehüllt und fragte uns nach ein paar Reais. In Fortaleza begegnete ich einer kleinen Gruppe von armen Kindern. Sie kamen sogar bis in das Internet-Café, in dem ich mich befand, um Geld von mir zu erfragen. Ich war gerade auf der Suche nach einem Restaurant. Der eine Junge sagte mir: „Komm mit mir, ich begleite dich und zeig' dir, wo du ein Restaurant finden kannst. Du kommst extra den weiten Weg aus dem Ausland in mein Land. Daher will ich dich beschützen." Auf dem Weg zum Restaurant erzählte mir mein junger Begleiter, dass er auf der Straße lebe. Am Ende gab ich ihm als Unterstützung ein paar *Reais*. Gleichzeitig existiert in Brasilien eine komplett andere Welt. Die Welt der Oberschicht und des Luxus. Das ist die Welt der Luxusvillen, die sich in *Bairros Fechados* (die brasilianischen geschlossenen Wohnsiedlungen/Gated Communities) von der Außenwelt abschotten, die Welt der Oberklassewagen, Privatflugzeuge und Helikopter und die Welt der rauschenden Partys. Um das Leben der Oberschicht zu illustrieren, möchte ich von einem Diskothekenbesuch im Urlaubsort Maresias im Bundesstaat São Paulo erzählen. Dort besuchte ich eine Nobeldisco, für die ich 80 R$ Eintritt zahlen musste (umgerechnet 30 €). In den Räumen des Clubs angekommen, trat ich in eine andere Welt ein. Im Innenraum bot sich mir ein pompöses Bild und ich hatte den Eindruck dass die Atmosphäre hier alles andere als offen und einladend war. Die Besucher dieser Lokalität waren nicht besonders aufgeschlossen und empfänglich für Newcomer. Es herrschte eine distanzierte Cliquen-Atmosphäre und die 20- bis 30-jährigen Besucher gaben sich wie eine geschlossene Gesellschaft. Sie wirkten sehr abgehoben, so als ob sie über der Realität „schweben" würden. Aus Gesprächen mit Freunden erfuhr ich, dass die Paulistaner Oberschicht wie eine hermetisch abgeschlossene Clique funktioniert. In einem interessanten Gespräch mit einem Taxifahrer in São Paulo brachten wir dieses Phänomen auf den Punkt: Wir stellten gemeinsam fest, dass São Paulo eine Stadt ist, in der sozusagen „drei Welten" – die Welten der Ober-, Mittel- und Unterschicht – zusammenleben (*Os três mundos em uma cidade*).

Oberklasse-Stadtteil in Ribeirão Preto

Im weltweiten Vergleich gehört Brasilien in der Tat zu den Staaten mit der höchsten Einkommensungleichheit. Das kann statistisch mittels des Gini-Koeffizienten belegt werden. Der Gini-Koeffizient ist eine statistische Kennzahl, die 1912 von dem italienischen Statistiker Corrado Gini entwickelt wurde. Es handelt sich hierbei um ein Streuungsmaß, das das Ziel hat, die Ungleichheit (in diesem Fall Einkommensungleichheit) auf Basis einer Häufigkeitsverteilung zu messen. Ein Wert von 1 (100 %) bedeutet absolute Ungleichverteilung der Einkommen während ein Wert von 0 (0 %) die totale Gleichverteilung aller Einkommen impliziert. Staaten mit einem Gini-Koeffizienten, der nahe bei 1 oder sprich nahe bei 100 % liegt, sind Länder, in denen eine raffgierige Oberschicht die meisten Vermögensgüter besitzt und einen Großteil des verfügbaren Einkommens einfährt. Staaten mit einem Gini-Koeffizient, der gegen Null oder gegen 0 % strebt, tendieren dazu, ein Paradies für Sozialschmarotzer zu sein und leben in einer „Traumwelt" der sozialen Harmonie. Der Statistik des CIA World Factbook zufolge gibt es nur wenige Staaten auf unserer Erde, in denen die Einkommensungleichheit noch größer ist als in Brasilien. Dazu zählen einige Länder in Schwarzafrika, wie Südafrika, Namibia oder die Zentralafrikanische Republik sowie einige lateinamerikanische Staaten, wie Kolumbien, Chile, Bolivien oder Guatemala.

Land	Gini-Koeffizient
Südafrika	65,0%
Brasilien	51,9%
Mexiko	51,7%
China	48,0%
Argentinien	45,8%
USA	45,0%
Russland	42,0%
Türkei	40,2%
Japan	37,6%
Indien	36,8%
Schweiz	33,7%
Frankreich	32,7%
Italien	32,0%
Deutschland	27,0%
Österreich	26,0%
Schweden	23,0%

Gini-Koeffizient ausgewählter Staaten

Ich wurde selbst Zeuge dieser Einkommensungleichheit, als ich im Büro der AHK São Paulo eine Gehältertabelle zu allen möglichen Berufsgruppen zu Gesicht bekam. Es gibt eine ganze Reihe von einfachen Berufen in Brasilien, die mit rund 650 R$ monatlich entlohnt werden. Auf der anderen Seite der Skala gibt es eine Reihe von Jobs, die sich auf einen üppigen Monatslohn von 10.000 R$ bis 12.000 R$ freuen können. Von brasilianischen Bekannten erfuhr ich, dass es eine sehr begehrte Position als hoher Richter gibt, bei der der Monatslohn sogar bei 16.000 R$ liege. An diese Stelle könne man allerdings erst mit 30 Jahren Berufserfahrung gelangen. Auf jeden Fall manifestiert sich die soziale Ungleichheit in den krassen Einkommensunterschieden. Abgesehen von der offiziell arbeitenden Bevölkerung koexistieren in Brasilien zwei noch extremere Sphären. Die Rede ist von der Welt der Milliardäre einerseits und der Welt der Ärmsten der Armen (*Miseráveis*) andererseits. Während die Superreichen – wie Jorge Paulo Lemann (AmBev), Eike Batista (EBX), die Marinho Brüder (Globo) oder José Safra (Banco Safra, Aracruz Celulose etc.) imstande sind, sich alles Erdenkliche zu kaufen, müssen die Ärmsten der Armen ums tägliche Überleben kämpfen. Sich diese beiden Welten in einem Land oder gar innerhalb einer Stadt vorzustellen, sprengt die Vorstellungskraft eines Mitteleuropäers, der eine Mittelschichtgesellschaft gewohnt und vom sozialen Ausgleichsgedanken geprägt ist.

Im Laufe seiner Geschichte scheint sich Brasilien an die soziale Ungleichheit gewöhnt zu haben. In der brasilianischen Sozialforschung hat sich ein Modell etabliert, das die Gesellschaft in drei Schichten und fünf „Klassen" einteilt. Neben der international geläufigen Einteilung von sozialen Schichten – in Ober- Mittel- und Unterschicht – teilt man die brasilianischen Schichten darüber hinaus in fünf Klassen, namentlich A, B, C, D und E, ein. Hierbei bildet Klasse A die Oberschicht, die Klasse B die obere Mittelschicht, die Klasse C die untere Mittelschicht, Klasse D die Unterschicht und Klasse E die unterste Unterschicht. Eine alternative, noch feinere Unterteilung der Klassen lautet: A1, A2, B1, B2, C1, C2, D und E. Die Einteilung der sozialen Schichten mag fast an

Favela in Rio de Janeiro

eine Rating-Skala für Staatsanleihen aus der Finanzwelt erinnern. Die Einteilung der sozialen Klassen richtet sich nach dem monatlichen Einkommen. Für statistische Zwecke wird oftmals das monatliche Familieneinkommen eines Vierpersonenhaushalts herangezogen. Weitere Faktoren, die bei der Einteilung der Klassen A bis E berücksichtigt werden, sind Bildungsgrad sowie die Anzahl bestimmter Besitzgüter und Dienstangestellten, wie beispielsweise Auto, TV-Geräte, Badezimmer, Waschmaschinen, Putzfrauen, Chauffeur etc.

Demzufolge zählen Familien mit einem monatlichen Einkommen, das oberhalb von R$ 15.300 (umgerechnet ca. 5.490 €) liegt, zur Oberschicht (Klasse A). Familien mit einem monatlichen Einkommen zwischen 7.650 R$ und 15.300 R$ gehören der oberen Mittelschicht (Klasse B) an und Familien mit einem Monatseinkommen zwischen 3.060 R$ und 7.650 R$ bilden die untere Mittelschicht (Klasse C). Alle Familien, die weniger als 3.060 R$ (ca. 1.100 €) im Monat zur Verfügung haben, gelten als Unterschicht (Klasse D und Klasse E).

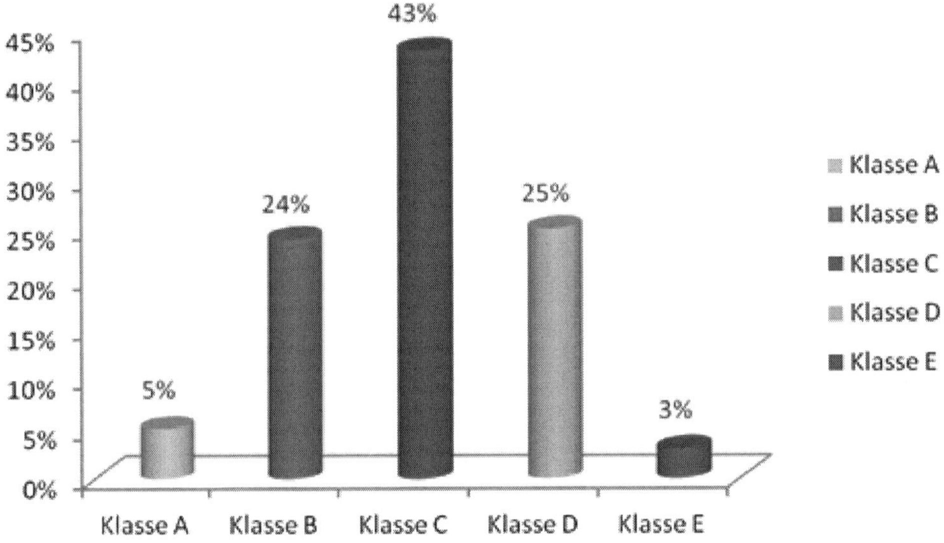

Soziale Klassen in Brasilien I – Anteil an der Gesamtbevölkerung in % (2010) laut ABEP (Associação Brasileira de Estudos Populacionais)

Um ein paar Berufsgruppenbeispiele zu den einzelnen Klassen aufzuführen: In der Klasse A sind Großunternehmer, leitende Banker, Großaktionäre, Investoren, Großgrundbesitzer, Topmanager, hohe Politiker, Richter, leitende Professoren und hohe Militärs vertreten. In Klasse B, dem Äquivalent zur oberen Mittelschicht, finden sich Ingenieure, Professoren, Unternehmer, Lehrer, Politiker, Anwälte, Ärzte, Banker des Mittelmanagements sowie qualifizierte Facharbeiter. Übliche Berufe von Vertretern der Klasse C sind Mechaniker, Elektriker, Krankenschwestern, Polizisten, angestellte Banker, Kleinunternehmer u. a. Klassische Tätigkeitsfelder der Unterschicht (Klassen D und E) sind Köche, Kellner, angestellte Verkäufer, Industriearbeiter, Landarbeiter, Bauarbeiter, Kuriere (*Motoboys*), Sicherheitsdienste, Gärtner, Straßenkehrer und Putzfrauen. Viele Menschen der unteren Klassen sind außerdem im informellen Sektor beschäftigt.

Klasse	Monatliches Familieneinkommen
A	über R$ 15.300
B	R$ 7.650 - R$ 15.300
C	R$ 3.060 - R$ 7.650
D	R$ 1.020 - R$ 3.060
E	bis R$ 1.020

Soziale Klassen in Brasilien II – Monatliches Familieneinkommen (Vierpersonenhaushalt)

In Deutschland, dem einstigen Paradies für Sozialleistungen, wäre so eine klare und haarscharfe Einteilung der Bevölkerung – in Klassen A bis E – ein No-Go und würde wahrscheinlich einen Eklat hervorrufen. Aus mitteleuropäischer Sicht ist diese Klassifizierung der Gesellschaft viel zu stigmatisierend. Dabei erfüllt diese Einteilung in erster Linie statistische Zwecke und ist ein gutes Instrument, um die soziale Mobilität zwischen den einzelnen Schichten zu messen. In Brasilien ist dies vor allem wichtig, um den rasanten Aufstieg der unteren Mittelschicht (Klasse C) zu dokumentieren. Zwischen den Jahren 2005 und 2012 hat eine bemerkenswerte Entwicklung stattgefunden. Viele Menschen aus den unteren Schichten D und E haben den Sprung in die Klasse C geschafft. Allein zwischen 2003 und 2011 sind 40 Mio. Brasilianer aus den Schichten D und E in Klasse C aufgestiegen.

Innerhalb der jüngsten Zeit scheint sich also langsam aber sicher eine Trendwende in der brasilianischen Gesellschaft abzuzeichnen. Die kulturell-historisch bedingte soziale Ungleichheit hatte sich zunächst in der zweiten Hälfte des 20. Jahrhunderts weiter verstärkt. Der Gini-Koeffizient kletterte in dem Zeitraum zwischen 1960 bis 2007 von 0,5367 auf 0,5546. In den letzten fünf Jahren sank der Gini-Koeffizient jedoch wieder und erreichte im Jahr 2012 ein Niveau von 0,519.

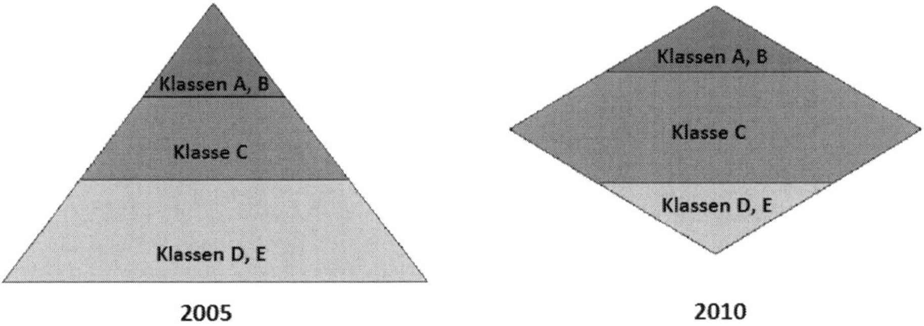

Soziale Klassen in Brasilien III –
Entwicklung der Einkommenspyramide, 2005 versus 2010

Per Definition gehört nun ein Großteil der brasilianischen Bevölkerung der Mittelschicht an – also den Klassen B und C. Zusammengenommen machen diese beiden Schichten zwei Drittel der brasilianischen Gesamtbevölkerung aus. Laut dem Institut IBGE stellt mittlerweile allein die Klasse C 52 % der Bevölkerung (abweichend von der ABEP mit einem Wert von 43 %). Damit gehören rund die Hälfte aller Brasilianer, also mehr als 95 Mio. Menschen zur Klasse C. Diese gestiegene soziale Mobilität erhöht die Dynamik zwischen den einzelnen Schichten und führt dazu, dass sich Brasilien derzeit von einer Pyramidengesellschaft zu einer Mittelklassegesellschaft entwickelt. Die Klasse C gilt als Paradebeispiel für den gesellschaftlichen Aufstieg zahlreicher Brasilianer. Der Einkommenszuwachs von Millionen von Brasilianern wird von Politik, Wirtschaft und der Medienwelt als bahnbrechende nationale Errungenschaft gepriesen. Zusammengenommen bildet die Klasse C ein riesiges Konsumentenpotenzial mit einer enormen

Kaufkraft. Daher rückte sie innerhalb der letzten Jahre zunehmend in den Fokus von zahlreichen Investoren, Marketing-Strategen und Produktmanagern, da sie einen vielversprechenden Wachstumsmarkt für Unternehmen symbolisiert. Die Kritik an dieser Gesellschaftseinteilung moniert, dass der untere Teil der Klasse C hinsichtlich des Einkommens weiterhin fast auf Unterschicht-Niveau verharrt. Das monatliche Durchschnittseinkommen einer Person aus Klasse C liegt zwischen 219 R$ und 1.090 R$. Das entsprechende Haushaltseinkommen eines Haushaltes aus Klasse C variiert je nach Statistik zwischen 2.040 R$ und 7.650 R$. Aus diesem Grund ist die Einteilung in Schichten stark abhängig von der jeweiligen Definition. Klasse C könnte je nach Definition als „arme Mittelschicht" oder als „wohlhabende Unterschicht" bezeichnet werden. Das Konzept der „unteren Mittelschicht" innerhalb der brasilianischen Einkommenspyramide ist demnach ein sehr weit ausgelegter Begriff. Márcio Pochmann, der ehemalige Präsident des Institutes für angewandte Forschung Ipea, bezeichnet die Klasse C als eine Arbeiterschicht, die den Aufstieg in die Welt der formalen Arbeitsverhältnisse geschafft hat. Gleichzeitig lehnt er eine Definition der Gesellschaftsschicht, die lediglich auf Einkommen basiert, ab. Weiterhin kommt dazu, dass sich viele Menschen aus der Klasse C verschulden, um das Konsumverhalten der Klassen A und B nachzuahmen. Laut Statistiken sind beispielsweise 53 % der Einkäufe von Kleidung und Schuhen kreditfinanziert. Rund 51 % aller Elektrogeräte und 40 % aller Möbeleinkäufe werden von der Klasse C auf Pump gekauft.

Als Fazit lässt sich festhalten: Brasilien hat sich innerhalb der letzten Jahre von einer Pyramidengesellschaft hin zu einer Mittelklassegesellschaft entwickelt. Viele Brasilianer haben den Sprung aus der Armut geschafft und sind in die untere Mittelschicht aufgestiegen. Die Klasse C wird in den Medien und in der öffentlichen Wahrnehmung als die neue und erfolgreiche Gesellschaftsschicht von Aufsteigern hochgehalten. Die Vertreter der Klasse C sind zunehmend in formalen Arbeitsverhältnissen beschäftigt und haben einen leichteren Zugang zu Krediten. Trotz der weit ausgelegten Definition der Mittelschicht, im Sinne der Klassen B und C, hat sich das gesamte Kaufkraftpotenzial der unteren

Einkommensschichten (Klassen C, D und E) deutlich erhöht. Die starke Konsumneigung der unteren Einkommensschichten bildet eine wichtige Säule für das gesamtwirtschaftliche Wachstum. Allerdings bergen die hohen sozialen Unterschiede Konfliktpotenzial. Die vergleichsweise hohe Kriminalitätsrate ist zum Großteil auf eben jene Unterschiede zurückzuführen.

Wer glaubt wird selig

Ich bin einmal alle meine brasilianischen Freunde und Bekannten durchgegangen. Dabei habe ich festgestellt, dass ein Großteil von ihnen religiös ist oder zumindest eine tendenziell positive Haltung zur Religion hat. Viele meiner Freunde und Bekannten erzählten mir, dass sie einer katholischen, methodistischen, baptistischen, mormonischen oder sonstigen Gemeinde nahestehen. Von meinen europäischen Freunden und Bekannten sind im Durchschnitt weit weniger Leute religiös. Tatsache ist, dass Brasilien im weltweiten Vergleich eine religiös geprägte Gesellschaft ist. Laut einer Gallup-Umfrage von 2009 bezeichnen sich 86,5 % der Brasilianer als „religiös". Ob die Religion im Einzelfall aufrichtig gelebt wird, ist natürlich eine andere Frage. Einmal habe ich eine Freundin von mir zum Kirchenbesuch begleitet. Es handelte sich um eine Baptistengemeinde im Großraum São Paulo. Bei der Kirche angekommen, war ich erstaunt über die große Menschenansammlung vor dem Gotteshaus. Vor der Kirche, die in einem modern aussehenden Gebäude untergebracht war, herrschte ein lebendiges Treiben. Mir fielen auch viele junge Frauen auf. In der Kirche erlebte ich dann einen bunten, lebhaften, spirituellen, emotionalen und interaktiven Gottesdienst. Der Innenraum der Kirche war im Stil eines Amphitheaters erbaut. Der Altarbereich wirkte eher wie eine Bühne und der Priester gab sich ein wenig wie ein Showmaster. Alle Erstbesucher, zu denen auch ich gehörte, wurden von der Gemeinde begrüßt und willkommen geheißen. Schließlich kam ein Gastprediger aus den USA auf die Bühne und predigte auf Englisch, was von dem brasilianischen Pfarrer in regelmäßigen Abständen übersetzt wurde. Für mich war es ein intensives und interessantes Erlebnis.

Brasilien ist mit 123 Mio. Gläubigen die größte katholische Nation der Erde. Mehr als 80 % aller Brasilianer sind christlichen Glaubens. Insgesamt existieren in Brasilien rund 300.000 organisierte Kirchengemeinden. Darunter finden sich 10.218 katholische und 289.701 protestantische Gemeinden. Hierbei wird ersichtlich, dass eine katholische Gemeinde im Schnitt wesentlich größer ist als eine protestantische Gemeinde. Dafür gibt es weitaus mehr protestantische Gemeinden, die sich in kleineren Gruppen zusammenschließen. Brasiliens Christen teilen sich in 15 größere Konfessionen auf: Katholiken, Assembleia de Deus, Espiritisten, Baptisten, Congregação Crista, Igreja Universal do Reino de Deus, Igreja do Evangelho do Quadrangular, Adventisten, Mormonen, Lutheraner, Presbyterianer, Methodisten und Orthodoxe Christen. Zum Vergleich: In Deutschland sind 61 % der Gesamtbevölkerung Christen. Daneben gibt es in Brasilien kleinere Gemeinden von Buddhisten, Juden und Muslimen. Rund 8 % der Brasilianer bezeichnen sich als konfessionslos.

Die Ursprünge des christlichen Glaubens in Brasilien reichen zurück bis zur Zeit der portugiesischen Kolonialisierung. Bereits mit der Ankunft der Entdecker stiegen die ersten christlichen Missionare von Bord, da die portugiesische Krone enge Verbindungen zum Vatikan unterhielt. Nachdem die Missionare erstmals ihre Füße auf das südamerikanische Territorium setzten, begann für das heutige Brasilien eine neue Ära des Glaubens. Ab dem Jahr 1549 intensivierte sich durch die Ankunft der Jesuiten die christlich-katholische Präsenz im kolonialen Brasilien. Die Jesuiten trugen maßgeblich zur Formung einer christlich-abendländischen Kultur auf dem brasilianischen Territorium bei. Sie gründeten Dörfer und Städte, missionierten (ähnlich wie die Missionare in Spanisch-Lateinamerika) Indios und führten Letztere somit an die christliche Kultur heran. Zu den berühmtesten Jesuiten, die den Generalgouverneur Tomé de Sousa bei der frühen Kolonialisierung begleiteten, gehörten Padre José de Anchieta, Manuel da Nóbrega und João de Azpilcueta Navarro. Später trafen weitere katholische Ordensgemeinschaften in Brasilien ein, wie die Karmeliter (1580), die Benediktiner (1581), die Franziskaner (1584), die Oratorianer (1611), die Mercedarier (1640) und die Kapuziner (1642). Außerdem prägte die katholische Kirche auch die koloniale Architektur, die man auch heute noch in den historischen Städten Brasiliens vorfinden kann. Hierbei handelt es sich vor allem um Kirchen und Klöster im Barockstil, wie beispielsweise in Salvador da Bahia, Ouro Preto, Diamantina, Recife und Olinda. Rückblickend hat die Christianisierung des kolonialen Brasilien die Einheit des riesigen brasilianischen Territoriums bewirkt.

Der Katholizismus ist weiterhin die größte Konfession in Brasilien – Hier: Catedral da Sé in São Paulo

Die Abgeschnittenheit der einzelnen Küstenkolonien sowie ethnisch-kulturelle Barrieren konnten mithilfe der Christianisierung überwunden werden. Bis in die Epoche der Kaiserzeit bestanden zwischen Staat und Kirche sehr enge Verbindungen. Die Kirche nahm auch öffentliche Aufgaben wahr, wie die Administration von Krankenhäusern und Schulen. Erst im Jahr 1891 erfolgte mit der Proklamation der Republik Brasiliens eine konstitutionelle Trennung zwischen Staat und Kirche. Seit etwa 30 Jahren findet in der Religionslandschaft Brasiliens allerdings ein massiver Umschwung statt. Bis Anfang der 1980er Jahre war die katholische Kirche die bei weitem einflussreichste Kirche Brasiliens. Damals belief sich der Anteil der Katholiken auf über 90 %. Der Anteil der Protestanten war mit 6,63 % relativ gering. Von da an nahm das Wachstum der protestantischen Kirchen (*Evangélicos*) rapide Fahrt auf. Im Jahr 2010 lag der Anteil bereits bei 26,8 % - Tendenz steigend. Zwischen 1970 und 2010 hat sich der Anteil der Protestanten in Brasilien mehr als vervierfacht. Unter den lateinamerikanischen Staaten hat Brasilien mit Abstand den größten christlich-protestantischen Bevölkerungsanteil an der Gesamtbevölkerung. Andere Länder wie beispielsweise Mexiko, Bolivien oder Kolumbien sind weiterhin stark vom Katholizismus geprägt. Die protestantischen Kirchen in Brasilien teilen sich in zwei Hauptgruppen auf: Einerseits in traditionelle protestantische Kirchen und andererseits in Pfingstkirchen. Ein Hauptgrund für den rasanten Anstieg protestantischer Kirchen ist die Binnenmigration und die daraus resultierende Entwurzelung der geringverdienenden Schichten. Die katholische Kirche konnte mit dem Massenexodus der *Nordestinos* (Bewohner Nordostbrasiliens) in Richtung der städtischen Zentren im Südosten (Großraum São Paulo, Großraum Rio de Janeiro, Santos, Campinas) sowie im Zentralwesten (Brasília und Goiânia) Brasiliens nicht mithalten. In den über Nacht errichteten *Favelas* herrschte ein spirituelles Vakuum, da die katholische Kirche sich nicht auf den jüngsten Urbanisierungsboom einstellte, der eine Folge der Binnenmigration war. Die neu entstehenden protestantischen Kirchen agierten wesentlich schneller, unbürokratischer und flexibler auf die neuen Entwicklungen. Beispielsweise dauerte die Ausbildung zum Priester bei einer protestantischen Kirche lediglich drei Monate. Kirchen schossen wie Pilze aus dem Boden und waren imstande, zahlreiche neue gläubige Anhänger zu gewinnen. Während katholische Gotteshäuser meist in historischen Kirchengebäuden angesiedelt sind, sind protestantische Kirchen in der Regel in architektonisch moderneren Kirchengebäuden untergebracht.

Mit dem Anstieg des Protestantismus geht der deutliche Mitgliederverlust der katholischen Kirche Brasiliens einher. Die beiden Trends – der Boom des Protestantismus und der Fall des Katholizismus in Brasilien – gehen somit Hand in Hand. Während im Jahr 2003 noch 73.64 % der Brasilianer katholisch waren, lag deren Anteil im Jahr 2010 nur noch bei 64,6 %. Schätzungsweise treten in Brasilien 600.000 Menschen pro Jahr aus der katholischen Kirche aus. In weitaus geringerem Ausmaß gibt es auch eine Reihe von nicht-christlichen Konfessionen in Brasilien. Sie machen allerdings zusammengenommen nicht einmal 0,3 % der Gesamtbevölkerung aus. Durch die asiatische Einwanderung kam der Buddhismus nach Brasilien. Die Zentren des Buddhismus in Brasilien sind der Großraum São Paulo und der Bundesstaat Paraná. In Cotia (Großraum São Paulo) befindet sich der größte buddhistische Tempel Lateinamerikas. Schätzungen zufolge gibt es außerdem mindestens 200.000 Muslime in Brasilien. Die größten islamischen Gemeinden befinden sich im Großraum São Paulo und in der Stadt Foz do Iguaçu im Bundesstaat Paraná. Den Gläubigen stehen derzeit mehr als 100 Moscheen zur Verfügung. Die älteste Moschee ist die Mesquita Brasil im Stadtteil Cambuci im Osten São Paulos, die bereits im Jahr 1929 errichtet wurde. Im Stadtbild und im Alltag ist der Islam allerdings kaum präsent. Die meisten arabisch-stämmigen Brasilianer sind ohnehin christlichen Glaubens. Das kosmopolitische São Paulo beherbergt auch die größte jüdische Gemeinde. Sie konzentriert sich vorwiegend in den gehobenen Vierteln der Megalopolis, Higienópolis und Jardins. In Brasilien leben rund 107.000 Juden.

Im Alltag spiegelt sich die Religiosität auf eine besondere Art und Weise wider: Es gibt zahlreiche Kirchen, die stets gut besucht sind. In der Stadt Aparecida im Bundesstaat São Paulo steht die

Basílica de Nossa Senhora Aparecida. Sie ist nach dem Petersdom in der Vatikanstadt das zweitgrößte katholische Gotteshaus der Welt und hat die Kapazität für 45.000 Gläubige. Die Frage: *„Qual é a sua religião?“* (Was ist deine Religion?) bekam ich häufig zu hören. Viele Menschen tragen Kreuze und die typisch brasilianischen *„Escapulários“* um den Hals. Bei Letzteren handelt es sich um Halsketten, die zwei Anhänger – vorne und hinten – mit Heiligenbildern haben. Hin und wieder sieht man auch Menschen, die T-Shirts mit religiösen Motiven tragen. Dazu zählen vor allem die berühmte Schutzheilige *Nossa Senhora de Aparecida* mit ihrem bodenlangen Gewand. Auf den Autos sind häufig Aufkleber zu sehen, auf denen ein Rosenkranz mit den Umrissen des brasilianischen Staatsgebietes geformt ist. Die Surfer im Bundesstaat Santa Catarina bekreuzigen sich, bevor sie sich mit ihrem Board in die tosenden Wellen des Südatlantiks wagen. Der Glaube geht in Brasilien oftmals auch mit einer typisch südamerikanischen Gelassenheit einher. Mit dem Ausruf: *„Se Deus quiser“* (Wenn Gott es so will) legen viele Menschen verbal das Schicksal in Gottes Hand. *„Vai com Deus“* (Gehe mit Gott) ist ein weiterer Satz, den man in Brasilien beim Abschied mit einer Person oft zu Gehör bekommt. Alles in allem habe ich in Brasilien eine sehr „menschliche“ und zeitgemäße Religiosität erlebt. Wie allseits bekannt ist, sind die Brasilianer lebenslustig, feiern gerne und haben in vielen Fällen ein freiheitliches Gedankengut. Wer das brasilianische Nacht- und Partyleben kennt, weiß, dass es im größten südamerikanischen Land nicht gerade prüde zugeht. Den Brasilianern gelingt es sehr gut, Religion und Lebenslust „unter einen Hut“ zu bringen. Einmal hörte ich den Satz: *„Os brasileiros ainda buscam Deus.“* (Die Brasilianer sind immer noch auf der Suche nach Gott.) Es gibt sogar eine brasilianische Filmkomödie mit dem Titel: „Deus é Brasileiro“ (Gott ist Brasilianer). Anders als im säkularisierten Europa, wo die Kirchen immer mehr Mitglieder verlieren, verlagert sich in Brasilien der Glaube vom Katholizismus hin zu zahlreichen protestantischen Kirchen. Während viele Katholiken moderne Einstellungen vertreten (Geschlechtsverkehr vor der Ehe, Scheidungen, Homosexualität) stehen einige protestantische Kirchen für rigidere Moralvorstellungen. Speziell in diesem Punkt ähnelt die brasilianische Religionslandschaft derer der USA, wo die Protestanten im Durchschnitt strengere Moralvorschriften befolgen. Die Religion gibt vielen Brasilianern Halt und erfüllt sie mit Spiritualität. Gerade der harte alltägliche Überlebenskampf, der für die Meisten Realität ist, lässt die Religion für die Menschen wichtig werden.

Brasilien ist das größte katholische Land der Erde. Die brasilianische Gesellschaft schafft es auf einzigartige Weise, die Religion und Spiritualität mit der Moderne zu verbinden. Viele Kirchen stellen sich auf das Leben der Menschen ein. Seit Beginn der 1980er Jahre erfuhren die protestantischen Kirchen ein astronomisches Wachstum und änderten grundlegend die konfessionelle Landschaft Brasiliens. Im internationalen Vergleich ist Brasilien ein Land mit einer überdurchschnittlich religiösen Bevölkerung.

Konfession	Anzahl Gläubige in Mio.	Anteil in %
Katholiken	123,30	64,60%
Assembleia de Deus	12,30	6,41%
Espiritisten	3,80	1,97%
Baptisten	3,70	1,93%
Congregação Crista	2,30	1,20%
Igreja Universal do Reino de Deus	1,80	0,94%
Igreja do Evangelho do Quadrangular	1,80	0,94%
Adventisten	1,50	0,78%
Mormonen	1,10	0,57%
Lutheraner	1,00	0,52%
Presbyterianer	0,92	0,48%
Igreja Deus e Amor	0,85	0,44%
Igreja Cristã Maranata	0,36	0,19%
Methodisten	0,34	0,18%
Buddhisten	0,24	0,13%
Muslime	0,20	0,10%
Orthodoxe Christen	0,13	0,06%
Juden	0,10	0,05%

Konfessionen in Brasilien

Brasilianischer Lebensstil – Hier und jetzt spielt die Musik

Ein Brasilien ohne seine sprichwörtliche Lebensfreude und seinen lässigen Lifestyle wäre fast undenkbar. Brasilien ist auf der ganzen Welt geradezu ein Synonym für Sonne, Traumstrände, Palmen, wilde Natur, Karneval, ausgelassene Partys, Fußball, Surfen, Beachvolleyball und viele weitere Sportarten und Aktivitäten. Die Klischees sind in jedem Fall berechtigt. Denn die meisten von ihnen stimmen sogar. Der Begriff „Lebensstil" bezieht sich vor allem auf die Art und Weise der Lebensführung sowie auf die Freizeitpräferenz der Menschen. Somit umfasst der Lebensstil eines Menschen eine Reihe von Aspekten, die unseren Alltag nachhaltig prägen und ausfüllen: Wohnsituation, Work-Life-Balance, Art und Weise der Fortbewegung, Musikpräferenzen, Sport, Kleidungsstil und Äußeres, Konsum, Hedonismus, Nacht- und Partyleben, die Zugehörigkeit zu Subkulturen, Unterhaltung und Vergnügung sowie die Einstellung zu Moral und Wertvorstellungen. Laut einer Definition des deutschen Soziologen Stefan Hradil umfasst der Lebensstil außerdem Elemente wie Verhaltensweisen, Interaktionen, Meinungen, Wissensbestände und bewertende Einstellungen von Menschen. Neben vielen physischen und materiellen Dingen umfasst der Lebensstil per se auch den „geistigen Überbau" und die zwischenmenschlichen Beziehungen innerhalb einer Gesellschaft.

Bevor ich den Lifestyle verbildliche, der in Brasilien vorherrscht, möchte ich erst noch einmal einen „typischen" Brasilianer porträtieren. Selbstverständlich wird es auch Abweichungen von dem von mir illustrierten Prototyp des Brasilianers geben. Allerdings denke ich, dass eine gewisse Tendenz existiert, die man bei vielen Völkern dieser Erde identifizieren kann. Der Durchschnittsbrasilianer ist 29 Jahre alt, hat südeuropäische oder afrikanische Vorfahren und zeichnet sich zunächst durch eine offene, lockere, freundliche, unkomplizierte und willkommen-heißende Art aus. Es wird einem Besucher rasch auffallen: Brasilianer lächeln gerne, reden viel, sind abenteuerlustig und überaus kontaktfreudig. Der Modell-Brasilianer / die Modell-Brasilianerin ist kein Akademiker und hat recht früh begonnen, zu arbeiten – wahrscheinlich zwischen dem 15. und 18. Lebensjahr. Sein/ ihr Ziel ist es jedoch, nach Möglichkeit irgendeinen akademischen Abschluss zu ergattern – und sei es an einer der vielen privaten Hochschulen. In den meisten Fällen glauben Brasilianer an Gott und sind gemäßigt religiös. Viele brasilianische Männer und so einige brasilianische Frauen sind große Fußballfans. Sie lieben das verrückte und exzessive Partyleben. Ihr Leben ist vom Aufstiegswillen geprägt. Ohne sich allzu viel Stress zu machen, streben Brasilianer einen sozialen Aufstieg an. Ob es am Ende gelingt oder nicht, ist eine andere Frage. Der typische Brasilianer achtet sehr auf sein Äußeres, legt in den meisten Fällen Wert auf Körperhygiene und möchte gerne ins Ausland reisen – am liebsten nach Europa. Auf der anderen Seite zeichnen sich Brasilianer aber durch einen starken Heimatbezug aus. Brasilien ist kein klassisches Auswanderungsland mehr. Zumindest vordergründig legt ein Brasilianer eine weltoffene und neugierige Art an den Tag. Es gibt wenige Barrieren zwischen ihm und seinen Mitmenschen. Kontakte werden schnell geknüpft, können aber, sofern es sich nicht um eine tiefere, intensive Verbindung handelt, genauso rasch wieder im Sande verlaufen. In der Regel sind Brasilianer höflich und drücken sich im Gespräch meist diplomatisch und nicht wirklich direkt aus. So bedeutet ein gesprochenes „ja" nicht immer gleich „ja" und das Wort „vielleicht" bedeutet in Brasilien oft „nein". Des Weiteren haben nicht wenige Brasilianer ein lockeres Mundwerk und klopfen gerne allerlei Sprüche. Brasilianer fokussieren sich im Regelfall auf die schönen und positiven Dinge des Lebens. Sie sind eher Optimisten als Pessimisten und verschließen sich am liebsten vor Problemen und negativen Gefühlen. Ein großer Teil der brasilianischen Gesellschaft ist familienorientiert. Allerdings gibt es gleichzeitig bei vielen Menschen auch einen starken Drang zu Individualismus und Selbstverwirklichung. Ein weithin bezeichnender Begriff für die brasilianische Wesensart ist der sogenannte *„jeitinho"* (auch *„jeitinho brasileiro"* genannt). *Jeitinho* lässt sich mit „Kniff", „Geschick" oder „Kunst" übersetzen. Der Begriff *jeitinho* hängt mit dem Ausdruck „*Dar um jeito*" zusammen, was so viel wie „einen Weg finden" bedeutet. Es beschreibt eine brasilianische Alltagsstrategie, mit der ein Brasilianer Regeln unterläuft und soziale Konventionen aushebelt, um seine Ziele zu erreichen oder einen persönlichen Vorteil zu erlangen. Beispiele für den *jeitinho* sind der Einsatz von Emotionen, das Anzapfen von menschlichen Netzwerken wie Familie oder Freunde, aber auch Versprechungen, Erpressungen sowie das in Aussichtstellen von Belohnungen (ob monetär oder nicht). Mit Kommunikationsstärke, Kreativität und der brasilianischen Fähigkeit, „Connections" aufzubauen, haben die Brasilianer ideale Voraussetzungen, einen persönlichen Vorteil zu erreichen und erfolgreich zu agieren. Im Deutschen könnte man diese Verhaltensweise wohl am besten mit „Bauernschläue" oder „Gerissenheit" umschreiben, oder im Englischen mit dem Ausdruck „*streetwise*".

Jetzt können wir uns ungefähr vorstellen, wie ein Brasilianer im Großen und Ganzen „tickt". Natürlich gibt es noch viele weitere Eigenschaften, die ich Brasilianern zuschreiben kann. Aber ich möchte es der Einfachheit zunächst einmal hierbei belassen.

Innerhalb der letzten 30 Jahre hat die Urbanisierung in Brasilien stark zugenommen. Mit der zunehmenden räumlichen Verdichtung stieg auch die Zahl der Wohnungen, im Gegensatz zu Einfamilienhäusern. Abgesehen von der Tatsache, dass viele Brasilianer auch in den ersten Jahren ihres Berufslebens noch bei ihren Eltern wohnen, lebt ein Großteil der Brasilianer (insbesondere junge Leute und Angehörige der Mittelschicht) in Apartments. In den meisten Fällen handelt es sich um Eigentumswohnungen, die oftmals weitervermietet werden. Bei Studenten sind die sogenannten „*repúblicas*" (bras. Ausdruck für „Wohngemeinschaft/WG") eine beliebte Wohnform. In den Großstädten wie Rio de Janeiro oder São Paulo arbeiten zahlreiche zugezogene Brasilianer, die eine unersättliche Nachfrageseite nach Wohnraum darstellen. Brasilianer mögen es unkompliziert. Ein Apartment ist pflegeleicht und darüber hinaus relativ sicher. Die Unterschicht haust in den notdürftig errichteten *Favelas*, die sich oft am Stadtrand (*periferia*) befinden. Das Arbeitsleben bestimmt gerade in den großen Städten den Lebensrhythmus. Viele Leute sind schon früh auf den Beinen. Zwischen sechs und sieben Uhr morgens fängt das alltägliche Treiben an. Viele Menschen bewegen sich mit Bussen oder U-Bahnen fort. Wer es sich leisten kann, erfüllt sich den Traum vom eigenen Auto und genießt ein Stück mehr Luxus durch den „mobilen privaten Raum". In den meisten Fällen fahren die Brasilianer Kompaktwagen der Marken VW, Chevrolet oder Fiat. Beim Überlandverkehr dominieren Bus und das Flugzeug. Sowohl das Arbeitsleben als auch das Studentenleben sind beziehungsorientiert. Man lernt einfach neue Leute kennen, vernetzt sich und vergrößert so seinen Freundeskreis beziehungsweise seine Seilschaften. Oft verbringt man auch einen Teil der Freizeit mit den Kommilitonen oder Kollegen – einige Arbeitskollegen-Cliquen verreisen sogar gemeinsam. In einigen Fällen bilden Kollegengruppen sogar eine Art „Familie". Die Stadt São Paulo gilt brasilienweit eher als kompetitiv und folgt einem schnelleren, dynamischeren Lebensrhythmus als es im Rest des Landes der Fall ist. Rio de Janeiro ist wesentlich entspannter und informeller. Die Tourismushochburgen wie Fortaleza oder Salvador da Bahia erscheinen sogar noch „relaxter" als Rio de Janeiro zu sein. An Essen mangelt es in Brasilien nicht. Für hungrige Mägen hält das Land zahlreiche Snackbars sowie Restaurants aller Kategorien und Küchen aus aller Herren Länder bereit. São Paulo hat mit Abstand die größte Vielfalt an Kulinarischem zu bieten. Die kulturelle Vielfalt der Einwanderer macht die Metropole São Paulo auch zu einem kulinarischen Erlebnis. Japanisch, Italienisch, Libanesisch, Deutsch, Chinesisch, Argentinisch. Brasilien ist für sein Rindfleisch berühmt. In zahlreichen *Churrascarias* (Fleischrestaurants) können die Besucher erstklassiges Rindfleisch genießen. Es gibt *Churrascarias* in allen Kategorien – von der „XXL-Fresshalle" neben einer Stadtautobahn bis hin zu Nobelrestaurantketten wie „Fogo de Chão". Daneben gibt es viele Restaurants, in denen das Essen nach Gewicht bezahlt wird. Gleichzeitig existiert auch ein breites Angebot an Fast Food-artigen Restaurants. Zu den bekanntesten brasilianischen Fast-Food-Ketten gehören Bob's und Habib's. In den Shopping-Center befinden sich in der Regel große Foodcourts, in denen der Kunde die Wahl zwischen vielerlei Küchen hat. Je weiter man sich von den urbanen Zentren entfernt, desto urtümlicher und „brasilianischer“ wird das Essen. Das Nationalgericht ist die sogenannte *Feijoada* – ein deftiger Bohneneintopf mit Fleisch und Wurstzutaten. Auch die allseits bekannten *Salgados,* mit Fleisch, Käse oder Gemüse gefüllte Teigtaschen, gehören zu den beliebtesten Snacks in Brasiliens Imbiss-Restaurants – den sogenannten *Lanchonetes.*

Der Klassiker unter brasilianischen Schnellrestaurants – Die Lanchonete

In den meisten Fällen kleiden sich Brasilianer modisch und gepflegt. Sie geben viel Geld für ihr äußeres Erscheinungsbild aus. Das trifft insbesondere auch auf die Frauen zu. Der brasilianische Kleidungsstil reicht von stilvoll, jugendlich und chic leger zu körperbetont und sportlich. Sneakers und T-Shirts erfreuen sich bei jungen Männern großer Beliebtheit. Vor allem Markenklamotten kommen gut bei jungen Leuten an. Darunter sind auch viele Surfermarken vertreten, da diese Mode einen lässigen Lifestyle suggeriert. Frauen kleiden sich oft körperbetont, feminin und reizvoll. Letztere legen vor allem viel Wert auf Make-up, gepflegte Haare, Zähne und einen angenehmen Körperduft. Inmitten ihrer Konsumfreude kaufen die Brasilianer Markenkleidung und Markenschuhe gerne auch auf Raten, um so ihre Ausgaben über die Zeit zu „strecken" und in die Zukunft zu verlagern. Bei den Sportarten dominieren mit Abstand Fußball, Volleyball und Basketball als Team-Sportarten. Es ist hinreichend bekannt, dass Brasilien fünfmaliger Fußball-Weltmeister ist. Nahezu jeder Brasilianer ist Anhänger eines Fußballclubs: FC São Paulo, SC Corinthians Paulista, Palmeiras, Flamengo, Fluminense, Botafogo, FC Santos, S.C. Internacional etc. Die Fußballbegeisterung nimmt in Brasilien religionsartige Züge an und ein Stadionbesuch ist absolut empfehlenswert. Im Stadion lernt man auch alle wichtigen brasilianischen Schimpfwörter kennen. Brasilianische Fußballer sind überdies ein Exportschlager der südamerikanischen Nation. In fast jedem Land der Welt stehen Brasilianer bei lokalen Proficlubs unter Vertrag. Weiterhin sind Kampfsportarten beliebt, wie zum Beispiel *Brazilian Jiu Jitsu* oder auch Ultimate Fighting. Auch der Formel-1-Sport weckt bei vielen Brasilianern reges Interesse. Auf der Rennstrecke von Interlagos im Süden von São Paulo finden seit dem Jahr 1972 Grand-Prix-Rennen (Grande Prêmio do Brasil) statt. Die Rennfahrer-Legende Ayrton Senna, der dreimal Weltmeister wurde, trug maßgeblich zur Beliebtheit der Formel 1 in Brasilien bei. Durch die Tausende von Kilometer lange Atlantikküste hat sich in Brasilien über die Jahrzehnte eine rege Surferkultur herausgebildet. Zentren des Wellenreitens sind Florianópolis in Santa Catarina, Rio de Janeiro, Itacaré in Bahia und Itamambuca in São Paulo. Die Modeindustrie hat sich auch auf diesen Trend eingestellt und es gibt eine Reihe von brasilianischen Surfermarken (wie zum Beispiel *Reef, Mormaii, Onbongo, Okdok* oder *South to South*). Sehr viele junge Menschen (vor allem junge Männer) kleiden sich im Surfer-Stil. Das unter Surfern geläufige Handzeichen „*Hang Loose*", eine Faust, bei der lediglich der Daumen und der kleine Finger abgespreizt sind, ist unter jüngeren Brasilianern weitverbreitet und ist Sinnbild für die Lässigkeit im zwischenmenschlichen Umgang. Auch die Geste „*Thumbs up*", der nach oben gerichtete Daumen, ist in Brasilien allgegenwärtig und verbildlicht die allgemein positive Lebenseinstellung der Menschen. Gleichzeitig ist der nach oben gerichtete Daumen ein Symbol der Dankbarkeit. Eine weitere beliebte Aktivität ist *Musculação* (Bodybuilding) ein verbreiteter Freizeitsport. In Brasilien sieht man vielfach junge Männer mit breiten Schultern und dicken Oberarmen – die umgangssprachlich genannten *„caras bombados“* (Muskelprotze). Das warme Klima, die Strandkultur, der Wille, sich der Außenwelt zu zeigen und die Körperbetonung bieten ideale Voraussetzungen für eine lebhafte Bodybuilding-Kultur. Es gibt sowohl teure luxuriöse Fitnessstudios als auch ganz simple, bodenständige Bodybuilding-Orte für die ganz harten Kerle wie beispielsweise unter einer Autobahnbrücke. Ein guter brasilianischer Freund von mir sagte mir einmal: „Du brauchst als Mann in Brasilien drei Dinge, um Erfolg bei den Frauen zu haben: Muskeln, ein eigenes Auto und einen Studienabschluss. Dann kannst du nahezu jede Frau bekommen.“ In Kombination mit muskulösen Körpern haben viele Männer, aber auch einige brasilianische Frauen Tattoos (bras. *„tatuagens“*).

Der Inbegriff des brasilianischen Lifestyle – Rio de Janeiro

Der Strand – das „Wohnzimmer" der Brasilianer – hier in Fortaleza

Vor allem bunte und farbenfrohe Tattoos sind insbesondere bei jungen Brasilianern beliebt. Die Motive sind sehr fantasievoll und expressiv und reichen von Motiven im Surfer Style über Drachen, diversen Tieren bis hin zu Figuren und *Tribal* Style Motiven. Dies ist ein weiterer Aspekt des hiesigen ausgeprägten Körperkultes.

Musik und Brasilien ist ein Kapitel für sich. Die Musikgenres Samba und Bossa Nova haben weltweite Berühmtheit erlangt. Samba ist ein Synonym für die Ausgelassenheit und die Feierlaune während der Karnevalszeit. Daneben gibt es noch zahlreiche weitere Stilrichtungen wie *Axé*, MPB (Abkürzung für *Música Popular Brasileira*), *Sertanejo*, Funk, Hip Hop, Rock, Heavy Metal, *Música Eletronica Brasileira* (Elektronische Musik) sowie christliche Musik. Jede Region steht für einen Musikstil. Während Funk vor allem in Rio beheimatet ist, herrschen in São Paulo Rock und *Música Eletrônica Brasileira* vor. *Axé* ist in Bahia zu Hause und *Sertanejo* stammt aus den halbwüstenartigen Gebieten des Nordostens. Bekannt und beliebt ist auch der berühmte Kampftanz *Capoieira*, der ebenfalls aus Bahia stammt. Die Musik ist ein unverzichtbarer Bestandteil des unendlich erscheinenden brasilianischen Partylebens. In Clubs, Diskotheken und Bars wird exzessiv und ausgelassen gefeiert. Mal entspannt, mal intensiv, mal studentisch, mal mit live Musik und mal mit DJ, in Diskotheken, die direkt am Meer liegen oder auf dem Gelände einer ehemaligen *Chácara* (brasilianische Farm), mal eine Hausparty oder eine Studentenparty oder gar mitten auf der Straße, wie im Stadtteil Lapa von Rio de Janeiro. Kennzeichnend für nahezu alle Partys, die unter brasilianischem Himmel stattfinden, sind die Lockerheit im Umgang und das Nichtvorhandensein von menschlichen Barrieren. Ebenso typisch ist das offen zur Schau gestellte Balzverhalten von Männern und Frauen. *„Atacar mulheres"* das „Aufreißen" von Frauen ist Volkssport. Beim Karneval machen Männercliquen oft interne Wettbewerbe, bei denen derjenige gewinnt, der die meisten Frauen küsst. Männer, die viele Frauen mit nach Hause nehmen, ernten großen Respekt bei anderen Vertretern ihres Geschlechtes und werden mit Namen wie *pegador* (Aufreißer) oder *comedor* (Vernascher) tituliert. Auf den Parties dürfen natürlich die beliebtesten Getränke nicht fehlen – *Caipirinha* und *chopp gelado* (eisgekühltes Bier).

Der Karneval ist der Höhepunkt der brasilianischen Feierkultur. In Rio de Janeiro, in Salvador da Bahia, in Recife, in Ouro Preto oder in zahlreichen anderen Städten des Landes wird hier der puren Freude am Leben und der Begeisterung freier Lauf gelassen. Sinnlich und ausgelassen feiern die Brasilianer das ursprünglich christliche Fest. Bunte und kreativ gestaltete Wagen, auf denen fantasievoll gekleidete Sambatänzer und -tänzerinnen ihre Hüften zu den Sambarhythmen schwingen, bilden den sogenannten *„Desfile de Carnaval"*, den Karnevalsumzug. Symbolträchtig sind die exotisch-erotisch verkleideten Tänzerinnen, die ihre Körper mit Federkostümen und mit Goldstaub und Glitzer-Make-up verzieren. Dabei scheuen sich die Damen nicht, viel nackte Haut zu zeigen. Der Karnevalsumzug in Rio de Janeiro gilt als der größte

Karneval der Welt mit mehr als 2 Mio. Besuchern pro Tag aus vielen Ländern der Erde. Er findet im berühmten *Sambódromo* statt, einem Stadion-artigen Bau, der extra für die Karnevalsumzüge errichtet wurde und mehr als 88.000 Zuschauern Platz bietet. Daneben gibt es zahlreiche Straßenumzüge (*Carnaval na rua*).

Wie verhalten sich Brasilianer und wie stellen sie sich nach außen hin dar? Im Allgemeinen präsentieren sich Brasilianer als Lebenskünstler, Entertainer, Spaßvögel, Fußballliebhaber, Abenteurer, Freigeister und Philosophen. Sie versprühen mit ihrer spontanen, lebensfrohen Art unbewusst ein positives Brasilienbild. In der Regel sind Brasilianer angenehme Zeitgenossen, sie reden gerne selbst, sind begeisterungsfähig und neugierig auf Neuigkeiten aus aller Welt. Sie leben für den Moment, sind „Spieler", haben einen Entdeckergeist und gehen auch gerne einmal gewisse Risiken ein. Außerdem schwingt bei vielen Menschen Extravertiertheit, Emotionalität und gar eine leichte Verrücktheit mit. Auch als Ausländer kommt man in Brasilien am besten durch, wenn man charakterlich sowohl ein angenehmer als auch ein leicht verrückter Mensch zugleich ist. Gleichzeitig habe ich allerdings bei vielen Menschen auch sehr ehrliche, selbstkritische Wesenszüge erlebt. Sie nennen die gesellschaftlichen Probleme beim Namen, ohne sich jedoch zu sehr den Kopf zu zerbrechen. Zunächst mögen einige Brasilianer auf mitteleuropäische Gemüter etwas oberflächlich wirken. Natürlich gibt es auch Brasilianer, die nicht ganz das Bild eines klassischen Klischee-Brasilianers abgeben – demzufolge gibt es in Brasilien auch ruhige, schüchterne, penible oder sogar gehemmte Personen. Derartig gepolte Menschen stellen aber eher eine Minderheit dar. Außerdem gilt: Brasilianer ist nicht gleich Brasilianer. Mentalität und Verhaltensweisen variieren stark von Region zu Region. Während Südbrasilianer eher mitteleuropäische Wesenszüge wie Sauberkeit, Ordnung und Disziplin haben, haben Brasilianer des Nordostens eher eine improvisierte, entspannte, „afrikanische" Lebenshaltung. Die Menschen in São Paulo haben eine eher nordamerikanisch-kapitalistische Wettbewerbsmentalität verinnerlicht und kämpfen weitestgehend für sich selbst. Rio de Janeiro wirkt wiederum wie ein quirliger Zirkus des Lebens. Brasilien hat übrigens eine der niedrigsten Selbstmordraten weltweit. Brasilianer feiern lieber, flirten mit dem jeweils anderen Geschlecht, gucken oder spielen Fußball, trinken ein kühles Bier und genießen den Augenblick, anstatt sich mit selbstzerstörerischen Gedanken zu plagen. Mich haben in erster Linie die Offenheit, die Flexibilität und die Dynamik der brasilianischen Gesellschaft beeindruckt. Ich habe alte Leute im Rentenalter erlebt, die MP3-Player verwendeten, sich einen MSN-Account zum chatten eingerichtet hatten oder die modische Sneakers von Nike trugen. Auch im fortgeschrittenen Alter scheinen viele Brasilianer noch jung und frisch im Geiste zu sein. Sie passen sich an neue Trends an. Hier paßt definitiv das Sprichwort: „Man ist immer so jung, wie man sich fühlt".

Partyleben in Brasilien – hier in einem Rock Club in Ribeirão Preto

Brazilisation

Es ist wie immer schwer, ein Land oder ein Volk mit wenigen Worten zu beschreiben. Millionen von Menschen eine bestimmte Mentalität zuzuschreiben entspricht oftmals nicht der Wahrheit. Viele Menschen greifen daher auf Stereotype zurück, um sich das Leben einfacher zu machen. Allerdings existiert bei jedem Volk unserer Erde eine gewisse Tendenz, ein Hang zu bestimmten Verhaltensmustern, die die Bewohner eines Landes mentalitätsmäßig vereinen. Die Brasilianer zeichnen sich insbesondere durch Offenheit und Lebensfreude aus. Durch die rege Einwanderungskultur in der Geschichte einerseits und die relativ geringe Anzahl an neuen Einwanderern andererseits besitzt die junge brasilianische Gesellschaft die Fähigkeit, Neuankömmlinge aus dem Ausland rasch zu integrieren und förmlich „aufzusaugen". Trotz der extremen sozialen Unterschiede und zahlreicher Probleme gelingt es der Gesellschaft, eine optimistische Grundstimmung aufrechtzuerhalten. Eine dynamische Religionslandschaft, die im Wandel begriffen ist, macht das Land zu einem fruchtbaren Nährboden für zahlreiche Prediger sowie neue Religionsgemeinschaften. Ethnisch-kulturell sowie im Hinblick auf die Mainstream-Kultur dominieren in Brasilien südeuropäische, afrikanisch-indianische sowie amerikanische Einflüsse. Seit der zweiten Hälfte des 20. Jahrhunderts ebbte die Einwanderung nach Brasilien stark ab. In den mehr als 60 Jahren von 1950 bis heute sind die verschiedenen Einwanderergruppen mehr und mehr zusammengewachsen. Sowohl im biologischen als auch im kulturellen Sinne haben sich die Brasilianer stark untereinander vermischt. Die Nachkommen der Einwanderer haben sich sozusagen immer mehr „brasilianisiert". Der jüngste Wirtschaftswachstumszyklus hob 40 Mio. Menschen aus der Armut. Dieser sozioökonomische Wandel erzeugt eine Boom-Atmosphäre und einen positiven Spirit bei den Menschen. Ein interessanter Aspekt in Brasilien ist die Tatsache, dass geopolitische Konflikte in Brasilien keine akute Brisanz erfahren, wie in vielen anderen Weltregionen, die latent von geopolitischen Konflikten tangiert werden (Naher Osten, Zentralasien, Afrika).

Brasilien liegt fernab von geopolitischen Bruchlinien und daher gibt es hier keine politischen Spannungsfelder im kulturell-religiösen Sinne. Dies schafft eine sehr offene, tolerante und entspannte Grundstimmung. Gastfreundschaft wird großgeschrieben und Ausländer sind in den allermeisten Fällen willkommen. Vielleicht könnten sich viele andere Völker dieser Erde etwas von der Unbeschwertheit der Brasilianer abschauen. Am friedlichen Zusammenleben und an der Vermischung der verschiedenen ethnischen Gruppen könnten sich so einige Staaten dieser Erde ein Beispiel nehmen! Bei allen positiven Aspekten besteht ein gesundes Problembewusstsein für die schwelenden Probleme wie Bildungsdefizite, Bürokratie-Dickicht, Armut, Korruption und mangelhafte Infrastruktur im eigenen Land. In vielen Fällen beklagen sich die Menschen über Missstände, allerdings kommt es eher selten vor, dass Brasilianer aktiv dagegen tätig werden. Die jüngsten Proteste im Juni 2013 stellen eher eine Ausnahme dar. Seit mehr als 20 Jahren hat es Proteste solchen Ausmaßes nicht gegeben. Monotonie, Pedanterie und Langeweile mögen Brasilianer in den allerwenigsten Fällen. Brasilien ist zweifelsohne ein actionreiches Land, welches voller Abenteuer steckt. Trotz zahlreicher politisch-institutioneller Bremsklötze und anhaltender Strukturprobleme entfacht das Land eine schwungvolle Dynamik sowohl im wirtschaftlichen wie auch im gesellschaftlichen Bereich. Brasilien ist ständig in Bewegung und zieht ausländische Besucher reihenweise in seinen Bann.

7. Amerikanisierung Brasiliens

Brasilien ist und bleibt das größte und mächtigste Land Lateinamerikas. Mit seinem einzigartigen Bevölkerungsmix und der portugiesischen Sprache nimmt das Land eine Sonderstellung auf dem südamerikanischen Kontinent ein. Sowohl von der Bevölkerungsgröße als auch im Hinblick auf die Gesamtwirtschaftsleistung ist Brasilien die Nummer zwei auf den amerikanischen Kontinenten – noch vor Kanada. In gewisser Weise kann Brasilien sogar als „südamerikanisches Gegengewicht" zu den übermächtigen USA in Nordamerika betrachtet werden. Innerhalb der letzten Jahre trat Brasilien immer bestimmter und selbstbewusster auf der internationalen Bühne auf, um seine nationalen Interessen zu artikulieren und zu vertreten. Allerdings gibt es wohl keinen Zweifel daran, dass die USA weiterhin, trotz ihrer angeschlagenen Wirtschaft, die einzige verbleibende Supermacht der Welt sind. Die amerikanischen Kontinente sind sehr groß. Zusammengenommen sind sie flächenmäßig nur ein wenig kleiner als Asien, welches den größten Kontinent der Erde bildet. Vor allem in politischer und wirtschaftlicher Hinsicht, jedoch auch unter kulturellen Aspekten, werden Nord- und Südamerika in den meisten Fällen getrennt voneinander betrachtet. Die USA und Kanada gehören nach dem allgemeinen Verständnis zum westlichen Kulturkreis mit angelsächsischer Prägung, während alle Länder von Mexiko bis Argentinien als „Lateinamerika" gelten. Eine genaue Abgrenzung in geografischer Hinsicht zu machen ist oft schwierig, da Mexiko je nach Definition auch zu Nord- oder Mittelamerika gezählt werden kann. In jedem Fall bilden die Staaten Lateinamerikas in kulturell-religiöser Hinsicht im weitesten Sinne eine Einheit. Die Dominanz der spanischen und portugiesischen Sprache sowie das Vorherrschen des Katholizismus prägen weiterhin den lateinamerikanischen Kulturkreis.

Während meiner vielen Brasilienaufenthalte machte ich mir oft bewusst, dass ich mich gerade auf demselben Kontinent befinde, auf dem auch die USA liegen – vorausgesetzt, dass wir Nord- und Südamerika als eine Einheit ansehen. Brasilien liegt in Amerika. Allein schon aus geografischer Sicht ist Brasilien den USA also näher als Europa. Ebenso wie die USA ist Brasilien flächenmäßig ein Riese – 23 Mal so groß wie Deutschland oder mehr als doppelt so groß wie Westeuropa. Hier herrschen amerikanische Dimensionen. Schon die einzelnen Bundesstaaten Brasiliens haben die Größe von ganzen europäischen Staaten. Der Bundesstaat Minas Gerais ist größer als Frankreich, während der Bundesstaat Mato Grosso do Sul so groß ist wie Deutschland. Klammert man den riesigen US-Bundesstaat Alaska aus, so wäre Brasilien flächenmäßig sogar größer als die USA. Dazu kommt die geringe Bevölkerungsdichte, die sowohl für die USA als auch für Brasilien und viele weitere Staaten auf den amerikanischen Kontinenten charakteristisch ist. Zudem fiel mir in Brasilien eine Reihe von Ähnlichkeiten und Parallelen zu den USA auf. Ich wurde das Gefühl nicht los, dass Brasilien bis zu einem gewissen Grad amerikanisiert ist. Zahlreiche alltägliche Aspekte kamen mir dabei in den Sinn: Die Nummernschilder für Fahrzeuge sahen aus wie US-amerikanische Nummernschilder, die allgegenwärtigen Hamburger, die Konsumkultur und der damit verbundene Boom an Shopping-Centern, die 110-Volt-Stecker und Steckdosen, der Siegeszug der Kreditkarte an fast jeder Kasse, eine entwickelte Servicekultur (was die Freundlichkeit der Verkäufer anbelangt), die ethnisch gemischte Bevölkerung (insbesondere Schwarz und Weiß), die Offenheit und Höflichkeit der Personen, US-amerikanische TV-Serien und Filme im Überfluss, ein gewisses Maß an Oberflächlichkeit und nicht zuletzt die leider zunehmende Fettleibigkeit bei den Menschen. Selbst die Abkürzung für die brasilianischen Währung enthält ein US-amerikanisch anmutendes Dollarzeichen: R$. Auf Schritt und Tritt dachte ich mir: „Das kennst du doch aus den USA". Viele Elemente des Alltags erinnerten mich an die USA und an den vor Kraft strotzenden „*American Way of Life*" (der übrigens auch in viele andere Weltregionen überschwappt). Oft kam es auch vor, dass mich Leute aufgrund meines hellen Teints bzw. wegen meiner blonden Haare fragten: „*Você é americano?*" (Bist du Amerikaner?). Aus den vielen Gesprächen, die ich mit zahlreichen

Brasilianern führte, erkannte ich, dass die Mehrheit der Menschen eine moderate politische Einstellung hat. Ein guter Freund, ein Unternehmer aus Santa Catarina, sagte mir, dass die USA lange Zeit für viele Brasilianer als Vorbild galten. Brasilianer bewunderten den technischen Fortschritt und die globalwirtschaftliche Stärke der USA. Immerhin waren die USA über viele Jahrzehnte der wichtigste Handelspartner Brasiliens. In der jüngsten Zeit löste allerdings China die USA als größten Handelspartner von Brasilien ab. Nicht wenige Brasilianer betrachten die US-Außenpolitik der letzten 20 Jahre kritisch. Ein guter Freund von mir aus São Paulo beschreibt das amerikanische Auftreten und deren Einmischung in die lateinamerikanische Wirtschaft als „arrogant und dominant". Gerade die Handelsbeziehungen im Agrarbereich gestalten sich schwierig, da sich die USA vor brasilianischen Produkten mithilfe von Schutzzöllen abschotten. Als Retourkutsche konterkarierten die Brasilianer die von den USA favorisierte Schaffung der panamerikanischen Freihandelszone ALCA.

Im Folgenden möchte ich der Frage auf den Grund gehen, wie „amerikanisch" Brasilien in Wirklichkeit ist. Inwieweit hat ein Kultur- und Lifestyle-Export von den USA nach Brasilien stattgefunden? Obwohl viele Brasilianer sich emotional eher zu Europa hingezogen fühlen, so herrscht rein äußerlich jedoch eine „amerikanische" Realität in Brasilien. Schließlich liegt Brasilien nun einmal in (Süd-) Amerika – daran gibt es nichts zu rütteln. Dazu gesellt sich eine Reihe von Wesensmerkmalen, die einen „Amerikaner" auszeichnen, egal ob dieser Amerikaner aus Nord-, Mittel- oder eben Südamerika kommt.

Was ist Amerikanisierung?

„Amerikanisierung" im ursprünglichen Sinne beschreibt den Vorgang, bei dem neue Einwanderer in die USA, in die US-amerikanische Kultur integriert und assimiliert werden. Durch die Amerikanisierung sollen die neuen Staatsbürger die US-amerikanische Kultur verinnerlichen, ein neues Selbstverständnis bekommen und eine Prinzipientreue zu den USA – ihrer neuen Heimat – und dem Leben in den USA entwickeln. Im Wesentlichen besteht diese Form der Amerikanisierung aus einem Bildungsprogramm, das den Neu-Amerikanern in Schulen, Unternehmen, Organisationen und Vereinigungen beigebracht wurde. Es umfasst das Erlernen der englischen Sprache, Kenntnisse zur amerikanischen Geschichte und zur politischen Struktur der USA.

Im allgemeinen gegenwärtigen Verständnis ist „Amerikanisierung" ein Prozess, bei dem die USA andere Staaten kulturell beeinflussen. Diese Einflussnahme kann sich auf vielerlei Lebensbereiche erstrecken, wie zum Beispiel Popkultur, Esskultur, Sport, Stadtbild, Sprache, Wirtschaftsstrukturen, Politik, Technologie und Mode. Das Land, welches amerikanisiert wird, ordnet sich hierbei (bewusst oder unbewusst) dem Leitbild des „*American Way of Life*" unter. Als Folge der Amerikanisierung verändert sich sukzessive die Gesellschaft, die amerikanisiert wird. Dabei ändern sich beispielsweise Werte, Traditionen, Verhaltensweisen, Essgewohnheiten, Musikgeschmäcker oder Prozesse im Wirtschaftsleben. Einerseits geht die Amerikanisierung aktiv von den USA aus, andererseits wird sie von dem jeweils „amerikanisierten" Staat freiwillig übernommen. Ein wichtiger Parallelbegriff zum Begriff „Amerikanisierung" ist „Verwestlichung" (*Westernization*). Letzterer umschreibt die ideologische Verbreitung US-amerikanischer Wertvorstellungen und den Prozess der Demokratisierung von ehemals autokratisch regierten Staaten.

In der Praxis nimmt die Amerikanisierung auf vielfache Art und Weise Gestalt an. Der wohl augenscheinlichste Dreh- und Angelpunkt der Amerikanisierung ist die Medienwelt. Allen voran thront dabei Hollywood mit seiner weltumspannenden Filmindustrie. US-amerikanische Filme beherrschen die Kinos rund um den Globus. Die erfolgreichsten Filmproduktionen aller Zeiten, wie beispielsweise *Avatar*, *Titanic* oder *Skyfall*, stammen aus den Studios von Hollywood. Ebenso werden US-Fernsehserien weltweit ausgestrahlt. *The Simpsons*, *Lost* und *Desperate Housewives* gehören zu den beliebtesten Fernsehserien der Welt. Auch die US-amerikanische Musikindustrie hat im Laufe des 20. Jahrhunderts ihren Siegeszug angetreten. Elvis Presley, Michael Jackson und Madonna zählen zu den erfolgreichsten Musikern aller Zeiten. Die Hip Hop- und RnB-Welle seit Mitte der 1990er Jahre erfasste zahlreiche Länder außerhalb der USA und ist Sinnbild für einen neuen Lifestyle geworden. Außerdem wird die IT-Industrie maßgeblich durch US-amerikanische Unternehmen geprägt. Sowohl die Softwareindustrie als auch die Internetindustrie sind zum Großteil in US-amerikanischer Hand. Die USA üben zudem eine globale Kontrolle über das Internet aus. Ein weiteres Element der Amerikanisierung ist die Vorherrschaft und die globale Präsenz von US-amerikanischen Marken. Laut dem Best Global Brands Ranking des Consulting Unternehmens Interbrand sind acht der zehn größten Marken US-Marken (darunter Apple, Microsoft, Google, Coca-Cola und McDonald's). Marken prägen unseren Alltag und beeinflussen das Verhalten und Ansichten der Menschen. Weiterhin findet die Amerikanisierung auch im Wirtschaftsleben statt. Die Schlagworte sind hier „Rationalisierung" und „Effizienzsteigerung" im Sinne des Fordismus. Weitere Merkmale von einem amerikanisierten Wirtschaftsleben sind Profitdenken, ein professionelles und aggressives Marketing, stetiger Wettbewerb und regelmäßige Bewertungen von Mitarbeitern sowie eine „Hire & Fire"-Mentalität. Ebenso kann Amerikanisierung auf den gesellschaftlichen Bereich – Stichworte: „Arbeit und Soziales" – einwirken. Beispiele hierfür sind Kapitalkonzentration, das Fehlen von Sozialleistungen, Elitenbildung an den Schulen und Unis, wenige Arbeitnehmerrechte, eine bestimmte Mode und Kleidung sowie Bandenbildung in den Vorstädten. Daneben findet Amerikanisierung in zahlreichen weiteren Bereichen statt: Im Sport, was vor allem auf Basketball zutrifft, in städtebaulicher Hinsicht, die sich im weltweiten Trend zu zentralen Geschäftsvierteln mit Bürohochhausbauten und Shopping-Malls äußert, in der Politik, wo zunehmend TV-Duelle vor nationalen Wahlkämpfen stattfinden und *„last but not least"* die zunehmende Verbreitung von Anglizismen und der englischen Sprache.

Der „American Way of Life“ hält Einzug in Brasilien

Bei näherer Betrachtung werden einem europäischen Brasilien-Besucher gewisse Parallelen zwischen den USA und Brasilien auffallen. Viele Europäer waren bereits einmal in den USA bzw. haben zumindest durch Filme, Musik und Sport eine Idee vom amerikanischen Lifestyle. Der amerikanische Kultur- und Lifestyle-Export nach Brasilien hat viele Gesichter und nimmt verschiedene Formen an. Im Zuge der langen Handelsbeziehungen zwischen Brasilien und den USA hat Brasilien seit dem Ende des 19. Jahrhunderts und im Laufe des 20. Jahrhunderts gewisse kulturelle Elemente aus den USA übernommen. Seit dem brasilianischen Kaffeeboom in der zweiten Hälfte des 19. Jahrhunderts wollten die USA Brasiliens Aufstieg unter Kontrolle halten. Ein zu mächtiges Gegengewicht im Süden der westlichen Hemisphäre wäre den USA nicht gerade gelegen gekommen. Zudem hatten die USA ein großes Interesse daran, kommunistische Strömungen in Brasilien im Keim zu ersticken. Vor allem zu Zeiten des *Estado Novo* unter Getúlio Vargas schwappte die nordamerikanische Kultur vermehrt nach Brasilien herüber. Während des 20. Jahrhunderts erkannten viele Brasilianer die Dominanz und Hegemonialmacht der USA an – sei es in wirtschaftlicher, wissenschaftlicher, industrieller oder technologischer Hinsicht.

Trotz der verstärkten Amerikanisierung Brasiliens im 20. Jahrhundert gibt es natürlich etliche Unterschiede zwischen den USA und Brasilien. Brasilien hat ohne Zweifel eine eigene kulturelle Identität und ein ureigenes charakteristisches Wesen. Einige Brasilianer mögen sich auch gegen die Dominanz der USA in der westlichen Hemisphäre sträuben. Natürlich spielen und schauen Brasilianer keinen American Football. Natürlich wird in Brasilien kein St. Patrick's Day gefeiert. Natürlich ist die brasilianische Armee nicht rund um den Globus mit ihren Militärbasen präsent, wie es bei den *US Armed Forces* der Fall ist. Und selbstverständlich gibt es in Brasilien keine Filmindustrie à la Hollywood, keine Disney World, kein Wendy's, weder Tornados noch Schneestürme, kein *Thanksgiving* und auch keinen Spring Break. Die Brasilianer möchten sich in ihrer Identität von den *Gringos* im Norden abgrenzen. Allerdings gibt es gewisse kulturelle Parallelen zwischen den beiden bevölkerungsreichsten Riesenstaaten der westlichen Hemisphäre.

Die offensichtlichste Sphäre der Amerikanisierung Brasiliens ist die Popkultur. Popkultur steht für kulturelle Erzeugnisse und Alltagspraktiken, die nahezu alle gesellschaftlichen Sparten einer Kultur umfassen. Dazu zählen zum Beispiel Sport, Popmusik, Massenmedien und Trivialliteratur. Der Massenkonsum bildet die Basis für die genannten Elemente der Popkultur. Obwohl Brasilien eine rege und reiche heimische Musikkultur vorweisen kann, läuft in zahlreichen Radiosendern US-amerikanische Musik, wie etwa Hip Hop, Soul, Rock oder Pop. Auch die US-Sportart Basketball hat sich neben dem übermächtigen „König Fußball" zu einer der populärsten Ballsportarten Brasiliens entwickelt. Die brasilianische Basketball-Nationalmannschaft war zuletzt in den Jahren 1959 und 1963 Basketball-Weltmeister. Außerdem gewann Brasilien vier Mal die Basketball-Amerikameisterschaft. In der US-amerikanischen Profiliga NBA spielen gegenwärtig fünf Brasilianer. Surfen (ursprünglich aus Hawaii stammend) ist vor allem an der Küste (Bundesstaaten Rio den Janeiro, Bahia und Santa Catarina) verbreitet. Trotzdem ist Fußball unangefochten die Nummer Eins im Sportuniversum Brasiliens. Daran wird sich auch in Zukunft nichts ändern. Die Massenmedien – insbesondere das Fernsehen – haben Brasilien in der Hand. Ähnlich wie in den USA wirkt das Fernsehen grundlegend auf die Meinungsbildung der Menschen ein. Viel Fernsehwerbung, schnelle, überdrehte, reißerische und bunte Inhalte prägen das Fernsehprogramm. Der Stil ist meist oberflächlich, emotional und leicht verdaulich. Ich erinnere mich an einen actiongeladenen Nachrichtenbeitrag, bei dem ein Regierungsmitglied des Bundesstaates Rio de Janeiro in einem gepanzerten Zug durch die Favelas gefahren ist, während dieser von Drogenbanden unter heftigen Beschuss genommen wurde. Der Nachrichtenbeitrag wirkte eher wie ein Möchtegern-Actionfilm. Solche aufsehenerregenden Nachrichten gibt es in ähnlicher Form auch in den USA. Wenn man tiefergehende und informative Sendungen sehen möchte, muss man unter Umständen lange suchen.

Dafür eignet sich dann besser das Internet. Viele US-Fernsehserien und Filme prägen außerdem die Fernsehlandschaft. Das Kinoprogramm ist – wie könnte es anders sein – voll von US-amerikanischen Filmproduktionen. Hollywoodfilme sind in Brasilien äußerst beliebt und schaffen es, mit ihren Botschaften das Denken und Handeln der brasilianischen Massen zu beeinflussen. Die Popkultur gipfelt im ausufernden Konsum-Hype bei der brasilianischen Bevölkerung. Wie schon in den vorherigen Kapiteln beschrieben, haben viele Brasilianer ihre Kreditkarte recht „locker" sitzen und geben für Kleidung, Schuhe, Handys, Laptops, Autos und viele weitere Sachen verhältnismäßig viel Geld aus. Ähnlich wie in den USA herrscht in Brasilien eine tief greifende Konsummentalität.

Wie amerikanisch ist Brasilien? Freiheitsstatue-Nachbildung in Santa Catarina

Ebenso gibt es einige Parallelen im politischen System beider Staaten. Sowohl Brasilien als auch die USA sind eine Präsidialrepublik mit einem Zwei-Kammern-System (Senat und Repräsentantenhaus/Abgeordnetenhaus) und einer föderalen Struktur. Genau wie der US-Präsident, so wird auch der brasilianische Präsident für vier Jahre gewählt und kann maximal acht Jahre im Amt bleiben. Ein wichtiger Unterschied zwischen den politischen Systemen von den USA und Brasilien ist die Tatsache, dass in den USA zwei Parteien das politische Geschehen dominieren, während es in Brasilien mehr als 10 Parteien im Parlament gibt. Brasília, die Hauptstadt Brasiliens, ist nach dem Vorbild Washington DC errichtet. Wie der *District of Columbia*, der Bundesdistrikt, in dem Washington liegt, befindet sich die Hauptstadt Brasília im Bundesdistrikt *Distrito Federal*. Beide dieser Bundesdistrikte haben nicht den Status eines Bundesstaates. Verblüffenderweise ähneln auch die Flaggen der brasilianischen Bundesstaaten den Flaggen der US-Bundesstaaten. Hier ließen sich die Brasilianer eindeutig vom US-amerikanischen Flaggendesign inspirieren, anstatt die mittelalterlich erscheinenden Flaggen der europäischen Regionen nachzuahmen.

Im brasilianischen Wirtschaftsleben macht sich zunehmend auch ein Marktwirtschaftsstil US-amerikanischer Prägung breit. Spätestens seit den Wirtschaftsreformen von 1994 hat die Privatwirtschaft ihren Siegeszug angetreten. Im Gegensatz zu den USA hat der Staat in Brasilien noch einen Einfluss auf strategisch wichtige Unternehmen wie Petrobras oder Vale. In den großen Städten des Südostens wie São Paulo oder Rio de Janeiro hält bereits eine kompetitive Unternehmenskultur Einzug. Eine Freundin, die bei der Banco Bradesco gearbeitet hatte, erzählte mir, dass in der Bank regelmäßig interne Rankings veröffentlicht wurden, um die Mitarbeiter zu motivieren und im Endeffekt nach ihrer Leistung zu bewerten. Auch die auseinanderklaffenden Gehälter erinnern an die USA. Brasilianische Investmentbanker brauchen sich gehaltsmäßig vor ihren Kollegen in London, New York oder Frankfurt nicht zu verstecken. Nicht zuletzt ist die Markendominanz und die Kommerzialisierung ein auffallendes Merkmal der Amerikanisierung der brasilianischen Wirtschaftskultur. Allerdings bleibt das brasilianische Arbeitsleben beziehungsorientiert und im brasilianischen Nordosten ticken die Uhren merklich langsamer als beispielsweise im Südosten des Landes.

Wenn man sich mit jungen oder mit jung gebliebenen Brasilianern unter 45 unterhält, wird man feststellen, dass einige Brasilianer oft englische Begriffe in ihre Umgangssprache mit einbauen. Dazu zählen Worte wie *„meu brother"* oder einfach *„bro"* als Anredeformel von Freunden oder Bekannten. *„Isso é muito show"* bekommt man zu hören, wenn etwas sehr gut, cool oder lustig ist. Außerdem habe ich öfter Worte wie *„anyway"* (wie auch immer), *„shopping"*, *„mainstream"*, *„networking"* oder *„ticket"* gehört. Viele Brasilianer tragen zudem amerikanisch klingende Vornamen: Wilson, Rodney, Audley, Jane, George, Jefferson, Will, Roger, Lilian, Dayane, Wesley usw.

Auch im kulinarischen Bereich macht sich die Amerikanisierung bemerkbar. Ob Hamburger, *„X-Burger"* (brasilianische Bezeichnung für Cheeseburger), Coca-Cola, Pizza oder Softeis – die Shopping-Center Brasiliens sind voll mit internationalen oder brasilianischen Fast Food-Ketten. US-amerikanische Fast Food-Ketten wie Starbucks oder McDonalds expandieren unaufhörlich. Daneben gibt es eine Reihe von brasilianischen Fast Food-Ketten wie Habib's (arabisch-libanesisches Fast Food) oder Bob's (alle Arten von Burgern). Die brasilianische Marke *„Guaraná"* erfreut sich bei vielen Menschen großer Beliebtheit. *Guaraná* ist eine landestypische Variante von „Sprite".

Selbst im Bereich des Glaubens ist ein US-amerikanischer Einfluss spürbar. Der Boom des Protestantismus in Brasilien wird auch seitens der USA finanziell und personell unterstützt. Das trifft vor allem auf die Gemeinden der Baptisten, Mormonen und Presbyterianer zu. Ich habe mehrmals von Fällen gehört, in denen US-amerikanische Pfarrer in brasilianischen Kirchengemeinden predigten. Bei einem Baptisten-Gottesdienst, dem ich selbst beiwohnte, erlebte ich die Predigt eines amerikanischen Pfarrers. Viele US-Amerikaner sind glänzende Redner und verstehen es, sich optimal in Szene zu setzen. Das trifft auch auf die Pfarrer zu, die mit der Zeit gehen und denen es gelingt, junge Leute in die Kirchen zu locken und für den Glauben zu begeistern. Ich erinnere mich, wie mich einmal ein etwa 18 Jahre junger Brasilianer in einem Internet-Café ansprach. Er sagte mir, dass ich seinem US-amerikanischen Pfarrer vom Aussehen sehr ähneln würde. Neben den US-amerikanisch beeinflussten, protestantischen Kirchengemeinden existieren allerdings auch viele protestantische Gemeinden, die afrobrasilianisch geprägt sind.

Ansonsten gibt es viele weitere Beispiele für einen Kultureinfluss seitens der USA auf Brasilien. Es gibt sogar einen Ortsnamen, der „*Americana*" lautet. Die Nummernschilder an den Autos ähneln vom Stil, Format und Design den amerikanischen Nummernschildern. Bei den Fortbewegungsmitteln innerhalb Brasiliens dominieren neben Überlandbussen das Auto und das Flugzeug. Viele Menschen streben es an, in ihrer Garage mehr als ein Auto stehen zu haben. Die Städtebauweise vieler brasilianischer Städte entspricht ebenso der modernen Struktur US-amerikanischer Städte. Schachbrettartig ausgerichtete Straßenmuster mit quadratförmigen Häuserblocks prägen – wie in US-Städten – einen Großteil der brasilianischen Städte. Auch die immer weiter voranschreitende Expansion von Shopping-Malls ist Ausdruck einer US-amerikanischen Massenkonsumkultur. Ebenfalls im häufigen Gebrauch von Schusswaffen gibt es eine unverkennbare Parallele zwischen Brasilien und den USA. Zu all dem Genannten gesellen sich eine gewisse Offenheit gegenüber Fremden und die Fähigkeit, Neuankömmlinge rasch zu integrieren. Sowohl Nord- als auch Südamerikaner zeichnen sich durch eine angenehme Unkompliziertheit aus.

Brasilianisches Nummernschild – Format und Design à la USA

Eine brasilianische Identität

Nach der portugiesischen Kolonialisierung ist die Amerikanisierung von Brasilien abermals eine Einflussnahme von außen auf das kulturelle Gefüge des Landes. Man kann sagen, was man will, aber der kulturelle Einfluss der USA ist auf jeden Fall spürbar. Schließlich ist Brasilien weltweit gesehen bei Weitem nicht das einzige Land, welches sich im Laufe des 20. Jahrhunderts amerikanisiert hat. In Anbetracht der kulturellen Invasionen von außerhalb (portugiesisch und afrikanisch im bevölkerungsmäßigen Sinne und US-amerikanisch im Sinne eines Mainstream-Kulturexports) versuchte Brasilien seit Mitte des 19. Jahrhunderts, sich eine eigene Identität zu schaffen. Die Herausforderung bestand darin, die ehemalige Kolonie zu einer Nation zu formen. Seit den 1880er Jahren setzte schließlich die Masseneinwanderung nach Brasilien ein. Hieraus entstand die Notwendigkeit, die verschiedenen Einwanderergruppen gut zu integrieren und eine brasilianische Identität zu formen. Auch wenn viele Brasilianer stolz auf ihre europäische Herkunft sind, sei es Italien, Deutschland oder Spanien, so überwiegt doch bei Weitem das Zugehörigkeitsgefühl zu Brasilien. Die Nachkommen der Einwandererströme zu Beginn des 20. Jahrhunderts haben sich bestens assimiliert und sind im ethnisch-kulturellen Pool namens „Brasilien" aufgegangen. Ähnlich wie in den USA ist hier in Brasilien eine „Melting Pot-Kultur" entstanden, ein Schmelztiegel der verschiedenen Volksgruppen. Während Brasiliens Geschichte und die „Software" europäisch sind (mit „Software" meine ich Sympathie und ein emotionales Zugehörigkeitsgefühl), sind die Gegenwart und die „Hardware" in Brasilien amerikanisch. Mit „Hardware" meine ich die geografische und ökonomische Realität sowie die Gesellschaftsstruktur. In seiner jüngeren Geschichte lag es für Brasilien nahe, sich die USA zum Vorbild zu nehmen – ob politisch, städtebaulich, wirtschaftlich oder im Bereich der Wissenschaft.

Brasilien ist als politisches Gebilde in sich stabil. Abgesehen von separatistischen Tendenzen, die in der Vergangenheit in Rio Grande do Sul aufkamen, zeichnet sich Brasilien durch eine bemerkenswerte Einheit aus. Ob in Santa Catarina im Süden, in Pernambuco im

Nordosten oder im Amazonasgebiet im Norden – alle sind Brasilianer. Obwohl auch Europa als Ganzes einen einheitlichen Ursprung hat – etwa durch die griechisch-römische Kultur, die Völkerwanderung oder die Christianisierung – scheint Europa im Zuge der aktuell anhaltenden Eurokrise wieder von einer Welle der Renationalisierung erfasst zu sein. Das Zugehörigkeitsgefühl zum geeinten Europa schwindet bei vielen Europäern von Tag zu Tag. Viele große Einwanderernationen wie die USA, Australien, Argentinien oder eben Brasilien haben dieses Problem nicht. Meiner Meinung ist auch Brasilien eher eine kulturelle Sphäre als ein Nationalstaat im klassischen Sinne. Im Gegensatz zu den USA ist Brasilien allerdings heutzutage weniger globalisiert. Einerseits ist Brasilien ein offenes Land. Es herrscht eine grundsätzliche Offenheit und Aufgeschlossenheit gegenüber neuen Einwanderern und Ausländern. Im zwischenmenschlichen Bereich gibt es so gut wie keine Barrieren. In Brasilien herrscht der *„Spirit"* einer offenen Einwanderergesellschaft. Andererseits ist Brasilien ein in sich geschlossenes Land. Dies macht sich insbesondere im politökonomischen Bereich bemerkbar. Mit der Strategie der Importsubstitution und mit protektionistischen Mitteln versucht Brasilien seine heimischen Wirtschaftszweige aufzubauen und die Binnenwirtschaft zu stärken. Außerdem schützt Brasilien seinen Arbeitsmarkt vor ausländischen Arbeitskräften.

Als Fazit kann Brasilien als junges Land gesehen werden, das vielerlei Einflüsse von außen in sich aufgenommen hat. Aufgrund seiner gesellschaftlichen Offenheit und der Aufgeschlossenheit gegenüber Neuerungen zeichnet sich die brasilianische Kultur durch Dynamik und Flexibilität aus. Die „amerikanischen" Elemente Brasiliens sind Offenheit, eine Neigung zu Extremen, ethnische Vielfalt, reichhaltige Naturschönheiten, eine dünne Besiedlung, ein hohes Maß an Religiosität, eine gewisse Schnelllebigkeit, Fortschrittsglaube sowie Unkompliziertheit im zwischenmenschlichen Bereich. Ähnlich wie in den USA haben die vielen Einwanderer, die nach Brasilien kamen – ob Portugiesen, Italiener, Deutsche oder Japaner u. a. – eine neue Mentalität angenommen, die von ihren Ursprungsländern abweicht. Hier in der Neuen Welt konnten in erster Linie offene, optimistische, flexible und abenteuerlustige Menschen überleben.

8. Herausforderungen und Ausblick in die Zukunft

Brasilien hat innerhalb der letzten 20 Jahre einen großen Sprung nach vorne gemacht. Allerdings sollten wir uns nichts vormachen. Es gibt immer zwei Seiten einer Medaille. Mit anderen Worten: Es gibt kein perfektes Land auf der Welt und auch Brasilien sieht sich mit mehreren Herausforderungen konfrontiert. Bis heute existiert in Brasilien eine Reihe von alten, ungelösten Problemen, die das Land bei seinem Aufstieg bremsen und belasten. Im Folgenden gehe ich auf eine Reihe von Problemfeldern ein, die meiner Ansicht nach die größten Wachstumshindernisse für Brasilien und seine zukünftige Entwicklung darstellen. Sie hängen zum Teil eng miteinander zusammen. Bei den jüngsten Protesten in Brasilien, die im Juni 2013 losbrachen, verschaffte sich die Bevölkerung Luft, indem sie die führenden Politiker auf die Missstände im Land aufmerksam machte. Im Fokus der Kritik standen vor allem das marode Gesundheitssystem sowie das mangelhafte Bildungssystem. Darüber hinaus richtete sich die Wut der Bürger gegen eine politische Landschaft, die nach wie vor von Korruption geprägt ist. Daraus ergibt sich eine enorme Herausforderung für Brasilien, der das Land wohl oder übel ins Auge blicken muss. Um fit für die Zukunft zu sein, muss sich Brasilien diesen Herausforderungen stellen.

Bildung – Veraltetes Bildungssystem oder „Aufholbedarf beim Human Capital"

Ich erinnere mich an einen Satz eines guten Freundes, der selbst Brasilianer ist: *„O maior problema do Brasil é a educação."* (Das größte Problem Brasiliens ist die Bildung). Von etlichen Brasilianern habe ich ähnliche Sätze und Kommentare zum Bildungssystem gehört. Viele Menschen halten die schlechte Lehrqualität und das ineffiziente Bildungssystem für einen großen Hemmschuh, der das Land in der Entwicklung bremst. Wie schon im 3. Kapitel beschrieben, existieren zahlreiche Paradoxien im brasilianischen Bildungssystem. Während junge Leute aus wohlhabenden Familien an den gebührenfreien öffentlichen Universitäten studieren, müssen junge Leute aus ärmeren Schichten an privaten Hochschulen studieren, da hier die Aufnahmebedingungen nicht so schwierig sind wie an öffentlichen Unis. So sind weniger wohlhabende Menschen dazu gezwungen, Studiengebühren zu zahlen. Dadurch manifestiert sich in Brasilien eine Zwei-Klassen-Bildung.

Historisch gesehen kann Brasilien nicht auf eine jahrhundertealte (oder sogar jahrtausendealte) Bildungstradition zurückblicken, wie es sie etwa in England, Italien, Ägypten oder China gibt. Bildungsinstitutionen waren im früheren Brasilien in den Händen der katholischen Kirche. Vor dem 20. Jahrhundert war Bildung nur der Oberschicht zugänglich und wurde den ärmeren Schichten vorenthalten. Damals bevorzugten es die Kolonialherren, ebenso wie die Kaiser, das Volk „dumm" zu halten, um so ihren Machtanspruch zu wahren und ein freies Denken im Volk zu unterbinden. Die erste Universität Brasiliens – die Universität in der Stadt Manaus – ist erst im Jahr 1909 entstanden. Mittlerweile gibt es in Brasilien zahlreiche Hochschulen und Universitäten. Außerdem ist die Anzahl der Studenten rapide angestiegen. Trotzdem gibt es aktuell immer noch 14,1 Mio. Brasilianer, die Analphabeten sind. Die durchschnittliche Studiendauer (Schule und Hochschule) beträgt in Brasilien gerade einmal 6,9 Jahre. Im weltweiten *Education Index* liegt Brasilien auf Platz 84 (2011). Zum Vergleich:

Deutschland liegt auf Rang 9 und die USA auf Rang 4. Platz 1 belegt Norwegen.

Worin liegen nun die Probleme des geschmähten brasilianischen Bildungssystems? Zunächst ist die Lehrqualität im Allgemeinen schlecht. Es wird oft frontal und mit veralteten didaktischen Methoden unterrichtet (auswendig lernen etc.), anstatt einen interaktiven und interessanten Unterricht zu gestalten. Fähige und wegweisende Lehrer fehlen. Des Weiteren ist die Lehrqualität unzureichend. Lehrer erfahren oft eine schlechte Ausbildung, in der sie viel Nebensächliches lernen. Dazu gesellt sich ein dürftiges Gehalt, mit dem sie auskommen müssen. Viele Lehrer haben mehrere Jobs – beispielsweise unterrichten viele neben ihrem Hauptberuf noch in privaten Fremdsprachenschulen, um ihr Gehalt aufzubessern. Diese niedrigen Löhne schrecken zudem auch noch viele leistungsstarke Schüler ab, selbst einmal den Lehrerberuf zu ergreifen. Auch das Ansehen eines Lehrers ist in Brasilien im Allgemeinen niedrig. All diese Faktoren führen dazu, dass die Lehrer schlichtweg nicht motiviert sind, eine gute Leistung zu erbringen. In ländlichen Regionen haben z. B. gerade einmal 10 % der Lehrer eine Hochschulausbildung genossen. In den Städten haben dagegen mehr Lehrer eine akademische Ausbildung erworben (38%). Schließlich wird das brasilianische Bildungssystem auf eine sehr ineffiziente Art und Weise verwaltet. Es mangelt vor allem an richtigen und zielführenden Investitionen, die für die Bildung gedacht sind. Der Lehrerapparat ist aufgebläht, es herrschen Vetternwirtschaft und Korporatismus und die Stellenvergabe erfolgt nach politischen Gesichtspunkten. Hier ist definitiv eine Effizienzsteigerung notwendig.

Eine gebildete Bevölkerung ist natürlich keine automatische Garantie für eine prosperierende Wirtschaft. Es gibt noch andere Faktoren, die maßgeblich auf das Wirtschaftsgeschehen einwirken. Dies lässt sich gut am Beispiel der Ukraine, Bulgariens oder Griechenlands veranschaulichen, wo ein hoher Prozentsatz der Bevölkerung Akademiker sind, aber die Wirtschaft in einem maroden Zustand verharrt. Selbstverständlich ist eine gut ausgebildete Bevölkerung ein Wettbewerbsvorteil im globalen Wettstreit der Wirtschaftsmächte. Der brasilianische Journalist Gonzatto bringt den Zustand des brasilianischen Bildungssystems auf den Punkt: Die Schulen sind aus dem 19. Jahrhundert, die Lehrer aus dem 20. Jahrhundert und die Schüler aus dem 21. Jahrhundert. Das ineffiziente Bildungssystem ist nur ein Beispiel, wie sich Brasilien trotz seines großen Potenzials „selbst auf den Füßen steht".

Infrastruktur – Straßen, Flughäfen und Eisenbahnlinien müssen erneuert werden

„Infrastruktur" bezeichnet die Gesamtheit aller langlebigen Grundeinrichtungen, die zum Funktionieren einer arbeitsteiligen Volkswirtschaft beitragen. Man unterscheidet grundsätzlich zwischen technischer Infrastruktur (Verkehrsnetze, Energieversorgung, Entsorgungseinrichtungen und Kommunikationsnetze) und sozialer Infrastruktur (Bildungssystem, kulturelle Einrichtungen und Gesundheitssystem). Ich beschränke mich an dieser Stelle auf die technische Infrastruktur. Damit sind Straßen, Schienen, Wasserwege und Flughäfen gemeint, also Verkehrsnetze im weitesten Sinne. Je nachdem, wo man sich in Brasilien auf den Straßen bewegt, kann man einen ersten Eindruck über den Zustand der Infrastruktur bekommen. Der Bundesstaat São Paulo ist zweifelsohne ein Vorzeigebeispiel für Brasiliens Straßen. Die Straßen und Autobahnen sind hier gut bis sehr gut instand gehalten. Dagegen nimmt die Qualität der Verkehrswege immer weiter ab, je mehr man in das Landesinnere vordringt. Die Straßen im Zentralwesten, im Norden und im Nordosten Brasiliens haben im Allgemeinen eine schlechte Qualität. In Goiás säumen beispielsweise viele große Schlaglöcher die endlos langen Straßen. Meine damaligen WG-Mitbewohner erzählten mir von einer Überlandstraße im Bundesstaat Paraná – die PR323 – die den schaurigen Beinamen *„Rodovia da Morte"* (Autobahn des Todes) trägt. Aufgrund des hohen Verkehrsaufkommens, einer schwierigen Topografie und schlechter Instandhaltung kommt es auf dieser Autobahn, die den Südosten Brasiliens mit dem Süden des Landes verbindet, immer wieder zu tödlichen Unfällen.

Experten und Investoren sind sich einig und betonen es immer wieder: Das größte und wichtigste Problem Brasiliens ist der mangelhafte Zustand der Infrastruktur. Der Unternehmer Eike Batista vergleicht den alarmierenden Zustand der brasilianischen Häfen mit Wählscheibentelefonen aus den 1970er Jahren. Die Konkurrenz im Ausland ist hingegen schon bei der Breitbandtechnologie angekommen. Vor dem Hintergrund, dass Brasilien eines der größten und einflussreichsten Schwellenländer der Erde ist, ist eine funktionierende Infrastruktur notwendig, um auch in Zukunft wettbewerbsfähig zu bleiben. Die Hauptprobleme Brasiliens im Infrastrukturbereich sind das Fehlen von leistungsfähigen Autobahn- und Eisenbahnnetzen, die den Transportfluss von Rohstoffen gewährleisten. Seit mehreren Jahren ist eine Hochgeschwindigkeitsstrecke zwischen São Paulo und Rio de Janeiro geplant. Das Projekt wurde allerdings noch nicht realisiert, da sich im Bieterprozess für den Auftrag noch kein passendes Konsortium gefunden hat. Weiterhin bedarf es an Lösungsansätzen für den innerstädtischen Nahverkehr. Die Städte versinken im Verkehrschaos. In São Paulo gehört es zum normalen Alltag, drei bis vier Stunden im Stau zu verbringen. Zur Reduzierung des Autoverkehrs hat die Stadt São Paulo ein System entwickelt, das sich *„rodízio"* (auf Deutsch „Ablösung" oder „Rolle") nennt. Hierbei müssen Autobesitzer turnusmäßig ihr Auto an einem Wochentag in der Garage stehen lassen. Das eintägige Aussetzen der Fahrerlaubnis richtet sich nach den Ziffern auf dem Nummernschild. Zum Beispiel darf montags niemand fahren, der die Ziffern 0 und 1 auf dem Nummernschild stehen hat, dienstags darf niemand fahren, bei dem die Nummern 2 und 3 auf dem Nummernschild stehen usw. Auch die U-Bahnen sind während der Rushhour extrem überfüllt. Dazu gesellt sich die Tatsache, dass die Hafenanlagen veraltet sind. Laut einer Studie des Weltwirtschaftsforums ist der Zustand der brasilianischen Häfen sehr schlecht. Auf einem Länder-Ranking von 144 Ländern landen Brasiliens Hafenanlagen auf Rang 135, am unteren Ende der Skala. Viele Hafenanlagen arbeiten zu teuer und ineffizient. Korrupte Gewerkschaften üben weiterhin ihren Einfluss auf die Häfen aus. Privates Investitionskapital in die maroden Hafenanlagen stellt zumindest einen Lösungsansatz dar. Ferner gibt es Probleme bei Abwasser- und Entwässerungssystemen. Schließlich besteht nach wie vor ein riesiges Wohnungsdefizit in den Städten. Dies betrifft vor allem die ärmeren Schichten des Landes. Um dieses Problem anzugehen, müssen Wohnungsbauprogramme realisiert werden. Zu all diesen Hürden kommen noch die Modernisierungs- und Vorbereitungsmaßnahmen für die Sport-Großevents, wie Modernisierung der Stadien (Sitzplätze, große Ausgänge, Ausbau der Tribünen und Errichtung moderner Pressebereiche), ausreichend Parkplätze sowie Krankenhäuser, die sich in der Nähe der Stadien befinden. Schätzungen zufolge werden die Kosten für die Fußball WM 2014 bei 14 Mrd. US$ liegen, während sich die Kosten für die Olympischen Spiele 2016 auf etwa 17 Mrd. US$ belaufen werden.

Um die Infrastrukturmängel in den Griff zu bekommen, rief die brasilianische Regierung zwei umfangreiche Infrastrukturprogramme ins Leben. Das PAC (*Programa de Aceleração do Crescimento*), was übersetzt so viel wie „Wachstumsbeschleunigungs-Programm" bedeutet, hatte für den Zeitraum von 2007 bis 2010 ein Budget von 504 Mrd. R$ Der Löwenanteil dieser Investitionsgelder stammte von staatlichen und privaten Unternehmen (86,6 %). Die restlichen 13,4 % an den Gesamtmitteln steuerte der Staat bei. Diese flossen insbesondere in Energiegewinnung (Förderung von Erdöl und Gas sowie Ausbau des Stromnetzes), in die Verbesserung städtischer und sozialer Infrastruktur sowie in die Verbesserung der technischen Infrastruktur (Straßen, Eisenbahnnetze, Häfen und Flughäfen). Im Anschluss daran lancierte die Regierung ab März 2010 das Folgeprogramm PAC 2. Mit diesem Programm sollen die Infrastrukturverbesserungen genau da ansetzen, wo die schwelenden Strukturprobleme existieren. Dazu zählen beispielsweise das Wohnungsbauprogramm PAC *Minha Casa Minha Vida* (Mein Haus, mein Leben) sowie das Programm PAC *Água e Luz para Todos* (Wasser und Licht für alle), welches darauf abzielt, die Versorgungsinfrastruktur zu verbessern. Mit dem Programm PAC *Transportes* soll zudem eine Verbesserung der Verkehrsnetze herbeigeführt werden. Im Fokus stehen hier der Ausbau und die Verbesserung von Autobahnen sowie die Renovierung und Expansion der brasilianischen Flughäfen. Insgesamt beläuft sich das Investitionsvolumen des PAC 2 auf 1,59 Bill. R$ Davon soll zwischen 2011 und 2014 eine stattliche Summe von 959 Mrd. R$ (528 Mrd. US$) investiert werden. Ein Hauptgrund für die weitreichende Infrastrukturreform sind die hohen Logistikkosten, die mit der mangelhaften Infrastruktur einhergehen. Wie der Name des Infrastrukturprogramms ebenfalls verrät, soll mit diesem gleichzeitig das Wirtschaftswachstum angekurbelt werden. Der Fokus liegt an dieser Stelle auf der Schaffung von Arbeitsplätzen.

Die Verantwortung der Infrastrukturreformen liegt beim Planungsministerium. Mitte 2012 war bereits ein Drittel der geplanten Investitionen abgeschlossen. Laut dem Planungsministerium verlaufen 88 % der Infrastrukturprojekte nach Plan. Die restlichen Projekte verlaufen nicht nach Plan und sind verzögert.

Bürokratie – Ein Dschungel für sich

Wenn man sich mit Brasilien-Experten oder mit brasilianischen Unternehmern über die aktuellen Herausforderungen unterhält, bekommt man mit großer Wahrscheinlichkeit zu hören, wie ineffizient und aufgebläht doch die brasilianische Verwaltung ist. Was ist überhaupt mit „Bürokratie“ gemeint? Wie kann man diesen Begriff am besten beschreiben? Leonardo Rodrigues von der brasilianischen Firma Unitec Contábil bringt es auf den Punkt: „Bürokratie ist ein verwaltungsmäßiges Konzept. Es zeichnet sich vor allem durch hierarchische Strukturen und eine weitreichende Aufteilung von Verantwortungsbereichen aus. Die Mitarbeiter innerhalb eines bürokratischen Systems befolgen stur und unabänderlich Regeln, Prozesse und Normen – vergleichbar mit Zahnrädern in einer Maschine.“ Bürokratie als solche umschreibt also den Verwaltungsapparat eines Staates, wie zum Beispiel Ämter und Behörden, und hat zumeist eine negative Konnotation.

Laut einer Studie der Industriekammer von São Paulo (Fiesp) hat die ausufernde brasilianische Bürokratie einen negativen Einfluss auf die Handlungen der Regierungen sowie auf die Wettbewerbsfähigkeit des Landes. Demzufolge schadet die Bürokratie der Regierungseffizienz, mindert die Qualität des Verwaltungsapparates und belastet die Privatwirtschaft. In einem Weltbank-Index, der Geschäftsfreundlichkeit misst, belegt Brasilien lediglich Rang 129 von insgesamt 183 untersuchten Ländern. Einer Umfrage der US-amerikanischen Handelskammer Amcham Brasilien zufolge stellt Brasiliens Bürokratie-Dschungel für ein Drittel der 92 befragten Unternehmen das größte Hindernis für deren Geschäftstätigkeit dar. Ein Unternehmen muss im Durchschnitt 2.600 Stunden pro Jahr aufwenden, um steuerliche Angelegenheiten und bürokratische Auflagen abzuarbeiten. Die jährlichen ökonomischen Kosten, die die brasilianische Bürokratie erzeugt, beziffern sich auf insgesamt 46,3 Mrd. R$. Länder mit einem hohen Maß an Bürokratie neigen dazu ein niedriges BIP/Kopf zu haben. Zudem haben solche Länder auch eine größere informelle Wirtschaft und weisen ein geringeres Maß an Schulbildung in ihrer Bevölkerung auf. All dies sind Faktoren, die sich negativ auf die Wettbewerbsfähigkeit eines Staates auswirken. Als Folge kann die übermäßige Bürokratie als einer der größten Bremsklötze für das brasilianische Wirtschaftswachstum angesehen werden. Folgende Beispiele helfen dabei, die brasilianische Bürokratie einmal zu verbildlichen: Das Unternehmen Bug, welches im Bereich Agrartechnik operativ tätig ist, stellt Wabenbretter für Zuchtbienen her, die als Mittel zur Schädlingsbekämpfung auf großen Agrar-Anbauflächen eingesetzt werden. Insgesamt musste Bug vier Jahre warten, bis alle notwendigen Auflagen und Tests erfüllt waren. Erst nach dieser langen Wartezeit konnte das Unternehmen mit dem Verkauf seiner Produkte beginnen. Bevor die Verkaufsaktivitäten in Brasilien starteten, hatte das Unternehmen bereits Kunden in Europa, Kanada und Israel gewonnen. Ein weiteres Beispiel: Der Flugzeugbauer AGX Tecnologia aus der Technologiehochburg São José dos Campos stellt unbemannte Flugzeuge her. Die mit Kameras ausgestatteten Luftfahrzeuge sollen mögliche Probleme auf Ackerflächen frühzeitig identifizieren. Allerdings gab es ein Problem: In

Brasilien existierte bis dato kein Gesetz, welches den Gebrauch von unbemannten Flugzeugen regelt. Dadurch konnte das Unternehmen nicht, wie ursprünglich geplant, einen Teil der Flotte weitervermieten. Die Umsatzerwartungen mussten stark nach unten korrigiert werden. Der Geschäftsführer von AGX Tecnologia bezeichnet die Gesetzgebung als das größte Hemmnis für Unternehmenswachstum. Um dem Problem der überbordenden Bürokratie entgegenzutreten gibt es einige Lösungsansätze: Zunächst muss das Bürokratieausmaß im öffentlichen Sektor reduziert werden. Dazu gehören klare Regeln, die Vereinfachung von steuerlichen und arbeitsrechtlichen Regelungen, die Verbesserung der Gesetzesqualität und das Vermeiden von häufigen Gesetzesänderungen. Hierdurch sollen insbesondere die Regeln klarer und die bürokratischen Prozesse transparenter werden. Auch die Anzahl der Steuerarten soll an dieser Stelle reduziert werden. Weiterhin kann die Bürokratie durch den vermehrten Einsatz elektronischer Mittel sehr viel effizienter gestaltet werden. Dazu zählen etwa internetbasierte Dienstleistungen. Zudem kann die Einrichtung einer zentralen, internetbasierten Datenbank die Bürger schnell und effizient mit den nötigen Informationen versorgen. Schließlich muss das Übermaß an Bürokratie für Unternehmen merklich zurückgefahren werden. Um diesem letzten Ziel gerecht zu werden, sollte es ein einziges, zentralisiertes Unternehmensregister geben. Darüber hinaus sollen Unternehmen nach ihrer Registrierung mit provisorischen Lizenzen versorgt werden, um ihre Geschäftstätigkeit so früh wie möglich aufnehmen zu können. Zu guter Letzt sollten die Regelungen zum Kündigungsschutz vereinfacht werden.

Steuersystem – Komplex und aufgebläht

Ein brasilianischer Unternehmer, mit dem ich mich einmal über das Steuersystem in Brasilien unterhielt, machte mir unverhohlen klar: „*O sistema tributário Brasileiro é um absurdo!*" (Das brasilianische Steuersystem ist komplett verrückt!). Dem brasilianischen Steuersystem eilt der Ruf voraus, sehr komplex und undurchsichtig zu sein. Das wollen wir hier einmal näher unter die Lupe nehmen. Ein Steuersystem bezeichnet die Gesamtheit aller Steuern eines Staates. Es beruht auf Besteuerungsgrößen. Beispiele für Besteuerungsgrößen sind Geldgrößen wie Einkommen oder Konsum. Im Kern des Steuersystems stehen Steuereinnahmen. Sie werden vom Staat erhoben, um dessen Finanzbedarf zu decken und stellen seine Haupteinnahmequelle dar. Laut einer Definition handelt es sich bei Steuern um Finanzmittel, die der Staat der Wirtschaft entzieht. Dies erfolgt gesetzesmäßig und ist für das Steuersubjekt (also derjenige, der zur Steuerzahlung verpflichtet ist, wie eine natürliche Person oder eine Körperschaft) bindend.

Paradox, komplex, intransparent – das sind die Begriffe, die das brasilianische Steuersystem wohl am besten beschreiben. Laut einem Forschungsbericht der großen US-Investmentbank Goldman Sachs ist das Steuersystem des Landes eines der Haupthindernisse für eine nachhaltige wirtschaftliche Dynamik. Insbesondere die Zweckbestimmung sowie eine prozyklische Steuerpolitik stellen den Kern des strukturellen Problems im brasilianischen Steuersystem dar. Demgemäß liegt in der Verbesserung des Steuersystems der Schlüssel zu mehr Wirtschaftswachstum. Im Jahr 1966 schuf Brasilien mit dem Gesetz 5.172/66 erstmals eine formelle Grundlage für sein Steuersystem, das fortan den Namen *Código Tributário Nacional* trug. Das verfassungsmäßige Steuersystem wurde also in einer Zeit geschaffen, als die brasilianische Volkswirtschaft nach außen hin geschlossen blieb und im Allgemeinen unterentwickelt war. Erst ab den Jahren 1987/88 schickte sich die verfassunggebende Versammlung an, das Steuersystem zu dezentralisieren. Im Zeitverlauf zwischen dem Ende des Zweiten Weltkrieges und heute hat sich die Steuerlast immer weiter erhöht. Aktuell liegt die Steuerlast in Brasilien über der von anderen Schwellenländern mit einem vergleichbaren Entwicklungsstand. Im Jahr 2010 erreichte die Steuerquote einen Wert in Höhe von 34,19 % vom BIP. Damit liegt die brasilianische Steuerlast ähnlich hoch wie im Vereinigten Königreich (35 % vom BIP) oder in Israel (32,4 % vom BIP). Andere Schwellenländer haben eine wesentlich niedrigere Steuerquote gemessen am BIP, wie beispielsweise Mexiko (18,7 %), Chile (20,9 %), die Türkei (26 %) oder die Slowakei (28,3 %). Im interamerikanischen Vergleich weist Brasilien sogar die höchste Steuerlast auf. Sie liegt damit noch höher als in den USA. Die Jahrzehnte, in denen die Steuerlast am schnellsten in die Höhe schoss, waren die 1960er und die 1990er/2000er. Während sich die brasilianische Gesellschaft in den letzten 25 Jahren enorm entwickelt hat, hat das Steuersystem nie eine wirkliche Reform erfahren. Es verharrt weiterhin „im alten Sud".

Heutzutage existieren in Brasilien de facto zwei Steuersysteme parallel zueinander: Beim ersten System werden die Steuereinnahmen zwischen den Bundesstaaten und Gemeinden aufgeteilt. Im zweiten System werden die Einnahmen (bestehend aus Sozialabgaben und Beiträgen) nicht aufgeteilt. Es gibt noch eine andere Art, wie man die Steuerlast eines Staates messen kann. Sie ist besonders anschaulich: Man zählt einfach die Tage, die ein normaler Steuerzahler pro Jahr arbeiten muss, um seine Steuern zahlen zu können. In Brasilien beläuft sich die Anzahl der Tage, die ein Mensch nur für den Fiskus arbeitet, auf 125 Arbeitstage pro Jahr. Die Steuern können in Brasilien vom Bund, vom Bundesstaat und von den Gemeinden erhoben werden. Das Steueraufkommen kann nach verschiedenen Einnahmequellen unterteilt werden. In Brasilien unterscheidet man zwischen drei Einnahmequellen: erstens „Handelswaren, Dienstleistungen und Güter", aus der 45 % aller Steuereinnahmen entstammen. Zweitens existiert die Einnahmequelle „Gehälter", die knapp 26 % des gesamten Steueraufkommens erzeugt. Schließlich bildet die Gruppe „Einkommen und Gewinne" die dritte Einnahmequelle, die 18,63 % des gesamten Steueraufkommens generiert. Die erste Gruppe „Handelswaren, Dienstleistungen und Güter" macht einen erheblichen Teil der Steuereinnahmen aus. Bekannte Steuerarten sind hier die ICMS (*Imposto sobre Circulação de Mercadorias e Serviços*), die COFINS (*Contribuição para o Financiamento da Seguridade Social*) und die PIS/PASEP (*Programa de Integração Social/ Programa de Formação do Patrimônio do Servidor Público*). Hier wird eine hohe Konzentration der Einnahmequellen für das Steueraufkommen ersichtlich.

Ein Hauptproblem des brasilianischen Steuersystems besteht in seinem regressiven Charakter. „Regressiv“ bedeutet in diesem Zusammenhang, dass ärmere Menschen verhältnismäßig mehr Steuern zahlen müssen als wohlhabendere Bürger. Somit zahlen die ärmsten 10 % der Bevölkerung 32,8 % Steuern auf ihr Einkommen, während die reichsten 10 % der Bevölkerung lediglich 22,7 % der Steuerlast zu tragen haben. Diese Art der Steuereinsammlung trägt stark zur sozialen Ungerechtigkeit bei, wodurch eine Verzerrung der Vermögen entsteht. Außerdem führt das regressive Steuersystem zu einer Schattenwirtschaft (siehe Kapitel 4), da die Niedrigverdiener einen erhöhten Anreiz haben, den Fiskus zu umgehen, um am Ende noch etwas mehr Geld behalten zu können. Zudem gibt es in Brasilien wenige progressive Steuern, bei denen Menschen proportional zu ihrem Einkommen besteuert werden. Beispiele für progressive Steuern sind in Brasilien die IRPF (persönliche Einkommenssteuer) und die IPTU (Grundsteuer). Des Weiteren existieren in Brasilien mehr als 50 verschiedene direkte und indirekte Steuerarten.

Ein Unternehmer aus meinem Bekanntenkreis beschreibt das System folgendermaßen: „Das brasilianische Steuersystem gibt uns Unternehmern den Rest. Es gibt so viele Steuerarten, die Steuergesetze ändern sich andauernd, sodass man als Unternehmen komplett durcheinanderkommt. Als Unternehmer wird man vom Finanzamt oft in die Rolle eines ‚Schuldigen‘ gedrängt, der immer wieder aufs Neue seine ‚Unschuld‘ beweisen muss, indem er alle Steuern ordnungsgemäß zahlt. Überdies gibt es das Phänomen der mehrfachen Besteuerung von ein und demselben Besteuerungsvorgang. Wenn ein Unternehmer beispielsweise Holz kauft, muss er beim Kauf Steuern zahlen, die im Preis des Holzes enthalten sind. Danach schickt er das Holz zur Verarbeitung, worauf erneut Steuern anfallen. Beim Verkauf des Fertigproduktes an den Einzelhändler muss der Unternehmer abermals Steuern entrichten. Und die Krönung zum Schluss: Nachdem der Einzelhändler das Produkt an den Endkunden verkauft hat, wird der arme Unternehmer vom Finanzamt noch einmal zur Kasse gebeten. Er muss nun auch auf den Endverkauf noch einmal Steuern zahlen. Der Produktpreis verteuert sich somit drastisch. Da lacht das Unternehmerherz.“

Die Lösung liegt auf der Hand: Eine grundlegende Steuerreform ist absolut notwendig. Das Problem ist, dass es in der Politik keinen Konsens darüber gibt, wie man eine solche Reform angehen soll. Einige Politiker fordern die Schaffung eines gänzlich neuen Systems, während andere Politiker lediglich punktuelle und chirurgische Änderungen anstreben. In jedem Falle muss dieses Problem angepackt werden, um das Wirtschaften in Brasilien effizienter zu gestalten.

Korruption – Wenn Geld schwach macht

Korruption ist ein spannendes Thema. Vor allem aus dem Grund, da es verdeckt und verboten geschieht und im „Idealfall" gar nicht ans Tageslicht kommen sollte. Außerdem ist Korruption im Zusammenhang mit Brasilien brandaktuell. Die jüngsten Proteste im Juni 2013 richteten sich gegen die anhaltende Korruption vieler brasilianischer Politiker. Die jungen Leute haben die Nase voll von der Korruptionskultur der führenden Politiker in ihrem Land.

Die Nichtregierungsorganisation *Transparency International* definiert den geheimnisvollen Begriff „Korruption" folgendermaßen: Korruption ist der Missbrauch anvertrauter Macht zum privaten Nutzen oder Vorteil. Korruption ist ein epidemisches Problem, unter dem nicht nur Brasilien zu leiden hat. Auf dem weltweiten Korruptionsindex von *Transparency International* landet Brasilien auf Rang 69 und ist damit auf gleicher Höhe wie Mazedonien oder Südafrika. Immerhin liegt Brasilien damit schon oberhalb von Italien (Rang 72) und Griechenland (Rang 94), die noch schlechter im Korruptionsranking abschneiden. Hinter Uruguay und Chile ist Brasilien außerdem das „sauberste" Land Südamerikas. Zum Vergleich: Deutschland liegt auf Rang 13. Die „ehrlichsten" Staaten unserer Erde sind Neuseeland, Dänemark und Finnland. Am untersten Ende der Skala verweilen Nordkorea, Afghanistan und

Somalia (alle Rang 174). Damit befindet sich Brasilien im Mittelfeld des weltweiten Korruptionsrankings. Allerdings bedeutet „Mittelfeld“ in der Wahrnehmung der meisten Menschen ein ganz schön „korruptes Pflaster“.

Zahlreiche Korruptionsskandale (siehe Kapitel 3) sind in Brasilien aufgeflogen. Große Korruptionsskandale, deren Gerichtsverfahren sich über Jahre hinziehen, sind beispielsweise der *Escândalo das passagens aéreas* (Flugreisen-Skandal) oder der *Escândalo dos atos secretos* (Skandal der verdeckten Handlungen). Der *Escandalo de Mensalão* (Skandal der großen Monatszahlungen) gilt als der größte Korruptionsfall der brasilianischen Geschichte. Bei diesem Skandal geht es um einen groß angelegten Stimmenkauf, der vom Lula-Regierungsbündnis ausging. Dieser erfolgte mithilfe eines komplexen Systems, das eigens zur Abzweigung von öffentlichen Geldern und zur Geldwäsche geschaffen wurde. Hierbei handelte es sich um ein Netzwerk von Politikern, privaten Unternehmen und Banken. Dabei sollen diverse Politiker etwa 50 Mio. US$ an Bestechungsgeldern entgegengenommen haben. Viele der Angeklagten sind allerdings bis heute noch nicht hinter Gittern. Ihnen drohen jahrelange Gefängnisstrafen, was ein Novum in der brasilianischen Geschichte darstellt. Bisher hatten sich Politiker immer geschickt aus der Affäre gezogen.

In Brasilien herrscht eine Kultur der Korruption, deren Ursprünge in die Kolonialzeit zurückreichen. Damals machte der portugiesische König seinen Adeligen großzügige Geschenke, um sein Prestige zu erhalten. Dieses Phänomen ist auch unter dem Namen *„estamento burocrático“* (bürokratischer Status) bekannt. *Estamento burocrático* beschreibt eine Gesellschaftsschicht beziehungsweise ein soziales Milieu, welches die politische Administration kontrolliert. Diese Klasse ist bestrebt, ihren Status zu bewahren und ihr Einkommen zu vergrößern. Auch nach der brasilianischen Unabhängigkeit überlebte diese politische Tradition portugiesischen Ursprungs. Zudem war die brasilianische Gesellschaft über Jahrhunderte sehr tolerant und freizügig. Für einflussreiche und wohlhabende Brasilianer galten lange Zeit andere Regeln als für einen gewöhnlichen Menschen. Die jüngste Protestwelle markiert einen wichtigen Wendepunkt. Es besteht die Möglichkeit, dass

Politiker, die in Korruptionsaffären verstrickt sind, in Zukunft drastischer bestraft werden.

Was für Auswirkungen hat die Korruption auf Politik, Wirtschaft und Gesellschaft eines Staates? Im politischen Bereich verhindert Korruption eine funktionierende Demokratie und untergräbt die Rechtsstaatlichkeit. Dies kann zu einem Desinteresse an Politik als solcher führen und verzerrt politische Entscheidungsprozesse, was wiederum politische Instabilität mit sich bringt. Auf wirtschaftlicher Ebene betreibt Korruption Raubbau mit dem nationalen Wohlstand. Oft führt Korruption zu höheren Preisen für Waren und Dienstleistungen. In korrupten Staaten fließen öffentliche Gelder eher in Prestigeprojekte als in dringend notwendige Bereiche wie Schulen, Krankenhäuser oder in die Infrastruktur. Gerade dieser Aspekt trifft voll und ganz auf Brasilien zu. Korruption bewirkt demzufolge eine Fehlallokation von finanziellen Ressourcen. Erfolgt Korruption im ganz großen Stil (wie in Somalia oder Afghanistan), schadet sie einer Volkswirtschaft in hohem Maße und lässt eine komplette Bevölkerung verarmen. Schließlich wirkt sich Korruption auf das gesellschaftliche Gefüge eines Staates aus. Ein hohes Maß an Bestechlichkeit demotiviert die Menschen zu arbeiten, da es keine Leistungsgerechtigkeit gibt. Das Zahlen von Bestechungsgeldern etabliert sich zur gängigen Alltagspraxis. Die Zivilgesellschaft wird dadurch geschwächt. Als Folge steigt die soziale Ungleichheit, die Schere zwischen Arm und Reich öffnet sich, Unsicherheit nimmt zu und der Neid innerhalb der Gesellschaft wächst. Auch diese Aspekte treffen nach wie vor auf Brasilien zu.

Wie kann man das Problem der Korruption angehen oder sogar lösen? Es ist immer schwierig, mit einem kulturell fest verankerten Habitus in kurzer Zeit zu brechen. Die Mentalität ist historisch bedingt und prägte über Jahrhunderte die politische Kultur des Landes. Allerdings bestehen Möglichkeiten, den Korruptionssumpf Schritt für Schritt trocken zu legen. Beispiele hierfür sind strengere Regeln während des Wahlprozesses von Politikern. Ein von vielen Brasilianern gefordertes Verfahren zur Wahl von Repräsentanten ist die Mehrheitswahl (*voto distrital*). Im Gegensatz zur Verhältniswahl, die aktuell in Brasilien existiert, können Volksvertreter und Wähler besser einander angenähert werden. Auf diese Weise können sich die Handlungen von Politikern besser an den realen Bedürfnissen der Wähler orientieren. Darüber hinaus müssen Kontrollmechanismen verbessert werden, welche die öffentliche Verwaltung auf allen drei Ebenen (Bund, Bundesstaaten und Gemeinden) überwachen. Zu diesem Thema gab es auch schon eine Fachbesuchermesse, die von den Organisationen CGU (*Controladoria-Geral da União*) und UNODC (*United Nations Office on Drugs and Crime*) organisiert wurde. Hier wurden Instrumente und technologiebasierte Lösungen präsentiert, mit denen man Korruption durch die Bereitstellung von Beweismitteln effektiv bekämpfen kann. Schließlich muss das verfassungsmäßige *Lei da Ficha Limpa* (Gesetz der sauberen Registrierkarte) strikt angewendet werden (siehe Kapitel 3). Demzufolge dürfen Politiker, nachdem sie aufgrund eines Korruptionsfalls verurteilt wurden, nicht mehr für ein politisches Amt kandidieren. In der Theorie sind diese Sachen natürlich einfacher als in der Praxis. Ob Brasilien diese Möglichkeiten in die Tat umsetzt, bleibt dem Land selbst überlassen.

Kriminalität – Aufgepasst in der Dunkelheit

Bevor ich das erste Mal nach Brasilien reiste, scherzte ich in meinem Freundeskreis, dass ich mir noch eine kugelsichere Weste besorgen muss, bevor ich nach Brasilien reise. Brasilien hatte seit jeher den Ruf ein sehr gefährliches Land mit einer hohen Kriminalitätsrate zu sein. Dieses Image wurde durch Filme wie *„Cidade de Deus"* oder *„Tropa de Elite"* – die von der Banden- und Gewaltkultur in den Favelas erzählen – noch verstärkt. Als ich in Brasilien ankam, erschien mir das Land weit weniger kriminell und gefährlich, als es in den Medien und Filmen dargestellt wurde. Trotzdem ist dies kein Aufruf zur Entwarnung.

Trotz des Aufstiegs der neuen Mittelschicht klafft in Brasilien immer noch eine sehr starke Einkommenslücke zwischen den oberen und den unteren sozialen Schichten des Landes. Dies ist auch einer der Hauptgründe für die hohe Kriminalitätsrate in Brasilien. Zu den Brennpunkten gehören im Allgemeinen sowohl die Grenzgebiete mit anderen südamerikanischen Staaten (Paraguay, Kolumbien) sowie die Favelas in den Metropolen des Landes. Auch wenn beispielsweise die Mordrate innerhalb der letzten Jahre gesunken ist, verharrt diese auf einem mittleren bis hohen Niveau. Brasilien gehört leider immer noch zu den Top 20 Staaten mit der höchsten Mordrate weltweit (Kriegs- und Bürgerkriegsländer ausgenommen). Im Jahr 2010 lag die Mordrate bei 21 Morden pro 100.000 Einwohner. In absoluten Zahlen waren dies 40.974 Morde. Im Zeitraum zwischen 1980 und 2010 sind in Brasilien 1,09 Mio. Menschen ermordet worden. Die Mordrate ging im Vergleich zum Jahr 2003 (28,9 Morde pro 100.000 Einwohner) zurück. Allerdings gibt es starke regionale Unterschiede, sodass sich bei der Mordrate kein einheitliches Bild ergibt. Während die Mordrate in São Paulo um 67 % zurückgegangen ist, ist sie in den Bundesstaaten Bahia (+300 %), Para (+253 %) und Alagoas (+160 %) rasant in die Höhe geschnellt. Einerseits sinkt die Mordrate insbesondere in den Städten des brasilianischen Südostens. Andererseits steigt sie gerade in den ländlichen Regionen des Landes an. Die Aufklärungsrate verharrt mit 8 % auf einem sehr niedrigen Niveau (im Vergleich: Die Aufklärungsrate bei Mord in Deutschland liegt bei 96 %). Neben Mord gibt es natürlich noch viele weitere Deliktarten, wie etwa Raub, Drogenkriminalität, Menschenhandel und Vergewaltigungen. Die Zahl der Vergewaltigungen ist innerhalb von fünf Jahren, zwischen 2005 und 2010, extrem angewachsen. Sie wuchs in dieser Zeit um 168 %, von 15.351 Fällen auf 41.294 Fälle pro Jahr. Jedoch ist es sehr schwierig verlässliche Zahlen zu erhalten, da hier die Dunkelziffer besonders hoch ist. Viele Vergewaltigungen werden gar nicht gemeldet und können somit nicht aufgeklärt werden. Die gefährlichsten Bundesstaaten hinsichtlich Kriminalität sind Alagoas, Espírito Santo und Pernambuco.

Die größten Verbrecherorganisationen des Landes sind das *Comando Vermelho*, PCC (*Primeiro Comando da Capital*), *Terceiro Comando, Amigos dos Amigos* sowie die sogenannte „*Militia*". Bei der *Militia* handelt es sich um aktive oder ehemalige Polizeieinheiten und Nachbarschaftswächter, die „offiziell" die Kriminalität bekämpfen. Inoffiziell mischen sie selbst in der Unterwelt mit und operieren in den „Geschäftsfeldern" Kidnapping und Erpressung. Im Mai 2006 kam es zu einem Aufbegehren von Kriminellen in São Paulo. Bei einer Gewaltwelle attackierten kriminelle Banden unter dem Kommando der *PCC* zahlreiche öffentliche Einrichtungen wie Polizeistationen, Gerichtsgebäude und Busse. Dazu gab es zahlreiche Gefängnisrevolten. Bei den mehr als 200 Angriffen ließen zahlreiche Menschen ihr Leben. Auslöser war die geplante Verlegung von einflussreichen Kriminellen – darunter der berüchtigte „Kopf" der *PCC* Marcola – in ein Hochsicherheitsgefängnis. Mit dieser groß angelegten Attacke gegen die Staatsgewalt wollte das organisierte Verbrechen seine Macht demonstrieren. Diesen Verbrecherorganisationen steht ein Heer von rund 600.000 Polizisten gegenüber. In Brasilien gibt es drei Polizeiorganisationen: die *Polícia Federal*, die *Polícia Militar* und die *Polícia Civil*. Die *Polícia Federal* ist dem Justizministerium auf Bundesebene unterstellt und ist in etwa mit dem US-amerikanischen FBI vergleichbar. Eine ihrer Hauptaufgaben ist die Untersuchung von internationalen Drogendelikten. Sie hat eine Belegschaft von 15.000 Mann. Bei der *Polícia Militar* handelt es sich um die militarisierte Polizei (nicht zu verwechseln mit Militärpolizei). Sie ist den einzelnen Bundesstaaten untergeordnet und hat brasilienweit eine Truppenstärke von etwa 450.000 Mann. Die *Polícia Militar* ist immer in den Brennpunkten unterwegs und spielt eine große Rolle bei der Befriedung der Favelas. Dabei rückt sie mit gepanzerten Fahrzeugen in die Elendsviertel vor und liefert sich – wie im Krieg – Feuergefechte mit den Drogenbanden. Ich erinnere mich an eine Szene in Rio de Janeiro im Stadtteil *Lapa*. Nachdem wir kurz Rast nahe dem berühmten Viadukt machten, näherte sich aus einer dunklen Seitenstraße ein Polizist in voller Montur – mit kugelsicherer Weste und mit Maschinengewehr. Er wollte anscheinend nach der Lage sehen. Es wirkte wie in einem Actionfilm. Die *Polícia Civil*, deren Ursprünge bis 1808 zurückreichen, ist für die Wahrung der öffentlichen Ordnung und die Verfolgung von Straftaten verantwortlich. In ganz Brasilien gehören 123.400 Mann zur *Polícia Civil*. Zusammengenommen ist die Mannschaftsstärke der drei brasilianischen

Polizeieinheiten mehr als doppelt so groß wie die Truppenstärke der brasilianischen Streitkräfte.

Die Gefängnisse Brasiliens sind maßlos überfüllt und haben derzeit eine (Über-) Belegungsrate von 170 %. In Zahlen ausgedrückt gibt es in Brasilien 550.000 Häftlinge. Im Norden São Paulos gibt es eine Zone, in der bei einer Stadtautobahn mehrere Gefängniskomplexe direkt nebeneinander liegen. Der Anblick wirkt etwas unheimlich.

Die gefühlte Sicherheit variiert meiner Erfahrung nach von Stadt zu Stadt. Während ich mich in den Städten wie Florianópolis, Goiânia oder São Paulo sehr sicher gefühlt habe, überkam mich in Fortaleza ein latentes Gefühl der Unsicherheit. Das wurde dadurch unterstrichen, dass ich in meinem Hotel einen blutenden Holländer getroffen habe, der sich zuvor mit einer Gruppe Ghetto-Kids aus den Favelas von Fortaleza geprügelt hatte. Die Schwelle zur Gewaltanwendung ist in einigen Milieus oft sehr niedrig. In einigen Fällen wurde ich Zeuge von üblen Gewaltakten. Beim Thema Kriminalität gibt es keine Regeln. Wie überall auf der Welt sind kriminelle Handlungen stark von der jeweiligen Situation und vom Umfeld abhängig. Allerdings erhöhen gewisse Verhaltensweisen oder eine Unachtsamkeit das Risiko, Opfer eines Verbrechens zu werden.

Viele aus meinem Bekanntenkreis (sowohl Brasilianer als auch Ausländer, die in Brasilien leben oder gelebt hatten) wurden bereits mindestens einmal Opfer eines Raubüberfalles. Teilweise wurden sie mit Schusswaffen bedroht oder brutal zusammengeschlagen. Die Horrorgeschichten scheinen nie ein Ende zu haben. Sie reichen von Menschen, die von Banditen aus ihrem Auto gezerrt werden, mit dem Ziel, dass der Räuber das Auto erbeutet (Car Hijacking), über Überfälle mit Schusswaffen bis hin zu brutalen Raubüberfällen auf offener Straße. Meistens passieren Verbrechen nach Anbruch der Dunkelheit. Gerade dann sollte man sich nicht zur falschen Zeit am falschen Ort bewegen. Wer Gegenwehr leistet, setzt sich erhöhtem Risiko aus, da man nie weiß ob die Angreifer unter Drogen stehen und welche Waffen sie bei sich tragen. Mit Umsicht, einem gesunden Gespür für Gefahrensituationen und mit einer Portion Glück kommt man in Brasilien allerdings gut durch. Es ist dabei immer sinnvoll sich mit Einheimischen zu unterhalten, sich mit ihnen zu vernetzen und somit Tipps zu erhalten, in welchen Gegenden es sicher ist und wo man sich besser nicht aufhält. Selbstverständlich sollte man es beispielsweise unterlassen, mit einer goldenen Rolex am Arm einen Nachtspaziergang in einer Favela zu unternehmen und sich dort mit jungen Kerlen anzulegen. Das sollte jedem klar sein! Der gesunde Menschenverstand und etwas Feingefühl sollten einen vor gefährlichen Situationen bewahren. Eine Garantie gibt es allerdings nie. Manchem Ausländer hat es bereits geholfen, eine Kopie seines Passes dabei zu haben und eingestecktes Bargeld gut am Körper zu verteilen (in verschiedenen Taschen oder in den Schuhen), wenn man nachts zu Fuß unterwegs ist. So kann man im Ernstfall wenigstens etwas von seinem Hab und Gut bewahren.

Zu gefährlichen Gegenden gehören in jüngster Vergangenheit beispielsweise das Viertel *Jardim Angela* in São Paulo oder der *Complexo Alemão* in Rio de Janeiro. Aufgrund der nahenden Fußball-WM geht die Staatsmacht mit aller Härte gegen Kriminelle und Drogenbanden vor. Sie möchte die von Drogenbanden kontrollierten *Favelas* zurückerobern, um ein Höchstmaß an Sicherheit während der Sportgroßereignisse zu garantieren. In der berüchtigten *Zona Norte*, dem nördlichen Teil von Rio de Janeiro, sind bereits viele *Favelas* befriedet worden. Das heißt, dass sie nun unter der Kontrolle der Staatsgewalt (sprich: der *Polícia Militar*) stehen anstatt unter der Macht der Drogengangs.

Auch in Oberklassevierteln kann es gefährlich sein. Hier gibt es für einen Einbrecher schließlich „viel zu holen", daher stellen diese Viertel ein attraktives Ziel für die Kriminellen dar. Sofern es sich nicht um „*Bairros Fechados*" (abgeschlossene und gesicherte Wohnsiedlungen) handelt, sind viele Oberklasseviertel recht ausgestorben. Man sieht kaum einen Menschen auf den Straßen und sie wirken teilweise etwas „unheimlich". Ich persönlich fühlte mich in den Stadtvierteln der brasilianischen Mittelschicht am wohlsten. Hier ist nicht ganz so viel zu holen wie in den Oberklassestadtteilen und es herrscht andererseits ein zivilisiertes Miteinander.

Ausblick in die Zukunft

Neben den genannten Herausforderungen gibt es noch einige weitere Problemfelder. Allen voran sind hier die Umweltprobleme, das marode Gesundheitssystem, die weiterhin hohe Einkommensungleichheit und nicht zuletzt die steigende Privatverschuldung vieler Brasilianer zu nennen. Die massive Abholzung der Regenwälder im Amazonasgebiet stellt das ökologische Gleichgewicht Brasiliens und der gesamten Erde auf eine Probe. Hierbei handelt es sich um Herausforderungen, die gewiss nicht über Nacht gelöst werden können. Ihre weitere Entwicklung und auch die Lösungen dieser Probleme hängen von vielerlei Faktoren ab. Vielmehr sind hier langfristige Strategien gefragt. Ein Land hat die Möglichkeit, seine Probleme anzugehen und im Laufe der Zeit auch zu lösen. Allerdings sind viele strukturelle Probleme wie Korruption im Fall von Brasilien eng mit der Mentalität verknüpft, was eine zeitnahe Lösung erschwert.

Eine Prognose für die Zukunft zu entwerfen ist alles andere als einfach. Stets hat es im Laufe der Geschichte vielerlei unvorhersehbare Ereignisse gegeben, die die Geschichte fundamental beeinflusst haben. Dadurch können Entwicklungen in eine ganz andere Richtung verlaufen, als es die Menschen bis dato angenommen haben. Menschen können mit ihren Erwartungen falsch liegen. Trotzdem wage ich an dieser Stelle eine Prognose für Brasilien. Hier will ich noch einmal alle Chancen und Risiken für das Land gegenüberstellen. Die wichtigsten Schlagworte, um die Zukunft Brasiliens in Worte zu fassen, sind Rohstoffe, Bevölkerung, Einkommensverteilung, Infrastruktur und Bildung.

Aufgrund des gesunden Bevölkerungswachstums wird sich Brasiliens Bevölkerung bis zum Jahr 2030 voraussichtlich auf 220 Mio. Menschen vergrößern. Im Jahr 2050 könnte Brasiliens Bevölkerung bei rund 233 Mio. Menschen liegen. Dies geht aus einer UN Bevölkerungsprognose hervor. Da das brasilianische Bevölkerungswachstum nicht explosionsartig erfolgt wie in Nigeria, im Kongo oder in Pakistan, hat das Land mit seiner jungen wachsenden Bevölkerung ein gutes demografisches Potenzial. Trotzdem wird die Geburtenrate aller Voraussicht nach sinken, sodass die Bevölkerung deutlich langsamer wächst als während des 20. Jahrhunderts. Wenn es Brasilien gelingt, das Bevölkerungswachstum mit dem Wirtschaftswachstum zu harmonisieren, hat das südamerikanische Land gute Chancen seine Wirtschaft nachhaltig zu entwickeln. Dazu gehören beispielsweise Schaffung neuer Arbeitsplätze und eine Verbesserung des Bildungssystems. Junge Menschen bedeuten für die Wirtschaft neue Konsumenten. Der Urbanisierungstrend wird in Brasilien weiter anhalten und im Jahr 2020 wahrscheinlich die 90 % Marke erreichen.

Politisch wird Brasilien nach meiner Prognose weitestgehend stabil und demokratisch bleiben. Innerhalb der letzten Jahrzehnte hat sich durch das Wachstum der Mittelschicht eine stabile Zivilgesellschaft herausgebildet. Allerdings ist die Politik auch gezwungen, mit der Zeit zu gehen, bürgernäher zu werden und effektiv die Korruption zu bekämpfen. Die jüngsten landesweiten Proteste sind ein deutliches Warnsignal vonseiten der Bevölkerung an die Politik. Versäumt es die Politik, die Bürger mehr in den politischen Prozess einzubinden sowie die Korruption einzudämmen, kann dies in Zukunft erneut zu Instabilität führen.

Laut einer Goldman Sachs-Prognose wird die brasilianische Wirtschaft innerhalb der nächsten Jahre im Durchschnitt um 3,7 % pro Jahr wachsen. Ich gehe davon aus, dass die Wirtschaft innerhalb der nächsten zehn Jahre im Jahresdurchschnitt zwischen 2 % und 3,5 % wachsen wird. Dass dieses Wachstum konstant ablaufen wird, ist nicht garantiert. Viel wahrscheinlicher sind schwankende Wachstumsraten des BIP. Das beste Beispiel dafür sind die vergangenen fünf Jahre: Während das Wirtschaftswachstum 2006 bei 4,0 % lag, schoss es im Jahr 2010 auf sagenhafte 7,5 % in die Höhe. Im Jahr 2012 hingegen erreichte es lediglich 0,9 %. Diese Wachstumsraten zeigen, dass das Wirtschaftswachstum nicht konstant verläuft. Der Rohstoff-Hype hat das brasilianische BIP-Wachstum stark in die Höhe getrieben. Zumal ein Wachstum von 2 % bei der Größe der brasilianischen Volkswirtschaft schon viel bedeutet. Gewiss ist es kein explosionsartiges Wachstum wie in China, aber Brasiliens Wirtschaft hat durchaus die Möglichkeit, mit einer gesunden Wachstumsrate zu expandieren und in den Club der

Top Five Volkswirtschaften der Welt einzutreten (aktuell ist Brasilien noch die siebtgrößte Volkswirtschaft). Um die Wirtschaftsentwicklung gut voraussagen zu können, muss man insbesondere die Entwicklung der strategisch wichtigsten Wirtschaftszweige Brasilien unter die Lupe nehmen. Dazu gehören die Agrarrohstoffe, Hard Commodities wie Eisenerz und Erdöl, die Bankenbranche aber auch mehrere Industriebranchen. Während Agrarrohstoffe eine nicht-zyklische Wirtschaftsbranche darstellen (essen und trinken müssen die Menschen immer), sind Hard Commodities wie beispielsweise Eisenerz zyklischen Schwankungen unterworfen (Auf und Ab in der Bauindustrie). Auch die Inflation sollte ein Brasilienbetrachter nicht außer Acht lassen. Durch die jüngste Leitzinssenkung, von der sich die Präsidentin Dilma Rousseff eine Belebung des Konsums erhoffte, hatte sich die Geldentwertung wieder beschleunigt. Zuletzt führte die Inflation zu Protesten, da viele elementare Güter schlichtweg zu teuer wurden. Allerdings dürfen die Zinsen auch nicht zu hoch liegen, da sonst viel Spekulationskapital aus Niedrigzinsländern nach Brasilien fließt. Diese nach Brasilien strömenden Geldflüsse (Stichwort: Carry Trades) lassen die brasilianische Währung zu „hart" werden. Das schadet dann wiederum den Exporten und drückt auf die wirtschaftliche Dynamik des Landes.

Das Land sollte sich außerdem im Klaren sein, dass Wirtschaftswachstum nicht das Allheilmittel ist. Um Wirtschaftswachstum zu erzeugen, sind hohe Investitionen notwendig. Wachstum gibt es nicht zum Nulltarif, sondern Wachstum kostet. Zum anderen sollte man Wirtschaftswachstum nicht mit Profitabilität gleichsetzen. Damit Wachstum erzeugt wird, verschulden sich Staaten in vielen Fällen. Sie geben Milliarden für Wachstumsförderungsprogramme, Infrastrukturprogramme und sonstige Maßnahmen aus, nur um sich im Optimalfall mit einem Prozentpunkt mehr Wirtschaftswachstum brüsten zu können. Ein beliebtes Mittel zur Reduzierung von Staatsschulden ist die Inflation. Mit „wertlosem" Geld lassen sich Schulden-Nominalbeträge bequem abbezahlen. Es geht hierbei auch um eine gerechte Verteilung des neu geschaffenen Wohlstandes. Die Einkommensschere wird meiner Meinung nach zunehmend kleiner werden. Allerdings ist auch bei dieser Entwicklung kein „soziales Wunder" zu erwarten. Die Reichen und Mächtigen werden alles tun, um so wenig wie möglich von ihrer Macht und ihrem Reichtum an ärmere Schichten abzutreten. In jedem Fall muss sich Brasilien im Klaren sein, dass eine gerechtere Einkommensverteilung zu höherer politischer und sozialer Stabilität führt.

Neben der politischen, wirtschaftlichen und sozialen Sphäre spielt auch der Aspekt Ökologie eine Rolle. Die endlos erscheinenden Landflächen kontinentaler Größe sind Brasiliens Trumpf. Der Amazonas ist einer der wichtigsten Klimastabilisatoren und CO2-Speicher unserer Erde. Durch die Abholzung der Regenwälder ist das Ökosystem mit seiner Artenvielfalt massiv bedroht. Der Bundesstaat, der am schlimmsten von der Abholzung heimgesucht wird, ist Pará im Norden Brasiliens. Eine gute Nachricht ist, dass die Abholzungsrate im Jahr 2012 um 27 % im Vergleich zum Vorjahr gesunken ist. Auch die Umwandlung von tropischen Böden in Weideland um jeden Preis kann fatale Folgen für Brasiliens Ökologie und den Gesundheitszustand der Menschen mit sich bringen. Sollte die Fleischindustrie bis 2030 um projizierte 35 % wachsen, wird sich auch der Fleischkonsum von aktuell 37 kg Fleisch pro Kopf/Jahr noch erhöhen (zum Vergleich: Fleischkonsum in Deutschland: 9 kg Fleisch pro Kopf/Jahr). Sollte dieser Trend anhalten, wird zwangsläufig die Fettleibigkeit in Brasilien weiter zunehmen. Globalstrategisch gesehen ist es besser, dass die Weltgemeinschaft Brasilien finanziell unterstützt und dem Land entwicklungspolitische Alternativen zur Abholzung der Regenwälder aufzeigt. Allerdings kann es politisch schwierig werden, solche Schritte durchzusetzen.

Um in der globalisierten Welt von heute als Volkswirtschaft überleben zu können, müssen die führenden Köpfe eines Staates wie Brasilien eine langfristige Strategie entwickeln. Ein bekannter brasilianischer Journalist sagte in einem TV-Bericht: Es wird in Brasilien in Zukunft kein (Wirtschafts-) Wunder geschehen. Ich möchte es aus meiner Erfahrung folgendermaßen formulieren: Wir sollten Brasilien nicht unterschätzen – aber wir sollten es auch nicht überschätzen.

9. Brasiliens Makro-Regionen – Ein Kurzporträt

Südosten – Das Tor zur Welt und das wirtschaftliche Herz Brasiliens

Die meisten aller Brasilienbesucher werden zuerst im Südosten des Landes brasilianisches Territorium betreten. Hier liegen nämlich die größten Metropolen des Landes und damit auch die Flughäfen mit dem höchsten Verkehrsaufkommen. Die Rede ist von Rio de Janeiro und São Paulo. Außerhalb Brasiliens ist der brasilianische Südosten (*Sudeste*) kulturell die wohl bekannteste Großregion des Landes, allen voran Rio de Janeiro. Die Traumstadt Rio de Janeiro, oft einfach „Rio" genannt, mit ihren legendären Stränden, dem weltbekannten Karneval, etlichen Partys, dem malerischen Zuckerhut, den heißen Samba-Rhythmen und natürlich mit seinen gut aussehenden, körperbewussten Bewohnern prägt in großen Teilen der Erde das klassische Brasilienbild. Nach Rio de Janeiro ist auch São Paulo im Ausland bekannt (zumindest vom Namen her), wenn auch weit weniger als Rio de Janeiro. São Paulo ist viel mehr in Wirtschaftskreisen und bei Geschäftsreisenden geläufig. Im brasilianischen Südosten liegen die drei größten städtischen Ballungszentren, São Paulo, Rio de Janeiro und Belo Horizonte. Mit rund 80 Mio. Einwohnern hat der Südosten die gleiche Bevölkerungsgröße wie Deutschland, obwohl er nur ein Zehntel der brasilianischen Staatsfläche ausmacht. Das macht sie zur am dichtesten besiedelten Großregion Brasiliens. Hier schlägt das wirtschaftliche Herz Brasiliens. In allen drei Sektoren – Landwirtschaft, Industrie und Dienstleistungen – trägt der Südosten maßgeblich zur Wirtschaftsleistung Brasiliens bei. Zahlreiche Kraftwerke, das dichteste Autobahnnetz Brasiliens sowie die besten Häfen bilden ein gutes Infrastrukturgerüst für die Wirtschaftsdynamik des Südostens. Der Südosten kann auf eine lange Geschichte zurückblicken. Hier liegen viele der ältesten Siedlungen der portugiesischen Kolonisatoren Südamerikas, wie beispielsweise São Vicente, Paraty, Ouro Preto aber auch Rio de Janeiro. Daneben beherbergt der Südosten zahlreiche Naturschönheiten wie das Umland von Rio de Janeiro, die traumhaften Inseln Ilha Grande und Ilhabela, das faszinierende Bergland von Minas Gerais, das Küstengebirge Mâta Atlântica und ein Teil des *Cerrado*, der brasilianischen Savanne. Zudem kann der Südosten geografisch, verkehrsmäßig aber auch kulturell als Bindeglied zwischen dem europäisch geprägten brasilianischen Süden einerseits und den eher afrikanisch-indianisch geprägten Großregionen Norden und Nordosten andererseits betrachtet werden. Hier im Südosten habe ich die meiste Zeit in Brasilien verbracht, daher hat diese Region mein Brasilienbild auch am nachhaltigsten geprägt. In wenigen Worten besteht dieses aus einer dynamischen Lebensweise, einer spannenden Gesellschaft, wachsenden Städten, quirligen und offenen Menschen, atemberaubender Natur mit einzigartigen Stränden und einer jungen erfahrungshungrigen Bevölkerung. Dieser Mix macht die Region zu etwas Besonderem.

Die Makroregion Südosten (*Região sudeste do Brasil*) ist mit einer Fläche von 924.511 km^2 in etwa so groß wie Deutschland, Italien, das Vereinigte Königreich und Belgien zusammengenommen. Mit 80,7 Mio. Einwohnern liegt die Bevölkerung knapp über der Bevölkerungsgröße Deutschlands. Der Südosten umfasst die Bundesstaaten São Paulo, Rio de Janeiro, Minas Gerais und Espírito Santo. São Paulo ist mit 41,3 Mio. Einwohnern der bevölkerungsreichste Bundesstaat Brasiliens und ist von der Fläche her etwa so groß wie das Vereinigte Königreich. Minas Gerais ist der größte Bundesstaat des Südostens. Er ist etwas größer als Frankreich und hat eine Bevölkerung von 19,7 Mio. Einwohnern. Zudem ist Minas Gerais auch der einzige Bundesstaat des Südostens, der keinen Zugang zum Meer hat. Der Bundesstaat Rio de Janeiro mit der gleichnamigen Hauptstadt ist einer der kleinsten Bundesstaaten Brasiliens, aber mit Abstand der am dichtesten besiedelte. Er ist so groß wie die Schweiz und hat 16 Mio. Einwohner. Espirito Santo ist mit 3,5 Mio. Einwohnern der kleinste und der wohl am wenigsten „entdeckte" Bundesstaat des Südostens. In der Region herrscht ein tropisches bis subtropisches Klima. Lediglich der Norden von Minas Gerais ist durch semiarides Klima geprägt (*Cerrado*). Landschaftlich ist der Südosten sehr vielfältig. An der Küste zieht sich in nord-südlicher Richtung der *Mata Atlântica*, der „Atlantische Regenwald" entlang. Er reicht von Paraguay bis in den Nordosten Brasiliens. Aufgrund von Abholzung und Brandrodungen ist vom *Mata Atlântica* jedoch nur noch ein kleiner Teil erhalten geblieben. Daneben prägen das weitläufige Bergland von Minas Gerais, das bergige Inland von Rio de Janeiro sowie zahlreiche der

Küste vorgelagerte Inseln die abwechslungsreiche Geografie dieser Großregion. Die höchste Erhebung des Südostens ist der *Pico de Bandeira* mit einer Höhe von 2.892 m an der Grenze zwischen Minas Gerais und Espírito Santo. Die Küstenlänge des Südostens beläuft sich auf 1.650 km. Somit zeichnet sich der Südosten durch das Zusammenspiel von Atlantikküste, dem Küstengebirge und Inland aus. Darunter finden sich zahlreiche Städte mit einer sehr hohen Einwohnerzahl (Ew.). Zu den größten und bedeutendsten Städten des Südostens gehören São Paulo (11,3 Mio. Ew.), Rio de Janeiro (6,4 Mio. Ew.), Belo Horizonte (2,4 Mio. Ew.), Guarulhos (1,2 Mio. Ew.), Campinas (1,1 Mio. Ew.), São Gonçalo (1 Mio. Ew.), Duque de Caixas (867.000 Ew.), Noca Iguaçu (801.000 Ew.), São Bernardo do Campo (774.000 Ew.) und Santo André (680.000 Ew.). Allein acht dieser zehn größten Städte der Großregion konzentrieren sich auf zwei Makrometropolregionen, nämlich São Paulo und Rio de Janeiro. Damit ist der Südosten auch die am stärksten urbanisierte Region Brasiliens. Mehr als 90 % ihrer Bewohner leben in den Städten.

Der Südosten ist bei Weitem die Region mit der größten Wirtschaftsdynamik. Sie generiert mehr als die Hälfte (!) der gesamten brasilianischen Wirtschaftsleistung (55 %). In Zahlen ausgedrückt sind dies 1,7 Billionen R$ (oder 750 Mrd. US$). Gleichzeitig verfügt die Region mit 21.182 R$ über das BIP/Kopf-Einkommen Brasiliens. Die Wirtschaftsstruktur des Südostens ist im hohen Maße diversifiziert, worin eine besondere Stärke dieser Region liegt. Insgesamt 70 % der nationalen Industrieproduktion wird hier geschaffen, hier liegen die wichtigsten Finanz- und Handelszentren (São Paulo), wichtige High-Tech-Regionen in den Bereichen IT (Campinas) sowie Luft- und Raumfahrt (São José dos Campos). Außerdem beherbergt der Südosten riesige Agraranbaugebiete und ist dazu noch reich an Rohstoffen. Bei meinen Reisen durch das Inland von São Paulo sprangen mir insbesondere die nicht enden wollenden grünen Zuckerrohrplantagen ins Auge, die sich über die hügeligen Ebenen des Inlands von São Paulo (*Interior*) erstrecken. Das viel beschworene, seit Hunderten von Jahren in Brasilien angebaute Zuckerrohr trägt den klangvollen Beinamen „*Ouro verde*“ (das grüne Gold). Hier wird Bezug auf die Ethanolökonomie genommen, die für Brasilien eine strategische Alternative zum Erdöl – dem „Schwarzen Gold" – darstellt. Im Agrarbereich (Soft Commodities) konzentriert sich die Wirtschaft des Südostens schwerpunktmäßig auf Zuckerrohr, Kaffee, Baumwolle, Orangen, Mais, Soja und Rinderzucht. Im Bereich Hard Commodities hat der Südosten Eisenerz, Mangan, Gold, Edelsteine sowie reichhaltige Erdölvorkommen im Angebot. Nahezu die gesamten brasilianischen Offshore-Erdölvorkommen erstrecken sich vor der Küste des brasilianischen Südostens (siehe Kapitel 4 und 5). Auch das produzierende Gewerbe ist im Südosten fest verankert. Ob Automobil (Volkswagen do Brasil, General Motors, Fiat), (Petro-) Chemie, Luft- und Raumfahrt (Embraer), Pharma, Metall, Energie oder Nahrungsmittel – die Industrie ist ein nicht wegzudenkender Wirtschaftsfaktor im Südosten Brasiliens. Natürlich, auch im Dienstleistungsbereich ist der Südosten das Zugpferd Brasiliens. Die Finanzmetropole São Paulo (bzw. der Großraum São Paulo) ist Standort zahlreicher nationaler sowie internationaler Banken und Investmenthäuser (Itaú-Unibanco, Bradesco, Banco Safra). São Paulo und Rio sind wichtige Handelszentren. In Rio de Janeiro haben viele bedeutende brasilianische Unternehmen ihren Hauptsitz (Petrobras, Vale, BNDES). Im Bereich der Wissenschaft ist der Südosten ebenfalls nicht zu überbieten. Rund 55 % der gesamten Forschungsleistung Brasiliens wird in São Paulo, Rio de Janeiro und Campinas erbracht. Auch die Segmente Tourismus und Verkehr sind wichtige Wirtschaftsfaktoren der Region. Zu den wichtigsten Tourismuszielen gehören Rio de Janeiro (insbesondere während der Karnevalszeit), São Paulo (Geschäftsreiseziel), Ouro Preto, Búzios und Cabo Frio (Küstenorte im Bundesstaat Rio de Janeiro). Im Südosten befinden sich 35 % aller landesweiten Autobahnstrecken. Die Stadt Santos verfügt über den größten Hafen Brasiliens und ist einer der wichtigsten Knotenpunkte des Außenhandels. Zugleich ist es die „Eingangspforte" zum brasilianischen Binnenmarkt. Insgesamt konsumiert der Südosten 85 % der in Brasilien produzierten Energie.

In kultureller Hinsicht kann der Südosten als „Schmelztiegel" Brasiliens angesehen werden. Sowohl in São Paulo als auch in Rio begegnet man Brasilianern, die aus den unterschiedlichsten

Landesteilen kommen. Aufgrund seiner Dynamik und Wirtschaftskraft ist der Südosten seit etwa 40 Jahren das Zentrum der brasilianischen Binnenwanderung. Dies hatte zur Folge, dass die Städte explosionsartig angewachsen sind und immer noch anwachsen, womit oft auch das Entstehen von *Favelas* gemeint ist. In *Favelas* hausen dementsprechend oft Zugewanderte aus den ärmeren Schichten (beispielsweise aus dem brasilianischen Nordosten). Darüber hinaus ist der Südosten der globalisierteste Teil Brasiliens, verfügt über die größten Flughäfen nach Verkehrsaufkommen, die meisten Verbindungen ins Ausland, die höchste Konzentration internationaler Unternehmen und die meisten Internetanschlüsse. Außerdem leben im Südosten auch die meisten Ausländer, die sich in Brasilien aufhalten. Allerdings ist Südosten nicht gleich Südosten: São Paulo ist eine Welt für sich und Rio de Janeiro hat wiederum seinen ganz ureigenen Charakter. Auch Minas Gerais hebt sich sowohl von São Paulo als auch von Rio de Janeiro ab – insbesondere durch die Geografie. Vor allem im Hinblick auf Kultur, Lifestyle und Mentalität ist es schwierig, alle Bewohner des Südostens in einen Topf zu werfen.

In São Paulo spürt man auf Schritt und Tritt, dass hier das Herz der brasilianischen Wirtschaft schlägt. Der Vater eines Freundes sagte mir einmal „*O Paulista é como Norte-Americano*" (Die Leute aus dem Bundesstaat São Paulo sind wie Nordamerikaner). Er nahm damit Bezug auf die Karriereorientiertheit, die Mainstream-Kultur und auch auf die progressive Denkweise, die in São Paulo auf der Tagesordnung steht. Überhaupt hat São Paulo im brasilienweiten Vergleich fast schon „deutsche" Wesenszüge. Arbeitsethik und Fleiß zählen in São Paulo viel. Zugleich sollte man jedoch nicht vergessen, dass man hier in Südamerika ist. Auf meinem Weg ins Büro bahnte ich mir gemeinsam mit Zehntausenden Menschen einen Weg durch den ewigen Betondschungel aus Hochhäusern, um zur Arbeitsstelle zu gelangen. Bis zu drei Stunden pro Tag zur Arbeit zu pendeln gehört in São Paulo zur Normalität. Ob Anzugträger, Model oder Arbeiter, in São Paulo gibt es für nahezu jeden Menschen Arbeit. Der gesamte Bundesstaat São Paulo ist durch seine gleichnamige Megalopolis geprägt. Sie ist der Verkehrsknotenpunkt, von dem aus Autobahnen in andere Bundesstaaten und damit andere brasilianische Großregionen führen. Tausende von Hochhausbauten erstrecken sich über die 800m hohe Hochebene, in der São Paulo liegt. Das „brasilianische New York" oder „*a Capital*" (die Hauptstadt), wie die größte Metropole Südamerikas oft genannt wird, gibt sich quirlig und niemals schlafend. Hier wird Karriere gemacht, hier wird Geld verdient und hier wird sich weitergebildet. In São Paulo gibt es rund eine Million Studenten, die an einer der 79 Hochschulen studieren. Dementsprechend vielfältig und lebendig ist das Partyleben dieser jungen Stadt. Für jeden Geschmack gibt es etwas. Gleichzeitig ist São Paulo auch eine Stadt der Extreme. Neben teuren, exklusiven Vierteln wie Alto de Pinheiros, Jardims, Itaim Bibi oder Moema gibt es zahlreiche *Favelas* wie beispielsweise Paraisópolis oder Heliópolis. Die Unterschiede hinsichtlich Einkommen und Wohnsituation klaffen je nach Schicht weit auseinander.

Rio de Janeiro ist mit Sicherheit die symbolträchtigste Stadt Brasiliens. „*A Cidade Maravilhosa*" (die wundervolle Stadt), wie Rio oft genannt wird, macht ihrem Namen alle Ehre. Die ehemalige Hauptstadt Brasiliens hatte Mitte des 20. Jahrhunderts ihre führende Rolle in Politik und Wirtschaft an Brasília bzw. an São Paulo abgetreten, aber der Charme und der Mythos von Rio sind nach wie vor lebendig. Die Metropole am Zuckerhut zieht die meisten Brasilienbesucher an – vor allem während der Karnevalszeit, wenn die Samba-Rhythmen die Stadt beherrschen. Etliche Strände (Ipanema, Copacabana, Leblon, Barra da Tijuca, Grumari) säumen die Küstenabschnitte um Rio. Hier liegen auch die besten und teuersten Wohngegenden der Stadt. Vom Hügel Corcovado, auf dem sich die bekannte Christusstatue (*Cristo Redentor*) befindet, bietet sich ein einmalig schöner Anblick auf die malerisch zwischen Granithügeln gelegene Stadt Rio de Janeiro. Auch der Bundesstaat Rio de Janeiro hat herrliche Strände zu bieten. Diese findet man beispielsweise auf der Ilha Grande oder in den Badeorten Paraty, Búzios oder Cabo Frio. Ähnlich wie São Paulo ist auch Rio de Janeiro eine Stadt der Extreme. Neben eleganten Vierteln, die sich im Süden Rios (*Zona Sul*) nahe der Atlantikküste befinden, gibt es vor allem im nördlichen Teil Rios (*Zona Norte*) unzählige *Favelas*. Zu den bekanntesten *Favelas* zählen Rocinha, Cidade de Deus, Complexo do Alemão und Vidigal. Einige der *Favelas* zeichnen sich durch ihre spektakuläre Hanglage aus, von der man einen einmaligen Blick auf Rio de Janeiro hat.

Als ich in Rio de Janeiro Freunde besuchte, beschrieb mir einer von ihnen den Unterschied zwischen den Städten Rio de Janeiro und São Paulo folgendermaßen: *„Aqui é um pouco mais Brasil."* (Hier [in Rio] ist alles etwas brasilianischer.) Im Gegensatz zu São Paulo ist Rio de Janeiro weniger formal, relaxter und überhaupt „exotisch-südländischer". Allein die Lage am Meer, die zahlreichen Granitfelsen und Hügel sowie die Strandkultur verleihen Rio de Janeiro ein komplett anderes Antlitz als São Paulo. Hierbei will ich den Bewohnern von São Paulo, den *Paulistanos*, nicht absprechen, Brasilianer zu sein. Natürlich sind die *Paulistanos* Brasilianer. Im Vergleich mit Rio de Janeiro handelt es sich lediglich um eine etwas andere Lebensart und einen anderen Rhythmus. Nicht zu vergessen bleibt die Rivalität zwischen Rio de Janeiro und São Paulo, die sich nicht nur im Fußball äußert. Wenn man São Paulo mit Deutschland vergleicht, könnte man Rio de Janeiro eher mit Italien vergleichen.

Meinen ersten Kontakt mit Minas Gerais hatte ich in einem Restaurant mit minerischer Küche in São Paulo. Typische Gerichte sind eher deftig, aber sehr schmackhaft und aromatisch. Der große Bundesstaat Minas Gerais besticht vor allem durch seine beeindruckende Berglandschaft. Einer der berühmtesten *Mineiros* (Bewohner von Minas Gerais) ist übrigens die Fußball-Legende Pélé. Bei meinem ersten Besuch in Minas Gerais fuhr ich mit dem Überlandbus von São Paulo nach Belo Horizonte und von dort aus weiter nach Ouro Preto. Die alte Goldgräberstadt Ouro Preto ist definitiv einen Besuch wert. Malerisch zwischen Hügeln gelegen, schmiegt sich das historische Städtchen mit seinen 22 Kirchen im Barockstil in die Berglandschaft von Minas Gerais. Ouro Preto ist Teil des UNESCO-Weltkulturerbes. Um Ouro Preto herum gibt es einige stillgelegte Minen, die man besichtigen kann. Wie Indiana Jones fährt man mit einem für Besucher umgebauten Förderwagen in das Erdinnere, wo man faszinierende Höhlenlandschaften bewundern kann.

Neben dem Samba haben viele Musikrichtungen im brasilianischen Südosten ihren Ursprung. Samba, Bossa Nova, MPB (*Música Popular Brasileira*), aber auch brasilianischer Rock, *Música Eletrônica Brasileira* (brasilianische elektronische Musik), *Sertanejo* (brasilianische Country-Musik) und andere. Auch in sportlicher Hinsicht ist der Südosten Spitze. In der höchsten brasilianischen Fußballliga, der Série A, kommen derzeit 11 von insgesamt 20 Clubs aus dem Südosten. Darunter sind bekannte Clubs wie São Paulo FC, Corinthians, Flamengo, Fluminense und Santos FC vertreten. Die meisten Titel haben Fußballclubs aus dem Südosten errungen. São Paulo, Rio de Janeiro und Belo Horizonte werden Austragungsorte der Fußball-WM 2014 sein. Die Menschen im Südosten habe ich als sehr offen, unkompliziert, lebenslustig und dynamisch erlebt. Es gibt niedrige bis gar keine Barrieren im zwischenmenschlichen Bereich. Teilweise haben Brasilianer aus dem Südosten auch eine sehr europäische „Machart" und viele sympathisieren mit Europa. Die Gastfreundschaft ist in vielen Fällen überwältigend. Dabei muss ich an ein Ereignis denken, als ich über ein langes Wochenende an die Küste des Bundesstaates von São Paulo in den Ferienort Ubatuba reiste. Spontan hatte ich mir ein Auto gemietet und bin, ohne vorher ein Hotel oder Hostel zu buchen, einfach drauflosgefahren. Als ich in Ubatuba ankam, stellte ich fest, dass nahezu alle Hotels und Gästehäuser ausgebucht waren. Glücklicherweise traf ich einen älteren Brasilianer, der ebenfalls eine Bleibe suchte. Anschließend fuhr ich ihm hinterher, um irgendwo in der Stadt noch ein Gästezimmer zu ergattern. Nach vergeblicher Suche kamen wir schließlich im teuersten Hotel der Stadt an und der ältere Herr fragte freundlicherweise an der Hotelrezeption, ob ich auf dem gesicherten Hotelparkplatz im Auto schlafen könnte. Nach kurzen Überlegungen kam der Hotelmanager auf mich zu und bot mir an, dass ich bei seinem Sohn im Zimmer bleiben könnte, der mit seinen Freunden über das lange Wochenende nach Ubatuba gekommen war. So hatte ich einen dreitägigen Gratisaufenthalt in einem der besten Hotels von Ubatuba und lernte viele gleichaltrige Einheimische sowie das exzessive Partyleben kennen. Das Inland (*Interior de São Paulo,* Minaã Gerais) zeichnet sich durch seine eher konservative und traditionelle Lebensart aus. Die agrarisch geprägte Region gewinnt Profil durch *Sertanejo,* Kontinentalklima, Rindersteaks und eine große Herzlichkeit im Stile einer südamerikanischen Cowboykultur. Im Gegensatz dazu hat die Küste einen sehr freiheitlichen und schnelllebigen Charakter. Mit einer ausgeprägte Strand und Surfkultur, wilden Partys und einer Prise Oberflächlichkeit hebt sich die Küste vom Inland ab. Die Küche des Südostens besticht durch ihre große Vielfalt von Grillspezialitäten, Maniok- und Maisgerichten, frischgepressten Fruchtsäften und der schmackhaften Küche aus Minas Gerais (*Comida Mineira*).

Der Südosten bildet für viele die Eingangspforte nach Brasilien. Die großen internationalen Flughäfen von Rio de Janeiro und São Paulo verbinden das Land mit der Außenwelt. Als wirtschaftlich stärkste Region Brasiliens ist der Südosten verkehrsmäßig eine Drehscheibe für das Land selbst und ganz Südamerika. Um den Südosten werden also die wenigsten Brasilien-Besucher herumkommen. Und das ist auch gut so. Denn nur, wenn man diese vibrierende, pulsierende Region kennt, kann man behaupten, das vergangene und das gegenwärtige Brasilien zu kennen und vielleicht auch eine Ahnung vom zukünftigen zu haben.

Süden – Das „europäische" Brasilien

Der Süden Brasiliens (*Sul*) ist den meisten Europäern weit weniger bekannt als der pulsierende Südosten. Rio de Janeiro scheint das Bild, das sich die Welt von Brasilien macht, voll und ganz zu beherrschen. Dabei ist gerade der Süden uns Europäern näher als wir denken. Südbrasilien ist der europäischste Teil des Landes. Rund 80 % der Einwohner sind europäischen Ursprunges. Auch klimatisch und in puncto Lebensqualität ähnelt der Süden dem europäischen Kontinent, obwohl er geografisch von Europa am weitesten entfernt liegt. Klimatisch fällt der Süden größtenteils in die subtropische Zone, jedoch ist das Klima hier viel gemäßigter als im Rest Brasiliens. Der Süden bildet die kleinste Makroregion Brasiliens. Sie hat den höchsten *Human Development Index*-Wert (HDI), die niedrigste Armutsquote und die höchste Alphabetisierungsquote des Landes. Der südlichste Bundesstaat Rio Grande do Sul hebt sich kulturell und historisch vom Rest Brasiliens etwas ab. Hier gab es in der Geschichte zahlreiche Revolten und Mitte des 19. Jahrhunderts wollte sich Rio Grande do Sul sogar von Brasilien abspalten und unabhängig sein. Seine Bewohner heißen *Gaúchos,* was nicht zu verwechseln ist mit der im Deutschen gängigen Bezeichnung für Argentinier (bzw. der argentinischen Fußballnationalelf). Weiterhin zeichnet sich der Süden durch wunderschöne Strände, faszinierende subtropische Wälder und Gebirgszüge aus. Es ist also höchste Zeit, diesen Teil Brasiliens zu entdecken.

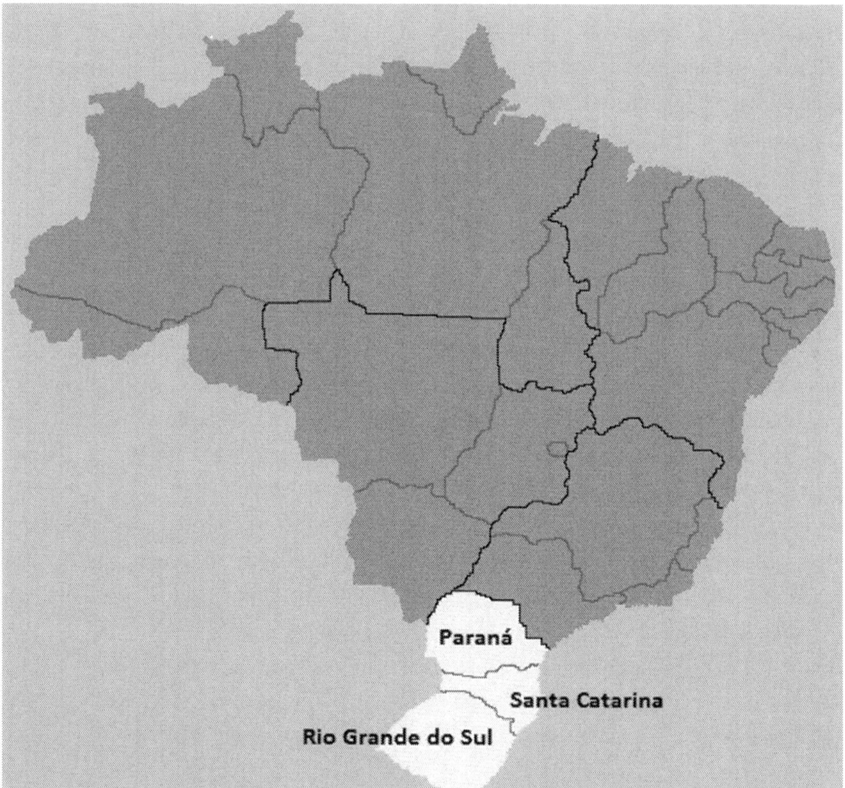

Mit einer Fläche von 576.409 km² ist der Süden Brasiliens etwas größer als Frankreich und ein wenig kleiner als Minas Gerais. Er umfasst die Bundesstaaten Paraná, Santa Catarina und Rio Grande do Sul. Der Süden hat Außengrenzen zu drei Staaten: Uruguay, Argentinien und Paraguay. Insgesamt leben in Brasiliens Süden 27,6 Mio. Einwohner. Damit ist er nach dem Südosten der am zweitdichtesten besiedelte Landesteil. Im Vergleich zu vielen europäischen Staaten ist der Süden jedoch recht dünn besiedelt. Das merkt man insbesondere dann, wenn man einmal mit dem Überlandbus die Wälder und die riesigen Agraranbaugebiete durchkreuzt. Rio Grande do Sul ist mit mehr als 10 Mio. Einwohnern der größte und bevölkerungsreichste Bundesstaat des brasilianischen Südens. Kulturell nähert sich Rio Grande do Sul schon an seine Nachbarstaaten Argentinien und Uruguay an. Santa Catarina ist der kleinste Bundesstaat im Süden Brasiliens und hat 6,3 Mio. Einwohner. Zu den bekanntesten Orten in Santa Catarina gehören die reizvoll gelegene Küstenstadt Florianópolis mit der wunderschönen Ilha Santa Catarina sowie die durch deutsche Kolonialisierung beeinflusste Stadt Blumenau, in der alljährlich das zweitgrößte Oktoberfest der Welt stattfindet. Paraná, der nördlichste Bundesstaat mit 10 Mio. Einwohnern, ist vor allem wegen seiner weltberühmten Wasserfälle von Iguaçu bekannt. Während das Inland von Paraná und Santa Catarina sehr gebirgig ist, besteht ein Großteil von Rio Grande do Sul aus Flachland (vor allem im Süden des Bundesstaates). Die größten Flüsse des Südens sind der Rio Paraná, der Rio Uruguai und der Rio Itajaí. Vor der 1.251 km langen Küste des brasilianischen Südens gibt es mehrere vorgelagerte Inseln, von denen die größte die Ilha Santa Catarina bei der Stadt Florianópolis ist. Das Klima des Südens ist gemäßigter als in den restlichen Großregionen Brasiliens und die Jahreszeiten sind definierter. Vor allem in den Wintermonaten zwischen Juni bis September kann es hier empfindlich kühl werden. Hin und wieder fällt im Bergland von Rio Grande do Sul oder Santa Catarina sogar Schnee.

Die größten Städte von Südbrasilien sind Curitiba (1,8 Mio. Ew.), Porto Alegre (1,4 Mio. Ew.), Joinville (520.000 Ew.), Londrina (511.000 Ew.), Caixas do Sul (441.000 Ew.), Florianópolis (427.000

Ew.) und Maringá (362.000 Ew.). Die mit Abstand größten Metropolregionen des Südens sind die von Porto Alegre mit 3,9 Mio. Ew. und die Metropolregion Curitiba mit 3,2 Mio. Ew. Mit einer Urbanisierungsrate von 82 % ist der Süden, ähnlich wie der Südosten, eine stark urbanisierte Region. Der Wanderungstrend vom Land in die Städte hält weiter an. Die wichtigsten Herkunftsländer der Bewohner Südbrasiliens sind Italien, Deutschland und Portugal. Daneben sind auch Ukrainer, Polen, Japaner, Araber (v. a. Libanesen und Syrer) und kleinere Gruppen von Russen, Franzosen, Niederländern, Bulgaren und Österreichern nach Südbrasilien ausgewandert. Während sich die Portugiesen eher an der Küste ansiedelten (Florianópolis, Porto Alegre), ließen sich Deutsche und Italiener vermehrt im Inland nieder. Italienischstämmige Brasilianer sind eher in Paraná und Santa Catarina vertreten und deutschstämmige Brasilianer sind vermehrt in Santa Catarina und Rio Grande do Sul anzutreffen. Städte mit bedeutender deutschstämmiger Bevölkerung sind Blumenau, Santa Cruz do Sul und Joinville. Vereinzelt gibt es sogar noch Sprachinseln (*Ilhas linguísticas*), in denen heute noch (Alt-)Deutsch gesprochen wird, wie zum Beispiel in der Stadt Pomerode in Santa Catarina. Mehr als 5 Mio. Brasilianer haben mehrheitlich deutsche Vorfahren. Daneben gibt es eine große arabische Gemeinde in der Stadt Foz do Iguaçu, in welcher sich ebenfalls die größte Moschee Lateinamerikas befindet. Damit bildet Foz do Iguaçu einen Knotenpunkt des Islams in Südamerika.

In wirtschaftlicher Hinsicht ist der Süden gut und breit aufgestellt. Mehr als 18 % des brasilianischen BIP wird in den drei Bundesstaaten des Südens generiert. Mit einem BIP/Kopf in Höhe von 22.722 R$ ist der Süden die Region mit dem dritthöchsten Pro-Kopf-Einkommen des Landes. Zusammengenommen erwirtschaften der Südosten und der Süden Brasiliens knapp 72 % (!) des gesamten brasilianischen Bruttoinlandsprodukts. Ähnlich wie im Südosten kann man auch die Wirtschaftsstruktur des Südens als vorteilhaft diversifiziert bezeichnen. Die Landwirtschaft spielt eine große Rolle. Zu den wichtigsten Agrarerzeugnissen gehören Weizen, Mais, Soja, Reis und Kartoffeln. Im Norden Paranás, der wärmsten Region Südbrasiliens, bauen die Landwirte auch Kaffee, Zuckerrohr und Baumwolle an. Zudem herrschen im Süden ideale Bedingungen für Viehzucht. Dabei spielen insbesondere die Rinderzucht, Schafszucht und auch die Milchproduktion eine tragende Rolle. Daneben gibt es noch Holzwirtschaft, Fischfang und Bergbau. Im produzierenden Gewerbe bietet sich ein interessantes Bild. In den drei Bundesstaaten des Südens gibt es zahlreiche kleine und mittelständische Unternehmen, die im Industriesektor operativ tätig sind. Wichtige Industriezweige sind etwa Automobil und Zulieferer, Maschinenbau, Petrochemie, IT, Möbel, Nahrungsmittel, Textil, Holz und Zigaretten. Das riesige Wasserkraftwerk Itaipu (siehe Kapitel 4) befindet sich im Westen Paranás. Porto Alegre, Curitiba und der Norden des Bundesstaates Santa Catarina sind die bedeutendsten Industriestandorte des brasilianischen Südens. Schließlich kann der Süden Brasiliens auch im Dienstleistungssektor mitreden. Vor allem die Bereiche Verkehr und Logistik spielen eine wesentliche Rolle. Die strategische Lage und die Nähe zu den Nachbarstaaten Paraguay, Uruguay und Argentinien machen den Süden zu einer wichtigen Durchgangsregion für den intersüdamerikanischen Handel, vor allem zwischen den *Mercosul*-Staaten. Die Autobahnen werden dementsprechend stark von LKWs genutzt. Der Hafen von Paranaguá im Bundesstaat Paraná ist der größte Exporthafen des Südens. Die Flughäfen mit dem höchsten Verkehrsaufkommen sind Porto Alegre, Curitiba und Florianópolis. Auch der Tourismus ist eine bedeutende Stütze der Wirtschaft. Die wohl beliebtesten Reiseziele sind die spektakulären Wasserfälle von Iguaçu (*Cataratas do Iguaçu*), die attraktive Küstenstadt Florianópolis und die deutsch geprägte Stadt Blumenau – insbesondere während der Zeit des Oktoberfestes. Curitiba hat den Ruf, die „grünste und sauberste Stadt" Brasiliens zu sein. Des Weiteren hat sich die Metropolregion Porto Alegre zu einem Forschungs- und Hightech Cluster entwickelt.

Der Süden Brasiliens ist eine sehr vielfältige und interessante Region. Kulturell gesehen ist der brasilianische Süden ein interessanter Mix aus deutschen, italienischen und portugiesischen Einflüssen. Genau wie auch die Bundesstaaten des Südostens unterscheiden sich auch die Bundesstaaten des Südens untereinander. Als ich mit Freunden aus Deutschland nach Florianópolis reiste, kamen mir die Stadt und das Umland vor wie eine Mischung aus Deutschland, Spanien/Portugal und Kalifornien. Deutsch waren die Straßennamen (Rua Germano Wendhausen, Rua Hoepcke etc.), spanisch-portugiesisch die Silhouetten der Häuserzeilen und kalifornisch waren die Strände und die ausgeprägte Surfkultur an der Küste des Südatlantik. Der berühmte Strand Praia Mole auf der Ilha Santa Catarina sowie der Praia Joaquina nahe Florianópolis gehören zu den beliebtesten Surfspots im Süden Brasiliens. Weitere Pilgerstätten für Wellenreiter sind Costão do Santinho (Santa Catarina) sowie Cidreira und Torres (beide Rio Grande do Sul). Neben Florianópolis gibt es noch eine ganze Reihe weiterer Küsten- und Badeorte. Dazu zählen Balneário Camboriú, Bombinhas, Capão da Canoa und Tramandaí. Die dünn besiedelten, weiten Landstriche Santa Catarinas muten teilweise mitteleuropäisch an, etwa wie ein „südamerikanischer Schwarzwald". Nur der gelegentliche Anblick einer Palme erinnert den Besucher daran, dass er sich doch noch in den Subtropen befindet. Die Stadt Foz do Iguaçu ist ein interessanter Knotenpunkt und stellt durch seine Lage im Dreiländereck von Brasilien, Paraguay und Argentinien ein wichtiges Handelszentrum dar. Sie wirkt sehr entspannt und man erahnt als Besucher bereits die Nähe zum subtropischen Regenwald. In der Nähe von Foz do Iguaçu befinden sich die Wasserfälle von Iguaçu und der Itaipu Staudamm. Die spektakulären Wasserfälle von Iguaçu gehören zu den breitesten Wasserfällen der Erde und locken jährlich mehr als eine Million Besucher an. Der Nationalpark von Iguaçu umfasst sowohl brasilianisches als auch argentinisches Territorium. Von der brasilianischen Seite aus hat der Besucher einen spektakulären Ausblick auf die herunterstürzenden Wassermassen des Rio Paraná. Rio Grande do Sul ist ein besonderer Bundesstaat innerhalb des brasilianischen Staatenbundes. Die Straßenzüge muten viel „deutscher" oder zumindest „nordamerikanischer" an als beispielsweise in den Städten des brasilianischen Südostens oder gar des Nordostens von Brasilien. Anstatt der mediterran wirkenden Flachdachhäuser in den nördlicheren Regionen Brasiliens haben Einfamilienhäuser in Rio Grande do Sul oft Giebeldächer. Die regionale Gaúcho-Kultur zeigt sich vor allem in den Bereichen Literatur, Esskultur und in den Tänzen. Ursprünglich waren die Gaúchos Rinderzüchter, die eine nomadische Lebensart pflegten. Sie sind Mischlinge aus Portugiesen, Spaniern und Indios. Neben portugiesischen und spanischen Elementen im Bundesstaat der Gaúchos sind auch deutsche und italienische Einflüsse unverkennbar. Städtenamen wie „Novo Hamburgo" oder „Teutônia" zeugen von dem kulturellen Erbe, das deutsche Einwanderer hierhin mitbrachten.

Grundsätzlich sagt man Südbrasilianern nach, eine arbeitsame, reservierte, tendenziell eher konservative und bodenständige Mentalität zu haben. Dennoch ist es auch hier schwierig zu generalisieren. In einigen Städten des Südens steigt das Oktoberfest. Beim Oktoberfest in Blumenau, das 17 Tage andauert, ist die Stimmung auf dem Siedepunkt. Touristen aus ganz Brasilien kommen hierher, um ein Stück „deutsch-brasilianische" Kultur hautnah mitzuerleben. Auch im Fußball kann sich der Süden Brasiliens sehen lassen. Fünf Fußballclubs aus dem Süden Brasiliens spielen derzeit in der *Série A*: Coritiba, Criciúma, Atlético Paranaense, Grémio Porto Alegre und Internacional Porto Alegre. In sprachlicher Hinsicht hebt sich der Süden vom Südosten ab. In Santa Catarina und in Rio Grande do Sul verwenden die Menschen bei der Anrede das Wort *„tu"* anstatt die in den meisten Teilen von Brasilien übliche Anrede *„você"*. In den Grenzregionen zu Uruguay und Argentinien existiert sogar eine Mischsprache, die sich *Portunhol* nennt. Hierbei handelt es sich um eine gesprochene Kombination aus Portugiesisch und Spanisch.

Der Süden ist landschaftlich eine sehr interessante Region und kann mit zahlreichen Naturschönheiten aufwarten. Die Lebensqualität und der Lebensstandard gehören zu den höchsten in ganz Brasilien. Strategisch gesehen stellt der Süden für Brasilien eine wichtige Wirtschaftsregion dar. Hier wird fast ein Fünftel der gesamten brasilianischen Wirtschaftsleistung generiert. Ähnlich wie in Deutschland bilden kleine und mittelständische Unternehmen eine elementare Stütze der regionalen Wirtschaft. Die primär durch europäische Einwanderer geprägte Makroregion präsentiert einen einzigartigen und reichhaltigen Kulturmix.

Zentralwesten – Die große Kornkammer

Was wäre Brasilien ohne die endlosen Weiten des Zentralwestens? Der „Wilde Westen" Brasiliens ist die zweitgrößte Makroregion des Landes und gleichzeitig die Region mit der geringsten Bevölkerung. Flächenmäßig ist der Zentralwesten in etwa so groß wie der Iran. Einst bevölkerten Indianer diese Gegend. Ab dem 17. Jahrhundert gelangten die *Bandeirantes* während ihren Eroberungszügen in das Gebiet des heutigen Goiás (siehe Kapitel 2). Auf der Suche nach Edelmetallen und Indio-Sklaven erschlossen die *Bandeirantes* die kontinentale Landmasse und gründeten die ersten Siedlungen im Zentralwesten. Nach und nach kamen immer mehr Viehzüchter aus dem Süden und dem Südosten, die auf der Suche nach neuen Weideflächen für ihre Rinderherden waren. Im Laufe der Geschichte vernichteten die Siedler und Viehzüchter bei der Erschließung und Kolonialisierung des wilden Inlandes große Teile des tropischen Regenwaldes. In den 1960er Jahren initiierte der damalige Präsident Kubitschek den Bau Brasílias im Zentralwesten. Mit der Errichtung Brasílias in dieser damals noch fast menschenleeren Region sollte die Wirtschaft des Binnenlandes stimuliert werden. Gleichzeitig sollte dadurch auch die Integration des gigantischen brasilianischen Territoriums vorangetrieben werden. Damit verlagerte sich die Hauptstadt von der Küste ins Landesinnere. Heute ist der Zentralwesten neben dem Südosten und dem Süden eine der wichtigsten Agrarregionen Brasiliens. Riesige, nicht enden wollende Felder und Weideflächen sind bezeichnend für das Gesamtbild dieses Landesteils. Die bekanntesten Orte des Zentralwestens sind die Bundeshauptstadt Brasília und das Binnenland-Feuchtgebiet Pantanal im Bundesstaat Mato Grosso do Sul.

Der Zentralwesten umfasst eine Fläche von 1.606.371,5 km^2 und hat eine Bevölkerung von 14,4 Mio. Menschen. Damit ist der Zentralwesten sehr dünn besiedelt. Gerade einmal neun Bewohner kommen auf einen Quadratkilometer. Das entspricht in etwa der Bevölkerungsdichte Russlands. Zum Vergleich: Deutschland ist 25 Mal so dicht besiedelt wie der Zentralwesten Brasiliens. Der Zentralwesten ist die einzige Großregion Brasiliens, die keinen Zugang zum Meer hat. Er umfasst folgende Bundesstaaten: Goiás, Mato Grosso do Sul, Mato Grosso und den Bundesdistrikt (Distrito Federal) mit der Hauptstadt Brasília. Mato Grosso ist der nördlichste und der größte Bundesstaat des Zentralwestens. Mit einer Bevölkerung von nur 3,1 Mio. Einwohnern ist Mato Grosso extrem dünn besiedelt. Auf einer Fläche, die so groß ist wie Deutschland, Italien und Großbritannien zusammen, leben weniger Menschen als in Berlin. Mato Grosso do Sul ist genauso groß wie Deutschland, hat aber gerade einmal 2,5 Mio. Einwohner. Goiás ist mit 6,2 Mio. Einwohnern der bevölkerungsreichste Bundesstaat des

Zentralwestens. Der Bundesdistrikt (*Distrito Federal*) mit der Bundeshauptstadt Brasília hat einen Sonderstatus im Gefüge der brasilianischen Verwaltungsgliederung. Der Bundesdistrikt hat mit 2,6 Mio. Einwohnern etwas mehr Einwohner als Mato Grosso do Sul. Allerdings verteilt sich die Bevölkerung auf eine wesentlich kleinere Fläche von 5.801 km^2. Damit ist der Bundesdistrikt die am dichtesten besiedelte territoriale Einheit Brasiliens. Sie ist geografisch komplett vom Bundesstaat Goiás umschlossen.

Mato Grosso und Mato Grosso do Sul sind mehrheitlich vom Flachland und einem sanften Hügelland geprägt. Der Bundesstaat Goiás ist weitaus gebirgiger als die anderen beiden Staaten des Zentralwestens. Er wird vom Planalto Central Brasileiro beherrscht. Die höchste Erhebung von Goiás ist der Chapada dos Veiadeiros mit 1.784 m. Das Klima im Zentralwesten kann als tropisch, heiß und regnerisch beschrieben werden. In den Sommermonaten von Oktober bis März herrscht die Regenzeit. Die Wintermonate zeichnen sich durch die Trockenzeit aus. Als ich Goiânia im brasilianischen Winter des Jahres 2007 besuchte, kam mir eine heiße, trockene „Luftwand" entgegen. Die Temperatur lag bei mindestens 32°C. Es war wie an einem der heißesten Hochsommertage in Mitteleuropa. Das heißt hier also „Winter", dachte ich mir. Was für ein tolles Leben! Die Stadt Cuiabá gilt als einer der heißesten Orte Brasiliens. Die Nähe zum Äquator, kontinentales Savannenklima und eine Tallage tragen dazu bei, dass sich diese Stadt stark aufheizt. Die größten Städte des Zentralwestens sind Brasília (2,6 Mio. Ew.), Goiânia (1,3 Mio. Ew.), Campo Grande (805.397 Ew.), Cuiabá (556.298 Ew.), Aparecida de Goiânia (474.219 Ew.) und Anápolis (342.347 Ew.). Die größten Ballungszentren sind Brasília (3,8 Mio Ew.) und Goiânia (2,2 Mio. Ew.). Die Städte Brasília, Anápolis und Goiânia bilden eine zusammenhängende Metropolregion in Form einer Städteachse, die in nordöstlich-südwestlicher Richtung verläuft. Viele Städte des Zentralwestens sind bemerkenswert jung. So wurde Campo Grande im Jahr 1899, Goiânia im Jahr 1933 und Brasília im Jahr 1960 gegründet. Ab den 1970er Jahren vollzog sich im Zentralwesten eine sprunghafte Urbanisierung. Während die Urbanisierungsquote im Jahr 1970 lediglich 40 % betrug, verdoppelte sie sich innerhalb der darauffolgenden 25 Jahre, sodass die

Urbanisierungsrate im Jahr 1996 bereits bei 84,4 % lag. In den letzten 14 Jahren stieg die Urbanisierung weiter an und erreichte 2010 einen Spitzenwert von 88,8 %. Der Hauptgrund für den raschen Urbanisierungstrend ist die Mechanisierung der Landwirtschaft. Der verstärkte Einsatz von Erntemaschinen verdrängte die menschliche Arbeitskraft, woraufhin sich diese Menschen gezwungen sahen, in die städtischen Regionen abzuwandern. Ethnisch gesehen ist die Bevölkerung des Zentralwestens ausgeglichen. Rund 50 % der Einwohner sind Weiße, 43 % sind Pardos und 5,7 % sind Schwarze.

Der Zentralwesten hat mit einem BIP/Kopf in Höhe von 24.952 R$ die zweithöchste Wirtschaftsleistung pro Kopf in Brasilien. Allerdings verzerrt der Bundesdistrikt mit der Hauptstadt Brasília die Statistik und zieht den Wert nach oben. Denkt man sich Brasília aus dem Zentralwesten weg, so wäre der brasilianische Süden die Region mit dem zweithöchsten BIP/Kopf und läge damit vor dem Zentralwesten. Brasília ist brasilienweit das Territorium mit der höchsten Wirtschaftsleistung pro Kopf. Sie liegt bei 58.489 R$. Damit ist der BIP/Kopf-Wert von Brasília drei Mal (!) so hoch wie der brasilianische Landesdurchschnittswert. Gleichzeitig ist der BIP/Kopf-Wert für Brasília doppelt so hoch wie jener für São Paulo. Dieser hohe Wert kommt folgendermaßen zustande:

Die Wirtschaft des Zentralwestens – wie könnte es angesichts der riesigen kontinentalen Landmassen auch anders sein – ist maßgeblich durch den Agrarsektor geprägt. Zu den wichtigsten Agrarprodukten des Zentralwestens gehören Soja, Mais, Maniok, Baumwolle, Reis, Kaffee und Weizen. Die Hauptanbauregionen sind der Süden von Mato Grosso do Sul, die Region um die Stadt Campo Grande sowie der Süden und der Südosten von Goiás. Der Bundesstaat Mato Grosso ist der größte Sojaproduzent Brasiliens. Auch für Viehzucht stellt der Zentralwesten ein ideales Territorium dar. Die Rinderzucht macht mit einem Anteil von 80 % den größten Teil des Viehzuchtbereiches aus. Aktuell beläuft sich der gesamte Bestand auf 56 Millionen Rinder. Zu den bedeutendsten Regionen für Rinderzucht gehören die Flächen des *Cerrado* in Goiás und Mato Grosso sowie in der Region des Pantanal in Mato Grosso do Sul. In geringerem Umfang findet auch Schweinezucht statt. Der industrielle Sektor spielt im Zentralwesten eine weitaus geringere Rolle als im Süden oder im Südosten. Die wichtigsten Segmente im produzierenden Gewerbe sind Automobil (Hyundai und Mitsubishi), Pharmaindustrie, Nahrungsmittel, Textil und die Holzindustrie. Als wichtigste Industrieregion des Zentralwestens hat sich die Achse Goiânia – Anápolis – Brasília etabliert. Weitere Industriezentren sind Campo Grande (Nahrungsmittelindustrie) und Cuiabá (Nahrungsmittel und Kautschuk). Im Bereich Dienstleistungen bilden die Segmente Tourismus und Verkehr die wesentlichsten Wirtschaftsbranchen. Der Zentralwesten ist die einzige Großregion, die an jede andere brasilianische Großregion angrenzt. Hieraus ergibt sich ein wirtschaftliches Potenzial für den Bereich Logistik und Transport. Allerdings lässt die Straßenqualität immer noch zu wünschen übrig. Als ich mit dem Überlandbus durch den Staat Goiás fuhr, wurde ich Zeuge der mangelhaften Infrastruktur, die in weiten Teilen Brasiliens Realität ist. Zahlreiche Schlaglöcher reihen sich aneinander. Außerdem haben viele Straßen eine sehr wellige Asphaltoberfläche. Zum Glück bessert sich die Lage in jüngster Zeit, da massiv in die Verbesserung der Infrastruktur investiert wird. Man macht als Autofahrer jedoch nichts falsch, wenn man sich einen Geländewagen oder einen Pick-up zulegt, um entspannt über die Straßen des Zentralwestens fahren zu können. Die Flughäfen von Brasília, Goiânia und Cuiabá stellen die wichtigsten Drehscheiben für den Luftverkehr im Zentralwesten dar. Der Flughafen Brasília ist nach dem Verkehrsaufkommen der drittgrößte Flughafen Brasiliens. Darüber hinaus stellt Brasília als politisches Zentrum des Landes einen wichtigen Knotenpunkt für Dienstleistungen im Zentralwesten dar. Der Politik- und Verwaltungsapparat, Finanzinstitutionen (Banco Central do Brasil, Banco do Brasil), Hotels, Einzelhandel sowie die Veranstaltungsbranche bilden die Eckpfeiler des lokalen Dienstleistungssektors. Touristen, die in den Zentralwesten kommen, werden von der landschaftlichen Vielfalt beeindruckt sein. Pantanal im Südwesten von Mato Grosso do Sul ist einer der größten Naturschätze der Region. Das einzigartige Feuchtgebiet, das in etwa so groß ist wie der Westen Deutschlands, besteht aus zahlreichen Süß- und Salzwasserseen und wird von vielen Flüssen gespeist. Die Tierwelt ist vielfältig. Hier kann man Jacará, Jaguar,

Sumpfhirsche, Capybaras und viele weitere Tiere sehen. Es zählt zum UNESCO-Weltnaturerbe. Daneben gibt es noch weitere tolle Orte wie Bonito. Im Bundesstaat Goiás gibt es neben spannenden Gebirgszügen Wasserfälle zu entdecken, wie beispielsweise Rio Quente. In Mato Grosso ist der Naturpark Parque Estadual Cristalino ein beliebtes Ziel für Besucher.

Kulturell kam mir der Zentralwesten ein wenig wie eine brasilianische Version von Texas vor. Die Agrarwirtschaft, die trockene Hitze, viele Steak-Restaurants und eine kumpelhafte, lockere *Countryside*-Mentalität ließen einen gewissen Wildwest-Charme aufkommen. Ein junger Bewohner aus Goiânia sagte mir selbst, dass sich die Goiânos (die Bewohner des Bundesstaates Goiás) gewissermaßen als die „Texaner Brasiliens" ansehen. Zudem gibt es hier auch Rodeo (*Rodeio*). In diesem Punkt besteht wieder eine Ähnlichkeit zu den USA (siehe Kapitel 7). Typisch für den Zentralwesten sind auch die Herzlichkeit und die große Gastfreundschaft seiner Menschen. Es kommen immer noch sehr wenige Ausländer in diesen Teil Brasiliens. Daher mutet diese Großregion noch heute wie ein Stück unentdecktes Brasilien an. Gleichzeitig spürt man den neuen Reichtum der Agrarökonomie. In Goiânia gibt es sehr schicke Stadtteile mit eleganten Apartmenthäusern. Ausländer, insbesondere wenn sie – wie in meinem Fall – einen helleren Teint haben, fallen hier definitiv auf. So wurde ich von einigen Menschen in Goiânia angestarrt, als wäre ich von einem anderen Planeten eingeflogen. Der Zentralwesten vereint mehrere regionale Kulturen zu einem Kulturmix. *Paulistanos, Mineiros, Gaúchos,* Bolivianer und Paraguayer kreierten die Kultur des Zentralwestens. Typisch für die kulinarische Landschaft des Zentralwestens sind Reisgerichte, wie beispielsweise *Arroz com Pequi, Arroz Carreteiro* (beides Reiseintöpfe) oder *Sopa de Arroz* (Reissuppe). Sehr zu empfehlen ist auch *Pamonha.* Hierbei handelt es sich um eine schmackhafte Masse aus Maismehl, Milch, Zucker oder Salz, die in Maisblättern eingewickelt ist. Er wird als Snack gegessen. Die berühmtesten Feste sind *Cavalhadas de Pirenópolis* (inszenierter Reiterkampf zwischen Christen und Mauren), *Procissão de Fogaréu* (Osterprozession) und *Cururu* (Tanz indianischen Ursprunges im Land). Brasília hebt sich vom Rest des Zentralwestens ab. Da die

Stadt erst vor etwas mehr als 50 Jahren gegründet wurde, sind hier Brasilianer aus allen Landesteilen zugezogen.

Der Zentralwesten ist vielleicht die von Ausländern am wenigsten entdeckte Region Brasiliens. Stark von der Agrarwirtschaft beeinflusst, kann der Zentralwesten durchaus als „Kornkammer" oder „Vorratskammer" Brasiliens angesehen werden. Die endlosen Weiten des Cerrado, Weideflächen und Felder erwecken den Anschein eins „südamerikanischen Wilden Westens". Die agrarischen Nutzflächen des Zentralwestens bilden auch den letzten Vorposten an kultivierten Landflächen. Begibt man sich noch weiter ins Landesinnere, beginnt bereits die Wildnis des Amazonasdschungels.

Der Nordosten – Wie Phönix aus der Asche

„Bem vindo ao Nordeste Brasileiro!" (Willkommen im Nordosten Brasiliens), in einer der geschichtsträchtigsten Regionen Brasiliens! Hier im brasilianischen Nordosten betraten die portugiesischen Eroberer erstmals das Territorium des heutigen Brasilien. Im Jahr 1549 gründeten die Portugiesen die erste Hauptstadt der Kolonie: Die Rede ist von Salvador da Bahia. Hier im Nordosten Brasiliens sollte für die nächsten 200 Jahre die Musik spielen! Der Nordosten war die erste „Boomregion" in der Geschichte des Landes. Bis Mitte des 18. Jahrhunderts lagen die bedeutendsten Wirtschafts- und Finanzzentren Brasiliens im Nordosten. Erst nachdem Rio de Janeiro im Jahr 1763 Hauptstadt wurde, verlagerte sich der Schwerpunkt in den brasilianischen Südosten. Danach begann der langsame wirtschaftliche Niedergang des Nordostens. Der Nordosten ist die Region Brasiliens, die die meisten Bundesstaaten umfasst. Insgesamt bilden neun Staaten die Makroregion des Nordostens. Seine Bewohner werden *„Nordestinos"* genannt. Ähnlich wie der brasilianische Süden ist der Nordosten eine sehr charakteristische Region mit einer vielfältigen und reichen Kultur.

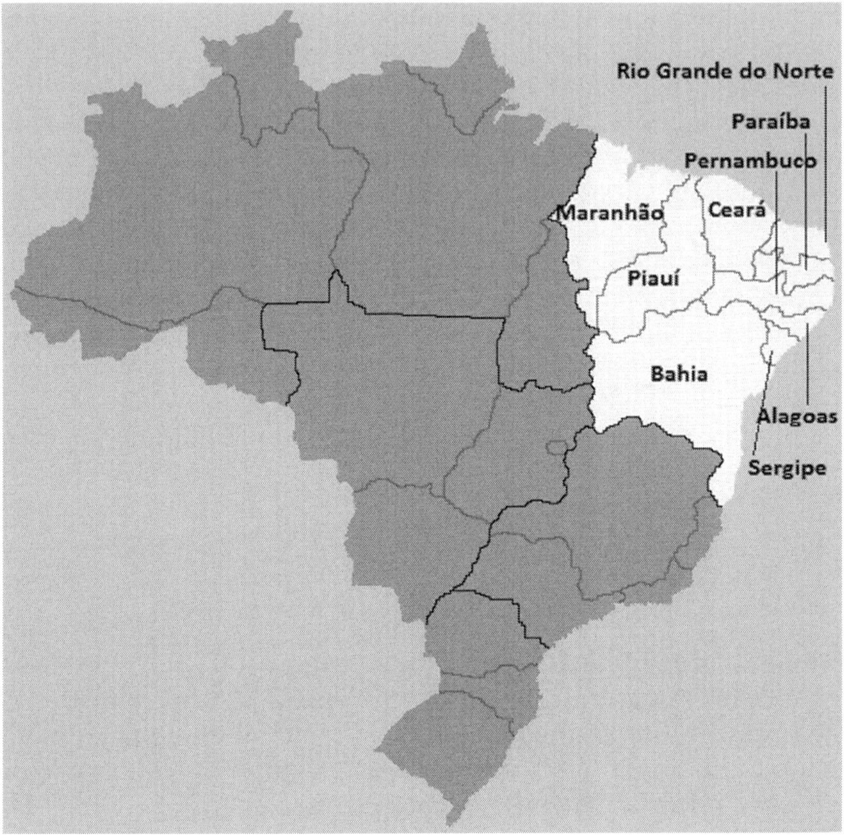

Die landschaftliche Schönheit des Nordostens ist überwältigend. Faszinierende, sich endlos aneinanderreihende Traumstrände sind bezeichnend für die Küste des Nordostens. Allerdings ist der Nordosten die ärmste Großregion Brasiliens und der Human Development Index ist der niedrigste des Landes. Korruption und Vetternwirtschaft tragen ihren Teil dazu bei, dass die Vermögen in den Händen weniger bleiben und weite Teile der Bevölkerung in Armut leben (*Coronelismo*). Über weite Strecken des 20. Jahrhunderts war der Nordosten eine Abwanderungsregion. Millionen von Menschen aus dem Nordosten wollten der Armut entfliehen und siedelten sich in anderen Landesteilen an (vor allem im Südosten). Oft totgesagt, gilt der Nordosten heutzutage wieder als aussichtsreiche Wachstumsregion. Hier gibt es einige Wirtschaftsbranchen, die viel Potenzial haben.

Der Nordosten nimmt eine Fläche von 1.558.196 km² ein und ist damit die drittgrößte Großregion Brasiliens – etwas kleiner als der Zentralwesten. Mit einer Bevölkerung von 53 Mio. Menschen, ist der Nordosten nach dem Südosten die bevölkerungsreichste Region des Landes. Außerdem hat der Nordosten von allen Großregionen Brasiliens den längsten Küstenabschnitt mit 3.338 km Stränden. Und was für Strände! Folgende Bundesstaaten gehören zum Nordosten: Bahia, Pernambuco, Sergipe, Alagoas, Ceará, Maranhão, Rio Grande do Norte, Piauí und Paraíba. Bahia ist mit 567.295,7 km² der größte und mit 14,2 Mio. Ew. der bevölkerungsreichste Bundesstaat des Nordostens. Pernambuco ist mit einer Fläche von 89.311,6 km² für brasilianische Verhältnisse ein recht kleiner Staat. Mit seiner Bevölkerung von 8,9 Mio. Menschen weist Pernambuco allerdings eine hohe Einwohnerdichte auf. Ceará ist mit 148.825 km² ähnlich groß wie die neuen Bundesländer und hat eine Bevölkerung von 8,4 Mio. Ew. Die restlichen Bundesstaaten des Nordostens variieren in ihrer Fläche und liegen mit ihrer Bevölkerungszahl zwischen zwei und sieben Mio. Einwohnern. Jeder der Bundesstaaten des Nordostens hat einen Zugang zum Meer. Zwei große Gebirgszüge, die in nord-südlicher Richtung verlaufen, prägen das Inland des Nordostens: die Chapada Diamantina und die Chapada do Araripe. Klimageografisch lässt sich der Nordosten in vier Zonen untergliedern: in den *Meio Norte* (Bereich zwischen dem Amazonas und dem *Sertão*), in den *Sertão* (halbwüstenartige, aride Landschaft), in den *Agreste* (subhumide Übergangszone zwischen Küste und dem *Sertão*) und die *Zona da Mata* (nördliche Ausläufer des Küstenregenwaldes *Mata Atlantica* im Südosten Brasiliens). Die Vegetation des Nordostens unterscheidet sich entsprechend dieser klimageografischen Gliederung des Territoriums. Der *Mata Atlântica* besteht aus einem durch feuchtes Tropenklima geprägten Küstenregenwald mit reicher Vegetation (genau wie im Südosten Brasiliens). Die vorherrschende Vegetationsart des *Sertão* ist der sogenannte *Caatinga*, der sich durch Kakteen und Dorngestrüpp kennzeichnet. Schließlich bildet der *Mata dos Cocais* den Übergangswald zwischen dem tropisch-feuchten Amazonas-Regenwald und dem trocken-ariden *Caatinga*. Grundsätzlich kennzeichnet sich der *Mata dos Cocais* durch einen aufgelockerten Sekundärwald mit Palmengewächsen. Im Zusammenhang mit den genannten Vegetationszonen teilt sich der Nordosten klimatisch wie folgt auf: Feuchtes Äquatorialklima prägt den *Mata dos Cocais* (Maranhão und Piauí), tropisches Klima die Nordküste (Bahia, Ceará, Maranhão und Piauí), semiarides Klima beherrscht den kompletten *Sertão* (alle Staaten des Nordostens außer Maranhão) sowie ein feuchtes Küstenklima an der Ostküste (von Bahia im Süden bis Rio Grande do Norte im Norden).

Die größten Städte des Nordostens sind Salvador da Bahia (2,7 Mio. Ew.), Fortaleza (2,4 Mio. Ew.), Recife (1,4 Mio. Ew.), São Luís (1 Mio. Ew.), Maceió (933.000 Ew.) und Natal (803.000 Ew.). Zu den größten Ballungszentren des Nordostens gehören Recife (3,7 Mio. Ew.), Fortaleza (3,6 Mio. Ew.), Salvador (3,6 Mio. Ew.), Natal (1,3 Mio. Ew.), São Luís (1,3 Mio. Ew.) und João Pessoa (1,2 Mio. Ew.). Im Gegensatz zu den anderen Großregionen Brasiliens liegen nahezu alle großen Städte des Nordostens an der Küste, wie beispielsweise Salvador, Fortaleza, Recife, Maceió oder João Pessoa). In anderen Landesteilen liegen viele brasilianische Millionenstädte im Inland, wie im Fall von São Paulo, Belo Horizonte, Campinas, Curitíba, Goiânia, oder Brasília. Das hängt vor allem damit zusammen, dass die Städte des Nordostens die „Brückenköpfe“ zur Zeit der portugiesischen Kolonialisierung waren, als die Entdecker mit ihren Schiffen die Küste des heutigen Brasilien erreichten. Die Urbanisierung vollzog sich im Nordosten langsamer als in den restlichen Großregionen Brasiliens. Es gibt im Nordosten auch heute noch eine große Landbevölkerung (insgesamt mehr als 14 Mio. Menschen). Mit einer Urbanisierungsrate von lediglich 73,1 %, liegt sie deutlich unter dem landesweiten Durchschnitt. Die Bevölkerung des Nordostens setzt sich primär aus einer Mischlingsbevölkerung zusammen, die drei ethnischen Gruppen entstammen: Weiße (insbesondere Portugiesen und Spanier), Schwarze (Westafrikaner sowie Angolaner) und Indios. Der Anteil an weißen Brasilianern ist im Nordosten brasilienweit mit am geringsten (zusammen mit dem Norden). Bundesstaaten wie

Pernambuco, Rio Grande do Norte und Paraíba haben prozentual den höchsten Anteil an weißer Bevölkerung im Nordosten und die Bundesstaaten Bahia, Maranhão und Piauí haben den höchsten Anteil an Schwarzen in der Bevölkerung. Vor allem Salvador gilt als „afrikanischste" Stadt Brasiliens und stellt das Zentrum der afrobrasilianischen Kultur dar. Laut dem IBGE sieht die ethnische Verteilung des Nordostens wie folgt aus: 62,7 % *Pardos*, 28,8 % Weiße, 8,1 % Schwarze sowie 0,3 % Indios und Asiaten.

Der Nordosten liegt bei den Großregionen Brasiliens an dritter Stelle im Hinblick auf die Wirtschaftsleistung. Das BIP des Nordostens beträgt 437,7 Mrd. R$. Damit übertrifft das gesamte BIP des Nordostens beispielsweise das BIP von Staaten wie Portugal, Peru oder Vietnam. Es trägt 13,5 % zum gesamten brasilianischen BIP bei. Allerdings ist das BIP/Kopf mit einem Wert von 8.167,75 R$ das niedrigste von allen brasilianischen Großregionen. Der Löwenanteil der Wirtschaftsleistung des Nordostens entfällt auf drei Bundesstaaten, nämlich auf Bahia, Pernambuco und Ceará. Diese drei Staaten tragen fast drei Viertel zum BIP des brasilianischen Nordostens bei. Die Stadt mit der höchsten Wirtschaftsleistung pro Kopf ist Fortaleza. Allerdings gibt es bei dem BIP/Kopf bzw. bei den Einkommen sehr große Unterschiede. So generiert beispielsweise die Gemeinde São Francisco do Conde in Bahia das höchste BIP/Kopf Brasiliens (noch vor Brasília). Der Grund dafür ist die Präsenz einer Erdölraffinerie von Petrobras. Jedoch kommt dieser punktuelle Reichtum bei weiten Teilen der Bevölkerung nicht an. Am anderen Ende der Skala befinden sich viele Gemeinden mit der geringsten Wirtschaftsleistung pro Kopf im brasilianischen Nordosten, insbesondere in den Staaten Maranhão und Piauí. Im Bereich Landwirtschaft dominieren Zuckerrohr, Soja, Baumwolle, Cashewnüsse und Früchte (Mango, Melone, Graviola, Cajá und Acerola). Bei der Viehzucht hat wieder einmal die Rinderzucht die Nase vorn. Die fünf Bundesstaaten Bahia, Ceará, Pernambuco, Piauí und Maranhão kommen auf einen Bestand von 21,4 Mio. Rindern. Im Rohstoffsegment ist der Erdölsektor im Nordosten tonangebend. In Bahia existieren Onshore-Förderanlagen sowie Raffinerien. Zusammengenommen sind die Branchen Erdölförderung und Petrochemie für rund

60 % des BIP von Bahia verantwortlich. Die Wirtschaftsaktivitäten im produzierenden Gewerbe umfassen Werften/Schiffe, Petrochemie (Petrobras), Automobil (Ford und Fiat), Batterien, Leder und Textilien, Meersalz, Chips und Software. Salvador, Fortaleza und Recife sind die maßgeblichen Industriestandorte in der Region. Zu den größten und bedeutendsten Industriekomplexen des Nordostens gehören der Polo Pétroquimico de Camaraçi, der Suape Complexo Industrial Portuário sowie das Centro Industrial de Aratu. Der Polo Pétroquimico de Camaraçi ist der größte Industriepark der Südhalbkugel, in dem unter anderem Unternehmen wie Ford oder die deutsche Continental AG angesiedelt sind. In jüngster Zeit hat der Dienstleistungssektor eine erfreuliche Entwicklung hingelegt. Besondere Dynamik erfuhren die Segmente Einzelhandel, Tourismus und Verkehr. Überdies spielt auch das Segment Forschung eine größer werdende Rolle. Beim Einzelhandelswachstum glänzt vor allem der Bereich von Oberklasse Shopping-Centern, wie beispielsweise das Salvador Shopping, Shopping Bela Vista (beide in Salvador), RioMaR (Recife) oder das Shopping Iguatemi (Fortaleza). Angesichts der unzähligen Strände im Nordosten liegt es nahe, dass der Tourismus ein zentrales Element der Dienstleistungsökonomie des Nordostens darstellt. Jedes Jahr reisen Millionen von Touristen in den Nordosten (sowohl Ausländer wie auch Brasilianer). Bahia gilt bei Brasilianern als das beliebteste Urlaubsziel. An der fast 1.000 km langen Küste Bahias gibt es eine Vielzahl an Badeorten. Hier haben sich auch viele Resort Hotels angesiedelt. Weitere frequentierte Urlaubsregionen sind Fortaleza und Umgebung, João Pessoa oder Natal. Daneben existiert auch Ökotourismus mit Zielen wie dem exotischen Atlantik-Archipel Fernando de Noronha oder der Dünenlandschaft Lençóis Maranheses. Städte wie Olinda, São Luís und die Altstadt von Salvador (Pelourinho) zählen zu den ältesten Orten des kolonialen Brasiliens und zeichnen sich durch ihre malerische Kolonialarchitektur aus. Im Bereich Infrastruktur/Verkehr kann der Nordosten eine Reihe von Häfen vorweisen. Die Flughäfen stellen wichtige Verkehrsknotenpunkte dar. So wird insbesondere der Flughafen von Salvador von zahlreichen Linien aus dem Ausland angeflogen. Der moderne Flughafen von Recife

gehört sogar zu den fünf besten Flughäfen der Welt. Die Gesamtlänge des Straßennetzes im Nordosten summiert sich auf 394.700 km. Nachdem die Wirtschaft des Nordostens lange Zeit als Sorgenkind Brasiliens galt, findet seit der Jahrtausendwende wieder ein Aufschwung statt. Innerhalb der letzten Jahre wuchs der Nordosten überdurchschnittlich stark, im Jahr 2012 sogar doppelt so stark wie der Rest Brasiliens. Die Strategie des Nordostens besteht darin, seine regionale Wirtschaft zu diversifizieren. Im Fokus steht dabei der Dienstleistungssektor. Es bleibt abzuwarten, wie die Infrastrukturprojekte vorankommen und inwieweit die Armut bekämpft werden kann.

Ein Mix aus Geschichte, Kulturschätzen und etlichen Traumlandschaften drücken dem Nordosten seinen Stempel auf. Heutzutage macht sich der Nordosten vor allem als beliebte Urlaubsregion einen Namen. Viele Brasilianer geraten ins Schwärmen, wenn sie an einen der unzähligen Traumstrände des Nordostens denken: *Jericoacoara, Porto de Galinhas, Praia Morro Branco, Canoa Quebrada, Praia de Genipabu* oder *Morro de São Paulo* sind nur einige von tausenden Traumstränden, die alle ihren eigenen Charakter haben. Die Strandlandschaften sind von atemberaubender Schönheit. Im Bundesstaat Ceará sind der Küste weitläufige und kilometerbreite Dünenlandschaften vorgelagert. Inmitten der Dünenlandschaften gibt es Salzwasser- und Süßwasserlagunen, die von Palmenhainen umsäumt werden. Sie wirken wie Oasen inmitten einer Sandwüste. Es ist absolut zu empfehlen, einmal mit einem Quad durch die Dünenlandschaft zu fahren. Mit dem Geländefahrzeug kann man die Dünen hoch und runter fahren, was einer Achterbahnfahrt durch die echte Natur gleicht. Als ich mit Bekannten durch die trockenen und ariden *Sertão* fuhr, fühlte ich mich eher in den Nahen Osten oder den südlichen Mittelmeerraum versetzt, anstatt im tropischen Brasilien nahe dem Äquator zu sein. Die Landschaft wirkte fast „biblisch". Auch Bahia, Paraíba und Rio Grande do Norte verzaubern den Besucher mit malerischen Dünenlandschaften.

Die *Nordestinos* gelten als warmherzig, gastfreundlich und entspannt. Außerdem haben Brasilianer des Nordostens den Ruf, dass sie nicht so gerne arbeiten würden und dass die Servicequalität dementsprechend zu wünschen übrig lässt. Dies bemängeln oft Bewohner aus São Paulo, wenn sie in Bahia sind. Baianos kontern dann mit Sprüchen wie: *„Paulista, Relaxa! Você está na Bahia."* (Entspann dich *Paulista*! Du bist hier in Bahia.). Interessant sind die verschiedenen Mundarten im Nordosten. Als ich mich in Ceará mit Menschen unterhielt, dachte ich fast, dass ich mein Portugiesisch verlernt hätte. Die Sprechweise aus Ceará ist aufgrund der schnellen Sprechweise für Ausländer nicht immer einfach zu verstehen. *Baianos* haben eine fast melodische Aussprache und wenn sie sprechen, wirkt es manchmal, als ob sie am Singen sind. Kulinarisch besticht der Nordosten durch seine schmackhafte Küche. Es lohnt sich, die *Cozinha Baiana* (Küche aus Bahia) zu probieren. Typische Gerichte sind *Baião de Dois* (Eintopf), *Acarajé* (frittierte Bällchen aus Bohnenpüree mit Shrimps), und *Bolinho de Baião de Dois* (frittierte Reisbällchen mit Zwiebeln, Wurst und Käse). Bei der langen Küste ist es fast selbstverständlich, dass es zahlreiche Fischgerichte gibt. *Farofa* ist ebenfalls charakteristisch für die bahianische Küche. Hierbei handelt es sich um geröstetes Maniokmehl, dass eine sehr schmackhafte Beilage für Gerichte wie Feijoada oder Fischgerichte darstellt. Als älteste Kulturregion Brasiliens ist hier im Nordosten eine Vielzahl an Musikrichtungen, Tänzen und Kulten beheimatet. Beliebte Musikrichtungen aus dem Nordosten sind *Axé, Samba de Roda* (beide aus Bahia), *Maracatu, Frevo, Xaxado* (alle aus Pernambuco), *Forró* (aus den Regionen des Sertão) sowie *Bumba meu Boi. Forró* ist mittlerweile in ganz Brasilien beliebt. Der Paartanz, der musikalisch von Akkordeon, Triangel und Zumba begleitet wird, existiert in mehreren Variationen, wie *Forró Nordestino, Forró Universitário* oder *Forró Eletrônico. Axé* ist eine berühmte Musikrichtung, die in Bahia in den 1980ern entstand. Hierbei findet eine Mischung aus diversen Musikgenres statt, wie etwa R*eggae, Forró, Merengue, Maracatú* und weiteren Musikstilen. Eine der berühmtesten Interpretinnen des *Axé* ist die Sängerin Ivete Sangalo. Beim Sport ist wieder einmal der Fußball tonangebend. Derzeit spielen drei Clubs aus dem Nordosten in der obersten Spielklasse Brasiliens: Bahia und Vitória (beide aus Salvador) und Náutico (Recife). Vier Städte des Nordostens werden Austragungsorte der Fußball-WM 2014 sein: Salvador, Recife, Fortaleza und Natal. Der Kampftanz *Capoeira* hat ebenfalls seine Ursprünge im Nordosten, genauer gesagt in Bahia. *Capoeira* ist eine Kombination aus sportlichen und musikalischen Elementen. Seine Ursprünge reichen in die Kolonialzeit zurück, in der die afrobrasilianischen Sklaven den Tanz entwickelten.

Der Nordosten Brasiliens glänzt durch seinen einzigartigen Charme. Insbesondere als Reiseziel für Strand- und Kultururlaub wird ein Besucher aus dem Ausland im Nordosten auf seine Kosten kommen. In den Städten wie Porto Seguro, Olinda, Salvador und São Luís kann man die Ursprünge des heutigen Brasilien bestaunen. Freundliche und lebensfrohe Menschen, leckeres Essen und Tausende von Stränden machen den Nordosten zu einer sehr attraktiven Region. Trotzdem leben weiterhin viele Menschen in Armut und in prekären Verhältnissen. Niedrige Löhne, hohe Kindersterblichkeit, ein hoher Analphabetismus, eine unterentwickelte Landwirtschaft sowie Vetternwirtschaft belasten weiterhin die nachhaltige Entwicklung des Nordostens. Vielleicht schafft es der jüngste Wirtschaftsaufschwung, dem Nordosten wieder ein Stück zu seiner alten Blüte zur verhelfen.

Der Norden – „Die grüne Hölle"

Vielen Menschen ist der Amazonas-Regenwald ein Begriff. Der größte zusammenhängende tropische Regenwald der Erde prägt maßgeblich das Gesicht des brasilianischen Nordens. Oft als „grüne Lunge der Erde" oder als „Klimaanlage" oder dergleichen bezeichnet, erstreckt sich der Amazonas-Regenwald auf insgesamt neun Staaten in Südamerika und nimmt eine Fläche von rund 5 Mio. km^2 ein. Der gleichnamige Fluss Amazonas ist der wasserreichste Fluss der Welt und nach dem Nil der zweitlängste Fluss weltweit. Er fließt in west-östlicher Richtung, bevor er in den Atlantik mündet. Hier im Norden Brasiliens leben auch die meisten Indios, die selbst in der heutigen Zeit an ihrem traditionellen Leben als Jäger und Sammler festhalten. Dieser Teil Brasiliens ist noch einmal ganz anders als die restlichen Großregionen. Mit großem Abstand ist der Norden die naturbelassenste Großregion des Landes. Leider überschattet das Thema Abholzung der Regenwälder Teile der Region. Obwohl das Ausmaß der Abholzung im Vergleich zur Vergangenheit zurückgeht, wird jedes Jahr immer noch eine große Fläche des Regenwaldes vernichtet. In jedem Fall sind Naturbegeisterte und Abenteuerfreunde hier genau richtig.

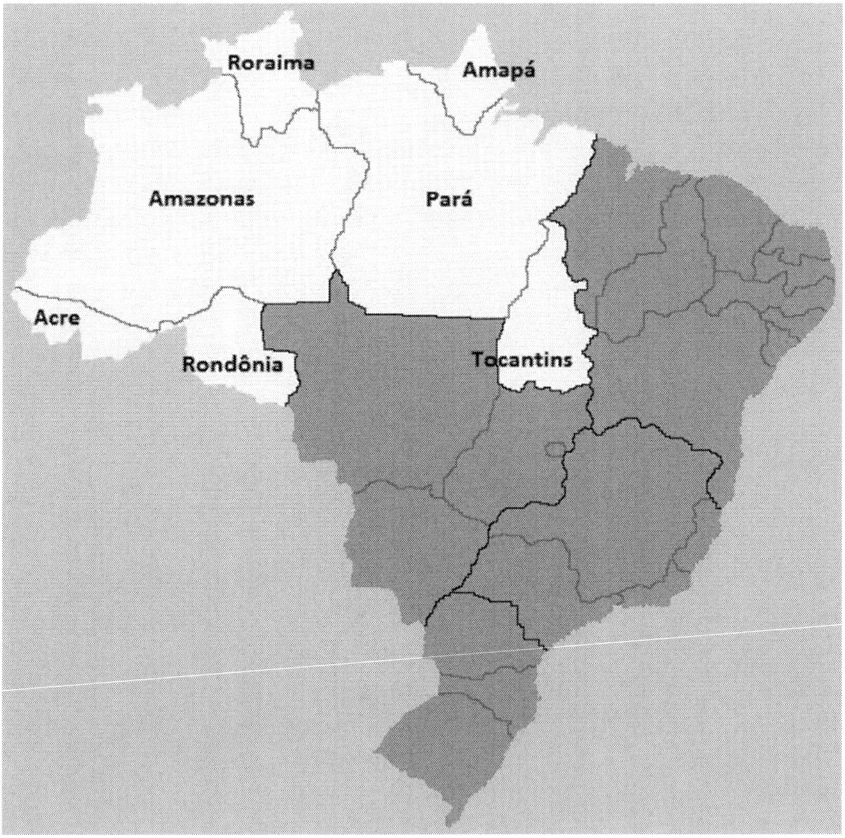

Der Norden (*Norte*) ist mit Abstand die größte Makroregion Brasiliens. Mit einer Fläche von 3.869.637,7 km² macht der Norden 45 % der Fläche des gesamten brasilianischen Staatsgebietes aus. Damit ist er größer als ganz Indien und würde flächenmäßig der siebtgrößte Staat der Erde sein, wenn er ein unabhängiger Staat wäre. Mit einer Bevölkerung von gerade einmal 16,3 Mio. Menschen ist der Norden die am dünnsten besiedelte Großregion Brasiliens. Der Norden setzt sich aus sieben Bundesstaaten zusammen: Amazonas, Pará, Acre, Roraima, Rondônia, Amapá und Tocantins. Amazonas und Pará sind mit Flächen von jeweils 1,57 Mio. km² und 1,25 Mio. km² die beiden größten Bundesstaaten des Nordens. Sie machen zusammen etwa 70 % der Gesamtbevölkerung von Brasiliens Norden aus. Sie sind auch gleichzeitig die größten Bundesstaaten Brasiliens. Außer dem Bundesstaat Tocantins sind alle Staaten dieser Makroregion mehrheitlich vom tropischen Regenwald bedeckt. Vor der Kolonialzeit bewohnten ausschließlich indianische Volksgruppen das Amazonasbecken. Es wird sogar spekuliert, dass es vor über 1.000 Jahren eine Amazonas-Hochkultur gegeben hat. Archäologen sollen im brasilianischen Bundesstaat Acre Erdzeichen (Geoglyphen) ausfindig gemacht haben, die möglicherweise Überreste einer versunkenen Zivilisation sind. Nach der Kolonialisierung durch die Portugiesen im 17. Jahrhundert erfolgte im Jahr 1616 die Gründung der Stadt Belém (Bethlehem) an der Amazonasmündung. Im Amazonasgebiet beabsichtigten die Kolonisatoren nach Rohstoffen zu suchen und Indios zu missionieren. Mit dem Kautschukanbau begann die Blütezeit der Amazonasregion. Während des „Zyklus des Kautschuks" stieg die, inmitten des Amazonasgebiets gelegene Stadt Manaus zu einem der reichsten Orte der Welt auf. Im Glanz und Prunk der goldenen Ära entstand das prachtvolle Theater von Manaus (*Teatro Amazonas*) mit seinem goldenen Kuppeldach (siehe Kapitel 2). Im frühen 20. Jahrhundert begann allerdings der Abstieg. Erst seit den 1960er Jahren nahm die Wirtschaft der Region wieder Fahrt auf. Durch die Schaffung einer Freihandelszone siedelten sich zahlreiche Industrien an. Das jüngste Wachstum zog auch viele Brasilianer aus anderen Landesteilen an, was ein rapides Bevölkerungswachstum mit sich brachte.

Das Amazonasbecken nimmt den überwiegenden Teil von Brasiliens Norden ein. Es handelt sich hierbei um eine Tiefebene von gigantischem Ausmaß, die vom gleichnamigen Fluss – dem Amazonas – durchflossen wird. Der Hauptfluss Amazonas bildet mit seinen tausenden von Zu- und Nebenflüssen das größte Einzugsgebiet der Erde. Ein System von unzähligen Flüssen durchzieht die gesamte Amazonas-Tiefebene. Mit einer Länge von 6.448 km ist der Amazonas wahrlich ein Riese. Je nach Definition (Miteinbeziehung des Quellflusses) ist der Amazonas der längste bzw. der zweitlängste Strom der Erde. Die Quelle befindet sich in Peru (Quellflüsse Ucayali, Huallaga und Maranon) und nach seiner langen Reise mündet der Amazonas auf Höhe des Äquators in den Atlantik. Der Amazonas ist mit einer durchschnittlichen Wasserführung von 209.000 m^3/Sekunde der wasserreichste Fluss der Erde. An seiner breitesten Stelle ist der Amazonas 5 km breit. Die mittlere Tiefe beträgt 30 bis 40 m. An einigen Stellen erreicht der Amazonas allerdings eine Tiefe von bis zu 150 m (Mündungsgebiet des Rio Negro in den Amazonas). An der Mündung in den Atlantik ist der Amazonas sogar 400 m tief. Etwa 4.500 km des Stromes sind schiffbar. Die Entstehungsgeschichte des Amazonas ist faszinierend. Vor 130 Mio. Jahren, als es noch den Superkontinent Gondwana gab, lag die Quelle des Amazonas in Afrika. Damals floss der Amazonas in die entgegengesetzte Richtung, von Ost nach West. Nachdem der Kontinent in einem über Millionen Jahre andauernden Prozess auseinanderbrach, driftete die Südamerikanische Platte auf die Pazifische Platte, wodurch auch die Anden entstanden. Vor etwa 10 bis 15 Mio. Jahren kehrte sich die Flussrichtung des Amazonas um. Von den Anden im Westen bildeten sich neue Quellen, die dann wiederum Flüsse bildeten und schließlich zu den neuen Quellflüssen des Amazonas wurden. Aufgrund der beidseitigen Verbindungen zum Meer im Zeitverlauf der Jahrmillionen leben im Amazonas heute Wassertiere wie Delfine, Rochen, Seezungen und sogar Bullenhaie, die normalerweise in Meeren anzutreffen sind. All dies erklärt auch, warum der Amazonas zur Mündung hin wieder schmaler wird, da es hier ursprünglich zur Quelle ging.

Lediglich im Norden und im Süden der Großregion existieren Gebirgszüge. Im Norden liegt das *Planalto das Guianas*, wo sich auch der höchste Berg Brasiliens befindet: Der Pico de Neblina ist mit einer Höhe von 2.993 m etwas höher als die Zugspitze. Das *Planalto Central* bildet die südliche Grenze des Amazonasbeckens. Das Klima im Norden Brasiliens ist feucht äquatorial. Äquatoriales Klima heißt: Aufgrund der hohen Sonneneinstrahlung liegen die Temperaturen ganzjährig hoch und die Temperaturschwankungen sind minimal. Im Norden herrscht auch das feuchteste Klima Brasiliens. Die Niederschläge haben sich in der Tat gewaschen! Bis zu 3.000 mm prasseln hier pro Quadratmeter den Himmel herunter. Das ist viermal so viel wie in Deutschland. Die Jahresdurchschnittstemperatur bewegt sich zwischen 24°C und 26°C. Insbesondere die Vegetation könnte üppiger als im Amazonas nicht sein! Die Tropensonne und die enormen Wassermassen (Niederschläge und Flusssysteme) schaffen in Form eines „Dampfkessels" die optimalen Bedingungen für das Pflanzenwachstum. Nach der Schneeschmelze kommen aus Richtung der Anden gewaltige Wassermengen. Diese Wassermengen überfluten alljährlich eine Fläche, die ein Fünftel (!) des gesamten Amazonasgebietes ausmacht. Die riesigen Urwaldbäume stehen in meterhohem Wasser und dort wo sich normalerweise der Waldboden befindet, entsteht während der Überflutungszeit eine abenteuerliche Unterwasserwelt. Bei diesen immer wiederkehrenden Überschwemmungen bilden sich fortwährend neue Flussinseln, auf denen durch die Isolation jedes Mal aufs Neue eigene Lebensräume entstehen. Zu dieser Zeit steigt die Breite des Amazonas auf 120 km an. Es gibt noch ein weiteres besonderes Phänomen, das sich im Amazonas ereignet. Einmal im Jahr kommt es zu einer Springflut, bei der eine Welle vom Atlantik aus flussaufwärts in den Amazonas hineinströmt. Die sogenannte *Pororoca* (großer Lärm) drückt bei Vollmond große Wassermassen aus dem Atlantik in den Flusslauf. Dadurch fegt die Welle den Grund des Flusses frei und trägt dazu bei, dass der Amazonas nicht versandet. Zudem führt die Flusswelle wertvolle Schwebestoffe und fruchtbaren, düngenden Schlamm mit sich. Dieses Naturspektakel machen sich auch einige Surfer zunutze. Sie lassen sich mit einem Boot in die Mitte des Flusses ziehen, um dann auf der *Pororoca* zu surfen.

Die Amazonasregion zeichnet sich durch eine extrem hohe Artenvielfalt aus. Insgesamt wird die Anzahl der verschiedenen Spezies auf fünf bis zehn Millionen geschätzt. Davon sind gerade einmal 1,4 Mio. Arten entdeckt. Millionen von Lebewesen sind noch gar nicht erforscht. Die Tierwelt im Amazonas ist überwältigend. Von insgesamt 30.000 bekannten Fischarten weltweit leben allein 5.000 in der Amazonasregion, darunter die berühmten Piranhas. Daneben existieren 40.000 Wirbeltierarten und 750.000 Insektenarten. Neben weiteren bekannten Tieren wie Jaguaren, Papageien, Tapiren und Anakonda-Riesenschlangen gibt es im Amazonas unter anderem Boto-Flussdelfine, Rochen, Garnelen, Seezungen, schwarze Kaimane und Blattschneideameisen. Die Tiere sind hoch spezialisiert und passen sich ihrer Umgebung perfekt an. Warum wird der Amazonas nun bei einem solch wunderbaren Artenreichtum als „Grüne Hölle" bezeichnet? Giftschlangen, Parasiten, giftige Insekten und Pflanzen sowie Krankheiten (Malaria, Denguefieber oder Gelbfieber) können einem unerfahrenen Amazonas-Besucher das Leben sprichwörtlich zur Hölle machen.

Neben den Milliarden von Tieren wohnen auch noch einige Menschen im Norden Brasiliens. Die größten Städte sind Manaus (1,8 Mio. Ew.), Belém (1,4 Mio. Ew.), Ananindena (483.821 Ew.), Porto Velho (442.701 Ew.), Macapá (415.554 Ew.) Rio Branco (348.354 Ew.) Santarém (276.665 Ew.) und Boa Vista (300.900 Ew.). Die drei größten Ballungsräume bilden Manaus (2,1 Mio. Ew.), Belém (2,1 Mio. Ew.) und Macapá (510,000 Ew.). Bei der ethnischen Zusammensetzung stellen die *Pardos* mit 67,2 % die Mehrheit. Weiße machen 23,2 % und Schwarze 6,5 % an der Gesamtbevölkerung aus. Brasiliens Norden ist nach wie vor die Heimat vieler Indios. Mit einem Bevölkerungsanteil von 1,9 % ist der Norden in ganz Brasilien die Region mit dem höchsten Anteil an Indios.

Die Wirtschaftsleistung des Nordens ist absolut gesehen die geringste von allen brasilianischen Regionen. Der Norden generiert ein BIP in Höhe von 201,5 Mrd. R$. Pro Kopf gesehen erzielt der Norden damit das zweitniedrigste BIP. Es beträgt 12.349 R$ und liegt damit vor dem Nordosten. Die riesigen Bundesstaaten

Amazonas und Pará machen zusammen mehr als zwei Drittel der Wirtschaftsleistung des Nordens aus. Allein die Stadt Manaus generiert 1,4 % des gesamtbrasilianischen BIP. Sie ist damit die Stadt mit der siebtgrößten Wirtschaftsleistung in Brasilien. Im primären Sektor geben vor allem der Anbau von Früchten und der Bergbau den Ton an. Trotz nährstoffarmer Böden werden Soja, Maracuja, Guraná, Kokosnüsse, Acaí und Reis angebaut. Vor allem die Bundesstaaten Rondônia und Tocantins sind wichtige Agrarerzeuger. Bei Rohstoffen spielt Eisenerz eine entscheidende Rolle. Die größte Eisenerzmine der Welt, die Carajás-Mine, befindet sich im Osten des Bundesstaates Pará (siehe Kapitel 5). Daneben gibt es in Brasiliens Norden Vorkommen von Gold, Mangan und Nickel. Der Fischreichtum führt fast automatisch dazu, dass hier auch Fischfang betrieben wird. Die Makroregion Norden ist im Allgemeinen weit weniger industriell geprägt als die anderen Großregionen des Landes. Allerdings stellt die Stadt Manaus eine Ausnahme dar. Manaus ist der wesentlichste Industrieknotenpunkt inmitten des Amazonasbeckens. Ein Industriestandort mitten im Urwald? Wie geht denn das? Im Jahr 1967 schuf der damalige Präsident Castelo Branco per Dekret eine Freihandelszone – die *„Zona Franca de Manaus“* (Freihandelszone von Manaus). Sie sollte ein 10.000 km² großes Gebiet umfassen und gezielt Industrie-, Handels- sowie agrarwirtschaftliche Betriebe anlocken. Zusätzlich entstand die SUFRAMA (*Superintendência da Zona Franca de Manaus*), die seitdem als Aufsichtsbehörde der Freihandelszone fungiert. Das Ziel war klar: Die Wirtschaft des riesigen Amazonasgebiets sollte aufs Neue belebt werden. Mit dem Anreiz der Zollfreiheit sowie mit Steuervergünstigungen sollten Wirtschaftsunternehmen in den Amazonas gelockt werden. In den 1980ern bildete sich zunächst ein Knotenpunkt für Handel heraus, bis schließlich das produzierende Gewerbe zum bedeutendsten Wirtschaftsfaktor inmitten des Amazonas aufstieg. Derzeit operieren Industrieunternehmen aus insgesamt 600 Branchen innerhalb der *Zona Franca de Manaus*. Somit wurde Manaus zum Standort für zahlreiche Industrieunternehmen. Der Schwerpunkt liegt auf Branchen wie Elektronik, Chemie, Pharmazeutik und Kunststoffen. Unter anderem sind folgende Unternehmen in Manaus operativ tätig: LG, Sony, Siemens,

Kawasaki, Yamaha, Procter & Gamble, Faber-Castell, Honda, Kodak, Henkel, 3M und Foxconn. Mit anderen Worten: In Manaus werden Handys, TV-Geräte, Kameras, Kopiergeräte, Motorräder, Autoteile, Klimaanlagen, Uhren, CDs, Verpackungen und weitere Erzeugnisse hergestellt. Schätzungsweise hängen 500.000 Arbeitsplätze direkt oder indirekt am Industriestandort Manaus. Im Dienstleistungsbereich ist vor allem der Tourismus von Belang. In der Vergangenheit besuchten mehrheitlich ausländische Touristen die Amazonasregion. Allerdings kommen in jüngster Zeit auch mehr und mehr Brasilianer in die Amazonasregion. Unter den am meisten besuchten Orten in Brasilien belegt Manaus den zehnten Platz. Der Schwerpunkt liegt auf Ökotourismus. Des Weiteren ist Manaus auch das Finanzzentrum des brasilianischen Nordens. Hier liegt auch die älteste Universität Brasiliens, die im Jahr 1909 gegründet wurde (siehe Kapitel 8). Manaus kann daher als eine „Insel der Zivilisation" inmitten des Amazonas-Regenwaldes angesehen werden. Die Stadt Belém – als zweite wichtige Stadt des Nordens – nahe der Mündung des Amazonas gelegen, ist eine wichtige Handels- und Hafenstadt. Von allen brasilianischen Häfen liegt der Hafen von Belém Europa und Nordamerika am nächsten. Damit ist der Hafen von Belém der größte Hafen des brasilianischen Nordens nach dem Umschlagsvolumen. Im Bereich Einzelhandel kann Belém neun Shopping-Center vorweisen. Daneben gibt es eine Reihe von touristischen Anziehungspunkten (verschiedene Gärten, die Basilika oder das Planetarium). Belém gilt in touristischer Hinsicht auch als „Eingangspforte in die Amazonasregion".

Ähnlich wie in den anderen brasilianischen Großregionen ist auch die Kultur im Amazonas reich und vielfältig. Wie in den anderen Landesteilen ist die Bevölkerung des Nordens kulturell und ethnisch gemischt (Indios, Gaúchos, *Nordestinos*), was eine facettenreiche Kultur erzeugt. Die beiden größten Feste sind das katholische Fest *Círio de Nazaré* und das *Festival Folclórico de Parintins*. Das *Círio de Nazaré* ist die größte katholische Prozession Brasiliens und zugleich eines der größten religiösen Feste der Welt. Mehrere Millionen Besucher zählt das Fest an den Prozessionstagen. Es wird seit dem Jahr 1793 jährlich gefeiert. Das *Festival Folclórico de*

Parintins findet in der kleinen Stadt Parintins im Osten des Bundesstaates Amazonas unter freiem Himmel statt. Hierbei handelt es sich um eines der größten Feste des *Bumba meu Boi* (Steh auf, mein Ochse), einem folkloristischen Fest, das seinen Ursprung im Nordosten Brasiliens hat. In diesem Theaterstück wird ein Ochse nach seiner Tötung erneut zum Leben erweckt. Es ist eine einzigartige Mischung aus Tanz, Folklore, Theater, bunten Kostümen und Religion. Zu den bekanntesten Musikrichtungen des Nordens zählt *Carimbó*, ein fröhlicher Paartanz indianischen Ursprungs. Die Küche des Nordens ist stark indianisch beeinflusst: Maniok, Fisch- und Fleischgerichte sowie zahlreiche tropische Früchte beherrschen die kulinarische Landschaft des Nordens. Erwähnenswert ist insbesondere die *Tacacá*-Suppe, die aus Tucupi, Shrimps und gelbem Pfeffer zubereitet wird. In sportlicher Hinsicht ist Manaus eines der Zentren des Brazilian Jiu-Jitsu (*jiu-jitsu brasileiro*). Viele erfolgreiche Kampfsportler stammen daher ursprünglich aus Manaus. Manaus wird im Jahr 2014 ein Austragungsort der Fußball-WM sein. Es ist damit die einzige WM-Stadt im Norden Brasiliens.

Der Norden ist mit Sicherheit die wildeste und urtümlichste Großregion Brasiliens. Vor allem die Undurchdringlichkeit des Amazonas-Regenwaldes und der gigantische gleichnamige Strom prägen hauptsächlich den Norden Brasiliens. Sowohl Rohstoffreichtum als auch die Schaffung einer Freihandelszone haben zahlreiche Menschen angelockt, sodass sich die Bevölkerung der Region innerhalb der letzten 40 Jahre verdreifacht hat. Das monumentale Naturwunder Amazonas ist immer noch von der andauernden Rodung bedroht. Nachdem die Abholzungsrate in den vergangenen Jahren stark zurückgegangen ist, hat sie sich in jüngster Zeit wieder erhöht. Sollte die unkontrollierte Rodung nicht gestoppt werden, kann sich dies verheerend auf das Weltklima und den CO2-Haushalt der Erde auswirken. Bleibt zu hoffen, dass der dortigen Bevölkerung weitere Alternativen an Erwerbsquellen geboten werden. Im besten Fall kann die Rodung in naher Zukunft weitgehend reduziert werden.

10. Epilog

Nun hoffe ich, dass Sie einen guten Überblick über Brasilien bekommen konnten. Was können wir nun für Erkenntnisse aus dem Ganzen ziehen und wie können wir dieses Land in seiner Gesamtheit interpretieren? Auf jeden Fall umfasst Brasilien weit mehr, als es seine Klischees signalisieren, wenn auch viele Klischees und Stereotypen zutreffen. Brasilien ist ein sehr facettenreiches und komplexes Land, das sich nicht eindimensional charakterisieren lässt. Die zahllosen menschlichen Netzwerke, die diffizile Rollenaufteilung der Geschlechter, jüngste Verschiebungen in der Sozialstruktur, anhaltende soziale Ungleichheit, ethnische Vielfalt und große regionale Unterschiede erschweren es, sich ein einseitiges Urteil über Brasilien zu erlauben oder gar zu pauschalisieren. Immer dann, wenn einzelne Personen fremde Länder beschreiben, ist mir aufgefallen: Viele Menschen charakterisieren ein Land zunächst aus einer wirtschaftlich-gesellschaftlichen Perspektive oder schildern das allgemeine Erscheinungsbild des jeweiligen Landes.

Das heutige Brasilien kann auf eine bewegte 500-jährige Geschichte zurückblicken. In dieser Zeit hat es vielerlei Wendungen und Entwicklungen gegeben. Von der Kolonie zum unabhängigen Kaiserreich, von der Republik hin zur Militärdiktatur bis zu einer stabilen Demokratie. Die Übergänge zwischen den einzelnen Epochen verliefen in Brasilien vergleichsweise friedlich. Es gibt zwei treibende Faktoren bei der Entwicklung von Brasilien: das weite Territorium und seine dynamische Bevölkerungsentwicklung. Brasiliens riesiges Territorium setzt sich aus fünf Großregionen zusammen, die für sich einzeln gesehen schon die Größe von großen, unabhängigen Staaten haben. Viele Teile des Landes sind weiterhin unentdeckt (vor allem im Norden und Zentralwesten Brasiliens). Gerade für viele Ausländer, die vor allem Rio de Janeiro kennen, sind weite Teile Brasiliens noch unerforschtes Terrain.

Der Rohstoffreichtum und die Ressourcenvielfalt sind ein Trumpf Brasiliens. Wie ein roter Faden zieht sich die Bedeutung von Rohstoffen durch Brasiliens Geschichte. Die brasilianische Bevölkerung zeichnet sich durch ethnische Vielfalt, Religiosität und einen relativ jungen Altersdurchschnitt aus. Im 20. Jahrhundert hat Brasilien ein beispielloses Bevölkerungswachstum erfahren. Zwischen 1900 und 2000 hat sich die Einwohnerzahl verzehnfacht(!). Das in der Vergangenheit rapide Bevölkerungswachstum hat sich nun jedoch abgeschwächt. Im größten katholischen Land der Erde erleben außerdem protestantische Kirchen einen außergewöhnlichen Boom. Mehr als ein Viertel aller Brasilianer gehört nun einer protestantischen Kirche an. Brasilien hat sich im 20. Jahrhundert von einem Agrarstaat in eine Dienstleistungsökonomie umgewandelt. Erst gegen Ende der 1960er Jahre etablierte sich in Brasilien eine umfangreiche Industrie- und Dienstleistungsökonomie. Diese Verlagerung der Wirtschaftsaktivität brachte auch eine enorme Urbanisierungswelle und damit Veränderungen in den Familienstrukturen mit sich. Nach der Jahrtausendwende entstand in Brasilien Schritt für Schritt eine neue (untere) Mittelschicht, die einen stabilisierenden Faktor innerhalb der brasilianischen Gesellschaft darstellt. In Brasiliens Bevölkerung spiegelt sich daher eine große Wandelbarkeit und Flexibilität wider. Die Brasilianer besitzen die Kraft zur Veränderung sowie die Fähigkeit sich als Gesellschaft zu „reshapen" und neu zu erfinden. Gleichzeitig bestehen jedoch alte Machtzirkel und (Klassen-) Gesellschaftsstrukturen weiter fort.

Wie lässt sich die brasilianische Volksseele am besten deuten? Charakteristika wie Offenheit, Freundlichkeit, Flexibilität, Neugier, eine positive Grundhaltung, Spontanität und Kreativität gehören zu den positiven Wesenszügen der brasilianischen Bevölkerung. Die viel beschworene „menschliche Wärme" (*calor humano*) ist hier Realität. Menschliche Bindungen sind in Brasilien sehr nah. Gerade im zwischenmenschlichen Bereich gibt es kaum Barrieren, was zu einem hohen Maß an gesellschaftlicher Dynamik und reger Interaktion führt. Diese Dynamik trug hauptsächlich dazu bei, dass sich die multiethnische Bevölkerung untereinander vermischte und sich eine eigene brasilianische Identität schuf. Bezeichnend für Brasilien ist das Konzept des *„jeitinho"*, mit der die

Brasilianer Regeln aushebeln, um einen Vorteil für sich selbst zu erlangen. Trotz der sonnigen und entspannten Mentalität sollte man nicht außer Acht lassen, dass Brasilianer auch „harte Hunde“ sind, die kämpfen können und eigennützig handeln. „*Um brasileiro nunca desiste*“ (Ein Brasilianer gibt niemals auf) lautet ein Sprichwort. Viele Brasilianer haben eine Wettbewerbsmentalität intus, wollen sich stets verbessern und schauen nach vorne, bis der Erfolg da ist. Fünf WM-Titel im Fußball sprechen für sich. Wie in jeder Gesellschaft auf der Erde existiert auch in Brasilien die dunkle Seite. Kriminalität, Korruption, Missgunst, Materialismus, Oberflächlichkeit, Größenwahn, Neid und Hass machen die negativen Eigenschaften Brasiliens aus. Teilweise gesellt sich auch noch eine Portion Fatalismus dazu. Das alles gehört auch zu Brasilien. Allerdings finden sowohl die positiven als auch die negativen Elemente eine andere Ausdrucksweise als beispielsweise in Europa. In jedem Fall ist Brasilien das Land der Gegensätze. Wichtige Gegensätze sind Stadt – Land, Arm – Reich, Nord/Nordost – Süd/Südost sowie Moderne – Tradition.

In wirtschaftlicher Hinsicht hat Brasilien der Welt in den letzten zehn Jahren gezeigt, wozu es fähig ist. Brasilien ist in die Gruppe der zehn größten Volkswirtschaften weltweit vorgeprescht. Mittlerweile ist Brasilien die siebtgrößte Wirtschaftsnation der Erde. Allerdings wird es kein Kinderspiel sein, sich im Oberhaus der Weltwirtschaft zu behaupten. Innerhalb der besten fünf Volkswirtschaften weltweit halten sich die USA, China, Japan und Deutschland an der Spitze. In all diesen Ländern ist das Arbeitsleben ein zentraler Bestandteil der Kultur. Ob mit Kreativität, globalstrategischem Kalkül, Innovationskraft, technologischer Überlegenheit – die Top-Wirtschaftsnationen handeln strategisch überlegt und eiskalt, um in der Top-Liga der Wirtschaftsmächte zu bleiben. Zudem bringt die schiere Wirtschaftsmacht in statistischen Zahlen ausgedrückt, hohe gesellschaftliche Kosten mit sich: Erwähnenswert sind Phänomene wie Stress, psychologische Erkrankungen (z. B. Burnout), Selbstmorde und Fettleibigkeit. Natürlich ist auch Brasilien ein „Volk der Arbeitenden“ – allerdings gelingt es Brasilianern in den meisten Fällen eine gute Work-Life-Balance zu wahren.

Wie können wir Brasilien im Kreise der größten Wirtschaftsnationen bewerten? Zunächst möchte ich erst einmal die Merkmale aufzählen, die führende Wirtschaftsnationen (am absoluten BIP gemessen) gemeinsam haben. Zum einen fällt die pure Bevölkerungsmasse in die Waagschale. Jede der zehn größten Volkswirtschaften weltweit hat mindestens 60 Mio. Einwohner, was eine beträchtliche Basis für einen Binnenmarkt bildet. Die reinen Menschenmassen steigern schon einmal die Tragweite einer Volkswirtschaft im internationalen Kontext (von Armut und Arbeitslosigkeit einmal abgesehen). Außerdem kennzeichnen sich große Volkswirtschaften durch ein großes Handelsvolumen. Sie teilen sogar große Teile des Welthandels unter sich auf. Natürlich ist auch eine günstige Demografie wichtig, um volkswirtschaftliches Potenzial aufrechtzuerhalten. Günstige Demografie heißt nicht zwangsläufig viele Kinder, sondern vielmehr der optimale Einsatz der Bevölkerung als „Ressource" (Humankapital). Im heutigen globalen Wettbewerb und mit dem Eintritt in das Informationszeitalter wird Bildung zu einem immer wichtigeren Faktor. Viele führende Wirtschaftsnationen haben im weltweiten Vergleich ein überdurchschnittlich gutes Bildungssystem. Des Weiteren muss ein Land einen Wettbewerbsvorteil gegenüber anderen Ländern einnehmen. In China besteht der Wettbewerbsvorteil in Menschenmassen und günstigen Löhnen, in Deutschland im technologischen Know-how und in den USA äußert sich der Wettbewerbsvorteil in der Oberherrschaft über die IT-Welt, die Erdölressourcen und in einer ausgeklügelten Geostrategie. Schließlich trägt ein entwickelter und ausgereifter Finanzsektor dazu bei, dass die jeweilige Volkswirtschaft eine nachhaltige Dynamik entfacht.

Brasilien erfüllt drei der genannten Kriterien: Es hat eine große Bevölkerung, eine günstige Demografie und es hat seinen Wettbewerbsvorteil gegenüber anderen Volkswirtschaften entdeckt. Brasiliens Wettbewerbsfähigkeit liegt aufgrund seiner reichen und fruchtbaren Landmassen eindeutig im Agrar- und Rohstoffbereich. Darüber hinaus zeichnet sich die brasilianische Volkswirtschaft durch eine gute Diversifizierung hinsichtlich ihrer Wirtschaftssektoren aus. Anders als beispielsweise Russland kann

Brasilien einen vielseitigen Industriesektor vorweisen. Die Punkte Infrastruktur, Bildung, Korruption, Bürokratie und Steuersystem stellen die Schwächen Brasiliens dar. Zusammenfassend lassen sich diese Negativpunkte mit dem Begriff „*Custo Brasil*" (Brasilienkosten) umschreiben. Diese Kosten muss ein Unternehmen einkalkulieren, wenn es in Brasilien Geschäfte macht. Dazu gesellen sich Schwachstellen wie extreme Einkommensunterschiede und die Tatsache, dass ein großer Teil des Wirtschaftswachstums auf den Schultern vieler Geringverdiener stattfindet.

Kann man nun angesichts der Stärken und Schwächen Brasiliens eine einfache Kosten-Ertrags-Rechnung anstellen? Auf jeden Fall hat Brasilien Potenzial, der *Custo Brasil* zieht die Wachstumsaussichten jedoch nach unten. Ich bleibe bei meiner Prognose, dass Brasilien in den nächsten Jahren durchschnittlich zwischen 2 % und 3,5 % pro Jahr wächst. Dabei ist durchaus Volatilität möglich. Müssen wir Brasilien als Konkurrent betrachten? Brasiliens Volkswirtschaft hat andere Sektorenschwerpunkte als die deutsche Volkswirtschaft. Damit treten viele brasilianische Unternehmen nicht in den direkten Wettstreit mit deutschen Konkurrenten, nicht zuletzt, weil viele Industriebranchen stark auf den brasilianischen Binnenmarkt ausgerichtet sind. Trotzdem ist jedes Land der Welt im Zeitalter der Globalisierung sowohl Partner als auch Konkurrent. Wird Brasilien in der Gruppe der größten zehn Volkswirtschaften bleiben? Aller Voraussicht ja. Innerhalb der Top Five Wirtschaftsnationen weiter nach oben zu klettern wird jedoch schwierig. Hier oben wird die Luft sehr dünn. Ist Brasilien eine der neuen Wirtschaftsweltmächte? Global gesehen geht der Trend hin zur Multipolarität, auch wenn die USA im 21. Jahrhundert noch tonangebend sein werden. Brasilien festigt damit seine Rolle als Regionalmacht, als weltweit führende Nation im Agrarsektor und etwa als Wirtschaftsmacht auf der Südhalbkugel. Andererseits nimmt Brasilien im lateinamerikanischen Kontext durch die portugiesische Sprache eine gewisse Sonderrolle ein, womit sich das Land von seinen spanischsprachigen Nachbarstaaten unterscheidet. Diese Tatsache dämpft Brasiliens Ambitionen, eine Führungsrolle in Lateinamerika anzunehmen.

Die Wirtschaft Brasiliens war in der Vergangenheit oft impulsgetrieben. Wirtschaftszyklen, die sich auf einen Rohstoff konzentrierten (am Anfang Brasilholz, dann Zucker, Gold, Kautschuk, Kaffee und heutzutage Eisenerz und Erdöl) reihten sich zeitlich aneinander. Vielleicht schafft es Brasilien in Zukunft vermehrt seinen Rohstoff namens „Humankapital" anzuzapfen, sprich, Bildungsaussichten und Bildungsqualität für seine Bevölkerung zu verbessern. Aus gesellschaftlich-kultureller Perspektive ist Brasilien ein spannendes Exempel, wie aus verschiedenen Einwanderungsströmen eine gemeinsame Identität entstehen kann. Darüber hinaus genießt Brasilien in weiten Teilen der Welt ein positives Image.

Wahrscheinlich trifft folgender Satz gut auf Brasilien zu: „Nichts ist beständiger als der Wandel". In den kommenden Jahren wird Brasilien besonders aktuell sein. Angesichts der Sportgroßereignisse werden die Medien das Land verstärkt unter die Lupe nehmen. Was können wir schließlich von Brasilien und den Brasilianern lernen? Ich bewundere vor allem den immerwährenden Optimismus bei allen Widrigkeiten des Lebens sowie den Glauben an das Gute und den Fortschritt bei allen Schattenseiten, die sich immer wieder auftun. „*Tudo acaba em samba*" (Alles endet im Samba), so lautet ein bekanntes brasilianisches Sprichwort. Hierfür bedanke ich mich: *Obrigado Brasil*!

Iguaçu-Wasserfälle

Danksagung

An dieser Stelle möchte ich mich bei den Personen bedanken, die mich während der Entstehung dieses Buches unterstützt haben. Zunächst bedanke ich mich bei meinem Verleger Stefan Fassel-Wenz, der von Anfang an großes Interesse und Begeisterung für meine Buchidee aufgebracht und maßgeblich zur Realisierung des Projektes beigetragen hat. Ebenso danke ich Carl Thormann, Stefanie Konstanze Völker und Niklas Müller für die tatkräftige Unterstützung bei Lektorat und Herstellung. Des Weiteren möchte ich mich bei zahlreichen Personen aus meinem Freundes- und Bekanntenkreis bedanken, die mich mit wertvollen Informationen und Tipps versorgt haben. Dazu zählen Peter Jacubowsky, Philipp Marxen, Jochen Rosenzweig, Thomas Zengeler, Eduardo Reis da Silva, Vander Carvalho, Ricardo Rehder Meneghetti, Maurício Odery, Tiago Freitas Demasi, Lígia Franco de Brito, Rodrigo Barcellos, Kleber Capela Novas, Felix Weiss, Angela Feil, Clarice Engelsing und Willian Dias. Selbstverständlich will ich mich bei meiner Familie für ihren motivierenden und aufmunternden Beistand bedanken. Ich danke meiner Partnerin Nicol Bourtzos Martínez, die mich fachlich und emotional unterstützt hat. Natürlich danke ich allen meinen Freunden, die mir während dem Entstehungsprozess dieses Buches eine wertvolle Stütze waren.

Literaturverzeichnis

Abdala, Vitor (2011): Distrito Federal registrou PIB per capita oito vezes maior que Piauí em 2009. Agência Brasil. [online] Verfügbar unter: <http://agenciabrasil.ebc.com.br/noticia/2011-11-23/distrito-federal-registrou-pib-capita-oito-vezes-maior-que-do-piaui-em-2009> (16.07.2013)

ABIEC (2011): Brazilian Beef Profile. [online] Verfügbar unter: <http://www.abiec.com.br/download/fluxo_eng.pdf> (26.01.2013)

ABIEC (2011): Brazilian Livestock & Beef Industry. [online] Verfügbar unter: <http://www.abiec.com.br/eng2/3_livestock.asp> (27.01.2013)

ABIQUIM und CNI (2012): The Brazilian Chemical Industry Road to Sustainability. [online] Verfügbar unter: <http://www.cnisustentabilidade.com.br/docs/ING_ABIQUIM_RIO20.pdf> (19.02.2013)

ABIQUIM (2011): A Indústria Química em 2011. [online] Verfügbar unter: <http://canais.abiquim.org.br/enaiq2011/apr/A_industriaquimica_2011_ff.pdf> (23.02.2013)

ABRASCE (2013): Desempenho da indústria de Shopping Centers no Brasil.

In: ABRASCE Portal do Shopping. [online] Verfügbar unter: <http://www.portaldoshopping.com.br/numeros-do-setor/desempenho-da-industria-de-shopping-centers-no-brasil> (30.04.2013)

Acionista (2010): Mercado interno aquece indústria do aço no Brasil. In: Bússola do Investidor. [online] Verfügbar unter: <http://www.bussoladoinvestidor.com.br/especiais/mercado_interno_aquece_industria_do_aco_no_brasil-5561,1.html> (18.02.2013)

Acuna, Vanessa et al. (2012): The Brazilian chemical industry. In: IHS Chemical Week. [online] Verfügbar unter: <http://www.accessmylibrary.com/article-1G1-285533441/brazilian-chemical-industry-special.html> (25.02.2013)

Aguiari, Vinicius (2012): Brasil é quarto Mercado de telecomunicações mais rentável do mundo. In: Exame Info. [online] Verfügbar unter: <http://info.abril.com.br/noticias/mercado/brasil-e-quarto-mercado-de-telecomunicacoes-mais-rentavel-do-mundo-16102012-15.shl> (30.04.2013)

ANFAVEA (2012): Anuário da Indústria Automobilística Brasileira. [online] Verfügbar unter: <http://www.virapagina.com.br/anfavea2012/> (02.07.2012)

Angelo, Claudio (2012): Growth of ethanol fuels stalls in Brazil. In: Nature. Ausgabe 27.11.2012. Nr. 491, S. 646-647. [online] Verfügbar unter: <http://www.nature.com/news/growth-of-ethanol-fuel-stalls-in-brazil-1.11900> (07.01.2013)

ANJ (2012): Maiores jornais do Brasil. [online] Verfügbar unter: <http://www.anj.org.br/a-industria-jornalistica/jornais-no-brasil/maiores-jornais-do-brasil> (03.05.2013)

Ansel, Katrin (2009): Brasilien – Bald das „Grüne Saudiarabien [sic] Lateinamerikas“? In: Quetzal – Politik und Kultur in Lateinamerika. Online-Magazin. [online] Verfügbar unter: <http://www.quetzal-leipzig.de/lateinamerika/brasilien/brasilien-bald-das-%E2%80%9Egrune-saudiarabien-lateinamerikas%E2%80%9C-19093.html> (06.01.2013)

Antonioli, Leonardo (2012): Estatísticas, dados e projeções atuais sobre a Internet no Brasil. [online] Verfügbar unter: <http://tobeguarany.com/internet_no_brasil.php> (04.05.2013)

Arioli, Magdala (2013): The challenges of ethanol in Brazil. [online] Verfügbar unter: <http://thecityfix.com/blog/ethanol-brazil-sugar-cane-industry-biofuels-magdala-arioli/> (26.08.2013)

Azevedo, Reinaldo (2012): O IBGE e a religião – Cristãos são 86,8% do Brasil; católicos caem para 64,6%; evangélicos já são 22,2%. In: Veja. [online] Verfügbar unter: <http://veja.abril.com.br/blog/reinaldo/geral/o-ibge-e-a-religiao-%E2%80%93-cristaos-sao-868-do-brasil-catolicos-caem-para-646-evangelicos-ja-sao-222/> (18.04.2013)

Azevedo, Solange (2012): Qual o futuro dos imóveis no mercado brasileiro. In: Exame. [online] Verfügbar unter: <http://exame.abril.com.br/revista-voce-sa/edicoes/175/noticias/qual-o-futuro-dos-imoveis> (26.02.2013)

Banco BMG (o.J.): Recent Trends in the Brazilian Banking Industry. [online] Verfügbar unter: <http://www.mzweb.com.br/bmg/web/conteudo_en.asp?idioma=1&tipo=30779&conta=44> (23.03.2013)

Banrisul (2012): Brazilian Banking Sector. [online] Verfügbar unter: <http://ri.banrisul.com.br/banrisul/web/conteudo_en.asp?idioma=1&conta=44&tipo=8479> (17.03.2013)

Barros, Guilherme (2013): "O varejo ainda é raquítico no Brasil". In: Istoé Dinheiro. Ausgabe 18.01.2013. [online] Verfügbar unter: <http://www.istoedinheiro.com.br/entrevistas/109740_O+VAREJO+AINDA+E+RAQUITICO+NO+BRASIL#> (06.04.2013)

Basilio, Patricia (2012): Maiores varejistas do Brasil crescem mais que outras empresas do setor. In: Folha de São Paulo Online. Ausgabe 05.12.2012. [online] Verfügbar unter: <http://www1.folha.uol.com.br/mercado/1196593-maiores-varejistas-do-brasil-crescem-mais-que-outras-empresas-do-setor.shtml> (02.04.2013)

Berger, Hellen (2010): Brazil's chemical industry faces challenges and opportunities. In: ICIS. [online] Verfügbar unter: <http://www.icis.com/Articles/2010/10/29/9406035/brazils+chemical+industry+faces+challenges+and+opportunities.html> (22.02.2013)

Bernecker, Walter et al. (2000): Eine kleine Geschichte Brasiliens. Berlin: Suhrkamp Verlag.

Bezerra Bisneto, João Lídio (2012): Corruption in Brazil: Nature and Evolution. [online] Verfügbar unter: <http://cjefgv.webs.com/Publicacoes/Bezerra%20Bisneto,%20Jo%C3%83%C2%A3o%20L.%20-%20Corruption%20in%20Brazil%20-%20Nature%20and%20Evolution.pdf> (06.07.2013)

Brandão, Gilberto (2010): A competição e concentração no setor bancário. [online] Verfügbar unter: <http://www.administradores.com.br/mobile/artigos/economia-e-financas/a-competicao-e-concentracao-no-setor-bancario/38402/> (16.03.2013)

BRICS-Entwicklungsbank (2013): Schwellenländer verschieben Gründung eigener Entwicklungsbank. [online] Verfügbar unter: <http://www.zeit.de/wirtschaft/2013-03/weltbank-brics-entwicklungsbank> (05.05.2013)

Brühwiller, Tjerk (2012): Die brasilianische Autoindustrie als geschützte Werkstatt. In: Neue Züricher Zeitung. Ausgabe 24.10.2012. [online] Verfügbar unter: <http://www.nzz.ch/aktuell/wirtschaft/wirtschaftsnachrichten/die-brasilianische-autoindustrie-als-geschuetzte-werkstatt-1.17715098> (13.02.2013)

Brühwiller, Tjerk (2011): Brasilianische Banken ernten die Früchte der Stabilität. In: Neue Züricher Zeitung. Ausgabe 22.09.2011. [online] Verfügbar unter: <http://www.nzz.ch/aktuell/wirtschaft/uebersicht/brasilianische-banken-ernten-die-fruechte-der-stabilitaet-1.12606793> (24.03.2013)

Bruneto, Luis André (2010): Brasil em 2022: 106 milhões de evangélicos e 575 mil igrejas. [online] Verfügbar unter: <http://mts.org.br/noticiasrelacionadas/brasil-em-2022-106-milhoes-de-evangelicos-e-575-mil-igrejas> (16.04.2013)

Busch, Alexander (2012): Brasilien – Flaute am Zuckerhut. In: Wirtschafts-Woche. Ausgabe 03.09.2012. Nr. 36, S. 26-27.

Busch, Alexander (2012): Brasiliens Bankenmarkt im Wandel. In: Handelsblatt. Ausgabe 01.05.2012. [online] Verfügbar unter: <http://www.handelsblatt.com/unternehmen/banken/suedamerika-brasiliens-bankenmarkt-im-wandel/6573342.html> (17.03.2013)

Busch, Alexander (2009): Wirtschaftsmacht Brasilien – Der grüne Riese erwacht. München: Carl Hanser Verlag.

Busch, Alexander (2008): Brasilien steigt in erste Liga auf [online] Verfügbar unter: <http://www.handelsblatt.com/finanzen/aktien/aktienanalysen/investmentgrade-brasilien-steigt-in-erste-liga-auf/2954648.html> (01.02.2011)

Busch, Alexander (2008): Die unterschätzte Macht. In: Handelsblatt. Ausgabe 20.05.2008. Nr. 96.

Busch, Alexander (2007): Hohe Gewinne mit Fleisch. In: Handelsblatt. Ausgabe 11.06.2007. [online] Verfügbar unter: <http://www.handelsblatt.com/unternehmen/industrie/uebernahmewelle-in-brasilien-hohe-gewinne-mit-fleisch-seite-2/2819292-2.html> (27.01.2013)

Busch, Alexander (2007): Boom in Brasilien hält an. In: Handelsblatt. Ausgabe 04.01.2007, Nr. 3, S. 28.

Byrro, Aluizio (2010): O Mercado Brasileiro de Telecomunicações. In: Nokia Siemens Networks. [online] Verfügbar unter: <http://ie.org.br/site/ieadm/arquivos/arqnot4635.pdf> (01.05.2013)

Cilo, Nelson (2012): A era dos IPOs. In: Istoe DINHEIRO. Ausgabe 13.07.2012, Nr. 771. [online]. Verfügbar unter: <http://www.istoedinheiro.com.br/noticias/89898_A+ERA+DOS+IPOS> (10.08.2013)

CBCA (o.J.): Capacidade Industrial – Pronto para vencer [online] Verfügbar unter: <http://www.cbca-acobrasil.org.br/copa2014/capacidade-industrial.php> (18.02.2013)

CEMIG (2013): Shareholder Structure [online] Verfügbar unter: <http://cemig.infoinvest.com.br/static/enu/estrutura_acionaria.asp?idioma=enu> (21.08.2013)

CESP (2013): CESP Shareholder's – Ownership Breakdown [online] Verfügbar unter: <http://ri.cesp.com.br/wp-content/uploads/2012/05/composicao_acionaria-ing_05_07_132.html> (21.08.2013)

Chicão, Chico (2012): A Americanização do Brasil. [online] Verfügbar unter: <http://www.recantodasletras.com.br/redacoes/3739607> (03.06.2013)

CIA (2013): South America – Brazil. [online] Verfügbar unter: <https://www.cia.gov/library/publications/the-world-factbook/geos/countrytemplate_br.html> (16.08.2013)

CitrusBR (2010): Produção de de [sic] Laranja e Suco. [online] Verfügbar unter: <http://www.citrusbr.com/exportadores-citricos/setor/producao-192415-1.asp> (27.12.2012)

Clemente, Isabel und Amaral, Ricardo (2007): De comprador a vendedor. In: Época. Ausgabe 12.11.2007, Nr. 495, 38-46.

CNBC (2012): Regional Jet Makers Battle for Emerging Market Dominance. [online] Verfügbar unter: <http://www.cnbc.com/id/46409680> (13.05.2013)

CNI (2012): Steel Industry in Brazil [online] Verfügbar unter: <www.cnisustentabilidade.com.br/docs/ING_IABR_RIO20.pdf> (15.02.2013)

CoffeeResearch (o.J.): Brazilian Coffee History. [online] Verfügbar unter: <http://www.coffeeresearch.org/coffee/brazil.htm> (20.01.2013)

Cola da Web (o.J.): A Problemática da Educação no Brasil. [online] Verfügbar unter: <http://www.coladaweb.com/pedagogia/a-problematica-da-educacao-no-brasil> (09.06.2013)

Costa, Antonio Luiz M.C. (2007): A saga recomeça. In: Carta Capital. Ausgabe 14.03.2007. S. 10-17.

Cowley, Matthew (2012): Brazil Unveils Tax Breaks to Lift Investments in Auto Industry. In: Fox Business. [online] Verfügbar unter: <http://m.foxbusiness.com/quickPage.html?page=32811&content=81124364&pageNum=-1> (11.02.2013)

Cruz, Elaine Patricia (2011): Pesquisa mostra que Brasil tem 85 milhões de computadores em uso. In: Agência Brasil. [online] Verfügbar unter: <http://agenciabrasil.ebc.com.br/noticia/2011-04-19/pesquisa-mostra-que-brasil-tem-85-milhoes-de-computadores-em-uso> (03.05.2013)

Cury Zampieri, Aline (2011): Com Carrefour, Itaú solidifica liderança em crédito ao varejo. [online] Verfügbar unter: <http://economia.ig.com.br/mercados/com-carrefour-itau-solidifica-lideranca-em-credito-ao-varejo/n1300076118674.html> (23.05.2013)

Dal Poggetto, Priscila (2011): Brasil registra novo recorde de vendas de veículos, diz Fenabrave. In: G1 Globo. [online] Verfügbar unter: <http://g1.globo.com/carros/noticia/2011/01/brasil-registra-novo-recorde-de-vendas-de-veiculos-diz-fenabrave.html> (14.02.2013)

Deloitte (2009): Análise Setorial Varejo – Um setor em grande transformações. [online] Verfügbar unter: <http://www.deloitte.com/assets/Dcom-Brazil/Local%20Assets/Documents/Analise%20Setorial%20Varejo.pdf> (22.02.2013)

Diniz, Janguiê (2013): A situação dos portos no Brasil. In: Leia Já. [online] Verfügbar unter: <http://www.leiaja.com/coluna/2013/situacao-dos-portos-no-brasil> (25.06.2013)

Domingues Millen, Danilo et al. (2011): Current outlook and future perspectives of beef production in Brazil. [online] Verfügbar unter: <http://animalfrontiers.org/content/1/2/46.full.pdf+html> (27.01.2013)

Editora Abril (2013): Autoserviço – Mais vendidos. In: Quatro Rodas. [online] Verfügbar unter: <http://quatrorodas.abril.com.br/autoservico/top50/2012.shtml> (13.02.2013)

Estadão (2004): Sete de setembro: a americanização começou com Vargas. [online] Verfügbar unter: <http://www.estadao.com.br/arquivo/cidades/2004/not20040907p15250.htm> (02.06.2013)

Faszination Regenwald (o.J.): Soja – Futter für die Massentierhaltung. [online] Verfügbar unter: <http://www.faszination-regenwald.de/info-center/zerstoerung/soja.htm> (21.01.2013)

Fausto, Boris (2001): História Concisa do Brasil. São Paulo: Edusp – Editora da Universidade de São Paulo.

FEBRABAN (2012): Pesquisa Ciab FEBRABAN – O Setor Bancário em Números. [online] Verfügbar unter: <http://www.ciab.com.br/_pdfs/publicacoes/Pesquisa2012.pdf> (22.03.2013)

Ferreira, Bruno (2013): Educação no Brasil: Problemas Históricos. [online] Verfügbar unter: <http://historiabruno.blogspot.de/2013/01/educacao-no-brasil-problemas-historicos.html> (09.06.2013)

Fialho, Bernardo (2010): Das Wahlsystem Brasiliens im Überblick. [online] Verfügbar unter: <http://www.kas.de/brasilien/de/publications/20654/> (27.08.2012)

Flemes, Daniel (2007): Brasilien – Regionalmacht mit globalen Ambitionen, in: GIGA Focus Lateinamerika, Nr. 6/2007

Florida Chamber of Commerce (o.J.): Safety and Security Industry. [online] Verfügbar unter: <http://www.flchamber.com/wp-content/uploads/Safety-and-Security-Industry.pdf> (03.05.2013)

Forero, Juan (2011): Brazilian company JBS dominates world beef industry from farm to fork. In: The Washington Post. [online] Verfügbar unter:

<http://articles.washingtonpost.com/2011-04-14/world/35229973_1_jbs-wesley-batista-beef-production> (28.01.2013)

Frankfurter Allgemeine Zeitung (2010): Brasilien will gegen den starken Real vorgehen. In: Frankfurter Allgemeine Zeitung. Ausgabe 29.09.2010, Nr. 226, S. 19.

Globo Rural On-line (2012): China importa mais de 70% da soja produzida no Brasil em 2012. [online] Verfügbar unter: <http://revistagloborural.globo.com/Revista/Common/0,,EMI323176-18077,00-CHINA+IMPORTA+MAIS+DE+DA+SOJA+PRODUZIDA+NO+BRASIL+EM.html> (08.08.2013)

Goethe Institut (2011): Amazonas und Amazonasbecken. [online] Verfügbar unter: <http://www.goethe.de/ins/pt/pro/amazonas/campus/dokumente-lehrer/Amazonasbecken.pdf> (22.07.2013)

Goldman Sachs (2007): BRICs and Beyond. Goldman Sachs Global Economics Group.

Gonzatto, Marcelo (2012): Porque o Brasil está no 88o lugar no ranking mundial da educação. [online] Verfügbar unter: <http://www.clicrbs.com.br/especial/rs/precisamosderespostas/19,1430,3869663,Por-que-o-Brasil-esta-no-88-lugar-no-ranking-mundial-da-educacao.html> (09.06.2013)

Grünweg, Tom (2010): Aufholjagd mit Alkohol. In: Spiegel Online. Ausgabe 04.06.2010. [online] Verfügbar unter: <http://www.spiegel.de/auto/aktuell/automarkt-brasilien-aufholjagd-mit-alkohol-a-698477.html> (11.02.2013)

Guedes Crespo, Silvio (2012): Setor bancário brasileiro desbanca o britânico em lucro. In: Estadão. Ausgabe 11.07.2012. [online] Verfügbar unter: <http://blogs.estadao.com.br/radar-economico/2012/07/11/setor-bancario-brasileiro-desbanca-o-britanico-em-lucro/> (22.03.2013)

Haynes, Brad (2013): United order boosts Embraer outlook despite profit miss. In: Thomson Reuters. [online] Verfügbar unter: <http://www.reuters.com/article/2013/04/30/us-embraer-results-idUSBRE93S12B20130430> (20.05.2013)

Haynes, Brad (2012): Ajuda protecionista e custos elevados podem sufocar indústria automotiva do Brasil. [online] Verfügbar unter: <http://carros.uol.com.br/noticias/reuters/2012/08/28/ajuda-protecionista-e-custos-elevados-podem-sufocar-industria-automotiva-do-brasil.htm> (15.02.2013)

HSBC Global Research (2012): Latin America Rates Guide 2012.

Huntington, Samuel P. (1998): Kampf der Kulturen. München: Siedler Verlag.

IBGE (2012): Censo 2010: número de católicos cai e aumenta o de evangélicos, espíritas e sem religião. [online] Verfügbar unter: < http://censo2010.ibge.gov.br/en/noticias-censo?view=noticia&id=1&idnoticia=2170&t=censo-2010-numero-catolicos-cai-aumenta-evangelicos-espiritas-sem-religiao> (09.03.2013)

IBGE (2005): Mato Grosso conquista liderança na criação de bovines. [online] Verfügbar unter: <http://saladeimprensa.ibge.gov.br/pt/noticias?view=noticia&id=1&busca=1&idnoticia=499> (27.01.2013)

Indianerwww (2008): Der Amazonas – Größtes Sauerstoffreservoir der Erde. [online] Verfügbar unter: <http://www.indianerwww.de/indian/amazonas.htm> (21.07.2013)

InSight Crime (2013): Brazil. [online] Verfügbar unter: <http://www.insightcrime.org/organized-crime-profile/brazil> (08.07.2013)

Instituto Aço Brasil und CNI (2012): Steel Industry in Brazil. [online] Verfügbar unter: <http://www.cnisustentabilidade.com.br/docs/ING_IABR_RIO20.pdf> (15.02.2013)

Instituto Aço Brasil (2009): The Brazil Steel Trademark. [online] Verfügbar unter: <http://www.acobrasil.org.br/site/english/instituto/marca.asp> (15.02.2013)

Itaú Unibanco Holdings S.A. (2013): Apresentação Institucional. [online] Verfügbar unter: <http://ww13.itau.com.br/PortalRI/html/port/download/apres_institucional.pdf> (22.05.2013)

Itaú Unibanco Holdings S.A. (2013): Relatório Annual. [online] Verfügbar unter: <http://www.itauunibanco.com.br/relatoriodesustentabilidade/2012/pt/downloads/ItauUnibanco-RA2012.pdf> (15.05.2013)

Klotz, Edmundo (2010): O desenvolvimento do Brasil começa na Indústria da Alimentação. [online] Verfügbar unter: <http://abia.org.br/vst/O_desenvolvimento_do_Brasil_comeca_na_Industria_da_Alimentacao.html> (02.02.2013)

KPMG (2012): Oportunidade de crescimento no varejo do Brasil. [online] Verfügbar unter: <http://www.kpmg.com/br/pt/estudos_analises/artigosepublicacoes/paginas/release-oportunidade-de-crescimento-no-varejo-do-brasil.aspx> (29.03.2013)

Kutney, Pedro (2011): Governo é o maior financiador das multinacionais do carro no Brasil. In: UOL Carros. [online] Verfügbar unter: <http://carros.uol.com.br/noticias/redacao/2011/12/05/governo-e-o-maior-financiador-das-multinacionais-do-carro-no-brasil.htm> (13.02.2013)

Leahy, Joe (2011): US seeks pact with Brazil over renminbi. In: Financial Times. Ausgabe 07.02.2011.

Lehnartz, Sascha (2007): Klasse statt Rasse. In: Frankfurter Allgemeine Zeitung. Ausgabe 08.07.2007, Nr. 27, S. 64.

Leite, Nelson Jorge (o.J.): Viva a classe C! [online] Verfügbar unter: <http://www.sbaassociados.com.br/artigos.asp?codigo=120> (29.04.2013)

Leite, Priscila (o.J.): A passos lentos. [online] Verfügbar unter: <> (25.07.2012)

Lingenthal, Lukas und Herzberg, Julika (2013): Der Mensalão-Prozess und seine Nachwehen. In: Focus Brasilien. [online] Verfügbar unter: <http://www.kas.de/brasilien/de/publications/33235/> (05.07.2013)

Lopes, Ricardo (2011): Há mais de 57 milhões de domicílios no Brasil, diz IBGE. In: Ordiario.com. [online] Verfügbar unter: <http://londrina.odiario.com/imoveis/noticia/415578/ha-mais-de-57-milhoes-de-domicilios-no-brasil-diz-ibge/> (27.02.2013)

Malhotra, Aditya (2012): Brazil's Oil Future: The New (Big) Kid on the Block. In: Journal of Energy Security. [online] Verfügbar unter: <http://www.ensec.org/index.php> (28.12.2012)

Marinheiro, Vaguinaldo (2012): Meet The 'C' Class - Brazil's Rising Middle Class, The Hope Of A Nation. In: Folha de São Paulo. Ausgabe 19.07.2012. [online] Verfügbar unter: <http://www.worldcrunch.com/culture-society/meet-the-c-class-brazil-s-rising-middle-class-the-hope-of-a-nation/c3s5888/> (30.04.2013)

Mello, Juliana (2012): Introduction to the Security Industry in Brazil. In: The Brazil Business. [online] Verfügbar unter: <http://thebrazilbusiness.com/article/introduction-to-the-security-industry-in-brazil> (03.05.2013)

MercoPress (2011): Brazil is again a country of immigrants: two million expats returned in five years. [online] Verfügbar unter: <http://en.mercopress.com/2011/10/31/brazil-is-again-a-country-of-immigrants-two-million-expats-returned-in-five-years> (14.03.2013)

MercoPress (2010): Brazil world fourth largest market for the auto industry: 3.45 m sales in 2010. [online] Verfügbar unter: <http://en.mercopress.com/2010/12/20/brazil-world-fourth-largest-market-for-the-auto-industry-3.45-m-sales-in-2010> (11.02.2013)

MercoPress (2009): Brazilian beef industry blamed for Amazon deforestation. [online] Verfügbar unter: <http://en.mercopress.com/2009/06/01/brazilian-beef-industry-blamed-for-amazon-deforestation> (27.01.2013)

MercoPress (2009): Brazilian-made oil semi-sub platform begins production. [online] Verfügbar unter: <http://en.mercopress.com/2009/01/26/brazilian-made-oil-semi-sub-platform-begins-production> (07.05.2013)

MercoPress (2006): Brazil's informal economy absorbs 60% of workforce. [online] Verfügbar unter: <http://en.mercopress.com/2006/07/31/brazil-s-informal-economy-absorbs-60-of-workforce> (05.05.2013)

Naumann, Karlheinz Kurt (2011): Brasiliens Exportsektor erwirtschaftet weiterhin einen Handelsbilanzüberschuss. [online] Verfügbar unter: <http://brasilienaktuell.blogspot.de/2011/07/brasiliens-exportsektor-erwirtschaftet.html> (22.11.2012)

Novais, Andréa (2011): Brazilian's Media Habits. In: The Brazil Business. [online] Verfügbar unter: <http://thebrazilbusiness.com/article/brazilian-s-media-habits> (04.05.2013)

Nunes Leal, Luciana und Thomé, Clarissa (2012): Igreja católica tem queda recorde de fiéis no Brasil. In: Estadão. [online] Verfügbar unter: <http://www.estadao.com.br/noticias/geral,igreja-catolica-tem-queda-recorde-de-fieis,893416,0.htm> (24.04.2013)

Ostermann, Fabio (2012): Seguranca, criminalidade e liberdade no Brasil. [online] Verfügbar unter: <http://www.ordemlivre.org/2012/05/seguranca-criminalidade-e-liberdade-no-brasil/> (08.07.2013)

Pereira, Vivian (2012): Construção pode ter crescimento limitado por preço do imóvel. In: Exame. <http://exame.abril.com.br/economia/noticias/construcao-pode-ter-crescimento-limitado-por-preco-do-imovel-2> (25.02.2013)

Petrobras (2013): Atuação no pré-sal. [online] Verfügbar unter: <http://www.petrobras.com.br/pt/energia-e-tecnologia/fontes-de-energia/petroleo/presal/> (07.05.2013)

Pires, Cristine (2010): Brazilian tax burden leads to more inequality nationwide. [online] Verfügbar unter: <http://infosurhoy.com/cocoon/saii/xhtml/en_GB/features/saii/features/economy/2010/02/23/feature-04> (02.07.2013)

Portal Brasil (2012): Produção brasileira de cafés especiais já corresponde a 15% do mercado mundial. [online] Verfügbar unter: <http://www.brasil.gov.br/noticias/arquivos/2012/10/01/graos-produzidos-no-brasil-ja-detem-15-do-mercado-mundial-de-cafes-especiais> (20.01.2013)

Portal Fator (2012): Indústria Química cresceu 23% no Brasil, faturou U$ 158 bilhões e agora ganha uma feira exclusiva. [online] Verfügbar unter: <http://www.revistafatorbrasil.com.br/ver_noticia.php?not=219958> (22.02.2013)

Qualidadeonline's Blog (2010): A burocracia no Brasil afeta a competitividade das empresas. [online] Verfügbar unter: <http://qualidadeonline.wordpress.com/2010/07/14/a-burocracia-no-brasil-afeta-a-competitividade-das-empresas/> (27.06.2013)

Quinalia, Eliane (2012): Brasil é o melhor país para se investir no varejo, diz estudo. In: InfoMoney. Ausgabe 11.06.2012. [online] Verfügbar unter: <http://www.infomoney.com.br/ultimas-noticias/noticia/2461995/brasil-melhor-pais-para-investir-varejo-diz-estudo> (06.04.2013)

Reis, José Carlos (2007): As Identidades do Brasil. Rio de Janeiro: Editora FGV.

Revista Mercado (2011): O "boom" da construção civil. [online] Verfügbar unter: <http://www.revistamercado.com.br/destaques/o-%E2%80%9Cboom%E2%80%9D-da-construcao-civil/> (27.02.2013)

Rodrigues, Leonardo (2011): Burocracia no Brasil. [online] Verfügbar unter: <http://www.uniteccontabil.com.br/artigos-unitec/5-burocracia> (27.06.2013)

Rodrigues, Lorenna (2008): Entenda o setor de telecomunicações no Brasil. In: Folha de São Paulo Online. [online] Verfügbar unter: <http://www1.folha.uol.com.br/folha/dinheiro/ult91u395749.shtml> (01.05.2013)

Rodrigues Alfonso, José Roberto et al. (2013): Avaliação da estrutura e do desempenho do sistema tributário Brasileiro. IADB. [online] Verfügbar unter: <http://www.iadb.org/en/publications/publication-detail,7101.html?id=67250> (01.07.2013)

Rodrigues Coelho, Ludmar (2010): A ascensão da classe C – classes sociais no Brasil. [online] Verfügbar unter: <http://www.logisticadescomplicada.com/a-ascencao-da-classe-c-classes-sociais-no-brasil/> (16.03.2013)

Rodrigues Coelho, Ludmar (2010): O Brasil, as suas classes sociais e a implicação na economia. [online] Verfügbar unter: <http://www.logisticadescomplicada.com/o-brasil-suas-classes-sociais-e-a-implicacao-na-economia-2/> (16.03.2013)

Ruch, Matthias und Hucko, Margret (2012): Sinkender Absatz: Brasilien macht Autobauer kirre. In: Financial Times Deutschland. [online] Verfügbar unter: <http://www.ftd.de/unternehmen/industrie/autoindustrie/:sinkender-absatz-brasilien-macht-autobauer-kirre/70046247.html> (11.02.2013)

Russau, Christian (2012): Milliardenverlust für ThyssenKrupp und anhaltende Proteste in Rio. [online] Verfügbar unter: <http://amerika21.de/print/71839> (07.02.2013)

Sader, Emir (2010): O sistema tributário brasileiro é regressivo. [online] Verfügar unter: <http://www.cartamaior.com.br/templates/postMostrar.cfm?blog_id=1&post_id=622> (01.07.2013)

Salatiel, José Renato (2012): Ficha Limpa: Lei já vale para eleições de 2012. In: UOL Vestibular. [online] Verfügbar unter: <http://educacao.uol.com.br/disciplinas/atualidades/ficha-limpa--lei-ja-vale-para-eleicoes-de-2012.htm> (19.10.2012)

Santos, Perivaldo Mariano (o.J.): Café. [online] Verfügbar unter: <http://www.ceplac.gov.br/radar/cafe.htm> (20.01.2013)

Schirm, Stefan A. (2005): Führungsindikatoren und Erklärungsvariablen für die neue internationale Politik Brasiliens. Lateinamerika Analysen

SIA (2013): SIA's Brazil Security Market Report 2012. [online] Verfügbar unter: <http://www.siaonline.org/Pages/Research/SIA's-Brazil-Security-Market-Report-2012.aspx> (03.05.2013)

Simões, Katia (2012): Burocracia no Brasil na vanguarda do atraso. In: Exame. [online] Verfügbar unter: <http://exame.abril.com.br/revista-exame-pme/edicoes/0048/noticias/burocracia-no-brasil-na-vanguarda-do-atraso> (26.06.2013)

Sobral, Lilian (2012): Brasil é o mercado imobiliário mais "efervescente" do mundo. In: Exame. [online]. Verfügbar unter: <http://exame.abril.com.br/economia/noticias/brasil-e-o-mercado-imobiliario-mais-efervescente-do-mundo> (25.02.2013)

Spiegel Online (2012): Abholzung im Amazonas fällt auf Rekordtief. In: Spiegel. Ausgabe 28.11.2012 [online] Verfügbar unter: <http://www.spiegel.de/wissenschaft/natur/abholzung-des-amazonas-regenwaldes-in-brasilien-auf-rekordtief-a-869742.html> (09.07.2013)

Ssenyonga, Allan Brian (2006): Americanization or Globalization? In: The New Times. [online] Verfügbar unter: <http://www.globalenvision.org/library/33/1273> (31.05.2013)

SUFRAMA (o.J.): Modelo Zona Franca – O que é o modelo ZFM? [online] Verfügbar unter: <http://www.suframa.gov.br/zfm_o_que_e_o_projeto_zfm.cfm> (23.07.2013)

Sull, Donald N.; Escobari, M.,Martín E. (2004): Sucesso Made in Brasil. São Paulo: Elsevier Editora Ltda.

Tancredi, Letícia (2011): Em sete anos, Brasil dobra o número de estudantes formados. [online] Verfügbar unter: <http://portal.mec.gov.br/index.php?option=com_content&view=article&id=16224> (25.07.2012)

Terra (2013): Bradesco e Itaú estão em ranking dos maiores bancos do mundo; confira. [online] Verfügbar unter: <http://economia.terra.com.br/noticias/noticia.aspx?idNoticia=201302041718_TRR_81975818> (21.05.2013)

Terra (2012): Produção de café no Brasil deve ter safra recorde em 2012. [online] Verfügbar unter : <http://economia.terra.com.br/noticias/noticia.aspx?idNoticia=201205101413_ABR_81187931> (20.01.2013)

The Beef Site (2010): The Brazilian Beef Industry. [online] Verfügbar unter: <http://www.thebeefsite.com/articles/2516/the-brazilian-beef-industry> (27.01.2013)

The Economist (2012): Brazilian Brew. In: The Economist [online] Verfügbar unter: <http://www.economist.com/node/21542431> (06.01.2013)

The Economist (2011): Filling Up the Future. In: The Economist. [online] Verfügbar unter: <http://www.economist.com/node/21536570> (07.06.2013)

Transparency Ethiopia (2013): What are the effects of corruption? [online] Verfügbar unter: <http://transparencyethiopia.org/index.php?option=com_content&view=article&id=17%3Awhat-are> (06.07.2013)

UOL (2012): Salário médio sobe para R$ 1.345, alta de 8 %. [online] Verfügbar unter: <http://economia.uol.com.br/ultimas-noticias/redacao/2012/09/21/salario-medio-sobe-para-r-1345-mas-perde-da-inflacao.jhtm> (22.08.2013)

Vale (2013): Vale Factsheet. [online] Verfügbar unter: <http://assets.vale.com/docs/Documents/en/investors/Company/Fact-sheet/factsheeti.pdf> (09.05.2013)

Vale (2012): Eficiência na gestão do capital – Relatório Annual 2012. [online] Verfügbar unter: < http://www.vale.com/PT/investors/Quarterly-results-reports/20F/20FDocs/20F_2012_p.pdf> (09.05.2013)

Vasquez, Cristiano et al. (2010): HVS – Brazilian Hotel Market Overview. [online] Verfügbar unter: <http://www.hvs.com/Content/3010.pdf> (03.03.2013)

Veja (2013): Burocracia e impostos dificultam investimento norte-americano no Brasil [online] Verfügbar unter: <http://veja.abril.com.br/noticia/economia/burocracia-e-impostos-dificultam-investimento-norte-americano-no-brasil> (26.06.2013)

Viñas, Diego (2012): As 100 maiores empresas da indústria de alimentos e bebidas. [online] Verfügbar unter: <http://www.revistait.com.br/noticias/materia-de-capa/as-100-maiores-industrias-de-alimentos-e-bebidas-do-brasil/> (01.02.2013)

Wesz Junior, Valdemar João (2011): Dinâmicas e estratégias das agroindústrias de soja no Brasil. [online] Verfügbar unter: < http://campohoje.net.br/sites/default/files/livros/arquivos-download/Livro4.PDF> (10.08.2013)

Wiltgen, Julia (2012): Os 100 maiores fundos de pensão do Brasil. In: Exame. [online] Verfügbar unter: <http://exame.abril.com.br/seu-dinheiro/aposentadoria/noticias/os-100-maiores-fundos-de-pensao-do-brasil> (17.12.2012)

Woolf, Fiona et al. (2010): Brazil: Brazil's Electricity Market: A Successful Journey And An Interesting Destination. [online] Verfügbar unter: <http://www.mondaq.com/x/93780/Oil+Gas+Electricity/Brazils+Electricity+Market+A+Successful+Journey+And+An+Interesting+Destination> (03.02.2013)

Weltbank (2013): Brasil combate a criminalidade levando desenvolvimento para as favelas. [online] Verfügbar unter: <http://www.worldbank.org/pt/news/feature/2013/03/21/brazil-crime-violence-favela> (09.07.2013)

Bildnachweis

Kapitel 1

Nicol Bourtzos Martínez (2011)
Alexander Gehrmann (2007)
TUBS, CC-BY-SA-3.0 (http://creativecommons.org/licenses/by-sa/3.0), via Wikimedia Commons
Vander Carvalho (2012)

Kapitel 2

Alexander Gehrmann (2008)
Vander Carvalho (2013)

Kapitel 3

shutterstock.com/ Alexander Gehrmann
IBGE: Sinopse do Censo Demográfico 2010 (2010)
Antonio Carlos Lacerda: http://port.pravda.ru/sociedade/curiosas/04-05-2011/31548-censo_demografico-0/ (2011)
Tribunal Superior Eleitoral: http://www.tse.jus.br/partidos/partidos-politicos (2013)

Kapitel 4

World Bank: World DataBank, World Development Indicators: http://databank.worldbank.org/data/views/reports/tableview.aspx?isshared=true&ispopular=country&pid=4 (2013)
http://www.indexmundi.com/brazil/gdp_composition_by_sector.html (2013)
World Bank: GDP Ranking: http://databank.worldbank.org/data/download/GDP.pdf (2013)
Henrique Carvalho: http://hcinvestimentos.com/2011/02/21/ipca-igpm-inflacao-historica/ (2011)
http://www.global-rates.com/ (2013)
Exame: http://exame.abril.com.br/negocios/album-de-fotos/as-10-maiores-empresas-brasileiras-segundo-a-forbes/ (Forbes)
HSBC (2012)

International trade statistics 2002-2013, World Trade Organization
International trade statistics 2002-2013, World Trade Organization
http://www.indexmundi.com/facts/brazil/foreign-direct-investment
Grafik Alexander Gehrmann
www.boerse.de
Globo: http://oglobo.globo.com/economia/confira-ranking-das-principais-empresas-de-distribuicao-de-combustivel-no-brasil-3059648 (2010)
Pública von Jeremy Bigwood (2012)
Alexander Gehrmann (2006)
© Monja Thiede/pixelio.de
© Paulo Fridman/Corbis
IBGE: Estatística da Produção Pecuária (2013)
Abia, Valor Econômico: http://www.abia.org.br/anexos2012/ValorEconomico-21jan-Setordealimentoscrescemenos.pdf (2012)
Brad Patterson: Trends and Challenges of the Brazilian Power Matrix. Duke Energy International presentation at the joint "Brasil-Texas Chamber of Commerce - AmCham Brazil" 8th Annual Energy and Power Conference, August, 2010.
Brad Patterson: Trends and Challenges of the Brazilian Power Matrix. Duke Energy International presentation at the joint "Brasil-Texas Chamber of Commerce - AmCham Brazil" 8th Annual Energy and Power Conference, August, 2010.
International Hydropower Association, Flickr (2011)
Brazil Steel Institute (2012)
Anafavea (2012)
CAR/ Universität Duisburg Essen (2010)
Alexander Gehrmann (2006)
Alexander Gehrmann (2006)
Knight Frank Residential Research, Exame: http://exame.abril.com.br/economia/noticias/brasil-e-o-mercado-imobiliario-mais-efervescente-do-mundo (2012)
Alexander Gehrmann (2006)
Exame: http://exame.abril.com.br/negocios/noticias/as-15-maiores-empresas-de-quimica-e-petroquimica/ (2011)
ABIQUIM: A Indústria Química em 2011 (2011)
Alexander Gehrmann (2007)
Central Bank of Brazil, 2012
IBGE: Pesquisa Anual do Comércio, 2010. Receita operacional líquida (2010)
Alexander Gehrmann (2007)
Vander Carvalho (2013)

Alexander Gehrmann (2006)
Alexander Gehrmann (2007)

Kapitel 5

Petrobras: http://www.petrobras.com.br/pt/quem-somos/perfil/ (2013)
Petrobras: http://www.petrobras.com/en/about-us/global-presence/ (2013)
Divulgação Petrobras/ABr (Agência Brasil), CC-BY-3.0-br (http://creativecommons.org/licenses/by/3.0/br/deed.en), via Wikimedia Commons
Vale: http://assets.vale.com/docs/Documents/en/investors/Company/Fact-sheet/factsheeti.pdf (2013)
Vale: Eficiência na gestão do capital. Relatório Anual 2012 (2013)
Antônio Milena/ABr (Agência Brasil), CC-BY-3.0-br (http://creativecommons.org/licenses/by/3.0/br/deed.en), via Wikimedia Commons
Embraer: http://www.embraer.com.br/pt-br/paginas/home.aspx (2013)
Embraer: http://www.embraer.com.br/pt-br/paginas/home.aspx (2013)
Itaú Unibanco Holding S.A.: Relatório Anual 2012 (2012)
Itaú Unibanco Holding S.A.: Relatório Anual 2012 (2012)

Kapitel 6

IBGE, Super Abril: http://super.abril.com.br/multimidia/republica-imigrante-brasil-683294.shtml (2012)
Alexander Gehrmann (2009)
www.laenderdaten.de
Alexander Gehrmann (2007)
Logística Descomplicada: http://www.logisticadescomplicada.com/a-ascencao-da-classe-c-classes-sociais-no-brasil/ (2010)
IBGE, Logística Descomplicada: http://www.logisticadescomplicada.com/o-brasil-suas-classes-sociais-e-a-implicacao-na-economia-2/ (2010)
Logística Descomplicada: http://www.logisticadescomplicada.com/as-classes-sociais-e-a-desigualdade-no-brasil/ (2011)
Alexander Gehrmann (2006)
IBGE, Thebrazilbusiness.com: http://thebrazilbusiness.com/article/all-about-religions-in-brazil (2013)
Vander Carvalho (2013)
Alexander Gehrmann (2007)
Alexander Gehrmann (2007)
Alexander Gehrmann (2008)

Kapitel 7

Alexander Gehrmann (2006)
Alexander Gehrmann (2006)

Kapitel 9

Walter Holden-Belmont, CC-BY-3.0-br (http://creativecommons.org/licenses/by/3.0/br/deed.en), via Wikimedia Commons

Kapitel 10

© Kerstin Schütz/pixelio.de
© jerome_dancette/fotolia.com

Über den Autor

Alexander Gehrmann, geboren 1982, ist diplomierter Betriebswirt und studierte in Frankfurt am Main und São Paulo. Er sammelte berufliche Erfahrung in der Finanz- und Immobilienbranche und arbeitet derzeit im Immobilien-Investment Bereich. Durch eine Reihe von Brasilienaufenthalten eignete er sich ein tiefgründiges Wissen über Brasilien an und kann auf einen reichen Erfahrungsschatz zurückgreifen.